진한제국 경제사

秦漢帝國 經濟史

진한제국 경제사

렁펑페이冷鵬飛 지음
최덕경 · 김백철 옮김

秦漢帝國 經濟史

태학사

『진한제국 경제사』는 주로 중국 진대秦代·전한前漢·후한後漢(기원전 221년~기원후 196년) 시기 사회경제적 상황을 기술하였다. 본서는 객관적 관점에서 경제규율과 국가경제제도의 상호작용을 기본으로 하여, 진한秦漢 사회경제가 발전하는 역사적 장면을 점진적으로 전개하는 형태로 서술하였다. 그러므로 진한 전제집권적 경제체제와 사회경제의 결합구조는 이미 서로 적응과 부적응을 반복하는 모순되는 방식도 보여주었다. 사회경제는 파도형波濤形으로 전진前進하는 방식으로 움직이면서 발전하는 모습을 드러냈으나, 동시에 중국 봉건경제의 기본 특징을 적용하여 봉건 사회경제제도의 기본적인 표준을 닦았다.

본서의 연구방법상 특징은 개괄적 시야視野, 사료의 번역, 엄밀한 논증, 신선한 관점이다. 더욱이 그 진한의 중앙집권적 경제체제, 토지 점유의 이중구조, "보편적인 예속농제도(普遍依附農制)"및 사회경제적 모순 등에 대한 문제를 매우 정밀하게 서술함으로써, 다른 사람들에게는 듣고 보는 것을 새롭게 하고 필자 자신은 독자적 학문체계를 달성하였다. 그러므로 중국 봉건 경제발전의 수수께끼를 벗기기 위한 새로운 인식을 제공하였다.

○ 역자범례

1. 본서는 렁펑페이(冷鵬飛)의 百卷本 中國全史 『中國秦漢經濟史』(百卷本 中國全史, 北京: 人民出版社, 1994)를 번역하였다.

2. 한문사료는 중국 표점본과 국내외 번역본을 참고하여 독자가 이해하기 쉽도록 의역하였다. 단, 학계에서 통용되는 학술용어는 한자 병기나 각주를 통해서 명기하였다.

3. ( )는 원저자 보충설명 또는 원표기이며, " "는 원저자의 원사료 인용 또는 강조 표시이다.

4. 〈 〉는 번역자의 보충역이고, 〔 〕는 번역자의 보충설명이다.

5. 본문의 한문사료는 번역문 뒤에 각주로 원문을 수록하였고, 각주의 한문사료는 번역하고 괄호 뒤에 원문을 수록하였다.

6. 초판본의 오자는 3차본을 기준으로 교열하였다. 단, 3차본에도 반영되지 못한 경우는 역자가 추가로 교감하였다.

7. 각주의 권수는 원본에 일부만 표기되어있으나, 독자의 편의를 위해 주요문헌은 역자가 추가하였다. 단, 판본별 권수가 다른 경우는 중국 측 최신 전자DB를 따랐다.

○ **차례**

본권제요   5
역자범례   6

❶ 진한 경제의 개략적 서술   13

(一) 진한 경제사의 기본내용   15
    1. 진대秦代(기원전 221년~기원전 207년)   16
       : 강권정치와 경제적 발전·쇠퇴기
    2. 전한 전기(기원전 206년~기원전 141년)   16
       : 무위정책과 경제적 회복·발전기
    3. 전한 중기(기원전 140년~기원전 49년)   17
       : 유위정책과 경제적 번영기
    4. 전한 후기(기원전 48년~기원후 24년)   18
       : 통치실책과 경제쇠락기
    5. 후한 전기(기원후 25년~기원후 88년)   19
       : 사회관계의 조정과 경제회복기
    6. 후한 후기(기원후 89년~기원후 196년)   20
       : 사회통제의 실패와 경제적 분화·와해기

(二) 진한 경제발전의 특징   21
    1. 농업중심 국민경제체계의 완전한 확립   21
    2. 지주대토지점유제의 점진적 발전   23
    3. 소농업·가정수공업 연계구조의 고착현상 심화   25
    4. 파도형 전진방식의 사회경제   27

Ⅱ 진대 사회경제의 쇠퇴와 치란治亂   31

(一) 진 시황의 통일적 경제조치의 공고화   33
  1. 중앙집권적 재정관리 기구의 완비   33
  2. 백성의 직접 전지 등록(使黔首自實田)   40
  3. 화폐와 도량형의 통일   44
  4. 수륙교통의 편리   49
  5. 호부豪富의 천사遷徙와 백성의 변방 이주   52

(二) 진대 사회경제의 발전   56
  1. 농업경제의 발전   56
  2. 상공업의 발전   60

(三) 번잡하고 가혹한 조세·요역의 착취   65
  1. 요역제도와 민력약탈   66
  2. 조세제도와 재력약탈   69

(四) 진말秦末 사회경제의 붕괴   77

Ⅲ 전한 전기 사회경제의 회복과 발전   83

(一) 한 고조 유방의 경제 회복·발전 방침   85
  1. 진한교체기 경제상황   85
  2. 한 고조의 생산력 회복·발전 대책   89
  3. 정치·경제 관리체제의 조정   94

(二) 무위이치無爲而治와 사회경제의 발전   98
  1. 군국병행제와 지방경제의 발전   99
  2. 상업억제 정책에서 상업진흥 정책으로 변화   108
  3. 사회경제의 전면적 협조·발전   117

(三) 호적·부세·요역제도의 확립　　127
　　1. 호적제도의 건립　　127
　　2. 부세제도의 형성　　135
　　3. 요역제도의 확립　　154

Ⅳ 전한 중기 사회경제의 번영과 변혁　　163

(一) 한 무제의 중앙집권적 경제개혁 강화　　165
　　1. 무위경제에서 유위경제로 변화　　166
　　2. 전면적 경제개혁정책의 실시　　179
　　3. 재정관리 기구의 조정　　192

(二) 소제·선제 중흥과 사회경제의 번영　　213
　　1. 염철회의와 소제·선제 중흥　　214
　　2. 농업생산의 발전　　227
　　3. 수공업의 진보　　233
　　4. 상업의 발전과 성시·교통의 발달　　241

(三) 천추에 길이 남을 각각의 경제사상　　249
　　1. 사마천의 "선인善因"론　　250
　　2. 상홍양과 "경중輕重"론　　255
　　3. 동중서에서 『염철론』까지　　259

Ⅴ 전한 말기 사회경제 위기와 왕망의
경제제도 개혁실패　　267

(一) 토지겸병의 발전과 유민·노비 수의 증가　　269
(二) 한 애제 시기 전지·노비 제한 논의　　275

(三) 왕망의 경제제도 개혁과 그 실패   278
    1. 왕전王田·사속私屬제도   279
    2. 오균五均·육관六筦제도   282
    3. 화폐개혁   289
    4. 제도 개혁의 실패와 사회경제의 붕괴   292

Ⅵ 후한 전기 사회경제의 조정과 회복   299

(一) 광무중흥의 경제책략   301
    1. 후한 초기 경제상황   301
    2. 전한경제제도의 계승과 조정   307
    3. 토지조사(度田)의 풍파와 유화책   317
(二) 후한 통치집단의 생산력 발전시책   322
    1. 노비와 수도囚徒의 석방   323
    2. 둔전의 광범위한 시행   325
    3. 빈민구제   330
(三) 사회경제의 발전   336
    1. 농업생산 수준의 향상   336
    2. 수공업 생산의 발전   342
    3. 상업과 교통   349

Ⅶ 후한 후기 사회경제의 분화와 붕괴   359

(一) 호강지주豪强地主 전장경제의 장대함   362
    1. 호강지주 전장경제의 발전상태   363
    2. 호강지주 전장경제의 지위   369

(二) 봉건왕조 사회경제 위기의 심화   374
   1. 국가기구의 비정상적 운영과 재정위기   374
   2. 노동자의 빈곤화와 생산위기   378
(三) 후한 말기 사회경제의 붕괴   382

Ⅷ 결어   391

역자발문   395
색인   399

I

진한 경제의 개략적 서술

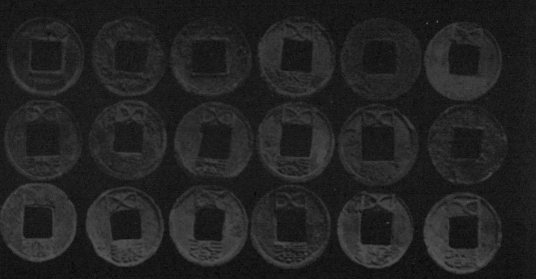

(一) 진한 경제사의 기본내용

『진한제국 경제사』에 언급된 내용은 매우 광범위하다. 여기에는 기본 경제구역·물산분포·사회인구·교통운수 등의 기초적인 개황을 모두 포괄하고, 아울러 토지제도·각계각층의 경제 지위·사회생산·교환·분배·소비 및 상호관계 등 사회경제 구조를 포함하며, 게다가 농업·공업·상업 등 사회경제 부분의 발전현황까지도 다루고, 동시에 또 각 계층의 경제사상 등도 대상으로 한다. 이 책에서는 진한 경제의 발전을 주요한 실마리로 삼아, 시기별로 경제관계의 상호작용을 연구하고, 진한 경제발전의 대략적 모습을 파악해보고자 한다.

사회경제의 발전은 일정한 생산과 생산관계에서 진행되는데, 각종 경제관계의 상호작용에 따라 형성된 합력合力—특히, 객관적인 경제의 자발적 경향과 국가경제제도의 영향—은 사회경제 발전 방향과 면모를 결정한다. 이 책에서는 이러한 사항을 근거로 살펴나가면서, 장차 진한 사회경제의 발전을 6개 단계로 나누어보고자 한다.

1. 진대秦代(기원전 221년~기원전 207년)
: 강권정치와 경제적 발전·쇠퇴기

기원전 221년 진秦은 육국六國을 통일하였다. 통일제국을 공고히 하기 위해서, 진 시황始皇은 전제주의 중앙집권적 통치제도를 건립하였다. 아울러 그에 상응하는 일련의 경제조치를 취하였다. 예컨대 경제관리제도를 건전하게 만들었고, 화폐와 도량형 등을 통일하였으며, 사회경제의 발전을 더욱 촉진시켰다. 그러나 당시 분산된 경제조건과 중앙집권 정부의 유효한 통치는 서로 모순되었다. 신속히 경제조건을 개선하기 위해서, 진 왕조는 전국적으로 대규모의 토목공사를 진행하였다. 게다가 장기적 변방경영 활동과 끊임없는 요역징발, 잔혹한 형법과 과중한 세금수취로 인해 백성은 정상적인 사회생산을 영위할 방법이 없었다. 마지막으로 격렬히 일어난 진말 농민봉기의 불꽃은 한때 찬란했던 진왕조를 타도하였다.

2. 전한 전기(기원전 206년~기원전 141년)
: 무위정책과 경제적 회복·발전기

기원전 202년 유방劉邦은 사회동란의 폐허 위에 전한왕조를 건립하였다. 사회생산을 회복·발전시키기 위해서, 한초 통치집단은 농업을 중시하고 상업을 억제하는[1] 여러 시책을 제정하였다. 봉건질서의 첫 안정에 따라서, 혜제惠帝·고후高后·문제文帝·경제景帝 시기에 백성과 함께 쉬는[2] 정책을 확대해서 무위이치無爲而治의 경제정책을 시행하고, 군국병행郡國並行의 관리체제를 실행하였다. 그래서 지방경제와 농업·공업의 신속한 발전이 촉진되었다. 동시에 봉건국가의 호적戶籍제도, 부세賦稅제도, 요역徭役제도 또한 점차 확립되었다.

---

1   "重農抑商."
2   "與民休息."

이때 추진한 무위無爲경제정책은 비록 사회경제의 회복과 발전에 유리했다고 하더라도, 더불어 범람한 분열요소는 중앙집권의 공고화에 불리하게 작용하였다. 문제·경제 시기 가의賈誼와 조조晁錯는 이미 이러한 추세를 경험하였다. 그들은 봉건통치자에게 현행 무위방임(放任無爲)정책의 변경을 요구하였고, 적극적인 유위有爲정책을 채택하여 사회경제에 간섭하였으며, 따라서 중앙집권에 유리하게 궤도를 발전시켜 나갔다.

3. 전한 중기(기원전 140년~기원전 49년)
: 유위정책과 경제적 번영기

한漢 무제武帝 즉위 후 적극적 유위有爲경제정책을 전면적으로 추진하기 시작하였다. 대외전쟁과 재정지출을 해결하기 위해서, 지방의 호강豪强과 부상대고富商大賈의 난폭한 활동을 제재하였다. 전한 정권은 중앙집권적 재정개혁을 강화시키기 위해서, 중앙에서 지방에 이르는 재정관리 기구를 전면 조정하였다. 게다가 화폐제도의 통일, 염철관영鹽鐵官營, 균수均輸, 평준平準, 산민算緡, 고민告緡 등의 새로운 정책을 실행하였다. 재정개혁을 통해서 국가 재정수입을 증가시켰고, 대외전쟁의 순조로운 진행을 보장하였으며, 한 걸음 더 나아가 중앙집권력을 공고화하였고, 민간 상업이 다시 봉건지주경제에 긴밀하게 예속되었다.

소제昭帝·선제宣帝 시기는 무제武帝 말기 "백성과 함께 쉬는" 기존방침을 계승하여 사회생산을 회복·발전시켜서 소제·선제의 중흥 국면을 출현시켰다. 그리고 농업, 수공업, 상업의 고도의 번영을 촉진하였다. 이러한 경제제도의 개혁 중에 저마다의 특색이 있는 경제사상가가 몇몇 출현하였다. 주요 인물로는 사마천司馬遷, 상홍양桑弘羊, 동중서董仲舒 등이 있다. 이들은 각기 서로 다른 세 부류의 경제사상을 대표한다.

4. 전한 후기(기원전 48년~기원후 24년)
: 통치실책과 경제쇠락기

토지겸병세력土地兼并勢力의 발전에 따라서, 원제元帝 이후 대토지점유제가 완전히 형성되었다. 원래 봉건국가의 편호제민編戶齊民에 기반하였으나, 연이어 각종 형식으로 호족지주에 예속하는 형태로 변화하였다. 이러한 경제관계의 거대한 변화에 따라서, 전한 통치집단은 편호제민정책을 상실하지 않기 위해서, 여전히 전한 전기에 제정한 조종祖宗의 성법成法을 따랐다. 각 전제田制, 호적제, 조부요역제租賦徭役制는 사가私家의 봉건관계에 따른 순조로운 발전을 방해하였고, 상층구조 구성과 경제적 기초 사이에서 첨예한 모순이 다시 발생하였다. 땅을 잃고 파산한 농민의 일시적 곤란함 때문에 지주와 전호佃戶관계를 또다시 토지와 결합하여 생산에 종사하게 함으로써, 지주·농민 간 예속관계가 마침내 불법적이고 은폐하는 형태로 나아갈 길을 열어주었다. 그래서 당시 심각한 사회 문제─유민流民 문제 및 이른바 "노비 문제"─를 양산하였다.

그러나 통치집단은 당시 실질적 사회 문제를 무법無法이라고 인식하였고, 줄곧 전지와 노비를 제한하는3 낡은 변법을 통해서 이러한 새로운 경제과제를 해결하려고 했고, 종국에는 왕망王莽의 제도 개혁이라는 역사적 비극이 출현하였다. 왕망은 서주 시기 토지 국유제와 화폐제도의 회복을 통해서 전한 말기 사회위기를 구하려고 시도하였으나, 도리어 백성의 삶에서 일반적인 질서를 교란하였고, 심각한 경제위기와 사회동란을 더욱 가중시켰다.

---

3 "限田限奴婢."

I. 진한 경제의 개략적 서술

5. 후한 전기(기원후 25년~기원후 88년)
: 사회관계의 조정과 경제회복기

전한 말기 농민봉기 이후 형성된 무정부상태는 농민이 지주에게 예속되는 자발적 경제발전 과정을 신속히 확대시켰다. 그리고 사회생산은 순조롭게 진행할 수 있었고, 한동안 장기간 존속했던 사회 문제는 완화되었다. 그러나 왕망의 제도 개혁은 전한 후기 사회모순을 감추는 데 실패하여 사람들에게 도리어 전한왕조를 그리워하게 만들었다. 그러므로 후한의 광무제光武帝 유수劉秀가 "능히 전대의 사업을 잇는다"[4]는 기치를 높이 내세웠고, 전한 시기의 경제제도를 전면적으로 계승하였다. 따라서 후한 시기 상층구조와 경제기초의 모순과 충돌은 다시 일어났다. 국가의 재정곤란을 해결하기 위해서, 호족지주와 노동인력을 두고 다투었다. 유수는 양전量田과 호구조사를 통해서 지주와 농민의 결합을 해체시키려 하였다. 이에 역시 도처에서 호족지주집단의 무장저항이 일어났다. 끝내 유수는 지주호강地主豪强과 타협에 도달하였다. 기존 지주의 기득권을 인정하는 대신에, "8월 인구조사"[5]와 정기적인 호구조사제도를 고수하였다.

전날의 실패를 훗날에 만회하였다. 후한 통치집단은 정예의 병사와 간소한 정치를 통해서 지출을 절약하였다. 게다가 둔전屯田을 조직하였고, 노비와 수도囚徒〔수인囚人·형도刑徒〕를 해방시켰으며, 유망민流亡民을 불러들이는 등의 방법으로 국가의 인력과 재력의 곤란함을 해결하였다. 그러므로 호강지주豪强地主의 자발적인 세력과 봉건정권이 발굴해낸 생산잠재력의 상호작용을 통해서 후한 전기 사회경제의 회생을 촉진하였다.

---

4   "能紹前業."
5   "八月算人."

6. 후한 후기(기원후 89년~기원후 196년)
: 사회통제의 실패와 경제의 분화·와해기

화제和帝 이후 통치집단은 나날이 부패하였다. 봉건국가가 집행하는 경제정책과 경제기초의 모순은 더욱 악화되었다. 끊임없이 증가하는 부역의 분배로 인해 파산하여 유망하는 농민이 점점 늘어났다. 그들은 계속해서 지주호강의 문하에 들어갔다. 봉건국가가 실제로 통제할 수 있는 인구는 점점 줄어들었다. 결국 극심한 재정위기에 내몰렸고, 국가가 조직한 사회생산의 기능은 점차 상실하였다.

그렇지만, 호족지주의 전장田莊이 오히려 황폐해진 국토 중에서 실낱같은 오아시스로 변모하였다. 호족지주의 전장경제는 사가私家의 봉건적 예속관계가 자발적으로 발전한 산물이다. 이것은 파산농민을 다시 토지와 결합시켜 사회생산에 종사하게 하였고, 당시 국가경제의 기능이 마비된 조건하에서 사회생산을 조직할 책임을 맡았다. 그것은 자급자족하는 다양한 경영經營의 자연경제 단위였다. 이것은 때때로 종족宗族단위로 촌락을 이루는 형태로 나타났다.

그러나 지주전장경제는 끝내 사회경제의 전반적 쇠퇴의 추세를 만회하기는 어려웠다. 봉건국가의 경제정책기능 실패는 사회경제에 대한 거시적 제어능력을 상실하였다. 국가의 정치경제 실력이 점차 호족집단의 손으로 넘어가서, 봉건예속 관계는 갈수록 강화되었다. 게다가 끊이지 않는 천재天災·인재人災가 마침내 후한제국의 와해와 국민경제의 붕괴를 가져왔다. 당시 조朝·야野와 상上·하下에서 사회경제 문제에 대한 탐색은 사람들에게 깊은 성찰을 유발하였다.

I. 진한 경제의 개략적 서술

(二) 진한 경제발전의 특징

진한 시기 중국 봉건사회의 제1차 대통일 시기이다. 이때 사회경제적 발전은 중국 봉건경제의 기본골격이 설정되어, 아래의 특징이 형성되기 시작하였다.

1. 농업중심 국민경제체계의 완전한 확립

서구봉건시대 인구는 기본적으로 안정되었고, 농사와 목축에 적합한 토지는 비교적 많았다. 농촌은 일반적으로 삼포제三圃制를 실행하였고, 연이은 대규모의 휴경지는 방목에 사용되었으며, 그리고 농경지 밖으로 오래된 목장이 둘러싸고 있었다. 이 때문에 목축업은 비교적 발달하였고, 농업·목축업 혼합적 경제구조가 형성되었다. 그러나 중국은 자연지리 조건의 제약으로 말미암아서, 경지와 초원은 비교적 적었고, 산지는 또 2/3를 점하였기 때문에 목축업이 매우 발달할 수는 없었다. 사람들이 먹는 음식물을 구성하는 주요한 부분은 곡물(糧食)이다. 곡물생산은 사회경제에서 매우 중요한 지위를 점하였다. 그리고 봉건통치계급은 전제주의 중앙집권적 통치제도를 확고히 하기 위해서, 또 단일한 농업경제 양식을 건립할 필요가 있었다. 이것이 통치계급의 정책에 반영되었다. 농업을 중시하고 상업을 억제하거나[6] 본업을 숭상하고 말업을 억제한다고 하여서,[7] 곧 농업생산의 발전을 우선시하고 기타 경제 부분의 성장을 억제하였다. 진秦이 중국을 통일한 후에 "농업을 우선시하고 상업을 억제하는"[8] 정책을 선양하였다. 게다가 변방의 유목 지역으로 계속해서 이민移民을 추진하였다. 이

---

6 "重農抑商."
7 "崇本抑末."
8 "上農除末."

것은 중원 지역의 선진적 농경農耕경제를 사방에 새롭게 개간된 농업지대로 퍼져나가게 하였다. 전한 통치자는 일찍이 대규모의 사민徙民으로 변방을 채우는 정책과 둔전屯田정책을 실행하였다. 중국 서북일대의 새롭게 개간된 농업 지역에서 사회인구의 끊임없는 증가에 따라서, 농업 지역은 변방으로 끊임없이 확대되었고 초원과 목지牧地는 나날이 줄어들었다. 후한 시기에 이르러 서북 지역에 둔전이 광범위하게 개간되었고, 강남 지역의 농업경제 또한 신속한 발전을 보였다. 『한서漢書』「지리지地理志」에 따르면, 전한 평제平帝 원시元始 2년(기원후 2년) 개간된 토지는 827,053,600무畝이다. 후한 이후 화제和帝·안제安帝·순제順帝·충제冲帝·질제質帝 연간 토지를 개간한 수량은 모두 명확히 기재되어있다. 실제로 개간되는 토지의 수의 지속적 증가는 당시 농업 지역이 끊임없이 확대되어 채워지고 있었음을 설명한다. 그러므로 진한 시기 황하黃河유역과 경하涇河·위하渭河·분하汾河유역, 장강長江유역 등에서 북으로는 장성長城에 이르고, 남으로는 영남嶺南의 통일적 농업경제지대에 이르는 지역을 모두 포괄하여 형성되었다. 따라서 농업 중심의 국민 경제체계가 완전히 확립되었다.

당연히 이러한 기본적인 통일경제체계 중에서 또 다양한 유형이 존재하였다. 예컨대 장성의 북쪽, 서쪽의 광대한 지역은 유목경제지대로 만들었고, 갈석碣石(현재 하북河北 창려昌黎)에서 용문龍門(현재 섬서陝西 한성현韓城縣 경내)을 지나 서남으로 기울어져 천수天水 및 농서隴西의 북쪽과 서쪽 지역을 반농반목半農半牧지대로 만들었다. 그리고 농업을 중심으로 하는 경제구역 내에는 진령秦嶺·회하淮河를 경계로 하였고, 북부는 한량旱糧농업지대가 되었고, 남부는 수도水稻농업지대가 되었다. 그러나 동시에 발전에서도 균등한 상태를 이루지 못하였다. 비록 중원 지역은 농업생산이 발달하였다고 하더라도 남방은 여전히 잡초를 불로 태운 후에 물을 대어서 농사짓는(火耕水耨) 낙후된 단계에 머물러 있었고, 심지어는 "고기를 생식하고, 짐승 가죽옷을 입으며, 소금과 곡식을 본적도 없는"[9] 원시촌락도 있었다. 이것은 당시 농업 중심의 다양한 경제체계가 구성되어서 중국 봉건경제 발전의 기초를 설정하였다.

2. 지주대토지점유제의 점진적 발전

토지제도는 농업생산의 가장 기본제도이다. 진대 이후 확립된 토지점유가 결속된 후에 지주대토지점유는 나날이 발전하였다. 전한 초기에는 주로 관료지주(귀족·공신·관리 포함)였다. 그들은 정치적 경제적 특권에 의지해서 공공연히 폭력으로 토지를 약탈하였다.

어떤 사람은 매매를 명목으로 토지를 탈점하기도 하였다. 한 무제 시기에 이르러 관리가 급속히 증가했을 뿐만 아니라, 그들의 토지점유는 이미 매우 심각한 상황에 이르렀다. 『한서』 「동중서전董仲舒傳」에 따르면, 관리들은 "부유함과 귀한 신분에 편승해서 얻은 자금과 힘으로 백성과 이익을 아래에서 다투니 … 그 전택은 광대해지고, 그 산업은 확대되었다."[10] 별도로 이때 서민지주 세력도 발전하였다. 그들은 농업과 목축을 주로 하였다. 집안을 일으켜 부를 취득하였고, 전택을 많이 사들였다. 어떤 사람은 "상업으로 재물을 모았고 농업으로 지켰으며",[11] 상공업 경영을 통해서 가문을 일으켰고 토지를 겸병하였다. 게다가 수많은 서민지주는 또한 여러 경로를 통해서 관료계층에 진입하였다. 이에 지주·관료·상인 삼위일체의 국면이 출현하였다. 이것은 지주대토지점유제의 초보적 형태를 알리는 징표였다. 그러나 당시 봉건정권은 여전히 변방 강제 이주와 자사刺史의 감독과 혹리酷吏에 대한 처벌 등의 수단을 통해서 대토지점유제

---

9   『後漢書』 卷86 「南蠻西南夷列傳」 "食肉衣皮, 不見鹽穀."

10   『漢書』 卷56 「董仲舒傳」 "因乘富貴之資力, 以與民爭利於下 … 廣其田宅, 博其産業."

11   『史記』 卷129 「貨殖列傳」 "以末致財, 以本守之."

의 발전을 제한하려고 하였다. 이것은 호강지주의 토지겸병土地兼幷의 추세에 영향을 미쳤다.

원제元帝 이후 토지겸병은 더욱 심각해졌다. 당시 정치경제 상황의 진전에 따라서, 지주계급의 사회세력은 더욱 강대해졌고, 유사儒士·관료·지주·상인의 사위일체四位一體의 호족지주가 출현하였다. 이때 "관동關東의 부유한 사람은 점점 많아지고 좋은 전지의 규모는 늘어났다."[12] 그들이 점유한 토지는 수백 경頃에서 심지어 수천 경頃에 이르렀다. 이것은 지주 대토지점유제에 좀 더 진전된 발전이 있었음을 나타내는 징표였다. 당시 봉건정권의 토지겸병에 대한 제한이 이미 유명무실화되었고, 호민豪民을 강제 이주시켜 황릉을 관리하게 하는 정책은 빠른 속도로 와해되었다. 애제哀帝는 전지·노비 제한(限田限奴婢) 논의를 근본적으로 실행할 방도가 없었다. 왕망王莽이 제도를 개혁해서 대토지를 수탈하려던 시험은 끝내 실패로 끝나고 말았다.

후한 초기 광무제光武帝 유수劉秀는 전지를 조사하여 세금을 거둔[13] 이후에 유화책으로 천하를 다스렸다. 그러므로 후한 정권은 사실상 호족지주의 기득권을 묵인하였다. 대토지점유제는 신속히 발전하였고 지주의 전장도 형성되었다. 동시에 누세토록 공경이 되는 국면이 출현하였다. 여러 세대에 걸쳐 정권을 장악하는 문벌지주門閥地主가 나타났다. 그들의 토지에 대한 점유 추세는 안정적이었다. 『후한서後漢書』 「중장통전仲長統傳」에 따르면, 이때 "호족의 집에는 건물 수백 채가 연달아있고, 비옥한 전지가 들판을 뒤덮으며, 노비는 천여 명에 이르고, 옮겨와서 귀부한 사람은 만 〈명〉을 헤아린다"고 하였다.[14] 이것은 지주대토지점유제가 기본적으로

---

12 『漢書』卷70 「傳常鄭甘陳段傳」 "關東富人益衆, 多規良田."

13 "度田受阻〔租〕."

14 『後漢書』卷49 「王充王符仲長統列傳」 "豪人之室, 連棟數百, 膏田滿野, 奴婢千群, 徒

I. 진한 경제의 개략적 서술

확립되었다는 징표이다. 그리고 진한의 지주대토지점유제는 나날이 발전하여, 봉건경제 발전의 진행과정에 대해서도 지대한 영향을 미쳤다.

3. 소농업·가정수공업 연계구조의 고착현상 심화

소농업과 가정수공업의 결합은 진한 사회생산방식의 광범위한 기초였다. 당시 자영농의 작은 토지는 물론이거니와 혹 지주의 대토지, 그리고 국가가 직접 경영하는 토지에서 모두 각각 독립적으로 경작하는 형식을 취하였다. 곧 일가일호一家一戶를 기본생산단위로 하였다. 곡물생산에 종사하고 또 가정수공업 생산에 종사하였다. 일반적으로 "남자는 경작하고 여자는 방직하는"15 특징을 보였다.

일찍이 상앙商鞅의 변법 시기 "본업〔농업〕에 힘쓰되, 경작과 방직으로 곡물과 비단을 많이 생산하는 자는 그 신역을 면제하는"16 규정이 있었다. 이것은 남자는 경작하고 여자는 방직하는 생산방식이 이미 형성되었음을 설명한다. 그러나 이러한 전통은 진한시대에 이르러서야 비로소 정형화되었다. 진정한 "생산방식의 광활한 기초"가 만들어졌다. 『회남자淮南子』「주술훈主術訓」은 다음과 같이 설명한다. "경작은 수고롭고, 방직은 번거롭다. 번거롭고 수고로운 일을 백성이 버리지 않는다면 그 의식衣食이 가능함을 알 것이다. … 의식의 도道는 반드시 경작하고 방직하는 데에서 비롯되니, 모든 백성이 모두 공공연히 알고 있다."17 그리고 "남자가 경작하지 않으면 굶주릴 것이고, 여자가 방직하지 않으면 추위에 떨게 될 것이

〔徙〕附萬計."

15 "男耕女織."

16 『史記』 卷68 「商君列傳」 "僇力本業, 耕織致粟帛多者復其身."

17 『淮南子』「主術訓」 "耕之爲事也勞, 織之爲事也擾, 擾勞之事而民不舍者, 知其可以衣食也 … 衣食之道必始于耕織, 萬民之所公見也."

다"고 하여,[18] 한대漢代 사람들의 입을 통해서 전해졌다. 대토지점유제의 발전에 따라서, 지주전장경제가 형성되었고 상품시장은 더욱 위축되었다. 그러므로 전한 후기 공우貢禹, 후한의 장림張林은 모두 일찍이 화폐를 폐지하고 국가의 조세는 모두 곡물과 비단으로 징수할 것을 주장하였다. 『후한서』에는 "조租·조調", "곡물과 비단으로 조調를 거둔다"[19]는 기록이 자주 보인다. 조조曹操가 반포한 전조田租·호조제戶調制는 후한에서 비롯되었다. 당시 국가의 조세에는 이미 곡물과 비단을 징수하는 것이 중요하였다. 이것은 소농업과 가정수공업의 연계구조를 더욱 확고하게 하고 보편화시켰다.

소농업과 수공업의 견고한 결합은 우선, 소농가정의 생존에 필요한 수요에 맞추어 생산하게 하였다. 당시 생산수준의 한계로 말미암아, 소농경제의 생산규모는 협소하였고 생산도구는 간소하였다. 그들은 농경에 종사하는 데 수입에 한계가 있었다. 게다가 소농의 지조地租와 부세 부담은 가중되었다. 그들은 잉여노동의 전부, 혹은 심지어 필수노동조차도 모두 국가에 의해 빼앗기고 말았다. 생존을 구하기 위해서 가정수공업을 생존을 모색하는 주요한 수단으로 하지 않을 수 없었다. 다음으로, 국가 정책의 영향이었다. 봉건정권은 모두 호적관리와 법률 등의 행정수단을 통해서 농민을 토지상에 속박시켰고, 농민이 자유롭게 옮겨 다니지 못하게 하였다. 동시에 봉건정권은 농업을 중시여기고 상업을 억제하는 정책, 농상農桑을 권장하는 정책을 추진하였고, 또한 그들의 생산경로를 제한하였다. 농민이 단지 가정생산력의 잠재력을 찾아내도록 압박하여, 남자는 경작하고 여자는 방직하는 방식을 통해서 생계와 간단한 재생산만을 도모하

---

18 『漢書』卷24「食貨志上」"一夫不耕或受之饑, 一女不織或受其寒."
19 "調取穀帛."

도록 하였다. 마지막으로, 실물을 수탈하는 제도를 제한하였다. 진한정권이 제정한 조세제도와 시행한 실물 지조地租를 통한 수탈은 농민의 생산활동을 제약하였다. 농민은 다만 농업과 가정수공업의 결합방식을 취하고 있었지만, 겨우 상업할 수 있는 정도의 생산물만을 구비하고 있었다. 요컨대 소농업과 가정수공업이 결합된 생산방식은 진한 사회생산력과 봉건제도의 산물이다. 또한 당시 봉건전제정치체제의 기초가 되었다.

그러나 소농업과 가정수공업이 결합된 소농경제는 생산과 생활에 대한 문제를 스스로 해결하지 못하였다. 그들에게 필수적 철농기구와 소금 등은 시장에 의지해서 해결해야 했다. 그래서 당시 상품경제가 사회기초로 존재했다. 이외에도 당시 독립적인 개인수공업 경제가 있었다. 곧 각종 전업인 임업·목축업 경제, 부업인 어업 경제 및 관영 수공업 경제 등이다. 진한 사회경제는 소농업과 가정수공업이 결합된 자연경제가 기초가 되었고 다양한 경제 성분이 보완되어 완전한 모습을 갖추었다. 이러한 경제적 구조는 완강한 생명력의 무거운 압박을 받았을 뿐만 아니라, 파괴된 후에 완강한 재생능력을 지녔다. 소농업과 가정수공업이 결합된 생산방식은 진한 사회경제 발전의 근본이었음을 알 수 있다.

4. 파도형 전진방식의 사회경제

진한 사회경제의 발전은 일찍이 세 차례 거대한 파도형의 경제발전을 겪어왔다. 제1차는 진한교체기에 발생하였다. 진 시황이 육국六國을 통일한 후부터 확고한 통일경제체제를 건립하고자 하는 노력이 계속되었다. 그러나 통치집단의 지나친 조급성과 과욕으로 인해서 백성에게 잔혹한 조부와 요역을 수탈하였다. 이 때문에 중국역사상 제1차 농민대봉기가 발생하였다. 육국의 구귀족舊貴族은 복벽전쟁復辟戰爭, 초한전쟁楚漢戰爭을 감행하였고, 자연재해까지 겹쳐서 기근으로 인한 피해가 매우 컸다. 국민경제는 점점 깊은 구렁텅이로 떨어져 내렸다.

유방劉邦이 전한왕조를 다시 세운 후에 진왕조가 폭정暴政으로 망한 역사적 교훈을 받아들여, 지속적이고 확고한 통일경제제도의 건립에 힘써나갔다. 혜제惠帝·고후高后·문제文帝·경제景帝 등 여러 황제를 거치면서, 경제정책에 대한 조정으로 사회경제는 신속히 회복되고 발전하였다. 무제 시기에 이르러 국민경제는 일찍이 없었던 번영을 누렸고, 한대漢代 경제 상태가 가장 좋은 시기를 맞이하였다. 한 무제의 전면적 경제개혁을 통해서, 확고하고 통일적인 모습이 만들어졌고, 중앙집권적 경제체계가 강화되었다. 한 차례 파도가 아직 잠잠해지기 전에 또 한 차례 파도가 일어났다. 지주토지점유제의 발전에 따라서, 전한 통치집단은 또한 토지겸병으로 인해 발생한 경제적 문제에 주의를 기울였다. 전한 통치집단은 제때에 낡은 정책을 조정하여 토지점유관계의 변화에 적응할 수 없었기 때문에, 토지를 잃어버린 농민이 지주전호관계를 다시 새롭게 함으로써 토지와 결합하여 생산에 종사하는 것을 막았다. 이것은 사회위기가 점점 가중되었기 때문이다. 게다가 이 때문에 제2차 경제파도가 발생하였다. 왕망은 사회위기를 해결하기 위해서 복고로 되돌아가는 조치를 채택하였고, "부유한 사람이라도 스스로 지킬 수 없고 가난한 사람이라도 스스로 보존할 수 없게" 만들었으며,[20] 이로 인해 제2차 농민대봉기가 발생하였다. 해마다 전쟁과 자연재해는 다시 한 번 국민경제를 낮은 계곡으로 떨어뜨리고 말았다.

유수劉秀가 후한 왕조를 건립한 이후, 생산을 회복시키고 발전시키는 일련의 조치를 취하였다. 게다가 봉건적인 예속관계의 자발적 발전으로 지주전장경제가 방대해졌다. 명제明帝·장제章帝 시기 사회경제는 또 한 차

---

20 『漢書』卷24「食貨志下」"富者不得自保, 貧者無以自存."

I. 진한 경제의 개략적 서술

례 번영을 맞이하였다. 그러나 당시 경제는 오르내리는 곡선이 계속되어, 전한 시기 경제 성장의 절정기에 도달하지는 못하였다. 후한 통치집단이 전한의 옛 경제제도를 계승하였기 때문에, 근본적으로 대토지점유제의 계속적인 발전과 이로 인한 사회위기를 해결할 수 없었다. 장제·화제 시기 후한의 아주 짧은 번영은 점점 하강하는 곡선을 나타냈다. 이때부터 국가 경제제도와 토지점유관계의 모순은 급속히 악화되었다. 제2차 경제파도를 야기하였다. 후한 후기 조정정치의 부패로 인해서 봉건국가의 경제 질서가 완전히 붕괴되었다. 농민은 계속해서 국가의 호적을 없애고 호강 지주에게 예속되었다. 국고는 심각한 수준으로 고갈되었다. 후한 정권은 또한 재정위기를 농민에게 전가하여, 계급모순이 격화되었고, 제3차 농민 대봉기를 촉발하였다. 매년 끊이지 않는 전란戰亂과 자연재해에 국민경제는 일찍이 없었던 큰 재해를 겪었고, 또 한 차례 깊은 구렁텅이로 빠져들어가고 말았다.

무엇이 진한 경제발전에 파도형 곡선을 나타나게 했을까? 이상의 분석을 통해서 살펴보면, 봉건국가가 집행한 경제정책은 경제기초의 변화에 제대로 적응하지 못했는데, 이것이 결정적 요인이었다. 중국의 전제 집권적 국가기구가 지닌 행정과 경제의 두 가지 기능 때문에 봉건정권은 사회경제활동에 직접 참여하였다. 그리고 사회생산을 조직할 책임도 부담하였다. 농민에게서 거두어들이는 것이 좋고 나쁜 것이 바로 정부의 좋고 나쁨에서 결정된다.

이외에도 진한 시기가 일찍이 봉건사회 초기에 봉건국가가 분열되어 통일을 지향하였고, 토지는 분산에서 집중으로 향해 가고 있었다. 이것은 봉건사회에 제1차로 출현한 사회 문제였다. 봉건국가는 경제정책을 조정해서 이러한 변화에 적응하였지만, 단지 암중모색에 지나지 않았다. 그러므로 봉건정권은 제1차 임무를 진 시황에서 한 무제에 이르는 약 백 년 동안 모색하여 비로소 실현하였다. 그리고 봉건정권은 전한 중기부터 후한 말기까지 3백년 동안 온전하게 제2차 임무를 완성하지는 못하였다. 이른바 봉건 통치집단이 건설한 전제 집권적 경제체제는 경제기초에 적응과 부적응을 반복하는 모순을 만들어냈다. 진한 사회경제의 발전이 파도형으로 전진하는 운동형태를 보였다. 이러한 운동형식은 끊임없이 봉건 경제관계를 파괴시켰다. 또한 계속해서 봉건경제관계를 재생시켰다. 그 전반적 추세는 장기간 완만히 발전하였다.

요컨대, 진한 사회경제 발전과정 중에 농업 중심 국민 경제체계가 완전히 확립되었고, 지주대토지점유제는 나날이 발전하였다. 소농과 가정수공업의 결합은 더욱 견고해졌다. 사회경제는 파도형으로 전진하는 운동양상을 보였다. 이 같은 네 가지 양상은 진한 경제에서 먼저 나타난 특징이었고, 또한 중국 봉건경제의 보편성이었다.

I. 진한 경제의 개략적 서술

II

진대 사회경제의
쇠퇴와 치란治亂

(一) 진 시황의 통일적 경제조치의 공고화

기원전 221년 진秦 시황始皇은 중국을 통일하였고, 제후가 할거하는 영웅시대를 종식시켰으며, 중국 역사상 미증유의 통일봉건왕조－진秦－를 출현시켰다. 이와 같은 대국大國의 출현에 직면하여, 진왕조는 이미 존재하던 통치경험을 귀감으로 삼을 수는 없었다. 진 시황은 그 위대한 정신과 담력·지모로써 전국시대戰國時代 진秦과 기타 육국六國의 치국治國 정책을 창조적으로 운용했고, 통일제국 만세영존萬歲永存의 청사진을 계획하였다. 이러한 폭넓고, 심오한 청사진에는 진 시황이 설계한 정치·군사·문화정책을 포괄하였을 뿐만 아니라, 또한 일련의 경제조치를 포함하였다.

1. 중앙집권적 재정관리 기구의 완비

통일대업을 확고히 하고 중앙의 지방에 대한 통제를 강화하기 위해서, 진대秦代에는 중앙집권적 경제관리 체제를 실행하였다. 진왕조秦王朝의 재정財政관리기구는 진국秦國 재정기구의 계승·발전이었고, 전제주의 중앙집권 통치제도의 중요한 부분이었다.

진대 중앙재정 관리체계는 군주의 전제적 형태에 따라 구성되었다. 황제는 지고무상至高無上의 재정대권財政大權을 지닌다. 아래로는 승상丞相을 설치하여 "천자天子를 도와서 만기萬機를 보좌해서 다스리는 일을 맡았고",[1] 전국의 재정을 협력하여 처리하는 일까지 포괄하였다. 승상은 국가 경제정책의 제정에 참여할 수 있고, 황제가 비준한 각종 재정명령의 실행을 관철시킨다. 승상 이사李斯는 바로 일찍이 "눈금을 고치고, 도량형을 통일시켜, 법령을 천하에 공포하였다."[2] 승상은 또한 중앙의 각종 관서의 용도를 확인할 권리가 있으며, 중앙에서 지방에 이르는 재정을 감독하고, 오직 황제에 대해서만 직접 책임진다. 이외에도 세상에 전하는 "상방과相邦戈" 명문銘文에 따르면, 승상은 또한 도성 함양咸陽의 관영 수공업장 제조과정 감독 등의 일을 경영하고 관리하였음을 알 수 있다. 또한 어사대부御史大夫는 부승상副丞相이 되어 재정감찰을 책임졌고, 아울러 천하天下의 도서圖書[지도·문서]와 계적計籍[재정·호적]을 관리하였다. 예컨대 진 시황 때 장창張蒼은 어사御史가 되어 주하柱下[궁전]에 머무르면서 전국 각지에서 올라오는 문서를 관리하는 일을 하면서 "천하의 도서圖書와 계적計籍을 훌륭히 익혔다."[3]

중앙의 구체적인 재정기구의 관리책임은 대내大內와 소내少內에 있다. 대내는 제국帝國의 "공가公家"의 재정을 관리하는 책임이 있고, 소내少內는 제실帝室의 "사가私家"의 재정을 관리한다. 대내의 관장은 치속내사治粟內史라고도 부르고, 혹은 간단히 내사內史라 칭하며, 주로 국가의 곡물과 재화를 관장한다. 『수호지진묘죽간睡虎地秦墓竹間』 「진률십팔종秦律十八種」에

---

1   『漢書』卷19 「百官公卿表上」 "掌丞天子, 助理萬機."
2   『史記』卷87 「李斯列傳」 "更剋畵, 平斗斛度量, 文章布之天下."
3   『史記』卷96 「張丞相列傳」 "明習天下圖書計籍."

따르면, 치속내사는 구체적으로 전조田租, 고세稿稅의 징수, 축적과 지출을 책임졌다. 무릇 각지에 산재해 있는 양식·추고芻稿는 매년 필수적으로 상계上計〔호구·전곡 등 회계보고〕하기 위해 관리가 책을 지어 내사에 보고했다. 이는 치속내사가 통일적으로 장악하기 위함이다. 심지어는 관주官酒를 빚는 선도秈稻〔메벼〕와 나도糯稻〔찰벼〕의 수량을 규정하는 데까지 이르렀고, 또한 반드시 사용정황을 정기적으로 내사에 보고해야 했다. 이외에 치속내사는 또한 관부의 공기公器의 수발收發·변매變賣를 책임졌고, 도관都官·형도刑徒 등에 대한 의복의 지급과 회수를 담당하였으며, 또 수공업자 통제도 책임졌다. 수공업 공장은 반드시 공사工師와 초보(新工)·숙련공(故工)의 전수, 학습공예의 정황을 기록하여 내사에 보고해야 했다. 『수호지진묘죽간』「법률답문法律答問」에는 "몰래 주옥珠玉을 국경의 관을 넘어서 가져가거나 외국인에게 파는 경우, 〈이때 체포하여〉 주옥을 내사에 상납하게 되면 체포한 사람에게 상금을 주었다"고 하였다.4 내사는 사사로이 밀수하거나 주옥·진보珍寶를 팔려고 할 경우 몰수할 수 있었으며, 아울러 고발한 사람에게는 적당한 상금을 지급하였음을 알 수 있다. 이것은 모두 치속내사治粟內史가 막대한 국가의 실물재정을 집행했음을 나타낸다. 치속내사에 속하는 관직은 승丞 2인이었는데, 그중 태창령승太倉令丞은 곡물이나 재화와 같은 실물의 수발收發과 저장의 관리를 보좌하였다.

소내관장少內官長은 또한 소부少府라고 한다. 『한서』「백관공경표상百官公卿表上」에서 소부는 "산·바다·연못·호수의 세금을 맡아서 황실재정을 지급한다"고 하였다.5 진秦의 산택세山澤稅 징수는 상앙商鞅의 변법을 따라서 처음으로 시작하였다. 그리고 산택세 중 가장 중요한 것은 염철의 이

4　『睡虎地秦墓竹間』「法律答問」 文物出版社, 1978, 211쪽. "盜出朱〔珠〕玉邦關及買〔賣〕于客者, 上朱〔珠〕玉內史, 內史材鼠〔予〕購."

5　『漢書』 卷19「百官公卿表上」"掌山海池澤之稅, 以給共養."

익이다. 동중서董仲舒는 일찍이 상앙이 제왕帝王의 제도를 고친 책임을 다음과 같이 지적하였다. "천택의 이익을 오로지하였고 산림의 풍요로움을 관장하였다. … 전조田租, 구부口賦, 염철의 이익이 옛날보다 20배였다."[6] 곧 염철의 부담은 광범위하여 소부의 금전 수입은 상당했음을 알 수 있다. 진나라는 전문기구와 관리를 두고 염정鹽政과 철정鐵政을 관리하였고 염철포상정책도 실행하였다. 『화양국지華陽國志』「촉지蜀志」에서 진나라는 일찍이 촉군蜀郡 성도成都에 염철시관鹽鐵市官과 장승長丞을 두었다. 진 시황 때 사마창司馬昌은 "진秦의 주철관主鐵官이었다."[7] 각지 염철관鹽鐵官은 고조顧租(즉 승포세承包稅)와 시세市稅를 거두어들였고, 이 모두가 소부에 모였다. 산택山澤·염철鹽鐵의 세를 제외하고 소부의 다른 큰 수입은 인구세人口稅이다. 진나라는 상앙이 호구세를 징수하기 시작한 데에서부터 호부戶賦라 칭하였다가 뒤에 고쳐서 구부口賦라 하였다. 『회남자淮南子』「사론氾論」에는 "진나라 때 … 머릿수대로 곡식을 내게 하여 키로 쓸어 모으듯이 거두어 소부까지 실어 날랐다"고 하였다.[8] 이것은 진대에는 오로지 인두人頭에 따라 세전稅錢을 징수하는데 키로 쓸어 모아서 거두어들여 소부에 바쳤다. 소부가 전세錢稅 수입을 주관하고, 무릇 산택·염철·시정세市井稅와 인구세를 거두어들였는데 대개 황제의 사장私藏을 위해서 소부가 받아들이도록 하였음을 알 수 있다. 그래서 황제의 경제특권을 대단히 강화하였고 군주전제통치를 위한 편리한 경제조건을 제공하였다.

소부는 황제의 특별한 세금을 징수하는 재정기구일 뿐만 아니라 철새鐵材를 수장하여 저장하는 기구, 황실물품을 제조하는 수공업 관리기구, 제왕의 일을 처리하는 후방기구의 역할도 했다. 따라서 소부는 다양한 종류의

---

6   『漢書』卷24「食貨志上」"顓川澤之利, 管山林之饒 … 田租口賦, 鹽鐵之利, 二十倍于古."
7   『史記』卷130「太史公自序」"爲秦主鐵管."
8   『淮南子』「氾論訓」"秦之時 … 頭會箕斂, 輸於少府."

속관을 설치했는데 속관마다 각기 일을 나누어 관장하였다. 예컨대 염철관장승鹽鐵官長丞을 두어 염철세를 징수하는 책임을 맡았고, 도수장승都水長丞을 두어 피지陂池의 관개와 하거河渠의 보수를 주관하였으며, 영항령永巷令을 두어 관인장부官人帳簿·공상公桑·양잠養蠶·여공女工 등의 일을 관리하였다. 평준령平準令을 두어 물가를 담당하고 염색하여 채색하는 일을 맡았고, 어부령승御府令丞을 두어 황제어복 공급을 관리하였으며, 태의령승太醫令丞을 두어 의약을 주관하게 하였고, 늠희령승廩犧令丞을 두어 제사희생을 맡았다. 도관령승導官令丞을 두어 쌀을 고르게 하였고, 좌익佐弋을 두어 익사弋射를 관장하였다. 육상六尙－상관尙官, 상의尙衣, 상식尙食, 상목尙沐, 상석尙席, 상서尙書－을 두어 제왕의 일상생활에서 일어나는 활동 전반을 받들었다. 또한 장작소부將作少府를 두어 제왕을 위해 전문적으로 궁전과 동물원, 식물원, 능묘 등을 건설하였다. 진나라가 통일전쟁에서 승리한 이후에 그 통치구역이 끊임없이 늘어났으므로, 황제 사유私有경제의 특권이 나날이 방대해졌으며, 궁극에는 사욕이 악성惡性으로 팽창하는 것을 야기하였다.

진대秦代 지방재정 관리체계는 군·현 2급제로 나뉘는데, 이것은 중앙집권의 기반이 강화되었음을 반영한다. 군수郡守는 군일급郡一級의 최고 재정장관으로 본 군의 수입과 지출을 책임졌고 아울러 속현屬縣·도道(진秦은 변군邊郡에 도를 설치했다)의 재정을 감독하였다. 군수는 군내 조세를 징수하거나 노동력을 징발할 권리가 있었다. 또한 지방 염鹽·철鐵·시관市官을 통제하였고 본군 관영 수공업 작업장의 감조監造관리 등을 책임졌다. 군수는 반드시 시기를 맞추어서 현縣의 상계上計를 받았고 상계의 내용은 호구戶口, 간전墾田, 부세 수량, 전곡錢穀의 입출, 도적의 많고 적음 등의 정황을 포함하였다. 또한 군수는 반드시 연말에 중앙으로 상계하였고, 중앙의 고핵考核과 장징奬懲〔포상과 징계〕을 받았다. 군수의 재정을 보좌하는 관리에는 군승郡丞이 있었다. 군승은 군수의 재정관리를 도왔는데, 구체적으로는 상계의 업무를 책임졌다. 그 밖에 군소부郡少府는 군郡 내 전재錢財를 담당하여 군부郡府의 재용을 지급하였다.

진나라는 만호萬戶 이상에는 현령縣令을 설치했고 만호 이하에는 현장縣長을 설치하였다. 현령·현장은 현의 일급 재정장관이었고, 본현 재정의 조세수입과 지출을 책임지며 생산을 관리하였으며, 아울러 요역을 차출하여 보냈다. 또한 상계를 주관하고 군과 중앙의 재정검사를 받았다.『수호지진묘죽간』에는 현령·현장은 반드시 제때에 현에 속한 관원의 재물과 장부 목록에 대해 감사(檢査)를 받아야 했고, 그 손실된 재물에 대해서 배상할 책임이 있었다. 또한 반드시 현에서 업무를 처리하는 중앙관원의 음식을 제공해야 했다. 게다가 대내大內 혹은 소내少內에 "현공顯工(현의 수공업 작업장)"을 설치하였고 반드시 원료 등을 각 현이 제공하도록 하였다. 현령·현장의 재정방면의 중대한 책임을 알 수 있다. 현령·현장의 재정을 보좌하는 관리로 현승縣丞이 있다. 현승은 재정분야에서 창고·감옥 관리 이외에 본 현의 상계를 책임진다. 재정財政을 담당하는 관청은 현소부縣少府에 있고 현부縣府는 전재錢財를 담당한다. 현령사縣令史는 창고검사를 책임진다. 또한 현의 색부嗇夫는 다양한 종류가 있다. 전색부田嗇夫는 공전公田을 주관했는데, 백성을 이주시키거나 재난으로 규휼하는 상황에서 백성에게 공전을 주거나 빌려주었다. 사공색부司空嗇夫는 수리·건축·도로 등의 공정을 주관했고, 고색부庫嗇夫는 수공업장을 관리하였다. 칠원색부漆園嗇夫는 칠원의 모든 역을 주관했으며, 창색부倉嗇夫는 창고를 관리하고, 구색부廏嗇夫는 사육 등을 관리하였다.

진나라가 변군邊郡의 소수 민족 지역에 설치한 도道는 도색부道嗇夫를 통해서 주관하였다.『수호지진묘죽간』「어서語書」에는 남군수南郡守 등腾이 현縣·도색부道嗇夫에게 명하고, 현이나 도를 막론하고 모두 중앙통일적인 법률·전령田令 등을 집행해야 했고 사사로이 농간을 부릴 수 없었다. 그러나 진나라는 일반적으로 이도夷道 지역에 재정 우대정책을 실행하였다. 진秦 소왕昭王 때, 일찍이 판순만이板楯蠻夷와 맹약盟約했는데, "1경頃의 전지라도 조세가 없었고, 10명의 아내라도 세지 않았다."[9] 이현李賢의 주注에는 "특별히 그들을 우대하였기 때문에 1호戶에는 그 1경頃의 밭에 세금을 면제하고, 비록 아내가 10명이 있어도, 구산口算의 전錢을 물리지 않는다"고 하였다.[10]

진대秦代 현縣 아래에 향鄕을 설치하였는데, 대향大鄕(5만 호 이상)에는 유질有秩을 설치하였고, 소향小鄕(5천 호 미만)에는 색부嗇夫를 두었다. 향관鄕官은 일반 행정사무를 관장하는 것 이외에, 재정분야에서 향이 관할하는 토지·호구를 관리하고, 요역의 할당을 주관하며, 부세를 징수하고, 국가창고 양식보관에 참여하고, 민호의 재산분쟁 등을 처리하는 책임을 졌다. 진나라는 향 아래 정亭·이里를 설치하였다. 정에는 정장亭長이 있고, 이에는 이정里正 혹은 이전里典이 있고(시황의 이름을 피하여서 "정政"을 바꾸어 "전典"이 되었다), 그 재정기능은 대체로 향관과 비슷하고, 또한 전문적으로 농업생산의 관리를 보좌하는 "전전田典"이 있다.

이를 통해서 살펴보건대, 진대 엄밀한 재정분담, 가혹하고 번다한 재정입법, 엄격한 재정감독·상계上計·고핵考核제도 및 재정 장징獎懲제도를 통해서 중앙에 대한 지방재정의 제어와 관리를 강화하였다. 이에 진대 재정관리 기구는 전제주의적 중앙집권의 통치를 더욱 강화하기 위해서 보장책을 제공하였다. 그러나 진대 엄밀하고 가혹하고 세밀하고 잔혹한 관리제도가 지나쳤기 때문에 필연적으로 사람들의 손과 다리를 속박하여 재정관

---

9   『後漢書』卷86「南蠻西南夷列傳」"頃田不租, 十妻不算."
10 『後漢書』卷86「南蠻西南夷列傳」"優寵之, 故一戶免其一頃田之稅, 雖有十妻, 不輸口算之錢."

원과 지방재정이 적극적인 능동성을 발휘할 수 없게 했고, 이로써 사물이 극에 이르면 반드시 되돌아오게 되는 지경에 이르렀으며,[11] 이로 인하여 간사해지고 말았다. 그리고 진대 재정관리 기구는 주로 전쟁 시기에 진국의 재정체계를 이어받아 형성·발전하였고, 그중 일부는 이미 평화건설 시기 대통일제국의 요구에 맞지 않았다. 특히 소부의 재정직권은 바로 큰 문제였다. 그러나 진대 통치자는 아울러 시의적절한 조정을 추진하지 못하여, 마침내 큰 착오를 일으켰다. 더욱 유감스러운 것은 진왕조의 여러 가지 포학한 행실은 재정기구가 정상적인 기능의 행사를 불가능하게 하였고, 심지어 생산관리체계를 마비상태에 이르게 하였으니, 그 뒤의 결과는 예측하기 어렵지 않았다.

2. 백성의 직접 전지 등록(使黔首自實田)

상앙商鞅의 변법變法 이후 봉건토지소유제는 진국秦國에서 형성되었다. 상앙은 전제개혁을 통하여 국내의 토지소유권을 집중시켜 독점하고, 아울러 국가를 통한 전면적 발전을 계획하였다. 봉군封君의 채읍采邑과 향읍鄉邑 촌사村社의 토지에 옛 천맥阡陌을 쪼개어, 통일규제에 따라서 새로운 천맥을 수축하였으며, 그런 후에 국가에서 "토지를 구획하여 백성에게 나누는 일"[12]을 시행하였다. 일부 토지는 수전授田과 군공사전軍功賜田 등의 방식을 통해서 개인점유로 돌아갔고, 일부 토지는 국가기구에서 직접 경영하였으며, 토지관계는 보편적으로 국유와 개인점유의 이중성을 함께 보였다.

『신당서新唐書』「돌궐전突厥傳」에서 두우杜佑의 견해를 인용하여, "주周

---

11 "物極必反."
12 "制土分民."

나라의 제도는 100보步가 1무畝이고, 100무를 1부夫에게 지급하였다. 상앙이 진나라를 보좌할 때 토지의 이익이 다하지 못한다고 여겨서 240보를 1무로 고치고 100무를 1부에게 지급하였다."13 상앙의 수전授田은 대무大畝 100무를 단위로 삼았음을 알 수 있다. 또한 원전제轅田制를 실행하였는데, 토지를 받은 농민은 죽을 때까지 전지田地를 점유하게 하였고, "자신이 있는 곳에서 거처를 다시 옮기지 않아도 되었다."14 동시에 수전제授田制와 편호제編戶制가 서로 연계되었다. 『상군서商君書』「거강去彊」에는 "사경四境 안에 장부丈夫와 여자女子는 모두 이름이 올라있는데, 살아있는 사람은 기록하고 죽은 자는 삭제한다"고 하였다.15 이름이 등록된 자는 모두 전택田宅이 수여되었다. 곧 "위로는 자기이름을 등록하여 알릴 수 없고, 아래로는 전택이 없다"와 상반되었으며,16 농민은 태어나면 문서에 올려서 토지를 받았고, 죽으면 문서에서 삭제하고 토지를 환수하였다. 호구와 토지는 모두 국가에서 관리하며 배분도 총괄하였다.

당시 수전제授田制 실행을 제외하고, 또한 군공작호사전제軍功作戶賜田制를 실행하였다. 『상군서』「경내境內」에서 "능히 갑옷과 수급 하나를 얻으면 작위 1급을 상으로 주고 전지 1경頃을 주며 주택 9무畝를 더한다"고 하였다.17 곧 군공작급軍功爵級의 높고 낮음에 따라서 상응하는 토지를 내려주고, 엄격히 작질爵秩 등급명의 높고 낮음에 따라서 전택을 안배하는 원칙을 따랐다. 얼마 후에 "여전사厲戰士"의 사전賜田이 사용되었고, 같은 방식으로 "육신이 사망하면 전지田地를 빼앗았다."18

---

13 『新唐書』卷215「突厥傳」"周制步百爲畝, 畝百給一夫. 商鞅佐秦, 以爲地利不盡, 更以二百四十步爲畝, 百畝給一夫."

14 "爰(轅)自在其處, 不復易居."

15 『商君書』「境內」"四境之內, 丈夫女子, 皆有名于上, 生者著, 死者削."

16 『商君書』「徠民」"上無通名, 下無田宅."

17 『商君書』「境內」"能得甲首一, 賞爵一級, 益田一頃, 益宅九畝."

이러한 종류의 수전사전제授田賜田制는 진 시황 초기에 이르러서도 여전히 시행 중이었다. 『수호지진묘죽간』「진률십팔종秦律十八種·전률田律」의 규정은 다음과 같다. "1경頃당 추세芻稅·고세稿稅를 걷는데, 그 받은 전지田地의 숫자에 따라 개간했든지 개간하지 않았든지 1경당 추세 3석, 고세 2석을 납입해야 한다."[19] 이는 수전지授田地를 농민이 관리하지 않으면 경작할 수 없으며, 또한 반드시 수전의 수에 따라 국가에 전조와 추고를 납부해야 함을 알 수 있다. 『사기史記』「감무전甘茂傳」에는 "진나라는 이에 감라甘羅를 상경上卿에 봉하였고, 다시 감무甘茂에게 전택田宅을 주기 시작했다"고 하였다.[20] 이것은 조부가 받은 전택을 나타내는데, 자손은 마음대로 계승할 수 없어서 반드시 국가에서 "다시 내려야"[21] 비로소 점유할 수 있었다.

　진나라가 수전사전제를 장기간 시행한 주요 원인 세 가지는 다음과 같다. 첫째, 진나라가 촌사村社의 수전제 유풍遺風을 계승했기 때문이다. 둘째, 진나라가 수전·사전을 실행한 사회조건을 가지고 있었기 때문이다. 일찍이 진나라는 영토는 넓고 인구는 희박하여, 국가가 대규모 황무지를 관리하였다. 후에 진국秦國은 대외전쟁에서 승리하여 대규모 토지를 쟁취하였고, 군민軍民의 토지요구를 충족시킬 수 있었다. 셋째, 현실 투쟁적 수요이다. 진국은 통일전쟁에서 철저한 승리를 얻기 위해서, "경작과 전쟁에서 상을 내리는 것을 급무로 여겼기"[22] 때문에, 비교적 엄격한 수전사전제를 통하여 농민이 적극적으로 생산하는 것과 장사將士가 영웅적이고

18　"身死而田奪."
19　『睡虎地秦墓竹簡』「秦律十八種·田律」"入頃芻稾, 以其受田之數. 無狠〔墾〕有狠〔墾〕, 頃入芻三石, 稾二石."
20　『史記』卷71「甘茂傳」"秦乃封甘羅(甘茂孫)以爲上卿, 復以始甘茂田宅賜之."
21　"復賜."
22　"急耕戰之賞."

용맹하게 적을 척살하는 것을 격려하였다.

진나라의 육국六國 통일 이후 사회형세에 중대한 변화가 발생하였다. 곧 진국 자체로 말하면, 진나라의 통일전쟁 완수로 말미암아 토지약탈은 이미 막바지에 이르렀고, 따라서 진나라의 수전사전에 대한 현실투쟁의 수요가 다시 없어지면서 계속 진행할 객관적 조건도 상실하였다. 이외에 병합당한 육국으로 말하자면, 비록 전국戰國 초기 각국은 정도가 다르지만 수전제授田制를 실행하였다고 하더라도, 정치경제 발전의 불균등으로 인해서 전국 후기에 이르러 각국의 전제田制가 이미 매우 큰 차이가 있었다. 더욱이 삼진三晉 지역은 토지가 협소하고 인구가 많아서, 경제제도의 변혁이 신속했고, 통일전야에 이르러 수전제授田制가 저절로 와해되었으며, 개인의 토지매매관계가 이미 생겨났다. 그리고 복잡한 사회형세에 대해서, 진 시황은 새로운 토지정책을 반드시 강구하게 하여 전국全國이 협조해서 일치하게 만들었다. 그래서 진 시황 31년(기원전 216년) "백성이 스스로 전지田地를 등록하게 하였고",23 전국 백성에게 국가에 점유한 경지의 실제 수량을 보고하게 하였다. 곧 민호民戶가 세대를 계승한 전산田産 점유의 합법성을 승인해주고, 수전제의 종결을 정식으로 선포하였다.

요컨대, "백성이 스스로 전지田地를 등록하게 하는" 정책은 단지 진국의 토지제도발전의 필연적 결과만이 아니라, 또한 각국 토지제도 발전상황의 개괄概括이자 총결總結이었다. 「진시황본기秦始皇本紀」에는 시황始皇 28년(기원전 219년) 낭야대각석琅邪臺刻石에서 "육국을 합친 경내는 황제의 토지이다"고 하였는데,24 짐朕은 곧 국가이고, 전국토지에 대한 최고 소유권을 설명한다. 이러한 "백성이 스스로 전지를 등록하게 하는" 정책은 또한 황

---

23 "使黔首自實田."
24 『史記』 卷6 「秦始皇本紀」 "六合之內, 皇帝之土."

권이 이미 전국 신민臣民이 소유한 토지의 세대계승과 지배권을 승인했음을 설명한다. 이로 말미암아 중국 봉건사회 토지점유의 이중구조가 최종 형성되었다. 토지소유권이 국가와 개인으로 양방향으로 분할되었기 때문에 온전한 국유제가 아니었고, 또한 온전한 사유제도 아니었기 때문에 국가와 개인의 종합체로서 토지소유권이 부정형성과 유동성을 동시에 지녔다. 이것은 서구 봉건토지 제도의 다층적 구조와 상대적 응고성과 확연한 차이가 있었다. 진 시황의 "백성이 스스로 전지를 등록하게 하는" 정책은 실제로 봉건국가가 토지소유권의 1차 성격을 분할하여 가능한 많은 신속臣屬을 모두 지배하였음을 알 수 있다. 그리고 일체의 중간고리를 폐지하였고, 전체 사회구성원의 인신人身을 모두 국가에 종속시켜서 부역을 제공하게 하였으며, 황제를 중심으로 하여 사방으로 퍼져나가는 방식이 만들어졌다. 그러므로 "사람의 자취가 이르는 곳은 신하가 아닌 자가 없었다."[25] 진 시황이 최종 완성한 봉건토지 제도의 이중구조로 인해서 봉건통일을 공고히 하였고 전제주의 중앙집권 통치의 경제기초를 실행했음을 충분히 볼 수 있다.

3. 화폐와 도량형의 통일

전국戰國 이후 장기간 분열, 각자 정치적 혼란 국면에 이르러, 수많은 경제 문제는 통일된 진왕조에 이르자 해결되었다. 전국全國 상上·하下의 경제교류를 편리하게 만들기 위해서, 국가의 재정기능을 정상적으로 운행하게 하였고, 진 시황은 전국의 경제 계량計量[측정단위]을 통일하도록 명하였다.

---

25 『史記』卷6「秦始皇本紀」"人迹所至, 無不臣者."

(1) 화폐통일

진나라의 중국통일 이전 각국 화폐제조의 형태, 크기, 무게는 단일하지 않았고, 계량단위도 서로 달랐다. 한韓·조趙·위魏 삼진三晉 지역에는 "포폐布幣"가 주로 유행하였다. 제齊·연燕 지역에서는 "도폐刀幣"가 서로 유행하였다. 남방 초국楚國은 동패銅貝(통칭 의비전蟻鼻錢)와 금폐金幣 "영칭郢爯"이 주로 유행하였다. 포폐, 도폐, 동패, 금폐를 막론하고, 모두 크기가 다른 각종 형태와 각종 계산단위가 있었다. 진국은 일찍이 주周나라의 전통을 계승하여, 오랜 기간 포백布帛으로 화폐를 충당하였다. 진秦 혜왕惠王 32년(기원전 336년)에 이르러 "처음으로 동전을 시행했는데" 곧 "반량전半兩錢"이 최근 진국의 유적지에서 많이 발견되고 있다. 『수호지진묘죽간』 「진률십팔종秦律十八種·금포율金布律」 규정에서 "11전은 1포에 해당한다"고 규정하였다.[26] 진률 중에는 전수錢數가 모두 11의 배수가 많은데, 이것은 포를 환산한 결과이며 "반량전"을 제조하여 포布에 대한 대체과정을 나타낸다.

사회경제의 발전에 따라서 전국 말기에 이르러 각국의 화폐는 두 종류의 통일된 추세가 나타났다. 하나는 경제적 교류가 빈번했던 중원中原 지역인 곧 주周와 한韓, 조趙, 위魏 4국에는 양식이 완전히 서로 같은 소형방족포小型方足布가 통용되었는데, 이것은 자연히 상품교환의 발전과 통일화폐의 계량을 필요로 했기 때문에 나타난 결과였다.

다른 하나는 황하黃河 지역에 인접한 주周, 위魏, 조趙, 제齊, 연燕, 진秦 등 나라에는 모두 전후로 원전圓錢이 유행하였다. 원전은 주조, 유통, 저장 등의 방면은 물론이고 모든 면에서 가장 편리하여서 실제로 광범위하게 유행하였다. 이러한 화폐형식은 자연히 우승열패優勝劣敗의 결과였다.

---

26 "錢十一當一布."

진 시황이 육국을 통일한 후에 곧 육국의 화폐를 폐지하였는데 진국의 화폐를 기초로 삼아 전국 화폐 통일에 한 걸음 더 나아갔다. 『사기』「평준서平準書」에는 "진나라 중엽에 이르러 일국一國의 화폐는 두 등급으로 나누었다. 황금은 일溢로 이름 짓고 그것을 상폐上幣로 삼았다. 동전에 반량半兩이라 적혀 있고 무게가 그 글자와 같았고 하폐下幣로 삼았다."[27] 근래에 이르러 고고발굴로 출토된 진대秦代 "반량半兩"전錢이 비교적 많다. 〈진〉시황릉의 병마용갱兵馬俑坑 및 형도묘刑徒墓 중에서 "반량전"이 6백여 개가 출토되었고, 모두 외곽이 둥근 동전에 네모난 구멍이 있었다. 일반적인 직경은 약 2.5~2.7cm 전후이고, 중량은 2.5~3.35g 사이였는데 실제 중량은 5수銖 혹은 6수였다.[28]

진나라가 화폐제도를 통일한 후에 다양한 종류의 화폐 사용과 환산의 어려움을 극복하여 국가재정기능의 행사에 유리하였으며, 동시에 또한 각지의 상품교환과 경제교류를 위해서 진나라의 반량원전半兩圓錢의 형식은 그 사용의 편리함으로 인해 한대 및 후대 동전의 기원이 되었다.

(2) 도량형 통일

진국은 상앙商鞅의 변법 시기에 농업을 중시하고 상업을 억제하는 정책을 실행하여 포백布帛으로 화폐를 충당하였고, 민호民戶를 속백粟帛 등의 농업부산품으로 조세를 납부하였으며, 속백으로 작위를 구매하도록 규정하였다. 국가가 현물을 유통·지불 수단으로 삼기를 강조한 데는 화폐경제의 발전을 막으려는 의도가 있었다. 이로 인해 상앙은 실물의 크기를 측정하는 도량형제를 매우 중시했으며, 일찍이 "두통斗桶, 권형權衡, 장척丈尺

---

27 『史記』卷30「平準書」"及至秦中, 一國之幣爲二等. 黃金以溢爲名, 爲上幣. 銅錢識曰 半兩, 重如其文, 爲下幣."

28 吳鎭烽,「半兩錢及其相關問題」『考古與文物叢刊』第3號 참고.

Ⅱ. 진대 사회경제의 쇠퇴와 치란治亂

을 바로잡았고",²⁹ 국가에서 통일계량의 표준을 제정하여 반포하였다.

진 시황이 중국을 통일한 후에 전국시대 각국이 추진한 도량형제를 살펴보면 그 차이가 비교적 커서 통일제국의 국가재정기능 운행에 불리하므로, "석石·장丈·척尺을 일괄적으로 측정하는 법을 만들어"³⁰ 도량형을 통일하였다. 진 시황은 각국의 혼란스러운 계량을 폐지하도록 명하였으며, 진나라 상앙의 변법 시기 도량형제를 표준으로 삼아 전국에 반포하였다. 예컨대 전해지는 상앙방승商鞅方升(동銅 재질, 현재 상해박물관上海博物館 소장) 진秦 효공孝公 18년(기원전 344년)에 중천重泉지방의 표준양기로 지급한다고 공표하였다. 진 시황 26년(기원전 221년)에 그것을 회수하여 점검하였고, 통일 도량형을 다시 새로이 새긴 조서는 다시 임臨지방의 표준양기로 공포하였다. 또 1964년 서안西安 아방궁阿房宮 유적지에서 출토된 "고노화석동권高奴禾石銅權"은 진秦 소왕昭王 때 주조되었다. 진 시황이 천하를 통일한 후에, 또 동권銅權 위에 통일도량형의 조서를 새겼고, 진秦 2세가 즉위함에 이르러 다시 조서를 보완하여 새겨서 표준형기標準衡器로 삼았다. 또한 진나라가 도량형을 통일할 때 많은 새로운 표준기구를 제조하고 그 위에 조서 명문을 새겨서 전국 각지에 이르도록 하였다. 그 조서는 다음과 같다. "26년에 황제가 천하의 제후를 겸병하였고, 백성이 크게 편안하였으며, 황제라는 명칭을 세웠다. 이에 조서를 내려서 승상 외장隗狀·왕관王綰으로 하여금 도량형을 법으로 정하게 하니, 하나도 부족하거나 의심할 것이 없어서 모두 명확하게 통일되었다."³¹ 그중의 일부분은 진秦 2세 원년(기원전 209년)의 조서가 덧붙여져있는데, "원년에 조서를 내려 승상 이사李斯와 거

---

29   『史記』卷68「商君列傳」"平斗桶權衡丈尺."

30   『史記』卷6「秦始皇本紀」"一法度衡石丈尺."

31   "廿六年, 皇帝盡幷兼天下諸侯, 黔首大安, 立號爲皇帝. 乃詔丞相狀綰, 法度量, 則不壹
    歉疑者, 皆明壹之."

질去疾은 도량형을 법으로 정하였고 시황제가 시행하였으니 모두 새겨둔다. 지금은 그 이름을 계승하였으나, 새겨진 글에는 시황제라 칭하지 않은지 오래되었다. 만일 후대의 제왕이 그렇게 한다면 성공성덕成功盛德을 일컫지 않게 되니 이 조서를 새겨둔다. 그러므로 왼편에 새겨두니 의심하지 말라."[32] 이러한 종류의 조서명문詔書銘文이 새겨진 진나라의 표준기구는 섬서陝西·감숙甘肅·산서山西·하북河北·하남下南·내몽內蒙·요녕遼寧·길림吉林·산동山東·강소江蘇 등지에서 고르게 나타난다. 진대 추진한 통일도량형의 공적은 확실히 엄격하고 신속하게 집행되었음을 알 수 있다.

진왕조가 반포한 도량형제는 아래 표와 같다.

길이〔度〕	부피〔量〕	무게〔衡〕
1장丈=10척尺=100촌寸 현재 230cm	1곡斛=10두斗=100승升=1,000합合 현재 2,000ml	1석石=120근斤 현재 307,050g 1근斤=16량兩=384수銖 현재 256.25g

진왕조는 화폐제도를 통일하는 동시에 도량형제를 통일하였고, 한 걸음 더 나아가 중앙집권국가의 전국경제의 통제를 강화하였다. 도량형기의 통일을 보장하기 위해서, 진률의 규정에는 주관하는 도량형기에 착오가 발생한 관리에 대해서 처벌을 실행하였고, 조세징수와 실물방출을 통일하여 국가에 편리하도록 하였으며, 전국 재정에 대한 계량화 관리를 더욱 강화하였다. 당연히 전국 계량표준의 통일은 마찬가지로 민간 각지의 경제교류에도 유리하였으며, 사회경제의 일체화도 촉진하였다.

---

32 『顔氏家訓』「書證」"元年, 制詔丞相斯去疾, 法度量盡, 始皇帝爲之, 皆有刻辭焉. 今襲號, 而刻辭不稱始皇帝, 其于久遠也. 如後嗣爲之者, 不稱成功盛德, 刻此詔, 故刻左, 使無疑."

4. 수륙교통의 편리

온전한 경제관리 체제를 위해서 진 시황은 일련의 경제제도를 제정하는 것 이외에, 또한 전국 범위 내에서 하나로 연결되는 경제건설을 촉진하였고, 수도 함양咸陽을 중심으로 하는 교통망을 건설할 것을 결심하여, 전국 각지에 대한 통제를 더욱 강화하였다.

진나라가 육국六國을 통일한 후에 곧 각 제후국이 설치한 관새關塞, 벽루壁壘를 헐도록 명하였고, 험한 곳은 깎아서 평탄하게 만들었으며, 육로 교통이 막힘이 없도록 하였다. 시황 27년(기원전 220년)에는 치도馳道 건설을 시작하였다. 「진시황본기」에서 그가 다섯 차례 순유巡遊한 노선에 따르면, 진나라의 치도가 지금의 섬서陝西, 감숙甘肅, 하남河南, 산동山東, 하북河北, 산서山西, 강서江西, 안휘安徽, 절강浙江, 호북湖北, 호남湖南, 사천四川 등 12성省 수만 리의 땅에 널리 퍼져있었음을 알 수 있다. 그중 주요한 두 가지 간선幹線이 있었다. 하나는 함양으로부터 동쪽 방향의 제齊·연燕해안에 이르고, 또 하나는 함양으로부터 남쪽으로 초楚의 땅에 이른다. 도로는 모두 무거운 추로 땅을 다졌고 도로의 너비는 50보步이었으며 3장丈 간격으로 청송靑松을 한 그루씩을 심었다. 진치도秦馳道 유적에 관해서는 후세에 많은 기록이 남아있다. 『독사방여기요讀史方興記要』권81에는 일찍이 호남湖南 영주永州 영릉현零陵縣 경내의 진치도를 수록하였다. "너비가 5장 남짓이고 마치 큰 하천의 수로와 비슷하다."[33] 하나는 계림桂林의 북쪽에서 모두 상강湘江에 이르는 진치도는 길이가 7백 리里에 달하고 "모두 장송長松이 도로를 끼고 있었다."[34] 북송北宋의 왕안석王安石은 또한 「진치도시秦馳道詩」 1수首를 지었다.

---

33 "闊五丈餘, 類大河道."
34 鄺露, 『赤雅』卷中 "皆長松夾道."

시황 35년(기원전 212년) 또한 몽염蒙恬 등의 사람들에게 함양咸陽에서 북쪽으로 뻗은 "직도直道"를 건설하게 하였다. 직도는 함양 이북 운양雲陽에서 출발하여 섬서陝西 북부의 산맥을 통과하고 내몽고內蒙古 초원으로 진입하며 황하를 건너 구원군九原郡(현재 포두시包頭市 서남쪽)으로 바로 연결된다. 전체 길이는 1천 8백 리(대략 700km)이다. 이 직도의 절반은 산맥 위에 건설하였고 나머지 절반은 평원 초원 지역에 세웠으며, 도로는 두 세대의 마차가 같이 다닐 수 있었고 공사과정은 매우 어렵고 방대하였다. 그러나 처음부터 끝까지 단지 2년 반의 시간만 들여서 완성해냈다.

남령南嶺산맥으로 가로막혀 격리된 곳을 관통시키기 위해 시황 34년(기원전 213년) 진왕조는 또한 호남湖南·강서江西·양광兩廣 지역에 "신도新道"를 건설하였다. 신도는 영남嶺南의 도로와 진치도를 서로 연결하였고 중원과 남쪽변방의 관계를 더욱 강화시켰다.

별도로 진 시황은 상알常頞에게 지금의 의빈宜賓에서 운남雲南 곡정曲靖 부근까지 직통하는 숭산준령崇山峻嶺 사이를 "오척 너비의 도로(五尺道)"로 뚫도록 명하였다.[35] 서남변경의 백성이 오척도를 경유해서 사천四川에 진입하여 관중關中에 도달하게 하였다. 그리하여 전국을 함양咸陽을 육로교통체계의 중심으로 삼아 중국 각지를 장악하여 하나로 연결하였다.

수도水道 방면에서 진 시황은 전국戰國시대에 막혔던 천방川防을 통하도록 결정하여 선박이 강하수도江河水道를 순조롭게 운행하게 하였다. 『사기』 「진시황본기」·「항우본기項羽本紀」 등에는 당시 내하선內下船은 단지 황하黃河, 위하渭河, 장강長江, 민강岷江, 운몽雲夢, 상강湘江, 절강浙江, 전당錢塘, 이수灕水 등의 하도河道에서 빠르게 왕래했고 아울러 해상 항로를 통해 남북

---

35 『史記』 卷116 「西南夷列傳」에 보이며, 또 『漢書』 卷95 「西南夷〈兩粤朝鮮〉傳」에는 "常頞"을 "嘗破"라고 하였다.

II. 진대 사회경제의 쇠퇴와 치란治亂

수계를 통하게 하였다. 진왕조는 또한 각지에 수리修利사업을 일으켰고 인공수로를 만들었으며 하천을 준설하였고, 진 시황 때 일찍이 지금의 감숙성甘肅省 경내에 유명한 진거秦渠를 뚫었으며 관중 지역에 위수渭水를 끌어들여 난지蘭池를 만들었다. 진 2세 때 또한 함양에서 남산까지 칠거漆渠를 뚫었다. 촉수蜀守 이빙李冰은 촉蜀 지역에서 비강郫江, 검강檢江를 뚫어서 통하게 하는 것 외에 월越 지역에 부릉鳧陵을 통하게 만들었는데, "마당馬塘을 건설하면서 이를 준설하여 제방이 있는 못을 만들었으며, 부릉의 물길을 내서 전당錢塘에 이르렀고 … 절강浙江까지 통하였다."[36]

남월南越을 공격하는 데 필요한 군량의 공급을 해결하기 위해 진 시황은 감어사監御史 녹祿에게 광서廣西 지역 흥안현興安縣 경내에 저명한 영거靈渠를 수축하도록 명하였다. 영거는 상수湘水와 이수漓水에서 가장 가까운 지방을 선택하여 뚫었다. 수세水勢를 평온하게 하고 배가 다니는 데 편리하게 하기 위해서, 거도渠道는 우회하여 전진하는 방식을 채택하여 경사도의 차이는 줄어들었다. 동시에 영거는 물을 나누어 흐름을 제어하는 설비인 화취鏵嘴와 물이 새는 것을 방지하는 설비인 대大·소천평小天平을 건설하였다. 전체 거도渠道·제방(堤壩) 공정구도는 합리적이었고, 정교하게 잘 운영되었으며, 그리고 중국 고대 수리공정 기술의 최신성과를 창조적으로 활용하였고, 노동자가 고도의 지혜를 표출해냈다. 영거는 대략 시황始皇 33년(기원전 214년)에 만들어졌고, 상수湘水·이수漓水에 인접하였으며, 전체 길이는 30km였다. 그것은 장강長江과 주강珠江의 양대수계를 통과하였고 바로 중국 고대 수리교통의 중요한 중추였으며, "삼초양월三楚兩粵〔湖北·湖南·廣東·廣西〕의 요충지"[37]라 칭하였고, 세계의 해운 공정사상

---

36   『越絶書二』 "起馬塘, 湛以爲陂, 治陵水道到錢塘, 通浙江."
37   "三楚兩粵之咽喉."

중요지위를 점하였다.

　요컨대, 진 시황이 중국을 통일한 후 10여 년간 지속적으로 치도馳道·
직도直道·신도新道·영거靈渠 등 대형 수륙교통의 건설을 완성하였다. 그
공정은 거대하고 웅장해 만리장성萬里長城과 그 아름다움을 겨룰 만하다.
당시 장성長城 이남의 광대한 지역은 모두 이와 같은 방대한 교통망 내에
포함되었다. 이것은 고대 낙후된 교통상태에 대해 신속히 바꾸는 방향이
었으며, 중앙집권 통치를 강화하고 국가통일을 공고히 하는 데 중대한 작
용을 야기하였음은 의심할 여지가 없다. 동시에 수륙교통망은 각 경제구
역의 연계를 더욱 긴밀히 하였다. 이것은 생산기술·상품물질의 교류를
촉진하였으며, 사회경제의 발전이 지닌 뜻 깊은 의미를 촉진시켰다. 그러
나 당시 생산력이 낙후된 조건하에서 이러한 공정은 오직 대규모 민력民力
의 동원에 의존해야만 완성할 수 있었다.

5. 호부豪富의 천사遷徙와 백성의 변방 이주

　전국 백성에 대한 규제를 한층 더 강화하고 장기간의 통치와 오랜 안정
을 유지하게 위해서, 진 시황은 대규모의 백성이주(移民) 운동을 실행시켜
전국의 인구를 직접 이동시켜 배치하였다.

　일찍이 상앙商鞅의 변법 시기에 진나라는 과도하게 백성을 옮기는(徙民)
정책을 추진했고, 이미 신법新法의 "교화가 어려운 백성"38을 "모두 변경성
시邊境城市로 천사遷徙하는 일"39을 의논하였다. 이후 진나라는 항상 한 지
역을 정복하면 반드시 백성을 옮겨서 그곳을 채워서 점령지를 공고히 하
였다. 『화양국지』「촉지蜀志」에는 진秦이 촉蜀을 멸망시킨 후, 진秦 혜왕惠王

38　"亂化之民."
39　"盡遷之于邊城."

　　　　　　　　　　II. 진대 사회경제의 쇠퇴와 치란治亂

후원後元 11년(기원전 314년) "진나라 백성 1만 가호를 이주시켜 채웠다"고
하였다.[40] 진秦 소왕昭王 28년(기원전 280년) "(사마조司馬錯가) 초楚를 공격하
니, 죄인을 사면하여 남양南陽으로 옮겼다."[41] 진왕秦王 정政이 즉위하고 계
속해서 백성을 옮겨서 변방을 채우는[42] 정책을 폈고, 동시에 여러 가지
죄를 지은 사람을 옮겨 파촉巴蜀과 남양南陽에 이르도록 하였다. 첫째, 이
두 지역의 거리가 진나라 내지인 관중과 비교적 가까웠기 때문이다. 둘째,
파촉은 지형이 험준했으며, 남양은 또한 초의 방성方城이 있어서 의지할
만하였다. 이러한 양상은 그들에 대한 통제를 더욱 강화할 뿐만 아니라,
관중의 경제 지위를 공고히 하였다.

　진 시황이 천하를 통일한 이후 사회형세의 새로운 발전에 근거하여 다
시 대규모 백성이주 계획을 마련하였다. 전국 수륙교통망의 형성에 따라
험난한 지형은 점차 평탄해졌다. 진 시황은 불궤不軌〔반역〕를 도모한 호민
豪民을 파촉巴蜀과 남양南陽으로 옮기도록 옛 규정을 고쳤는데, 곧 통일한
그해에 "천하의 호부豪富 12만 호를 함양咸陽으로 옮기도록 하였다."[43]
시황 35년(기원전 212년) 요역徭役 우대조치로 10년을 면제했고, "3만 가를
여읍麗邑으로 옮기고, 5만 가를 운양雲陽으로 옮겨서",[44] 관동關東의 호
민豪民을 관중 수부首府의 직접 규제하에 두었으며, 한 걸음 더 나아가 난
을 일으킬 만한 숨겨진 화근을 해소하였다. 동시에 수부인 관중 지역의
경제적 우세를 강화하였다. 이와 같은 사민은 실제로 "줄기를 강화하고
가지는 약화시키는"[45] 정책 때문이었다는 사실을 알 수 있고, 한 걸음 더

40　『華陽國志』卷3「蜀志」"移秦民萬家實之."
41　『史記』卷5「秦本紀」"錯攻楚, 赦罪人遷之南陽."
42　"徙民實邊."
43　『史記』卷6「秦始皇本紀」"徙天下豪富於咸陽十二萬戶."
44　『史記』卷6「秦始皇本紀」"徙三萬家麗邑, 五萬家雲陽."
45　"强干弱枝."

나아가 중앙이 전국경제에 대한 규제를 강화하게 만들었다.

변방 지역이 끊임없이 확대됨에 따라 진 시황은 다시 대규모로 백성을 이주시켜 변방을 채우는[46] 사업을 추진하였다. 『사기』「진시황본기」에는 시황 28년(기원전 219년) "백성 3만 호를 낭야대琅邪臺로 천사하고, 12년간 요역을 면제했는데",[47] 진대秦代 백성을 옮겨서 변방을 채우는 정책의 시작이었다. 시황 33년(기원전 214년) 몽염蒙恬 등에게 흉노를 북방으로 축출하게 했고, 황하黃河일대에 인접한 양산陽山·음산陰山·유중楡中에 44현을 설치하여 "유배된 사람을 보내서 채웠다."[48] 『한서』「지리지地理志」에는 이같은 지역의 군현에 "조趙·제齊·위衛·초楚의 무리가 상당히 있었다"고 하였다.[49] 〈시황〉 36년(기원전 211년) 진 시황은 다시 한 차례 "북하北河·유중楡中으로 3만 가를 천사하고 작爵 1급을 주었다."[50] 이것은 북부 변방 지역에 대한 개발을 공고히 하는 긍정적 작용을 하였다.

남부변방에서 시황 33년(기원전 214년) "일찍이 도망자(逋亡人)·데릴사위(贅壻)·상인(賈人)을 보내어 육량陸梁 지역을 점령하였고, 계림桂林·상군象郡·남해南海〔이상 베트남 북부 지역〕로 만들고 파견하여 수자리를 살게 하였다."[51] 『사기』「회남왕전淮南王傳」에서도 당시 병사를 이끌고 오령五嶺·백월百越 지역에 주둔한 위타尉佗는 일찍이 "사람을 보내서 상서上書하여, 배필이 없는 여인 3만 명을 구해서, 사졸의 의복을 수선하고자 하니, 진황제는 1만 5천 명만 허락한다"고 언급하였다.[52] 이밖에 『월절서越絶書』에 따르

---

46 "移民實邊."
47 『史記』卷6「秦始皇本紀」"徙黔首三萬戶琅邪臺下, 復十二歲."
48 "徙謫實之."
49 『漢書』卷28「地理志下」"頗有越齊衛楚之徒."
50 "遷北河楡中三萬家, 拜爵一級."
51 "發諸嘗逋亡人贅壻賈人略取陸梁地, 爲桂林象郡南海, 以適遣戍."
52 『史記』卷118「淮南王傳」"使人上書, 求女無夫家者三萬人, 以爲士卒衣補, 秦皇帝可

면, 시황 37년(기원전 210년) 진 시황이 대월大越의 백성을 여항餘杭·오정烏程 등지에 천사하였고, 또한 "천하에 죄인과 유배된 관리와 백성을 옮겨서, 해남海南 옛 대월大越에 안치하였고, 동해東海 외월外越을 방비하게 하였으며",[53] "진나라는 중원中原의 현縣 백성을 옮겨서 … 백월百粵과 섞여 살게 했다"고 하였다.[54] 이는 남부변방을 공고히 하고 개발하는 데 유리하였을 뿐만 아니라, 또한 각 민족의 경제문화교류와 민족융합을 크게 촉진하였음을 알 수 있다.

결론적으로, 진 시황의 중국 통일 이후 10여 년 내에 계속해서 여덟 차례나 대규모 백성을 이주시켰고, 전체 천사한 백성은 약 106만 호, 인구는 5백만 명에 달하였다. 당시 백성의 이주는 대체로 두 종류로 나뉜다. 호부나 강족強族 같은 부류는 관중에 천사하였고, 평민이나 죄리罪吏[죄를 지은 관리]와 같은 부류는 변경으로 천사하였다. 진 시황의 사민정책은 중앙집권통치를 강화하고 국가의 통일을 공고히 하였을 뿐만 아니라, 또한 중원이 "토지는 적고 인구는 많은"[55] 상황에 대해서, 전국의 인구 분포를 고르게 하고, 각지 경제의 전면적인 발전을 촉진하는 데 일정한 작용을 일으켰다. 그러나 당시 사민徙民은 과도하게 성급하고 잔혹하였으며, 완전히 봉건국가의 강권정치에 따라 추진되어 천사당한 백성의 경제적 이익을 전혀 고려하지 않았기에 천하를 요동시켰고, 백성의 원성을 들끓게 하였다.

其萬五千人."
53   『越絕書』卷8 "徙天下有罪謫吏民, 置海南故大越處, 以備東海外越."
54   『漢書』卷1 「高帝紀」 "秦徙中縣之民 … 與百粵雜處."
55   "地狹人衆."

(二) 진대 사회경제의 발전

진왕조 통일 이후 사회정세 및 진 시황이 통일을 공공하기 위해 채택했던 일련의 경제조치는 사회경제의 발전을 위한 조건을 창출해냈다.

1. 농업경제의 발전

진나라의 중국통일 이후, 토지점유의 이중구조가 완전히 확립되었다. 당시 육국의 귀족은 타격을 입어 대부분의 호부豪富는 관중 등지로 천사당하였고, 서민지주의 발전은 완만하였으며, 가장 세력을 얻은 것은 군공으로 가문을 일으킨 관료지주였고, 진대 지주계급의 숫자는 많지 않았음을 볼 수 있다. 반면에 적은 토지를 소유한 자영농의 숫자는 많아졌으며, 그들은 봉건국가에 예속되어서 농업생산을 회복하고 발전시키는 주요역량이었다. 시황 32년(기원전 215년) 갈석碣石의 비문碑文에는, "남자는 그 밭을 즐기고, 여자는 그 업業을 닦고, 일에는 각기 차례가 있다. 여러 산업에 혜택이 미치고, 오랫동안 함께 밭에 나오니, 편안하지 않은 곳이 없다."[56] 진秦 정권이 농민에게 생산발전에 노력할 것을 장려했음을 설명해준다.

진나라는 상앙의 변법 이후, 역대 국군國君은 농업을 치국治國의 근본으로 삼았고, 수리시설을 매우 중시하였으며, 철제기구와 우경을 널리 보급하였다. 전국시대에 건설된 도강언都江堰의 관개체계·정국거鄭國渠 및 기타 수많은 피지陂池와 구거溝渠는 진나라의 봉일 이후까지 여전히 운영되어 영향력을 발휘하였다. 그리고 진대에는 수륙교통건설을 병행하였고, 또 농서隴西·관중關中·파촉巴蜀·검중黔中·회계會稽 등의 군郡에서 대규모의 새로운 수리시설을 건설해서, 더 많은 농토에 물을 끌어들여서 단위면

---

56 "男樂其疇, 女修其業, 事各有序. 惠被諸産, 久幷來田, 莫不安所."

적당 생산량을 제고하였다.

철제농기구는 전국시대에 이미 보편적으로 사용되었고, 진대秦代 철제
농기구 역시 발전하였다. 최근 고고학에서는 진대 대규모 철보습·철삽·
철호미·철낫 등을 발견하였는데, 분포가 광범위하였을 뿐만 아니라 기구
의 모습도 개량되었다. 이밖에『수호지진묘죽간』에 따르면, 진나라의 법
률은 관청에서 철기구의 공급과 사용 모두에 대해서 구체적으로 규정하였
고, 만약 철기구가 손상되면 반드시 상황에 따라서 구분하여 관리하였다.
이는 진 정권이 철기구의 분배·관리를 매우 중시하였음을 설명한다.

『전국책戰國策』「조책일趙策一」에서 "진나라는 소로 밭을 갈았고, 수리
시설로 곡식을 생산한다"고 하였는데,[57] 진나라가 이미 우경牛耕을 시작했
음을 알 수 있다. 운몽진간雲夢秦間에서는 진대에 밭가는 소를 훔친 사람
에 대하여 반드시 죄를 묻도록 규정하였다. 또한 외양간에서 사육하는
소는 반드시 일정한 번식률에 이르게 하였고, 의무를 완수하지 못하면 처
벌받도록 규정하였다. 게다가 정기적으로 진행상황을 평가하여, 사육을
잘한 자에게는 상을 주었고, 사육이 좋지 않은 자에게는 처분을 내렸다.
이는 관청이 밭가는 소를 보호하였고 사육을 매우 중시하였음을 나타낸
다. 최근 고고학에는 진대 철보습이 갈수록 많이 발견되어서 우경의 확대
가 비교적 빨랐음을 알 수 있다. 철제농기구와 우경의 사용은 황무지 개
간·수리건설·심경세작深耕細作·경작의 효율을 증대시키기 위하여 편리한
조건을 제공하였다.

진대의 경작기술은 전국시대의 기초 위에서 한 걸음 더 나아가서 향상
되었다. 진간秦簡 중에는 다른 농작물에 근거하여 1무마다 파종 수량을
결정 방법이 언급되어있는데, 당시 사람들이 이미 합리적인 재배를 알고

---

[57]   『戰國策』「秦王謂公子他」 "秦以牛田, 水通粮."

있었음을 설명해준다. 별도로 진률秦律에도 어떻게 전지 관리를 잘 하는 지, 어떻게 농작물의 생장을 보호하는지가 어느 정도 규정되어있다. 특히, 진 시황의 상국相國 여불위呂不韋가 주로 편찬한『여씨춘추呂氏春秋』중「임 지任地」,「변토辨土」,「심시審時」등의 편에는 농업경작기술의 전문저술이 기재되어있는데, 토양을 개량하고 적절한 시기에 종자를 심으며 모를 솎 고 습기를 유지하며 잡초를 뽑고 벌레를 잡는 등의 경험과 정보가 수록되 어있다. 한초漢初에 전해진「경전가耕田歌」에는 "깊게 경작하되 촘촘하게 심으며, 모를 세우되 드문드문하게 하고, 종자가 아니면 호미질하여 뽑네" 라고 하였다.[58] 이것은 실제로 경작 경험담을 이야기하였다. 이와 같은 앞의 노래는 진대에 이미 나타났다.

진대秦代 농업생산력은 일반적으로 1무畝마다 속粟 1석반이 생산되고, 지금 제도로 환산하면 1무는 속粟 140시근市斤〔1市近=500g〕이다. 당시 농업 생산 발전에 따르면 진대 봉건정권이 각지에 분산해 놓은 관창官倉의 쌓 인 곡식은 상당히 풍부하였다. 진나라 통치중심지인 관중 지역 역시 전국 의 경제중심이었다.『한서』「지리지地理志」에 "그러므로 진나라의 땅은 천 하의 1/3이었지만 인구는 3/10을 넘지 못하는데도 그 부를 헤아리면 6/10 을 차지한다"고 하였다.[59] 이곳에는 농업생산량이 발달해서 국가의 양식비 축이 상당히 풍부하였다. 진률 규정에는 관창에 비축된 양식은 "낙양洛陽 (지금 섬서陝西 임동臨潼 동부, 진나라의 옛 수도)에 2만 석을 1적積으로 하고, 함양 에 10만 석을 1적積으로 한다"고 하였다.[60] 진말 유방劉邦이 함곡관函谷關 에 들어왔을 때 이곳은 여전히 "창고에 곡식이 많아서"[61] 대규모로 양식이

---

58 『史記』卷52「齊悼惠王世家」"深耕穊種, 立苗欲疏, 非其種者, 鋤而去之."

59 『漢書』卷28「地理志」"故秦地, 天下三分之一, 而人衆不過什三, 然量其富, 居什六."

60 『睡虎地秦墓竹簡』「倉律」"櫟陽二萬石一積, 咸陽十萬一積."

61 "倉粟多."

Ⅱ. 진대 사회경제의 쇠퇴와 치란治亂

저장되어있었다. 그러므로 후에 소하蕭何가 "관중에 조운漕運하여 음식을 공급하자 궁핍함이 없었고",[62] 유방이 마침내 통일전쟁에서 승리하게 만들었다.

중원中原 지역은 진대秦代의 중요한 생산지대이고, 이 일대에 봉건정권의 양식이 또한 대단히 많았다.『사기』「역생육가열전酈生陸賈列傳」에는 진말秦末 진나라에는 비축된 것이 여전히 남아있어서 "곡식 수천만 석이 쌓여있다"고 하였다.[63] 그때 남양南陽 완宛 지역 역시 "백성이 많고 비축된 것이 많았다."[64] 초한楚漢 격전의 전야前夜에 팽월彭越이 하창下昌의 읍 인근 20여 성을 공격하여 "곡식 십여 만 곡을 얻어 한왕漢王의 식량으로 주었다."[65] 또한 진나라가 형양滎陽과 성고成皐 사이에 오창敖倉을 건설하였는데, 당시 가장 유명한 식량창고였고 "쌓인 곡식이 매우 많았다."[66] 유방劉邦이 일찍이 "오창의 곡식에 근거해서"[67] 항우項羽를 패배시켰고 이후에 영포英布가 한나라에 반란을 일으켰을 때에도 여전히 혹자는 "오창敖倉의 곡식에 근거한 것"[68]이 성패成敗의 관건이었다고 주장하였다. 진한교체기 10년간 오창의 곡식은 사용해도 없어지지 않아서 그 비축된 양식이 상당히 많았음을 알 수 있다.[69]

별도로 파촉巴蜀 지역은 진대秦代 중요한 생산 지대이다.『화양국지』「촉지蜀志」에는 "한(고)조는 한중漢中에서 삼진三秦으로 나와 초楚를 정벌하

---

62 『史記』卷53「蕭相國世家」"轉漕關中, 給食不乏."

63 『史記』卷97「酈生陸賈列傳」"積粟數千萬石."

64 『史記』卷8「酈生陸賈列傳」"人民衆, 積蓄多."

65 『史記』卷90「彭越傳」"得穀十餘萬斛, 以給漢王食."

66 "積粟甚多."

67 "據敖倉之粟."

68 "據敖庾之粟."

69 安作璋,「從睡虎地秦墓竹簡看秦代的農業經濟」『秦漢史論叢』第1輯, 陝西人民出版社, 1981 참조.

였고, 소하蕭何는 촉에서 나와서 한나라의 곡식 1만을 배에 실어서 군량으로 공급하여 도왔다."[70] 『사기』「고조본기高祖本紀」에서도 한초漢初 기근이 매우 심하여 고조는 마침내 백성에게 바로 촉한蜀漢〈의 곡식〉으로 먹였다고 한다. 진한교체기 혼란에서도 이 같은 양식의 비축은 변함없이 풍부하였고, 농업생산량은 상대적으로 안정되었음을 설명한다.

요컨대, 진대 각지의 관창에 비축된 양식의 풍부함은 부인할 수 없는 사실이다. 광대한 노동농민은 통치계급의 잔혹한 착취와 압박하에 있었고, 여전히 필사적으로 땅을 경작하여 진대 농업경제의 발전을 촉진하였다.

2. 상공업의 발전

전국시대 이후 사회생산력은 비약적으로 발전하였고, 진나라는 통일국가를 건설하였고, 그리고 진 시황은 이와 유관한 경제정책을 추진하여 보급하였고, 진대 수공업과 상공업의 발전을 촉진하였다. 진대 수공업은 민영과 관영의 두 종류로 분화되었다. 관부수공업은 일반적으로 규모가 비교적 컸고, 중앙에서 지방까지 모두 공실工室을 설치하여 관리하도록 추진하였다. 다른 기술에 근거하여 공관工官, 철관鐵官, 장작將作 등 독립적 생산부분으로 나뉜다. 각 관부에 있는 수공업 공장에는 생산과 관리의 특정한 책임이 부과된 감조관監造官, 공사工師, 승丞 등이 있었다. 생산에 종사하는 공인工人 중에 어떤 사람은 관부가 개인수공업 공장에서 징발하였는데, 대부분은 곧 형도刑徒였다. 무릇 수공업품은 필수적으로 제조 관서, 책임자와 제조인의 성명을 새겨야 하고, 이것으로 질과 양을 조사하는 데 편리하게 하였다. 관부수공업품은 주로 국가, 황실, 관부의 요구를 만족시

---

70   『華陽國志』卷3「蜀志」"漢祖自漢中出三秦伐楚, 蕭何發蜀, 漢米萬船, 以給助軍糧."

켰고, 일반적으로 시장에 내보내지 않았다. 그러나 민영 수공업은 주로 백성이 사용할 생산품을 제조하였고, 시장에 내다팔았으므로, 상업 발전과 관계가 밀접하였다.

진대秦代 중요한 수공업은 야철업이었다. 야철업은 전국 후기에 상당한 발전을 이루었다. 진나라는 전문 관부를 설치하였는데, 진간秦簡 중에는 "좌채철左采鐵", "우채철右采鐵" 등과 같이 철기생산을 관리하고 사용하는 관리를 두었다. 근래 일찍이 진나라의 수도 함양궁전 부근 섭가疊家 구혁溝洫 서북쪽에 진나라의 관영 수공 야철冶鐵·주철작방鑄鐵作坊의 유적지가 발견되었다. 그 주변에는 탄재 부스러기와 탄재, 철괴가 함께 발견되었는데 그 규모가 매우 방대하다.

진대秦代에는 관영 야철업 외에도 민영 야철업이 매우 발달하였다. 사마천司馬遷의 4대조 사마창司馬昌은 일찍이 진나라의 철을 관장하는 관리였는데, 당시 철관鐵官은 대개 관영 철업을 관리하였고, 또한 백성이 야철업을 운영하면 그에 대한 철세鐵稅의 징수를 책임졌다. 『사기』「화식열전貨殖列傳」에는 진秦정권이 일찍이 육국의 대야철大冶鐵 호부豪富를 파촉巴蜀·남양南陽 등지로 천사하였는데, 이러한 사람들이 천사지에 도착한 후에 자기의 자금과 기술을 이용하여 이득을 취하였고 백성을 모아 야철하게 하여 오래가지 않아 모두 거부巨富가 되었다. 촉군蜀郡 탁씨卓氏, 정씨程氏, 남양南陽 공씨孔氏 등은 모두 그러한 방식으로 다시 새롭게 대야철가大冶鐵家로 발전하였다. 그들은 "크게 풀무질하여 주조하고 피지陂池를 구획하고 수많은 수레를 몰고 다니면서 제후들과 교유하면서 그때 상품을 판매하여 이득을 취하였고",[71] 판매시장을 광범위하게 개척해서 야철업의 발전과 상품시장의 활성을 촉진하였다.

---

[71] 『史記』卷129「貨殖列傳」"大鼓鑄, 規陂池, 連車騎, 游諸侯, 因通商賈之利."

진대秦代 청동업靑銅業은 중요한 지위를 점하였다. 고고학에서 함양궁전 부근의 한곳인 관부 야동작방冶銅作坊을 발견하였는데, 남북 150m 동서 60m의 땅을 차지하여 규모가 상당하였음을 알 수 있다.[72] 또한『삼보황도三輔黃圖』에 따르면 "(진나라는) 천하의 병기를 … 거두어서 함양에 모으고 녹여서 종거鍾鑛를 만들었는데, 높이가 3장이었고 작은 종은 1천석이었다. 병기를 녹여 금인金人 12개를 만들었는데 천하의 사람과 같았다. 궁문에 세웠고 높이는 3장이었다."[73] 그러한 관영 제련소(冶銅作坊)의 규모가 매우 방대했음을 상상할 수 있다. 그밖에 진 시황릉 동쪽에 대형 토우가 구덩이 안에 함께 묻혀있고 청동병기인 검, 창, 화살촉 등이 모두 정교하게 제작되어있고 합금처리 과정을 거쳐서 진흙 속 묻힌 지 2천년이 지난 후에도 부식하거나 녹슬지 않고 칼날이 날카롭고 새것 같았다. 이는 진대秦代 주조 기술이 매우 뛰어났음을 보여준다.

진대秦代 제조업도 상당히 발달하였다. 당시 관부官府 도자제조공방(制陶作坊)은 제왕이나 관료의 복무에 주요하였고 일반적으로 궁정을 위한 벽돌·기와, 부장용 도질명기陶質明器를 구워냈다. 함양궁전 유적에서 발견된 기와는 형태가 다양하고 외관이 아름답고 실용적이다. 아울러 지하수도관을 만드는 데 사용한 도관陶管은 각종 형태가 있고 조립에도 편리하다. 다시 사람들을 감탄하게 만든 것은 진 시황 병마용 수천 개의 형태가 실물과 같고 커다란 형체의 토우(陶俑)가 곧 관부작업장에서 만든 도자제조공예사상工藝史上이 획기적이었기 때문이다. 별도로 관영 성격의 시정市亭 도자제조공방은 관부의 기물器物 이외에 부분적으로 생활용기를 만들어 백성에게 팔았다. 그리고 민영 도자제조공방은 모두 생활용기를 제작하

---

72 「秦漢咸陽幾介問題的初探」『文物』, 1976 第11期.

73 『三輔黃圖』卷1 "收天下兵 … 聚之咸陽, 銷鐘鑛, 高三丈, 鐘小者千石也. 銷鋒鏑以爲金人十二, 以弱天下之人. 立於宮門, 坐高三丈."

II. 진대 사회경제의 쇠퇴와 치란治亂

여 시장에 내놓고 팔았다. 도기가 고대 백성의 일상생활의 주요한 도구로 쓰여서 판매시장이 넓었으므로, 진대 민영 도자제조업(制陶業)의 발전을 자극하였다. 진나라 도읍 함양 부근에 함정咸亭은 민영 도자제조공방의 취락 지역이었다. 원중일袁仲一은 일찍이 진대 민영 도자제조공방의 도 문陶文 17유類 40종種을 열거하였는데, 함정 소속의 17개 이里에는 민간 의 독립적인 도자제조공방이 밀집하였음을 알 수 있어서 당시 사영私營 도자제조공방의 발달을 볼 수 있다.[74]

별도로 진대 칠기업漆器業이 매우 발달하였다. 진나라는 중국 고대 생 칠生漆의 중요한 생산지여서 옻(漆)의 생산량이 상당히 많았다. 『사기史記』 「골계열전滑稽列傳」에는 일찍이 진秦 2세에 이르러 사치가 극에 달하여, 거대한 규모의 아방궁을 축성하여 "그 성을 옻칠하려고 했고",[75] 또한 옻 나무로 된 관개수로(漆渠)를 파기 위해 "남산南山의 옻나무를 옮겼다."[76] 운 몽진간雲夢秦簡 「공률工律」에 따르면 칠기생산에 종사하는 전문적인 칠공 漆工과 휴공髹工이 있었다. 진묘秦墓 안에서 또한 각종 칠기漆器가 계속해서 출토되었다. 이외에 진대秦代 방직업紡織業, 제혁업製革業, 자염업煮鹽業 등이 모두 비교적 발달하였는데, 특히 조선업과 건축업은 상당히 진보하였다.

농업과 수공업을 따라서, 특히 사영 수공업의 발전으로, 진대秦代에는 상업도 활약하기 시작하였다. 비록 진 시황이 "농업을 우선시하고 상업 을 억제하는"[77] 정책을 추진하였다고 하더라도, "말업末業〔상업〕"은 결코 완전히 소멸되지 않아서 제한적인 상업의 발전이 있었다. 진 시황은 대상 인大商人에 대해 비교적 존중하였다. 예컨대 오씨烏氏〈현縣〉 나倮는 가축

---

74 袁仲一,「秦民營制度作坊的陶文」『考古與文物』, 1981 第1期.
75 "欲漆其城."
76 『長安志』「咸陽縣」에서 인용한『括地志』"而運南山之漆."
77 "上農除末."

을 기르고 이를 내다팔아서 가문을 일으켰는데, "가축을 기르는 데 말과 소에 곡식을 사용하였고, 진 시황제는 나(僕)를 봉군封君에 비견하여 당시 열신列臣과 조회에 들게 하였다."[78] 파巴의 과부寡婦 청淸은 단혈丹穴을 경영하여 부를 이루었는데, "진 시황이 정조가 굳은 부인이라고 여겨서 빈객으로 대우하고 여회청대女懷淸臺를 축조하였다."[79] 이러한 방식은 실제 상업발전을 격려하였다. 동시에 진 시황은 화폐를 통일하고 도량형을 통일하고 수륙교통을 건설하여 상업발전을 위한 조건을 만들어냈다.

당시 널리 퍼진 각 군郡의 성시城市〔도시〕는 해당 지역의 정치적 중심이었을 뿐만 아니라 해당 지역의 상업의 중심이었다. 예컨대 촉군蜀郡 성도成都는 "시장에 점포가 줄지어있고, 함양과 제도가 같았고",[80] 성 안에는 모두 번화한 상업지대가 있었다. 그 외에 전국시대 이후 발달한 성시城市로 계薊(북경시北京市) · 한단邯鄲 · 도陶(정도定陶) · 온溫(하남河南 온현溫縣) · 지軹(제원濟源) · 임치臨淄 · 오吳(소주蘇州) · 수춘壽春(안휘安徽 수현壽縣) · 완宛(남양南陽) · 번우番禺 · 옹雍(섬서陝西 풍상風翔) · 낙양洛陽 · 오씨烏氏(감숙甘肅 평량시平凉市 서북) 등이 있고, 진대 새롭게 발전한 성시로 여읍麗邑 · 운양雲陽 · 임공臨邛 등이 있는데, 모두 상업시장이 있었다. 진대 건설한 수륙교통망은 이러한 도시都市와 집시集市〔시장〕가 서로 인접하게 만들었고, 방대한 경제 총체(整體)를 형성하였다. 이를 통해 전한 전기 상업번영을 위한 기초가 닦였다.

종합해보면, 진대 사회경제는 상당히 발전하였다. 우리들은 함양을 중심으로 한 장엄한 건축물들에 몸을 두고서, 온 세상에 유명한 만리장성을 조망해보고, 거대한 수륙교통망 공사에 직면해보고, 사방에 퍼져있는 곡물과 화폐로 가득 찬 창고를 하나하나 조사하고, 원양항해를 나간 황

---

78 『史記』 卷129 「貨殖列傳」 "畜至用穀量馬牛. 秦始皇帝令僕比封君, 以時與列臣朝請."

79 『史記』 卷129 「貨殖列傳」 "秦皇帝以爲貞婦而客之, 爲築女懷淸臺."

80 『華陽國志』 卷3 「蜀志」 "市張列肆, 如咸陽同制."

II. 진대 사회경제의 쇠퇴와 치란治亂

가皇家·방토方土 선단의 회항回航을 기원하고, 황릉皇陵·진묘秦墓에 비장된 무수히 많은 진귀한 보물을 위에서 내려다보고 … 진대秦代 노동자는 십여 년이란 매우 짧은 시간 안에 이와 같은 거대한 물질문명을 창조했다는 데 경탄하지 않을 수 없다. 어떤 요소가 이러한 기적적인 인간의 출현을 재촉하였는가? 전제황권일까? 중앙집권적 정치경제체계일까? 전제주의적·중앙집권적 정치체계는 황권을 대표로 삼았다. 이것은 주권과 토지소유권·행정기능과 경제기능의 통일체였고, 그것은 국가기구를 기반으로 하여 사회경제 생활에 관여하기에 충분하였으며, 노동자의 피와 땀을 억압하여 착취할 수 있게 하였고, 통일국가는 분산되고 약소한 경제역량을 모아서 총체적인 실력을 만들어내서 집중된 역량으로 대사를 처리할 수 있었다! 그러나 그것은 최종적으로 경제조건에 대해 명을 내려 바로 시행할 수 없었고, 인간의 비극은 늘 사회경제생활에 과도하게 간여하여, 더욱 많은 사람이 기적처럼 배후背後에서 생산을 창출해내기를 망령되게 기도企圖하였다.

(三) 번잡하고 가혹한 조세·요역의 착취

진秦왕조가 불과 십여 년만에 창조한 거대한 물질문명은 결국 모두 노동자의 피와 눈물의 결정이었다. 진대 통치집단은 전제주의 중앙집권적 정치경제체계에 의지하였고, 노동자에 대해서는 심각한 조세 및 요역의 약탈을 진행하였으며, 백성의 전부의 잉여노동과 심지어 부분적인 필요노동시간까지 침탈하였고, 사회생산의 정상적인 추진에 심각한 영향을 끼쳤다. 그러므로 진황제가 제정한 경제 청사진에 한층 그림자가 드리워졌다.

1. 요역제도와 민력약탈

진대 요역제와 병역제는 함께 결합하였다. 이러한 병역·요역 혼합제도는 춘추 후기 정전제井田制가 와해된 이후 각국 역역力役의 징발을 답습하였다. 그 시기 노동자는 "궁실·성곽·관개수로를 수축하는 것"[81] 이외에, 또한 병사로서 참전하였다. 특히 전국시대는 전쟁규모의 지속적인 확대에 따라서, 병역의 징발은 모든 주요임무를 압도하였고, 그러므로 요역과 병역이 하나로 합쳐진 역역의 징발이 이루어졌다.

『한서』「식화지食貨志」에서 동중서董仲舒의 견해를 인용해보면, 진나라는 상앙商鞅의 법을 이용하여 "1개월은 경졸更卒이 되며, 얼마 후 다시 정正이 되어 1년, 둔수屯戍로 1년 복역하며, 역역은 옛날보다 30배이다"라고 하였다.[82] 이것이 바로 진나라 백성은 매년 1개월을 요역에 복무해야 하고, 이를 일컬어 "경졸"이라 하였다. 그밖에 또한 2년동안 병역에 복역해야 하는데, 그중 1년은 각 군郡에서 군사훈련을 진행하여, 혹은 "재관材官" (보병步兵) 혹은 "기사騎士"(기병騎兵) 혹은 "누선樓船"(수병水兵)이 되었다. 나머지 1년은 경사京師〔수도〕나 변방에서 둔수屯戍하고, 경사에서 둔수하는 자는 "위사衛士"라 칭하고, 변방에서 둔수하는 자는 "수졸戍卒"이라 칭한다.

진나라 백성의 부역을 시작하는 연령에 관해서 최근『수호지진묘죽간』의 연구에 따르면, 남자 일반적으로 신장이 6척 6촌이고, 17세에 처음 장부〔호적〕에 등재되었고, 18세에 정식으로 역에 복무하였음을 알 수 있다.[83] 진나라 백성이 역에서 제외되는 연령에 관해서는 위굉衛宏의 『한구의漢舊儀』 권하卷下에 따르면, "진秦은 20작제爵制를 제정하였는데, 남녀에게 1급 이상 작위를 받은 경우, 죄가 있으면 작위등급을 감하였고, 나이

---

81   "治宮室城郭道渠."

82   『漢書』卷24「食貨志」"月爲更卒, 已復爲正一歲, 屯戍一歲, 力役三十倍於古."

83   張金光,「秦自商鞅變法後的租賦徭役制度」『文史哲』, 1983 第1期.

가 56세이면 면해주었다. 작위가 없는 경우, 사오士伍라고 하며 나이 60세이면 노인으로 면해주었다."[84] 작위가 있는 사람은 56세에 퇴역할 수 있었고 작위가 없는 사람은 60세가 되어야 비로소 퇴역할 수 있었음을 알 수 있다. 일반적으로 작위가 없는 농민이 부역을 하는 연한은 43년이었고 진나라 제도가 매년 1개월을 요역에 복무하기를 규정하였음을 감안해서 합하면 1,290일이었다. 그밖에 2년 동안 병역에 복무하였고 합하면 720일이었으며, 양자를 합산하면 2,010일이었다. 게다가 각종 법외의 요역은 비록 "역역力役이 옛날보다 30배"[85] 정도에 미치지 못한다고 하더라도, 진대 역역이 확실히 무거웠음을 설명한다.

또한 진간秦簡 「요율徭律」의 규정에 따르면, 무릇 민부民夫를 징발하여 담장(墻垣)이나 참호塹壕 등을 건설하는 공사에는 반드시 건축한 공사에 대해서 1년간 보증해야 했다. 1년 이내에 만일 훼손이 발생하면 공사를 주관한 관리는 처벌하였고, 아울러 원래 동원된 민부로 하여금 다시 축조하게 하되 요역시간에는 산입할 수 없었다. 동시에 다른 규정에는 만일 임시로 원유園囿를 보수해야 하는 수요가 생기면 원유 근처 전지田地의 사람을 참작하여 징발하되 요역으로 할 수 없었다. 이는 진한정권이 각종 규정을 통해서 사람들의 요역에 복무하는 시간을 연장하였음을 설명한다. 게다가 진통일전쟁의 결과, 전쟁은 감소하고 대부분의 병역은 요역시간으로 전환되었다. 그러므로 이는 진정권이 대규모로 요역을 징발하기 위해서, 제도적인 보증을 제공하게 되었다.

설령 동일한 요역제도라고 하더라도, 진나라가 중국을 통일한 후의 정황은 적극적인 변화를 발생시켰기 때문에, 또한 무형無形의 백성의 요역부

---

84 『漢舊儀』卷下 "秦制二十爵, 男女賜爵一級以上, 有罪以減, 年五十六免. 無爵爲士伍, 年六十乃免老."

85 "力役三十倍于古."

담이 증가할 수 있었다. 가의賈誼의 『신서新書』 「속원편屬遠編」에는 다음과 같이 지적하였다. 제후가 할거하던 춘추시대에 제후의 영지가 크지 않았기 때문에 원거리로 물자를 수송하거나 혹은 요역에 복무하는 것을 막론하고 모두 단기간 내에 해결할 수 있었다. 그러나 진통일 이후 국토가 광대하고 남방의 백성은 반드시 새북塞北에 이르러 수자리를 살아야 하고, 동방의 백성은 반드시 서남에 이르러 변방을 개척해야 하는데, 원거리를 왕래하여 도로에서 소요되는 시간과 비용이 적지 않았고, 노동자는 실제로 요역부담이 배로 증가하였으며, 때문에 "백성의 피해와 고통이 매우 심하였다."[86]

그러나 진대秦代 통치자는 아울러 노동자를 보살피지 않는 능력을 물려받아, 결국 쉬지 않고 요역을 징발하여 토목공사를 크게 일으켰고, 항상 "해를 넘기는 요역",[87] "시간을 초과하는 요역"[88]이 나타나서 노동자의 역은 제도상 규정보다 훨씬 초과하였다.

진통일 이후부터 멸망 이전까지 일찍이 각종 요역 징발을 정지한 적이 없었다. 당시 역에 복무한 사람은 주로 농민이었고, 이외에도 대규모 형도刑徒, 죄리罪吏, 데릴사위(贅壻), 상인(賈人), 노예가 낳은 자식(奴産子) 등이 있었다. 통치계급은 노동자의 신체노역에 대해 매우 잔혹하였는데, 다음과 같은 진요秦謠가 전한다. "아들을 낳거든 키우지를 말고, 딸을 낳거든 육포를 먹여라. 장성 아래를 보지 못했는가. 해골이 겹겹이 쌓여있구나."[89] 이것은 진대 사회에 "보편노예제普遍奴隷制"가 남긴 엄중한 표현이나.

---

86 "民毒苦之甚深."
87 "過年之徭."
88 "逾時之役."
89 『水經注』卷3에서 인용한 楊泉의 『物理論』"生男愼勿擧, 生女哺用鋪. 不見長城下, 屍骸相支柱."

사서史書에 따르면, 진 시황은 아방궁阿房宮과 여산묘驪山墓[酈山陵]를 축조하는 데 징발한 인력이 70여 만, 남월을 정벌하기 위해 징발한 사졸士卒이 50만, 몽염蒙恬이 장성을 수비하는 사졸이 30만, 기타 치도馳道나 직도直道를 닦고 조운漕運을 옮기는 일 등의 요역에 동원된 사람은 아직 헤아릴 방법이 없다. 진나라 때 인구는 약 2천만 명이었는데, 매년 모두 2백만 이상의 정남丁男이 징발되어야 했다. 정남이 부족하자 또한 정녀丁女를 징발하였고, 대규모 노동력이 생산을 이탈하자 사회경제의 발전에 막대한 영향을 초래하였다.

2. 조세제도와 재력약탈

진대秦代 조세제도는 상앙의 변법 시기에 형성되었다. 두우杜佑의 『통전通典』 「식화전食貨傳」에는 "하夏의 공법貢法, 은殷의 조법助法, 주周의 적법籍法은 모두 1/10세이며, 대개 토지에 기반한 세제이다. 진나라는 그렇지 않고 토지를 버리고 인신人身에 과세하였고, 토지의 수가 충분하지 않더라도 그 세금은 반드시 갖추어졌다."[90] 진나라의 조세제도가 일찍이 "토지에 기반한 세금"에서 "토지를 버리고 인신에 과세하는"[91] 변혁이 발생하였음을 알 수 있다.

일찍이 하夏·상商·서주西周 노예제 시대에 국가는 정전井田을 단위로 서민에 대한 노동력 착취를 진행하였다. 이후 정전제井田制가 와해되자, 각 제후국은 노동력 착취를 실물 착취로 바꾸었으나, 그 기본은 모두 "토지에 기반한 세금"이었다.[92] 예컨대 노국魯國의 "초무세初畝稅", 진국秦國의 "초

---

90 『通典』卷4「食貨四」"夏之貢, 殷之助, 周之籍, 皆十而取一, 蓋因地而稅. 秦則不然, 舍地而稅人, 故地數未盈, 其稅必備."

91 『通典』卷4「食貨四」"因地而稅 … 舍地而稅人."

92 "因地而稅."

조화初租禾"등은 토지면적에 따라 세금을 징수하는 제도이다. 아울러 군부軍賦에 대한 징수는 예컨대 노국의 "용전부用田賦", 정국鄭國의 "작구부作丘賦"등은 또한 토지면적을 살펴서 징수하였다. 그러나 진나라는 상앙의 변법 이후 조세제도 개혁이 추진되어, 기본적으로 "토지를 버리고 인신에 과세하는"원칙을 확립하였다. 이때 진나라의 조세제도는 주로 전조田租·고세稿稅, 호부戶賦·구부口賦, 잡부雜賦 등 크게 세 가지를 포함하였다.

첫째, 전조·고세이다. 전조와 고세는 토지에 따라 징수하였다. 농민생산에 적극성을 높이기 위하여, 상앙商鞅은 전제田制·세제稅制 개혁을 단행하였다. 우선 주대周代의 100보步로 1무畝를 삼는 소무제小畝制를 없애고, 240보를 1무로 삼는 대무제大畝制로 개혁하여 매 부夫〔성년남자〕마다 100무를 주어 농사짓게 하였다. 그런 후에 국가는 지급한 토지의 숫자에 따라서 전조·고세를 통일하여 징수하였다. 이것은 바로 "전지田地에 천맥阡陌과 봉강封疆을 개설하고 부세를 공평히 하였다."[93]

『수호지진묘죽간』「전률田律」에는 "1경頃당 추세芻稅·고세를 걷는데, 그 받은 전지田地의 숫자에 따라 개간했든지 개간하지 않았든지 1경당 추세 3석, 고세 2석을 납입해야 한다"고 하였다.[94] 이렇게 받은 전지의 숫자는 바로 "1부夫당 100무"인데,[95] 가호마다 실제로 농사지은 토지의 수량을 막론하고, 국가가 "1부당 100무"의 수량에 따라 전조와 고세를 징수하였으니, 전조 제도에 "토지를 버리고 인신에 과세하는"특징이 구비되었음을 반영한다.

진대秦代 전조·고세는 모두 실물－곡속穀粟과 추고芻稿－로 징수하였

---

93 『史記』卷68「商君列傳」"爲田開阡陌封疆, 而賦稅平."

94 『睡虎地秦墓竹簡』「田律」"入頃芻槀, 以其受田之數. 無墾〔墾〕有墾〔墾〕, 頃入芻三石, 槀二石."

95 "一夫百畝."

다. 진대 전조는 대략 "1/10세"로 하였는데,[96] 만약 1무당 생산이 평균 1석반이라면 "1부당 100무"는 조곡租穀 15석, 추고 5석을 납부해야 했다.

진 시황 31년(기원전 216년) 전국에 수전제授田制 폐지를 공식 선포를 하고, "백성이 스스로 전지田地를 등록하게 하였다."[97] 국가를 위한 조세징수의 기초로 삼았다. 당시 진나라에서 실행한 대무제大畝制 이외에, 관동關東 대부분의 지역에는 여전히 소무제小畝制를 시행하고 있었는데 민호가 점유한 토지 수량의 격차가 비교적 컸다. 진대 전조·고세의 징수량은 민호가 점유한 토지의 실제 정황에 근거하여 조정이 이루어졌다.

둘째, 호부·구부이다. 상앙商鞅의 변법 이후 진秦정권은 군부軍賦 징수에 대해서도 이미 완전히 토지와 연결고리를 풀어서 인호人戶를 단위로 하여 징수하였다. 진대秦代 조세제도의 "토지를 버리고 인신에 과세하는" 원칙이 충분히 구현되었다. 『사기史記』「진본기秦本紀」에는 진秦 효공孝公 14년(기원전 348년) "처음으로 부賦하였다."[98] 여기서의 "부賦"는 곧 군부를 가리킨다. 이때 군부는 이미 호구에 따라 징수하였으므로 "호부戶賦"라고 칭한다.[99] 『사기』「상군열전商君列傳」에는 "백성에게 아들이 둘 이상인데 분가分家시키지 않으면 부세를 두 배로 부과하며",[100] "집이 부유하고 아들이 장성하면 분가시킨다"고 했는데,[101] 그 목적은 한결같이 호부를 많이 징수하기 위해서였다. 그리고 상앙 시기 아직 법적으로 주조된 화폐가 없었기 때문에 포백布帛으로 화폐를 삼았다. 군부를 징수할 때 포백 등

---

96 荀悅, 『漢紀』.

97 "使黔首自實田."

98 "初爲賦."

99 『睡虎地秦墓竹簡』「法律問答」의 "弗令出戶賦之謂也"는 당시 "戶賦"를 칭하고 "口賦" 를 칭하지 않음을 설명한다.

100 『史記』 卷68「商君列傳」"民有二男以上不分異者, 倍其賦."

101 『漢書』 卷48「賈誼傳」"家富子壯則出分."

실물의 완전성을 보장하기 위해서도 단지 호戸를 단위로 징수할 수 있었다. 『후한서』「남만전南蠻傳」에서 진秦 혜왕惠王이 파중巴中을 병합한 시기에 규정하기를 "그 백성은 호당 가포嫁布 8장 2척과 닭 깃털 30후鏃를 바치게 한다"고 하였다.[102] 곧 이는 당시 호를 단위로 부세를 납부하는 직접적인 증거이다. 그때 파중巴中의 민호民戸가 납부한 호부의 액수는 환산하면 진전秦錢 약 백여 전錢이었다. 이것은 진나라가 새로이 귀부한 지역에 대한 우대였다. 진秦 지역의 백성에게는 호부 액수가 자연히 매우 많았다.

『칠국고七國考』「식화지食貨志」에서 진나라 노래를 인용하여 "위수渭水를 이용하지 않더라도 구부口賦는 받는다"고 하였다.[103] 진국秦國의 호부는 구부로 바뀌었는데 대략 진秦 소왕昭王 시기였다. 『화양국지』「파지巴志」에 진 소왕이 이민족과 "돌에 새겨서 맹약을 하여서, 다시는 이민족에게 1경頃이라도 조세租稅를 내지 않게 하고 처는 10명이라도 헤아리지 않는다"고 하였다.[104] 여기서 말한 "처가 10명이라도 헤아리지 않는다"[105]는 인구人口로 산전算錢을 내도록 하였음을 가리킨다. 진나라가 육국을 통일한 시기에 이르러 구부가 이미 전국 백성에게 보편적으로 부과되었다. 『진서晉書』「이특재기李特載記」에는 "진나라가 천하를 병탄하고 검중군黔中郡으로 삼아 가볍게 부세를 거두었고, 구부口賦는 1년에 40전錢을 낸다"고 하였다.[106] 그러나 오래지 않아서 곧 "전조·구부·염철의 이익은 옛날보다 20배가 되었다."[107]

호부가 구부로 바뀜에 따라서 호戸 단위로 납부하는 데에서 사람 수

---

102 『後漢書』 卷86 「南蠻傳」 "其民, 戸出嫁布八丈二尺, 鷄羽三十鏃."
103 『七國考』 卷2 「食貨志」 "渭水不洗, 口賦起."
104 『華陽國志』「巴志」 "刻石爲盟, 要復夷人頃田不租, 十妻不算."
105 "十妻不算."
106 『晉書』 卷120 「李特載記」 "秦幷天下, 以爲黔中郡, 薄賦斂之, 口歲出錢四十."
107 『漢書』 卷24 「食貨志上」 "田租口賦, 鹽鐵之利, 二十倍於古."

(口數)로 전전錢을 납부하는 형태에 이르렀는데, 이것은 진대秦代 통치집단이 백성에 대한 착취와 억압이 더욱 심화되고 더욱 엄밀해졌음을 반영한다. 별도로 진 혜왕 때 "처음으로 화폐를 시행하였는데",[108] 국가의 법정화폐 주조를 정식으로 추진하여 구부의 징수로 방편을 제공하였다. 진대 구부 액수에 관해서는 또한 호부 액수로 미루어 알 수 있다. 당시 매호마다 부세로 6포 곧 660전錢을 납부하였는데, 만약 매호당 5구口로 계산한다면 매 구당 평균 약 120여 전이다. 또한 진대秦代 구부는 때로는 산전算錢으로 칭하였다. 『한서』「조조晁錯」에는 "지금 진秦의 징집한 군사는 … 죽은 후에 일산一算도 면제될 수가 없다"고 하였다.[109] 한대漢代 산부算賦가 실제로 진나라의 구부를 계승하였고 한대 1산算은 120전錢이고 진나라 구부도 당연히 이와 같음을 알 수 있다.

셋째, 잡부雜賦 등이다. 잡부는 진대秦代 각종 임시 징수를 가리킨다. 예컨대 "한 줌의 곡물과 한 척의 포"[110]의 징수는 민간 특산물인 "토공土貢" 등을 적절히 취하여 잡부를 모두 할당하여 인호人戶에 이르게 하였다. 특히 진대에는 무거운 병역과 요역이 있었고, 다시 인신에 대한 착취가 있었다. 이러한 것들은 모두 진대 조세제도인 "토지를 버리고 인신에 과세하는" 원칙을 구현해냈다.

어떻게 진나라는 상앙의 변법 이후 조세제도가 "토지를 버리고 인신에 과세하는" 변화가 나타날 수 있었을까? 당연히 봉건국가 수입을 증가시키는 주관적 원인 이외에, 또한 사회경제 상황에 발전 수요의 원인이 있었다. 먼저, "토지를 버리고 인신에 과세하는" 정책은 사회분업의 확대된 요구에 대한 적응이었다. 하夏·상商·주周 시기 농업생산은 사회 재부財富

---

108 "初行錢."
109 『漢書』 卷49 「晁錯」 "今秦之發卒也 … 死事之後, 不得一算之復."
110 "撮粟尺布."

의 가장 중요한 원천이었고, 게다가 사람들도 촌사村社를 떠나서 독립하여 존재할 수 없었으며, 이때는 또한 단지 단일한 농업노동의 수탈 혹은 농업 세금 징수였기 때문에 반드시 토지에 따라서 과세하였다. 그러나 춘추전국시대에 이르러 생산력의 발전과 사회분업의 확대에 따라서, 농업 생산 이외에도 기타 공工·상商 분야도 흥성하였다. 사람들의 독립생산능력의 향상에 따라서, 백성이 가질 수 있는 사회재부의 수단과 분야가 점점 많아졌다. 그래서 국가 조세부담이 농업에서 사회의 각 분야로 확장되었기 때문에 토지에 따른 과세는 인신에 따른 과세로 점점 옮겨왔다. 다음으로, "토지를 버리고 인신에 과세하는" 정책을 통해 농업생산을 보호하였다. 전국戰國시대 사회분업의 확대와 사회의 동요에 따라서, 농업생산과 분리되어 별도로 직업을 찾는 사람이 점점 늘어났다. 농업생산을 보호하기 위해 사람들이 토지에서 벗어나는 것을 규제하였으므로 "토지를 버리고 인신에 과세라는" 새로운 정책을 채택하여, 이처럼 유리걸식하는 백성과 다른 직업에 종사하는 사람 모두에게 인구세를 부담하도록 함으로써 농민의 조세부담을 경감시키고 그들이 농업생산에 안심하고 종사하게 하였다. 아울러 이렇게 농업생산에서 이탈한 사람을 농업에 회귀하도록 부추겨 농업생산의 지속적 발전을 유지하고 보호하였다. 『상군서商君書』 「간령墾令」에는 "그 식구의 수대로 부세를 거두고 무겁게 노역시켰는데, 곧 방종하고 유랑하면서 개간에 게으른 백성은 먹을 수 없게 하였다. 먹을 것이 없는 백성은 곧 농사를 지어야 했고, 농사를 지으려면 곧 초지草地를 반드시 개간해야 했다"고 하였다.111 진秦 정권이 제정한 "토지를 버리고 인신에 과세하는" 정책은 농업생산을 보호할 목적이었음을 잘 설명한

---

111 『商君書』 「墾令」 "以其食口之數, 賤〔賦〕而重使之, 則闚淫游惰地民無所於食. 民無所於食則必農, 農則草必墾矣."

다. 마지막으로, "토지를 버리고 인신에 과세하는" 정책을 통하여 인구人口에 대한 규제를 더욱 강화하였다. 전국시대 인구의 유동성과 취업의 다양성 때문에 봉건국가는 반드시 인구에 대한 각종 규제 조치를 채택해야 했다. 진 정권의 "토지를 버리고 인신에 과세하는" 정책은 바로 인구 규제의 중요수단을 더욱 강화하였다. 이처럼 농민을 토지에 속박시켜서 "백성이 함부로 옮겨갈 수 없게 하였고",112 또 전국全國 다른 지역의 인호人戶도 모두 봉건국가에 예속시켜 봉건정권을 위해서 물력物力과 재력 그리고 인력 자원을 제공하게 하였다. 그러므로 "보편적인 예속농제도(普遍依附農制)"가 형성되어 전제주의 중앙집권적 통치체제를 위한 기초를 닦았다.

그러나 "토지를 버리고 인신에 과세하는" 경제정책은 단지 사람이 물질적인 재부財富를 창조하는 과정에서 능동적인 작용을 한다는 데 착안했으나 사람이 반드시 생산수단과 서로 재능을 결합해야 사회 재부를 창조하게 된다는 원리에는 소홀하였다. 진나라는 상앙의 변법 이후부터 진 통일 직전까지 오히려 수전제授田制에 따라 "토지를 버리고 인신에 과세하는" 정책을 추진해왔으므로, 일정 정도 사람과 생산수단의 결합을 유지하여 "토지를 버리고 인신에 과세하는" 정책이 초래되는 좋지 않은 결과를 피하였다.

진나라의 천하통일 이후 통치계급의 한쪽은 "농업을 우선시하고 상업을 억제하는" 정책에 따라 농민이 농업 이외의 다른 생활방법을 제한하였고, 다른 한쪽은 또한 수전제를 폐지하여 "백성에게 경작을 맡기되 많고 적음을 제한하지 않았다."113 이 때문에 이렇게 적은 토지를 가졌거나 혹은 토지가 없는 빈민貧民에 대해 "토지를 버리고 인신에 과세하는" 조세제

---

112 "使民無得擅徙."
113 "任民所耕, 不限多少."

도는 마치 연못을 말려서 고기를 잡는 것과 다름없어서, 수많은 빈민이 막다른 골목으로 달려가도록 압박하였다. 그리고 당시 제후들이 겸병전쟁이 종결되어서, 진대 통치집단은 더 이상 약탈전쟁에 기대어 자기탐욕을 만족시킬 수 없었기 때문에, 단지 다시 한 번 많은 토지는 재부를 약탈하는 조세수탈에 놓을 수 있었다. 이 때문에 진통일 이후 노동자의 조세 부담은 두 배로 증가하였다. 과도한 조부租賦 수탈은 노동자가 생계유지와 간단한 재생산을 곤란하게 만들었으므로 "백성은 죽으면 〈부세에서 해방되어〉 축하하고, 태어나면 〈가혹한 부세로 인해서〉 조의를 표한다"고 하였다.[114]

요컨대, 진대秦代 조부租賦 · 요역徭役제도는 상앙의 변법 시기에 형성되었다. 그 특징은 구부口賦는 전조田租보다 무거웠으며 요역 또한 조부를 초과하였는데, 중요한 것은 인신 수탈에 기초한 제도였다는 사실이다. 진나라의 통일과 국경의 확대에 따라서, 통치계급은 노동자에 대한 조부 · 요역 착취 또한 증가하였다. 역사에 기록된 당시의 실물 착취량은 농민 총수입의 2/3를 차지하였고, 역역力役 수탈량은 작게는 농민 노동시간의 1/7을 차지하였으며, 전체 수탈량은 대략 농민 노동총량의 4/5를 점하였다. 진대秦代 정권이 노동자에 대해 잔혹한 수탈은 지주의 농민에 대한 사적 조세수탈을 초과하였음을 알 수 있다. 진나라 백성은 "수자리, 조운, 수송, 공사 등이 고통스러웠고 부세가 커서",[115] 사람들이 감당할 수 있는 능력을 훨씬 초과했기 때문에 분노한 농민의 봉기蜂起를 야기하였고 진秦제국 만세영존萬世永存의 청사진을 불살라 없애고 말았다.

---

114 "百姓賀死而弔生."
115 『史記』 卷6 「秦始皇本紀」 "戌漕轉作事苦, 賦稅大也."

(四) 진말秦末 사회경제의 붕괴

『사기』「장이진여열전張耳陳餘列傳」에는 "진나라가 어지러운 정치와 가혹한 형벌로써 천하를 잔혹하게 해를 끼친 지 수십 년이 되었다. 북쪽으로는 만리장성을 축조하는 노역이 있었고 남쪽으로는 오령五嶺을 지키는 군역이 있었기 때문에, 안팎으로 동요하여 백성은 피폐해졌다. 머릿수대로 곡식을 내게 하여 키로 쓸어 모으듯이 거두어서 군비로 공급하여 재물은 고갈되고 민력은 소진되었으므로 백성은 삶을 영위할 수 없었다. 더욱이 가혹한 법과 준엄한 형벌로 백성을 무겁게 억눌렀기 때문에 천하天下 부자父子가 서로 평안할 수 없었다."[116] 이러한 국면은 사회경제 발전에 심각한 영향을 초래하였다. 진 시황 31년(기원전 216년) "미米 1석에 1,600 〈전〉"이었는데,[117] 곧 사회경제의 위기 신호였다. 전국시대부터 평년 작황에는 속粟 1석에 30전錢, 미米 1석에 43전 정도로 환산하였다. 이때 미가米價는 37배나 오른 데는 반드시 식량생산이 매우 감소했기 때문일 것이다. 진秦 2세 즉위 후 경제의 쇠락현상은 더욱 심해졌다. 그때 진 2세는 주색에 빠져 "제멋대로 하려는 욕망이 극에 달하였다."[118] 그리고 조정朝廷 대권을 차지한 조고趙高는 "탐욕은 만족할 줄 몰랐고 이익을 좇는 것도 그침이 없었으며, 세력을 떨침은 군주 다음이었고, 하고자 싶은 것은 끝이 없었다."[119] 〈상대적으로〉 옆에 비켜서있던 이사李斯는 진 2세의 비위를 맞추기 위해서 다음과 같은 독책의 방법(督責之術)을 올렸다. "군주가

---

116 『史記』卷89「張耳陳餘列傳」"秦爲亂政虐刑以殘賊天下, 數十年矣. 北有長城之役, 南有五嶺之戌, 外內騷動, 百姓罷〔疲〕敝, 頭會箕斂, 以供軍費, 財匱力盡, 民不聊生. 重之以苛法峻刑, 使天下父子不相安."

117 『史記』卷6「秦始皇本紀」"米石千六百."

118 "肆意極欲."

119 "貪欲無厭, 求利不止, 列勢次主, 求欲無窮."

존엄하려면 독책督責이 필요하다. 독책이 반드시 실행되면 구하는 것을 얻고, 구하는 것을 얻으면 국가는 부강해지며, 국가가 부강해지면 군주에게 즐거움과 풍요로움이 있을 것이다. 따라서 독책의 방법을 실행하면 하고자 하는 것을 얻지 못함이 없을 것이다."[120] 그래서 통치집단인 독책하는 관리가 천하의 부세를 두텁게 하여, 진 정권은 백성의 생계를 돌보지 않는 수탈기구로 완전히 탈바꿈하였다. 진 2세는 여산릉酈山陵과 아방궁阿房宮을 축조하기 위해 수많은 농민을 징발하는 것 이외에, 또한 "재사材士 5만 명을 징발하여 함양咸陽에 주둔시켜 호위하게 하고 활쏘기와 군견·군마·금수의 조련을 익히게 하였다. 당시 먹일 것은 많은데 헤아려보니 부족하여, 각 군현에 숙속菽粟〔곡식〕과 추고蒭藁〔사료〕를 조발하여 운반해오도록 하되 모두 자기 양식을 휴대하게 하였고, 함양咸陽 3백 리 이내 지역은 그 곡식을 먹을 수 없도록 하였다."[121] 실제로 진대秦代에는 이미 수도 함양에 수많은 양식을 쌓아두었으나, 통치계급은 백성의 생사를 돌아보지 않고 여전히 수탈만 하려고 하였다. 이때 노동자가 근본적으로 정상적인 농업생산을 할 방법이 없어 사회경제는 매우 쇠퇴하였다. 그러므로 "백성은 피폐해져서, 고아·과부·노인·약자는 서로 부양할 수 없어, 도로에는 죽은 시체가 잇따라 보이니, 대개 천하가 진나라를 배반하기 시작하였다."[122]

진말 농민봉기 폭발 이후, 각지에서 봉기군과 진군秦軍의 혈전이 전개되었다. 육국 구귀족도 이 기회를 틈타 국가부흥전쟁을 개시하여 사회형

---

120 『史記』卷87「李斯列傳列傳」"主嚴尊則督責必, 督責必則所求得, 所求得則國家富, 國家富則君樂豐. 故督責之術設, 則所欲無不得矣."

121 『史記』卷6「秦始皇本紀」"盡徵其材士五萬人爲屯衛咸陽, 令敎射狗馬禽獸. 當食者多, 度不足, 下調郡縣轉輸菽粟蒭藁, 皆令自賫糧食, 咸陽三百里內不得食其穀."

122 『史記』卷112「平津侯主父列傳」"百姓靡敝, 孤寡老弱不能相養, 道路死者相望, 蓋天下始叛秦也."

Ⅱ. 진대 사회경제의 쇠퇴와 치란治亂

세는 더욱 동요되었다. 진 2세 원년(기원전 206년)에서 한왕漢王 4년(기원전 203년)까지 6년 동안 대혼란의 전쟁이 지속되어, 사회경제는 전면적으로 붕괴되었다.

혼란한 전쟁터에 투입된 병력은 극도로 많았다. 우선 참전한 진군秦軍이 약 30만이었고, 봉기군의 각부 및 육국 제후가 조직한 군대의 휘하부대도 모두 10여 만에 달하였다. 기원전 206년 이르러 항우項羽가 약 60만 대군을 통솔하였고 다음해는 유방劉邦 휘하에 집중된 병력이 56만에 이르렀는데, 더욱이 몇몇 분산된 병력은 이 안에 계산되지도 않았다. 매년 전쟁에 참여한 사람의 숫자는 120만보다 적지 않았다. 끊임없이 사망하는 군대를 보충하기 위해 각 세력은 필연적으로 병역에 복무를 원치 않던 남녀노소를 강제로 징발해서 군대에 참여시켰다. 전쟁터에서 대규모 노동력이 의미 없이 희생되어 사회생산이 정체상태에 이르렀다.

더욱 심한 것은 전쟁이 사회경제를 심각하게 훼손시켰다는 점이다. 먼저, 사회 인구가 대규모로 사망하였다. 매번 전쟁에서 모두 수만 명이 사망하였고, 게다가 전쟁 후에는 성을 점령하고 학살하거나 생매장하여 죽여서, 죽거나 다친 사람은 듣는 사람을 경악하게 하였다. 항우는 일찍이 신안新安(하남河南 민지澠池)에서 진나라의 항복한 군사 20여 만을 한 차례 생매장하였다. 초楚·한漢의 팽성彭城 전투에서 초군楚軍은 한군漢軍 수만 명을 살육殺戮하여 휴수睢水가 흐르지 못할 정도였고 … 전쟁을 통해서 격렬하게 파괴된 지역은 호구가 대규모로 감소하였다. 예컨대 곡역현曲逆縣은 진대秦代 3만 호였으나 한漢 고조高祖 6년(기원전 201년)에는 겨우 5천 호로 5/6가 감소하였고, 다른 크고 이름난 도시(大城名都)에서도 "호구에서 얻을 수 있는 숫자는 2/10 ~ 3/10이었다."[123] 고증해보면, 진나라 때 전

---

123 『史記』 卷18 「高祖功臣侯者年表」 "戶口可得而數者十二三."

국全國에 여전히 2천만여 명의 인구가 있었고, 한초에 이르러 겨우 1천 4백만을 남겨서 대략 사망한 인구가 6백여 만이었다. 다음으로, 사회 물자物資 및 재부財富의 대규모 파괴이다. 전쟁의 원한으로 말미암아 야기된 방화하고 죽이고 약탈하고 빼앗는 만행[124]은 물질문명에 대한 파괴력이 아주 컸다. 당시 항우가 바로 전쟁파괴광이었으며, 일찍이 양성襄城을 점령하여 양성에 남은 것이 없게 만들었고, 지나가는 곳에는 전멸하지 않는 경우가 없었다. 또한 병사를 이끌고 함양咸陽을 도륙하였고, 진나라의 항복한 왕자 영嬰을 죽였으며, 진나라의 궁실을 불태워, 불이 석 달 동안 꺼지지 않았고, 그 보화와 부녀자를 약탈하였으며, 그가 놓은 큰불은 진시황 병마용갱兵馬俑坑에도 재가 흔적으로 남아있다. 그는 제齊의 전영田榮을 격파한 후, 또한 북으로 이제夷齊의 성곽城郭과 실옥室屋을 불태워버렸으며, 전영의 항복한 군사를 생매장하고, 그 노인·어린아이·부녀자를 사로잡았다. 그 외에도 예컨대 성안에 물을 대어버리거나 도로와 교량 등을 파괴하여, 사회경제적으로 구축된 기반시설에 대한 손해가 아주 막심하였다.

전쟁의 잔혹성으로 말미암아서 개전開戰 이후 "백성은 동요하였고 해내海內는 방탕하였으며, 농부는 쟁기를 버렸고 공녀工女는 베틀에서 내려왔다."[125] 백성은 경작할 수 없었고, 도처에 기근이 가득하였다. 『사기』 「항우본기」에는 진秦 2세 2년(기원전 208년) "올해는 기근이 들어서 백성이 빈곤하였고, 사졸士卒은 토란·콩을 먹었으며, 군대는 양식을 보지 못했다"고 하였다.[126] 『한서』 「고제기高帝紀」에는 한왕漢王 2년(기원전 205년) "관중關中에 대기근이 들어, 미米는 1곡斛에 1만 전錢이고, 사람은 서로 잡아

---

124 "燒殺搶掠."
125 『史記』 卷97 「酈生陸賈列傳」 "百姓騷動, 海內淫蕩, 農夫釋耒, 工女下機."
126 『史記』 卷7 「項羽本記」 "今歲饑民貧, 士卒食芋菽, 軍無見糧."

먹었다"고 하였다.[127] 전국 각지가 모두 만신창이였고, 굶어죽은 이가 들판에 두루 퍼져 처량한 광경이어서, 사회경제는 전면적인 붕괴에 빠져들었다.

진대秦代 10여 년간 경제의 흥망성쇠를 살펴보면, 그 근본원인은 바로 무엇인가? 결론적으로 말하면, 당시 상부구조와 경제기초의 모순적인 운동의 결과였다. 진秦왕조 전제 집권적 정치경제체제와 봉건토지제도의 이중구조는 양자 사이에 상호작용하였으나, 중앙집권적 통치제도와 분산되고 낙후된 경제조건은 또한 상호 모순적이었다. 진대 중앙집권적 통치기구는 실제로 정치·경제권력의 결합체였고, 더욱이 "보편적인 예속농제도"의 형성은 봉건통일집권국가가 사회경제에 관여하여 분산되고 낙후된 경제상황을 개선하기 위해서, 중앙집권통치 요구에 적합한 방편을 제공하였다. 그러나 진대는 중국역사상 첫 번째로 건립된 봉건통일국가이기 때문에, 진왕조는 대국大國을 다스리고 통치하는 거울삼을 경험이 아직 없었고, 여전히 전국戰國시대 진나라의 경제제도를 계승하였으며, 소국小國에서 대국大國으로 이르는 전환기에 잘 적응하지 못하였다. 동시에 진대 통일겸병전쟁 종결에 따라서 진왕조는 전쟁환경에서 평화건설에 이르는 전환기에 아직 잘 적응하지 못했고, 여전히 섬멸전의 방식을 따르는 경제활동을 채택하였다. 또한 진대사회는 심각한 노예제가 아직 남아있었기 때문에, 통치집단의 가혹한 법가전통과 한없이 팽창하는 사욕은 봉건정권이 사회경제에 대해 지나치게 많고 지나치게 성급하며 지나치게 잔혹한 간섭을 야기해서, 사회에서 수용할 수 있는 한도를 아주 크게 초과하였다. 결과는 단지 통일국가를 공고히 하지 못했을 뿐 아니라, 도리어 통일국가가 신속히 붕괴시켜나갔다. 그러나 진대 확립된 기본경제제도와 추진된 기

---

127 『漢書』卷1「高帝記」"關中大飢, 米斛萬錢, 人相食."

본경제건설은 한대 통일국가의 경제기초를 다졌다. 진대 경제의 흥망성쇠는 후대의 통치집단에게 경험과 교훈을 제공하였다.

II. 진대 사회경제의 쇠퇴와 치란治亂

III

전한 전기 사회경제의
회복과 발전

(一) 한 고조 유방의 경제 회복·발전 방침

　　한왕漢王 5년(기원전 202년) 유방劉邦이 정도定陶에서 황제로 즉위했고, 오래지 않아 장안長安으로 천도遷都하였으며, 통일된 전한前漢왕조를 건립하였다. 진말秦末 사회경제가 쇠퇴국면에 직면하자, 한漢 고조高祖 유방은 진秦왕조의 경험과 교훈을 받아들여 경제질서 정비에 착수하였고, 사회생산의 회복과 발전에 힘을 기울여 새로이 만든 봉건정권을 안정시켰다.

1. 진한교체기 경제상황

　　진말 장장 6년간 사회동란이 지속되었고, 국민경제는 심각하게 파괴되었으며, 더욱이 진대 군공관료지주軍功官僚地主의 경제세력은 농민봉기의 전화戰火 중에 괴멸되는 타격을 입었다. 황제는 군공관료지주를 대표했다. 그들은 거머쥔 특권을 통해 대규모 토지를 차지하였고, 수많은 사회재부財富를 착복하였으며, 백성에 대해 아주 잔혹한 수탈과 압박을 자행하였다. 이 때문에 농민봉기가 폭발한 뒤, 무기를 집어든 백성은 "그 사람들의 방식으로 되돌려서 그 사람들의 신체를 다스리면서",¹ 우선 틀어쥔 칼날을 이러한 극악무도한 군공관료지주에게 겨누었다. 군공관료지주 및 경제세력은 거의 소멸하였다. 남은 것은 고작 진황실 소속의 공전원유公田苑囿, 산림천택山林川澤, 그리고 진대 군공관료지주의 토지였는데, 그것들은 한순간에 주인 없는 황무지로 변했고, 사회가 방치한 생산수단이 되었다. 별도로 진말 농민전쟁 중 기회를 틈타 군사를 일으킨 육국 구귀족 세력도 권리를 쟁탈하는 전투 중에 스스로 쇠퇴하였다. 이러한 사회 대혼란전은 사회경제를 파괴했을 뿐 아니라, 또한 본래의 경제관계를 파괴하였다. 황실·관부·군공관료·귀족지주의 통제를 받던 수많은 노동자는 형도刑徒, 노비奴婢, 공장工匠, 예속농민 등을 포함하는데, 모두 자발적으로 벗어나서 새로이 생활의 활로를 찾았다.

『한서漢書』「식화지食貨志」에는 다음과 같이 설명한다. "한漢이 흥기하여 진秦의 쇠락국면을 이어받아, 제후가 함께 일어나니 백성은 터전을 잃어 버렸다. 대기근이 들자 무릇 미米 1석은 5천〈전錢〉이었고, 사람이 서로 잡아먹었으며, 죽은 사람이 절반을 넘었다."² 당시 수많은 무고한 백성이 전쟁과 기근에 죽었다. 다행히 1천 4백여 만의 인구가 살아남았으나, 대부분 돈이나 양식이 없고 의지할 데가 없는 빈농이었다. 그들은 난리 중에 가세가 기울어 파산했고, 생산능력을 상실하였으며, 생계가 곤란하여 고향(鄕井)을 등지고 떠나 각지를 떠돌아다녔다. 그중 일부는 비교적 안정되고 풍요로운 곳에 갔는데, "촉한蜀漢에서 생계를 해결했다."³ 어떤 사람은 변경지대로 도망하였고, 어떤 사람은 오히려 깊은 산 속으로 숨어들었

---

1   "以其人之道, 還治其人之身."
2   『漢書』 卷24「食貨志上」"漢興, 接秦之敝, 諸侯幷起, 民失作業. 而大饑饉, 凡米石五千, 人相食, 死者過半."
3   "就食蜀漢."

다. 청대淸代 양정렬楊廷烈의 『방현지房縣志』에는 그 당시 온몸에 긴 털이 있는 "모인毛人"을 발견했고, 그들은 자칭 선조가 진 시황의 장성축조의 고된 역에서 도피한 민부民伕라고 하였다. 그래서 오랫동안 깊은 산림 속에 숨어 원시인의 생활을 지내왔으므로, 온몸에 긴 털이 있는 후손이 번성하였다. 진晉 도연명陶淵明의 『도화원기桃花源記』에도 "영씨嬴氏〔진 시황〕가 천기天紀를 어지럽히니, 현자賢者는 그 세상을 피하였으며",4 한 무리는 진 말의 혼란을 피해온 난민難民인데, "처자妻子와 읍인邑人을 거느리고",5 산속에 인적이 없는 곳으로 숨어들어, 오랫동안 세상 밖의 도원桃源에 정착하여 농경생활을 해왔다. 이러한 것들은 비록 전설과 유사하지만, 당시 백성이 생존을 모색한 묘사 자체는 사실이다. 또한 일부 사람은 의지했던 호강세력에게 핍박받아서 "산택에 모여 보호처로 삼았는데",6 그들은 동란動亂 중에 산택山澤의 험함에 의지하여 자발적으로 생산단체를 조직하였다. 어떤 사람은 막다른 골목에 이르러, 자신과 가족을 팔지 않을 수가 없어서 호부豪富의 노비 등으로 전락하였다. 바로 한초漢初 어사御史가 "최근에 군사가 자주 일어나서 도망하고 은닉한 이가 많다"고 말한 것과 같다.7 당시 관련 자료의 추산에 근거하면, 한초 다행히 보존한 사람 중에서 국가호적에서 도피하고 유망하여 밖에 있는 인구가 대략 거의 절반에 달하였다.8 대략 6백여 만 명이 호적에서 벗어나 밖에서 유망하였다. 수

---

4 "嬴氏亂天紀, 賢者避其世."
5 "率妻子邑人."
6 "聚保山澤."
7 『漢書』卷40「張陳王周傳」"間者兵數起, 多亡匿."
8 『史記』「陳丞相世家」참고. 그때 곡역성曲逆城 호구는 단지 진나라 때의 7/10이었고, 전란 중에 실제 사망한 사람의 숫자는 최대 "열에 셋도 안 되는 것에(十分無三)" 불과하였고(『通典』「食貨」및 『史記』「高祖功臣侯表」), 이로 인해서 밖에서 유망하는 사람의 숫자는 약 절반을 차지하였다. 다만 그 땅에서 전란이 자주 일어나는 지역도 다른 지역 밖에서 유망하는 사람의 숫자는 최소한 절반을 헤아렸다.

많은 비옥한 전토田土에 땅을 갈고 파종할 사람이 없었다. 이러한 상황은 극도로 사회생산의 회복과 발전에 불리하였고, 국가의 재정수입에 심각한 영향을 미쳤다. 그러므로『사기』「평준서平準書」에는 "천자부터 네 마리 말이 끄는 마차를 구비할 수 없었고, 장상將相이라도 혹 우거牛車를 탔으며, 백성은 거의 저축할 수 없었다"고 하였다.[9]

진한 동란기動亂期에, 조금이라도 세력이 있는 호민豪民은 형세가 좋은 땅을 앞 다투어 차지하고 무리를 모아서 스스로 지키는 것 외에, 어떤 사람은 또한 한초漢初 기층정권의 소리小吏를 맡아서 기회를 틈타 토지를 강점하였다. 동란의 중심지에서 멀리 떨어진 제齊·노魯·파巴·촉蜀 지역은 어떤 호민豪民이 무정부상태를 틈타서 해당 지역의 자원을 이용하여, 어漁·염鹽·철鐵 상고商賈로서 이익을 추구하였다. 또 다른 호민豪民 역시 직무상 편리함을 이용하여, 기회를 틈타 양식糧食을 비축하였다.『사기』「화식열전」에는 "선곡宣曲 임씨任氏 선조는 독도창리督道倉吏였다. 진나라가 패하자 호걸豪傑은 모두 금옥金玉을 취하고자 다투었는데, 임씨는 홀로 창고의 곡식을 비축하였다. 초·한이 서로 형양滎陽을 경계로 하는 동안, 백성은 밭을 갈고 씨를 뿌릴 수 없어서 미米 1석은 1만 〈전〉에 이르렀으며, 호걸의 금옥은 전부 임씨에게 돌아갔고, 임씨는 이렇게 부유해졌다."[10] 당시 생산부족으로 인해서, 물자가 부족해져서 일부 "법도를 지키지 않고 이익을 추구하는 백성"[11]은 기회를 틈타서 재화를 쌓아놓고 팔지 않고 값이 오르기를 기다려 시장을 조작하여 앞 다투어 물가를 올렸으며, 미가米價

---

9   『史記』卷30「平準書」"自天子不能具鈞駟, 而將相或乘牛車, 齊民無藏蓋."
10   『史記』卷129「貨殖列傳」"宣曲任氏之先, 爲督道倉吏. 秦之敗也, 豪傑皆爭取金玉, 而任氏獨窖倉粟. 楚漢相距滎陽也, 民不得耕種, 米石至萬, 而豪傑金玉盡歸任氏, 任氏以此起富."
11   "不軌逐利之民."

는 1석당 5천 전에서 1만 전까지 치솟았고, 마가馬價도 1필에 1백만 전까지 상승하였다. 이 때문에 이러한 호민의 자발적 활동은 사회경제생활 질서를 매우 어지럽혔고, 사회생산을 정상적으로 방법이 없었다. 그래서 얼마나 각종 경제 관계를 합리적으로 처리하고 사회생산을 회복시켜 발전할지가 한초漢初 통치집단이 봉건정권을 유지하고 공고히 하는 데 가장 중요한 문제였다.

2. 한 고조의 생산력 회복·발전 대책

한 고조 유방은 "보잘 것 없는 신분에서 일어나서",[12] 진말 농민전쟁의 폭풍을 통하여 황제의 옥좌에 올랐고, 중국역사상 세습귀족이 세운 최후의 통치왕조를 철저히 파괴하였다. 유방을 따른 수많은 이들의 출신은 사회하층인물로, 예컨대 소하蕭何, 조참曹參, 주발周勃, 진평陳平, 번쾌樊噲 등의 인물이었는데, 모두 전한前漢 최고통치집단에 진입하였으며, 한초漢初 포의布衣〔서민〕 출신이 황제皇帝나 장상將相이 되는 상황이 연출되었다. 그들은 모두 진대 잔혹한 통치가 백성에게 주는 고통을 몸소 체험했고, 백성이 진왕조를 전복시켰을 때 표출한 위대한 역량을 목격하였다. 그래서 한초 통치집단은 사회 재부財富의 여분을 분배했고, 민력民力을 애석하게 여겼으며, 쉬도록 해서 생업을 잇도록 양보하였고, 백성에게 각종 실질적 혜택을 주었다. 그들은 사회생산생활의 순조로운 진행을 보증하고 봉건경제질서를 안정시키기 위해서, 빠르게 전쟁의 상처를 치료하여 사회생산을 회복·발전시켰다. 따라서 한 고조 유방은 "농업을 중시하고 상업을 억제하는" 정책을 거듭 확립하였다.

농업을 중시하고 상업을 억제하는 것은 상앙의 변법 이후 봉건정권 장

---

12 "起于細微."

기간 추진한 기본경제 정책이다. 그러나 각 시대별로 모두 각기 서로 다른 역사적 특성이 있다. "농업을 중시하는" 정책으로 말하자면, 상앙商鞅 시대 농업 중시(重農)와 전쟁 중시(重戰)를 결합한 데에서 유래하였는데, 농민이 경작과 방직에 힘쓰기를 장려하였고, 아울러 군공작급軍功爵級을 통해서 토지를 상으로 내렸다. 진 시황의 중국통일 이후, 시황 28년(기원전 219년) 낭야대각석琅邪臺刻石에는 "황제의 공업은 본사本事〔농업〕에 힘쓰도록 권하는 것이니, 농업을 숭상하고 말업〔상업〕을 억제하면, 검수黔首〔백성〕가 부유해진다"고 하였다.[13] 그러나 진 시황은 "백성이 스스로 전지田地를 등록하게 하는"[14] 것 이외에, 농업생산의 발전을 유지하고 보호하기 위한 구체적인 시책을 제정하지 않았고, 도리어 무거운 조세 및 요역 수탈을 통해서 농민을 매우 힘들게 만들었다. 한 고조는 진 멸망의 역사적 교훈을 받아들였기 때문에 진秦의 학정虐政을 폐지하였고, 고조高祖 5년(기원전 202년) 조서詔書를 통해서 농업을 중시하는 정책을 전면적으로 추진하였다.

첫째, 군대에서 제대시켜 농업으로 돌려보내고, "공로功勞에 따라 전택田宅을 주었다."[15] 함곡관函谷關에 들어가서 진나라를 멸할 때 따랐던 관동關東 군인 중에서 관중關中에 남기를 원하면 12년간 요역을 면제하였고, 관동으로 돌아가도 6년간 요역을 면제한다고 선포하였다. 군리·군졸(軍吏卒)이 공을 세우지 못해 작급爵級을 받지 못하였거나 혹은 대부大夫(5급작級爵) 이하〔미만〕이면 작급을 대부로 올려주었고 대부 이상이면 작 1급을 더하였으며, 아울러 일률적으로 본인과 전 가족의 요부傜賦를 면제하였다. 무릇 제대한 군리·군졸은 군공작급軍功爵級의 고저에 따라서 공평하게 전택田宅을 주었다. 작급은 공대부公大夫(7급작), 공승公乘(8급작) 이상이면 고위작급

---

13 『史記』卷6「秦始皇本紀」"皇帝之功, 勤勞本事, 上農除末, 黔首是富."
14 "使黔首自實田."
15 "以有功勞行田宅."

이고, 우선 전택을 지급하는 것 이외에, 또한 상으로 식읍食邑을 주어서 약간의 호戶에서 조세租稅를 얻게 하였다. 그래서 이렇게 군대에서 제대하여 고향으로 돌아가면 소수 고위작급의 사람이 상승하여 군공지주軍功地主가 되는 것 이외에도 대부분의 사람들도 모두 자영농이 되었다. 그들은 약간의 토지를 얻었고 아울러 부역이 면제되어 생산의 적극성이 높아졌으며, 농업생산을 회복시켜 발전시키기 위해서 새로운 역량을 더하였다.

둘째, 유망자流亡者를 불러 모아, "옛 작위爵位와 전택을 회복시켜주었다."16 전란 중 고향을 떠났던 사람들을 불렀고, 산택에서 무리지어 지키며 살았던 사람을 본래 땅으로 돌려보냈으며, 그들의 원래의 작위爵位와 전지를 회복시켜주었다. 별도로 유방劉邦은 또한 일찍이 "여러 옛 진나라의 원유苑囿와 원지園池를 모두 사람들에게 전지로 만들 수 있도록 명하였다."17 따라서 수많은 작위가 없고 토지가 없는 유망流亡농민이 토지를 얻을 수 있었다. 이러한 사람들 중 일부 중·소지주 이외에, 대부분은 모두 자영농이었는데, 그들은 이로부터 평화로운 환경 속에서 안심하고 경작에 종사하여서 생산의 주요한 역량을 회복하여 발전시켜 나갔다.

셋째, 노비를 방면放免하도록 명하였다. 전란 중에 기아로 자신을 노비로 판 사람은 일률적으로 서민으로 회복시키도록 조서詔書를 내렸으므로, 사회 노동력이 해방되어 농업전선이 더욱 강화되었다.

넷째, 농민의 부담을 경감하였다. 한 고조는 절약을 숭상하여 국가지출에 대해 세밀하게 계산하여, "관리의 녹을 헤아리고 관아의 지출을 계산하여 백성에게 부세를 거두었다."18 일찍이 전조田租를 경감시켜 1/15세로 하였고, 그 외에 부세도 가벼운 쪽으로 액수를 정하였다. 농민은 비교적

---

16 "復故爵田宅."
17 『史記』 卷8 「高祖本紀」 "諸故秦苑囿園池, 皆令人得田之."
18 『漢書』 권24 「食貨志上」 "量吏祿, 度官用, 以賦於民."

많은 자금을 재생산에 투입시킬 수 있었다.

다섯째, 인구 증가를 장려하였다. 『한서』「고제기하高帝紀下」에는 고조高祖 7년(기원전 200년)의 규정에 "백성이 자식을 낳으면, 다시 2년간 일하는 것을 금한다"고 했는데,[19] 곧 2년 동안 요역을 면제하였다. 이것은 전후 인구증가에 유리하였고, 이로써 농업노동력은 차츰 증가하였다.

한 고조 유방이 실행한 농업중시 정책은 전쟁에서 평화건설로 전환을 순조롭게 실현시켰다. 그는 각종 방식을 통해서 농촌 노동력을 충실히 하고, 농민의 토지요구를 기본적으로 만족시켰다. 동시에 농민의 부역賦役 부담은 경감되었고, 농민에게 다시 많은 정력精力을 들여서 생산에 종사하도록 하였다. 이 때문에 이것은 새로 탄생한 봉건정권을 공고히 하는 조치였고, 사회질서를 안정시키고 농업을 신속하게 회복하는 데 중대한 작용을 발휘하였다.

한 고조는 농업중시 정책을 추진하는 동시에, 상업을 억제하는 정책을 실행하였다. 당시 경제가 파산한 조건하에서 일부 간상奸商이 시장을 어지럽히고 기회를 틈타서 국가의 재정을 곤란하게 했다. 그것은 국계國計와 민생民生에 대해, 특히 농업생산의 회복·발전은 극도로 불리하게 만들었다. 그래서 한초 통치집단의 규정에는 상고商賈와 그 자손은 관직을 얻을 수가 없었고, 토지를 보유할 수 없었으며, 비단으로 수놓는 등 귀한 의복은 허락되지 않았고, 수레와 말을 타거나 병기를 휴대하는 것도 불허하였으며, 아울러 상고의 산부算賦는 배로 더 징수하였다(1인당 2신算, 계計 240전錢). 별도로 『한서』「누경전婁敬傳」에는 유방이 또한 "제齊의 저渚·전田씨, 초楚의 소昭·굴屈·경景씨, 연燕, 조趙, 한韓, 위魏 후예들 및 호걸명가豪傑名家"[20]를 천사하였고, 부상대고富商大賈를 포함하여 모두 10여 만

---

19 『漢書』卷1「高帝紀下」"民産子, 復勿事二年."

명을 관중으로 옮겼으며, 그들을 직접 중앙정권의 통제하에 두었다. 이것은 호강과 상고가 농민을 겸병하는 등의 불법행위를 억제하는 조치였고, 사회경제 질서를 정비하는 데 일정한 작용을 하였다.

한 고조가 추진한 상업을 억제하는 정책에서 주요한 점은 상인의 정치적 지위를 억압하고 그들이 재력으로 농민을 겸병하는 일을 제한하였음을 알 수 있다. 이것은 진대 상업을 억제하는 정책의 잔혹한 조치는 없었음이 분명하다. 진왕조는 걸핏하면 상인을 "유배하거나 수자리에 살게 하였다."[21] 당시 "시적市籍에 오른"[22] 상인에게 타격을 주는 것 이외에, 또한 일찍이 시적을 거쳤거나 혹은 조부모·부모가 시적에 있었으면 모두 타격을 주었는데, 그들 모두 변방을 지키도록 보냈으니 그 잔혹함을 상상할 수 있다. 그러나 한초에 비록 상고에 대한 규제를 추진하였다고 하더라도, 여전히 그들에게 정상적으로 상업 활동에 종사하는 것을 윤허하였고, 한초漢初 상업을 억제하는 정책은 상대적 융통성이 있었음을 나타낸다.

요컨대, 한 고조 유방의 경제를 회복하여 발전시키는 방침은 "농업을 중시하고 상업을 억제하는" 경제정책을 구현하는 데 집중하였다. 한 고조가 기본적으로 한초 사회경제 발전의 요구에 부응하는 시책을 채택하였으므로, 일정한 사회효과를 얻었다. 사서에는 당시를 "읍리에는 이익을 도모하는 가문이 없었으며, 들과 못에는 겸병당한 백성이 없었고, 만리萬里는 통일되었고 해내海內는 평안해졌다"고 기록하였다.[23] 이 때문에 전한 전기 사회경제의 신속한 발전을 위한 기초를 닦았다.

---

20 『漢書』 卷43 「婁敬傳」 "齊渚田楚昭屈景燕趙韓魏后, 及豪傑名家."

21 "謫戍."

22 "有市籍."

23 『東觀漢記』 卷14 「杜林傳」 "邑里無營利之家, 野澤無兼幷之民, 萬里之統, 海內賴安."

3. 정치·경제 관리체제의 조정

진나라의 빠른 멸망은 한초 통치집단에게 진 시황이 채택한 정치경제 관리체제에 대한 의구심을 자아냈다. 진秦 승상 왕관王綰 등은 일찍이 멀리 동방에 왕국王國을 설치하자고 제출한 건의는 비록 당시에는 채택되지 못했으나, 이러한 문제는 또다시 새로이 전한 통치집단의 논의안건으로 제기되었다. 한 고조는 "해내海內는 비로소 안정되었으나〈황실〉자제子弟는 적었고, 진秦을 물리쳤으나 고립孤立되어 울타리를 잃었으므로 동성同姓을 크게 분봉分封하여서 천하를 진정시켜야 한다"고 생각하였다.[24] 한초漢初 분봉된 동성왕同姓王은 도성都城에서 비교적 멀러 떨어져있는 동방東方 지역에 있어서, 왕관 등의 주장은 한 고조 유방에게 받아들여져서 실시되었음을 알 수 있다.

한 고조가 이성왕異姓王을 뿌리 뽑는 동시에 동성왕을 크게 분봉한 것은 정치상황의 필연적 발전이었을 뿐만 아니라, 당시 경제상황에서 제기된 요구였다. 진말秦末 국민경제가 전면적으로 붕괴하여, 한초漢初 국력이 일시에 소생하기는 어려웠다. 어떻게 이러한 낙후한 경제조건하에서 먼 지역을 다스리는 데 효과가 있었는가? 어떻게 이때 행해진 정치가 비로소 사회를 안정시키고 농민을 전지〔田畝〕에서 잠시 쉬도록 하였는가? 어떻게 일체의 적극적인 요인을 조절하여서 이러한 경제위기에서 신속히 벗어나게 하였는가? 어떻게 적합한 경제정치 관리체제를 채택하여서 비로소 신속히 지방경제 등을 회복시켜 발전하게 하였는가? 전한 통치집단의 눈앞에 놓여있는 것은 비단 엄숙한 정치 문제뿐만 아니라, 심각한 경제 문제였다. 그래서 한 고조 유방은 전조前朝의 경험과 교훈을 흡수하여 전긍田肯 등의

---

24 『漢書』卷38「高五王傳」"海內初定, 子弟少, 激秦孤立亡藩輔, 故大封同姓, 以塡〔鎭〕天下."

건의를 받아들여서, 당시 정치관리체제를 조정 - 군국병행제郡國竝行制 추진 - 하는 일에 착수하였다. 한초 정권은 "백이〈강〉百二〈江〉"의 이로움이 있는 관중 장안長安을 선택해서 수도로 삼았고, 아울러 수도부근 15군郡 지역은 직접 통괄하였으며, 별도로 중앙통치역량은 한동안 동방 39군郡 지역까지 도달하기가 곤란하여 제후왕국을 세워서 통치하였다. 『통전通典』 「직관전職官典」에는 "한漢이 흥성하여 작위 2등급을 두었는데 왕王이라 하였고 후侯라 하였다. 황자皇子는 분봉하여 왕王이 되니, 실로 옛 제후이므로 '제후왕諸侯王'이라 하였다. 왕자는 봉하여 후侯가 되어 '제후諸侯'라 하였다. 이성異姓 군신群臣은 공功으로 분봉하니 '철후徹侯'라고 하였다."25 한초 "고조의 자제는 동성으로서 왕을 삼은 경우가 9국이고, 유독 장사長沙만 이성異姓이었으며, 공신·제후는 백여 명이었다."26

한초 제후왕의 설치는 실제로 중앙집권이 제어하는 대부분 정치경제권력을 지방왕국으로 내려보낸 것이다. 당시 제후왕은 봉지가 광대했을 뿐 아니라 비교적 정치적 독립성도 높았다. 제후왕은 봉국 내 최고통치자로 자신의 기년紀年이 있었고, 모두 스스로 백성을 다스렸으며, 현자賢者를 초빙하였고, 판결하며 정사를 베풀었다. 왕국의 정권기구와 중앙의 정권기관은 기본적으로 서로 같았다. 제후왕국의 관리는 태부太傅, 승상丞相만 중앙의 황제가 대신 임명하는 것 이외에, 나머지는 예컨대 어사대부御史大夫, 내사內史, 정위廷尉, 중위中尉, 낭중령郞中令, 소부少府, 종정宗正 등은 모두 제후왕이 스스로 설치하였다.

한초 제후왕의 정치권력에 상응하여 왕국의 경제권력 또한 커졌다. 제

---

25 『通典』卷31「職官三十」"漢興, 設爵二等, 曰王曰侯. 皇子而封爲王者, 實古諸侯也, 故謂之諸侯王. 王子封爲侯者謂之諸侯, 群臣異姓以功封者, 謂之徹侯."

26 『史記』卷17「漢興以來諸侯王年表」"高祖子弟同姓爲王者九國, 唯獨長沙異姓, 而功臣諸侯百有餘人."

후왕은 또한 봉국 내 한왕조가 규정한 다양한 부세를 징수할 수 있었다. 『사기』「오종세가五宗世家」에는 "고조 연간 제후는 모두 부세를 거두었다"고 하였다.[27] 『〈사기〉집해集解』에서 서광徐廣을 인용하여 "〈제후〉국國에서 나오는 것은 모두 〈제후〉왕王에게 들어간다"고 하였다.[28] 왕국王國은 태창太倉 및 소부少府 관직을 설치하여 왕국 공용公用 혹은 제후 사용私用에 지급하기 위한 세수를 별도로 관리하였다. 〈사마표司馬彪의〉『속한서續漢書』「백관지百官志」의 주注에서 『한관漢官』을 인용하여 다음과 같이 설명한다. "소少는 소小이니, 소고小故는 소부少府라고 칭한다. 〈제후〉왕은 조세租稅를 공용으로 쓰고, 산택피지山澤陂池의 세금은 왕의 사용私用에 충당한다."[29] 그리고 제후왕은 또한 중앙정부의 규정대로 본국 내 요역·병역의 징발, 산림자원의 개발, 화폐주조·야철冶鐵 등의 경제활동을 추진할 수 있었다. 당연히 왕국은 또한 각종 형식을 통해서 중앙에 헌납하는 비용 등의 공부貢賦를 상납해야 했다.

별도로 전한 초기 열후列侯(또한 철후徹侯라 칭했고 후에는 한漢 무제武帝 유철劉徹의 이름을 피휘避諱해서 통후通侯라고 칭했다)의 정치경제적 지위는 비교적 높았다. 고조는 일찍이 열후를 분봉할 때 "단서丹書의 믿음을 펴고 백마白馬〈피〉의 맹약盟約을 중히 여겨",[30] "황하의 강폭이 띠(帶)처럼 좁아지고 태산이 닳아서 숫돌처럼 되도록 왕국을 영구히 보존하여 후손에 이르게 하라"고 하였다.[31] 고후高后는 또한 "녹권의 등급 구분을 마무리 지었고, 종묘에 비치하였으며, 부본副本은 유사에 두었다."[32] 당시 수많은 열후가 조

---

27 『史記』卷59「五宗世家」"高祖時諸侯皆賦."
28 "國所出有, 皆入于王也."
29 『續漢書』卷26「百官志」"少者, 小也, 小故稱少府. 王者以租稅爲公用, 山澤陂池之稅以供王之私用."
30 『漢書』卷16「高惠高后文功臣表」"申以丹書之信, 重以白馬之盟."
31 『漢書』卷16「高惠高后文功臣表」"使黃河如帶, 泰山若厲, 國以永存, 爰及苗裔."

정에서 승상 혹은 "구경九卿"과 같은 요직을 맡았다. "열후가 왕국을 분봉받는 것은 비록 호구의 많고 적음을 헤아려서 한계를 삼았다고 하더라도 여전히 강역으로 판단하였다."33 『한서』 「고제기高帝紀」의 고제高帝 12년 (기원전 195년) 3월 조서詔書에 따르면 다음과 같다. "그 공이 있는 사람은 위로는 〈제후〉 왕에 이르렀고, 다음으로 열후列侯가 되었으며, 아래로는 식읍食邑을 주었다. 그리고 중신重臣의 친척은 혹 열후가 되었다. 모두 스스로 관리를 두고 부렴賦斂을 거둘 수 있었다"고 하였다.34 그때 열후는 모두 가승家乘 등의 관리를 두고 그들에게 가무家務를 처리하고 지세地稅 징수를 맡겼다. 후국侯國은 일반적으로 대략 한개 현縣의 지역으로 만들었고, 중앙정부에서 "상相"을 임명하여 파견해서 백성을 다스리게 하였으며, 중앙에서 설치한 군郡의 관할에 귀속시켰다. 열후는 〈후〉국 내 백성을 다스리는 권한은 없었지만 일정 한도 내에서 여전히 후국의 백성을 사역할 수 있는 권력은 갖고 있었다.

이상을 종합해보면, 우선 한초漢初 제후왕국·후국을 설치하였다. 특히 도성에서 비교적 먼 동방의 분립해 있는 지방왕국은 지방정권의 정치경제 권한을 확대시켰으며, 제후왕국이 다스리는 해당 지역의 자발성과 적극성을 발휘하는 데 유리했음을 알 수 있다. 동시에 나누어서 다스리는 방식도 채택하였다. 전국 각 지역에 대한 유효한 통치를 행사하여서, 적절하게 중앙정부가 직접 통치하는 군현의 범위를 축소하였다. 그래서 당시 생산력 발전수준에 맞추어 전국 각지 사회경제의 신속한 발전을 위한 조건을

---

32 『漢書』 卷16 「高惠高后文功臣表」 "祿〔錄〕第下竟, 臧諸宗廟, 副在有司."

33 梁玉繩, 『清白士集』 「答錢簪事論漢侯國封戶書」 "列侯封國, 雖計戶口之多少爲限, 而仍以疆域爲斷."

34 『漢書』 卷1 「高帝記」 "其有功者上致至王, 次爲列侯, 下乃食邑, 而重臣之親或爲列侯, 皆令自置吏, 得賦斂."

만들어냈다. 한초 군국병행제郡國並行制 추진은 사회정치발전의 추세였을 뿐 아니라 아울러 객관적 경제발전의 요구였음을 알 수 있다. 그것은 당시 정치경제상황의 자연적 발전에 대한 순응이었으며, 전한왕조 최고통치집단은 사회조건에 따라서 일련의 정치경제체제 개혁을 추진하여 결코 역사적으로 퇴보한 국면이 아니었다.

(二) 무위이치無爲而治와 사회경제의 발전

한 고조 유방은 전한왕조의 정치경제정책을 제정하는 과정에서 모사謀士들의 의견을 잘 청취하여 진나라가 멸망한 역사적 교훈 전체를 진지하게 받아들였다. 특히 모사謀士 육가陸賈는 유방에 대한 영향이 매우 컸다. 육가는 오로지 고조를 위해서 『신어新語』 1책을 저술하였는데, 그중 「무위無爲」편에 따르면, "일이 더욱 번거로워질수록 천하가 더욱 혼란해졌고, 법이 더욱 불어날수록 간사함이 더욱 번성해졌으며, 병마兵馬(군대)가 늘어날수록 적들도 많아졌다. 진나라는 마음대로 다스리지 않음이 없었으나 실패하여 백성이 봉기하였는데, 형벌의 사용이 너무 지나쳤기 때문이다."[35] 「지덕至德」편에는 "군자의 다스림은 홀로 아무 일도 없는 듯이 해야 하며, 고요하게 소리가 없는 듯하며, 관부에는 관리가 없는 듯하고, 마을에는 백성이 없는 듯하다"고 했는데,[36] 무위이치無爲而治의 사상을 드러냈다. 유방은 실제 육가의 건의를 받아들여 "백성과 함께 쉬는" 정책을 채택하였다. 그러나 유방의 통치기간에는 정권 건설을 추진하는 데 바빠

---

35 『新語』「無爲」"事愈煩天下愈亂, 法愈滋而奸愈熾, 兵馬益設而敵人愈多. 秦非不欲爲治, 然失之者乃擧措暴衆, 而用刑太極故也."

36 『新語』「至德」"君子之爲治也, 塊然若無事, 寂然若無聲, 官府若無吏, 亭落若無民."

서 아직 평안한 시절은 아니었다. 혜제惠帝·고후高后 시기에 이르러 전한 정권은 기본적으로 안정되었다. 승상 조참曹參은 소하蕭何가 고조 유방을 도와서 만든 규정을 계승하여 "일을 행하되 변경하는 것이 없었고",[37] 전면적으로 황로무위지치黃老無爲之治의 방책을 추진하여 사회경제를 신속히 회복시켜 발전하도록 하였다.

1. 군국병행제와 지방경제의 발전

한초 정권은 군국병행제郡國竝行制를 추진하여 지방왕국의 자치권력을 확대하였으며, 중앙정부는 지방 사무에 대해 간섭이 많지 않았다. 이것은 당시 "무위이치無爲而治"로 표현되었다. 그때의 군국병행제는 지방경제의 발전을 촉진시키는 데 비교적 큰 작용을 하였다.

(1) 각국의 지방경제 발전을 증강하는 주동성

그때 제후왕국의 분봉된 영역은 대부분 다양한 역사·지리적 요인으로 형성된 지역을 경계로 하였고, 각 왕국은 각기 특별한 경제구역을 이루어서, 해당 지역 정부가 지방경제를 발전시키는 데 유리한 조건을 제공하였다. 특히 제후왕은 국내에서 치민治民과 재정에 관한 자주권을 지녔고, 각국 정권은 해당 지역 경제를 발전시키는 능동성과 적극성을 크게 강화하였다. 『사기』「오왕비열전吳王濞列傳」에는 "혜제惠帝·고후高后 때 천하가 처음으로 안정되었고, 군국郡國·제후는 각자 스스로 그 백성을 어루만져 따르게 하고자 힘썼다"고 하였다.[38] 곧 설명하자면, 한초 왕국王國·후국侯國의 제후諸侯·열후列侯는 모두 본국의 백성에 대해 우대하고 안무하는 정

---

37 『史記』 卷54 「曹相國世家」 "擧事無所變更."
38 『史記』 卷106 「吳王濞列傳」 "會孝惠高后時, 天下初定, 郡國諸侯各務自拊循其民."

책을 채택하였다. 그 목적은 바로 "천하의 망명자亡命者를 초치招致하기"[39] 위해서, 유망하던 인호人戶를 안치하여 백성이 적극적으로 생산에 종사해서 왕국경제를 발전시키게 하였다. 오왕吳王 유비劉濞는 "나라에 동銅과 소금이 있었기 때문에 백성은 부세가 없었다. 군졸을 대신하면 그때마다 시세에 맞는 품삯을 주었다. 세시歲時에는 사람을 보내서 재능 있는 사람들에게 안부를 물었고, 여리閭里〔마을〕에는 상을 내렸다. 다른 군郡과 국國의 관리가 도망 온 사람을 붙잡으려고 해도 숨겨주어 잡아가지 못하게 하고 내주지 않았다. 이와 같이 한 지 40여 년이 흘렀다."[40] 태사공太史公〔사마천〕은 또한 오왕이 "능히 부렴을 가볍게 하고, 백성을 동원하여 산해山海의 이익을 독점한다"고 하였다.[41] 오왕 유비는 바로 이러한 각종 백성 우대정책을 통해서 백성의 노동력을 적극적으로 동원하였기 때문에 오나라 경제의 신속한 발전을 촉진하였다. 『한서』「회남형산열전淮南衡山列傳」에는 회남淮南 여왕厲王 유장劉長은 "한나라 제후들과 죄를 짓고 도망한 사람을 모아서 숨어 살면서 가정을 이루게 하였고, 재물·작위·봉록·전택을 하사했다"고 하였다.[42] 회남왕이 더 많은 노동인력을 얻고자 다투기 위해서, 유민이나 심지어 도망자까지 모두 개의치 않고 사여賜與하여 우대하였음을 설명한다. 그리고 교서우왕膠西于王 유단劉端은 이러한 이유로 "관리에게 조부租賦를 걷지 말도록 하였고",[43] 그래서 백성들에게 더욱더 재생산에 자금을 투입하도록 하였다. 이 또한 지방경제의 발전에 기여하였

---

39 "招致天下亡命."

40 『史記』卷106「吳王濞列傳」"居國以銅鹽故, 百姓無賦. 卒踐更, 輒與平賈. 歲時存問茂材, 賞賜閭里. 佗郡國吏欲來捕亡人者, 訟共禁弗予. 如此者四十餘年."

41 "能薄賦斂, 使其衆, 以擅山海利."

42 『漢書』권44「淮南衡山列傳」"收聚漢諸侯人及有罪亡者, 匿與居, 爲治家室, 賜與財物爵祿田宅."

43 "令吏無得收租賦."

다. 또한『한서』「회남왕전淮南王傳」에는 "회남왕淮南王 유안劉安은 … 역시 음덕陰德을 행하여 백성을 어루만져 따르게 하였고 명성을 얻으려고 하여서 빈객賓客과 방술지사方術之士 수천 명을 초치招致했다"고 하였다.[44] 유안과 그 문객은『회남자淮南子』1책을 저술하였고, 그중에는 바로 당시 농업 기상氣象과 생산경험 분야의 논술이 실려있는데, "다스림의 근본은 백성을 편안히 하는 데 있다"고 여겼으며,[45] 통치계급에게는 반드시 "욕망을 절제하고", "사업을 줄이며", 백성에게는 "재용에 만족하고", "농사의 때를 잃지 말라"고 훈계하였고,[46] 자연에 순응하여 객관적인 규율에 순응하여 경제를 발전시키는 방침을 제기하였다. 이것들은 모두 전한 전기 제후왕이 해당 지역의 경제를 회복시키고 발전시키는 데 적극적인 작용을 했음을 설명할 수 있다. 특히 당시 인구는 유망하여 흩어졌으나 온갖 산업이 부흥하기만을 기다리던 상황에서, 각국 사이에 심지어 중앙정부와 제후왕국 사이에도 생산노동력을 얻고자 다투는 경쟁이 전개되었다. 그때 중앙정부 소속 군현郡縣의 성년남자는 변경이나 수도에서 둔수屯戍해야 했고, 그리고 왕국 소속의 사람은 단지 해당 왕국 범위 내에서 역역役에 종사하였고, 어떤 제후왕은 또한 역에 종사하는 사람에게 노임(工錢)을 지급하였고, "군졸로 대신하면 시세에 맞는 품삯을 주었다."[47] 그래서 곧 중앙 군현의 수많은 인호人戶가 제후왕국으로 도망쳤다.『한서』「가의전賈誼傳」의 가의賈誼 상소에 따르면 다음과 같다. "현재 회남 지역은 멀리 수천 리에 달하고, 두 제후를 넘어서는 데도 한漢에 속한다. 그 관리와 백성의 요역

---

44 『漢書』卷44「淮南衡山列傳」"淮南王安 … 亦欲以行陰德拊循百姓, 流名譽, 招致賓客方術之士數千人."

45 "爲治之本, 務在于安民."

46 "節欲", "省事", … "足用", "勿奪(農)時."

47 『史記』卷106「吳王濞列傳」"卒踐更, 輒與平賈."

은 장안까지 왕래하는데, 스스로 갖추고 보충하며 도중에 옷이 헤어져서
돈을 여러 비용에 쓰는 것도 여기에 맞추어야 한다. 만약 한漢에 속한다
고 하더라도, 왕王으로 자립하고자 함이 지극히 심하여서 도망가서 제후
에게 들어가는 사람이 이미 적지 않다. 그 형세는 오래갈 수 없다."[48]
당시 가의는 곧 제후왕국의 인구증가와 경제의 급속한 발전에 대해, 중앙
정부의 위협이 나타났음을 감지하였다. 이외에 분산된 군현의 후국侯國에
서도 이용할 수 있는 자신의 제한된 권한을 모두 사용하여, 유망자를 초치
해서 호구를 늘렸고, 황무지 개간을 장려하여 지세地稅 수입의 증가를 도
모하였다. 이렇게 수많은 후국의 호구는 신속히 증가하였다.

　전한 전기 연 평균 인구의 자연증가율은 12%였으나,[49] 당시 수많은 후
국의 호구 증가율은 모두 이 숫자를 초과하였고, 어떤 곳은 심지어 20%
이상에 달하였으며, 그들은 호구를 비교적 더 많이 끌어올 수 있는 대책을
강구하였음을 설명한다. 『한서』「고혜고후공신표高惠高后功臣表」에는 "문
제文帝·경제景帝 50여 년 사이에, 유민流民이 이미 귀부하였고, 호구 또한
불어났으며, 열후列侯 대국大國은 3~4만호에 달하였고, 소국小國은 두 배
가 되었으니, 풍족함이 이와 같았다"고 하였다.[50] 후국은 사회경제 분야에
서 회복 및 발전이 이루어지고 있었음을 알 수 있다. 각급 지방정부가
적극성과 능동성을 발휘함에 따라서, 당시 전사회적 연쇄반응이 일어났
고, 거국적으로 상·하上下가 마침내 서로 백성을 안무按撫하고 사회생산을
발전시키기 위해 노력하는 정경情景이 나타났다.

48　『漢書』卷48「賈誼傳」"今淮南地遠者數千里, 越兩諸侯, 而縣(懸)屬于漢. 其吏民繇役
　　往來長安者, 自悉而補, 中道衣敝, 錢用諸費稱此, 其若屬漢, 而欲得王至甚, 逋逃而歸
　　諸侯者已不少矣. 其勢不可久."

49　袁祖良, 「前漢時期人口自然增長律初探」『史學月刊』, 1981 第3期 참조.

50　『漢書』卷16「高惠高后功臣表」"逮文景五世間, 流民旣歸, 戶口亦息, 列侯大者至三四
　　萬戶, 小國者倍, 富厚如之."

(2) 각국 지역에 적합한 제도를 통한 지방생산 발전의 편리성

한초漢初 제후왕국의 정치·경제 권력 확대는 또한 각국이 지역에 적합한 제도로 생산을 발전시키는 데 유리하였으며, 각지의 자연자원을 개발하기에 충분하였다. 『사기』 「고조본기」에는 제나라가 "동쪽에 낭야琅邪와 즉묵卽墨이 있어 풍요롭고, 남쪽에는 태산이 견고하게 있으며, 서쪽에는 황하(濁河)를 경계로 하고, 북쪽에는 발해渤海〈만灣〉의 이로움이 있다"고 하였다.[51] 그러므로 "제나라는 산과 바다로 둘러 쌓여있고, 기름진 땅이 천 리이며, 뽕나무와 삼나무에 적합하고, 백성에게는 화려한 문양의 채색 포백布帛·물고기·소금이 많았다."[52] 당시 제나라 정부는 자유방임정책을 실행하였고 지역에 적합한 제도로 해당 지역에서 생산을 발전시켰다. 이외에도 전문적인 소금과 철의 생산을 운영하는 기구를 설치해서 풍부한 자연자원을 이용하여 개발하였다. 『십종산방인거十種山房印舉』에는 제나라의 "해우염승海右鹽丞"의 인장印章이 수록되어있다. 후세에 전하는 봉니封泥에는 "낭야우염琅琊右鹽", "제철관장齊鐵官長", "제철관승齊鐵官丞", "임치철승臨淄鐵丞" 등이 쓰여있다. 별도로 『고천대사전보유古泉大辭典補遺』에는 오현吳縣 장백부蔣伯斧가 소장한 "고억사수高抑四銖", "임치사수臨淄四銖", "양구사수陽丘四銖", "동아사수東阿四銖", "의양사수宜陽四銖", "고막사수姑幕四銖" 8종은 모두 제나라에서 나왔다. 또한 『선재길금록善齋吉金錄』에 기록된 제남齊南에서 출토된 사수전四銖錢 101개는 모두 한초에 제나라가 동광銅鑛에서 채취하여 직접 주조한 동전이다.[53] 이렇게 보존되어온 문물은 제왕齊王 유비劉肥와 다른 계승자들이 해당 지역 경제를 발전시키기 위해서 일

---

51 『史記』 卷8 「高祖本紀」 "東有琅邪卽墨之饒, 南有泰山之固, 西有濁河之限, 北有渤海之利."

52 『史記』 卷129 「貨殖列傳」 "齊帶山海, 膏壤千里, 宜桑麻, 人民多文采布帛魚鹽."

53 陳直, 『漢書新證』 「食貨志第四下」 참조.

구어낸 노력을 충분히 설명해준다. 오국吳國은 "동쪽에 바다가 있어 소금이 풍부하고, 장산章山의 동銅, 삼강三江·오호五湖의 이로움"이 있었다.[54] 오왕吳王 유비劉濞는 해당 지역의 자원을 개발하기 위해서 "천하의 망명자를 초치招致하여 주전鑄錢을 늘렸고 바닷물을 끓여서 소금을 만들게 하였으므로, 부세가 없었으며 국용國用이 풍부해졌다."[55] 『서경잡기西京雜記』 권3에도 "오왕 역시 동산銅山〔동광〕이 있어 주전하였으므로 오전吳錢은 약간 무거웠으나, 〈동전 위〉 문자와 겉모양은 한전漢錢과 다르지 않았다."[56] 오국은 곧 지방의 우세함을 충분히 이용하여 부강해졌다. 조趙나라 지역은 철광鐵鑛이 많았으므로, "조국趙國은 제련 및 주조를 업으로 삼는다"고 하였다.[57] 이외에 연燕·대代와 같은 북방의 나라는 자연조건으로 인해서 반농반목半農反牧의 경제구역을 형성하여 발전하였다. 남방南方 장사長沙 등의 나라는 수리水利의 편리함을 이용해서 수전水田을 널리 개간하여 도곡稻穀〔벼〕을 재배하였다. 장사의 마왕퇴한묘馬王堆漢墓에서 출토된 수도水稻〔논벼〕의 품종을 살펴보면, 이미 선秈〔메벼 일종〕·갱粳〔메벼 일종〕과 점나粘糯〔찰벼〕를 구분하였고, 낟알의 겉모양도 긴 것·중간 것·짧은 것을 구분하였으며, 어떤 것은 도곡稻穀에 이삭(芒)이 있었고 어떤 것은 이삭이 없었다. 이러한 다양한 도곡의 종류는 전한 초기 장사국長沙國 일대에 수도水稻의 재배가 이미 보편화되었음을 설명한다. 장사의 마왕퇴한묘에서 출토된 견직물 중에는 또한 매우 많은 정교하고 아름다운 자수를 볼 수 있다. 그중에는 "신기수信期繡", "장수수長壽繡", "승운수乘雲繡" 등이 있는

---

54 "東有海鹽之饒, 章山之銅, 三江五湖之利."

55 『史記』 卷106 「吳王濞列傳」 "則招致天下亡命者益鑄錢, 煮海水爲鹽, 以故無賦, 國用富饒."

56 『西京雜記』 卷3 "吳王亦有銅山鑄錢, 故吳錢微重, 文子肉好與漢錢不異."

57 『史記』 卷122 「酷吏列傳」 "趙國以冶鑄爲業."

데, 중앙과 외방에 이름을 날린 상수湘繡가 일찍이 장사국長沙國에 있을 때 이미 발전하여 비교적 높은 수준에 도달하였음을 설명한다.

요컨대, 전한 초기 군국병행제 추진은 상대적으로 왕국이 정치경제의 자주적인 권력 행사를 증가시켰으며, 지방정부가 해당 지역 생산을 회복하고 발전시키는 데 능동성과 적극성을 발휘하도록 촉진하였다. 다른 한편으로, 중앙과 왕국의 직접 통치의 범위가 상대적으로 축소됨에 따라서, 통치계급이 각지의 풍토風土와 민정民情을 파악하는 데 유리하였다. 그래서 지방의 우세한 점을 충분히 발휘하게 하였고, 지역에 적합한 제도로 지방생산을 발전시켜서 전체 전한 사회경제의 신속한 발전을 추동하였다.

(3) 각국 경제의 신속한 발전

군국병행제의 실행은 지방경제의 발전을 위한 좋은 조건을 창조하였으므로, 왕국경제의 신속한 발전을 야기하였다.

오왕吳王 유비劉濞는 30~40년간 경영에 고심한 결과, 지방경제를 활기를 띠게 하였으며, 매우 신속하게 오국吳國을 동방의 경제강국으로 성장시켰다. 『염철론鹽鐵論』 「착폐편錯幣編」에는 "오왕은 바다와 소택〈의 이익〉을 독점하였고, 등통鄧通은 서산西山[화폐주조]을 하였으며, 산동山東의 간사하고 교활한 사람은 모두 오국에 모였고, 진秦·옹雍·한漢·촉蜀은 등씨鄧氏에게 기대었으며, 오왕과 등씨의 동전이 천하에 유통되었다."[58] 오왕 유비가 쌓은 막대한 재부財富는 "칠국七國의 난亂"을 일으키는 물질적 기초를 제공하였다. 일찍이 제후왕에게 보냈던 글에 따르면, "과인이 의식衣食의 비용을 절제하여 금전金錢을 저축하였고 병혁兵革[무기]을 정비하

---

58   『鹽鐵論』 卷1 「錯幣」 "吳王擅障海澤, 鄧通專西山, 山東奸滑咸聚吳國, 秦雍漢蜀因鄧氏, 吳鄧錢布天下."

였으며 곡식을 모으기를 밤부터 낮까지 계속한 지 30여 년이 흘렀습니다. 모두 이번 일을 위한 것이니, 여러 왕들께서도 힘써 이용해주기를 바랍니다. 대장大將을 참하거나 체포할 수 있으면 금金 5천 근斤을 내리고 1만호에 봉하며, 열장列將은 〈금〉 3천 근을 내리고 5천호에 봉하고, 비장裨將은 〈금〉 2천 근을 내리고 2천호에 봉하며, 2천석〔관직명, 태수太守 이상〕은 〈금〉 1천 근을 내리고 1천호에 봉하겠습니다….".59 유비가 총체적인 모습을 모두 설명한 것은 아니었으나, 그 가운데서 오국吳國 백성이 단기간 내 막대한 재부를 창조하였음을 알 수 있다. 제국齊國의 경제발전 속도 또한 이처럼 놀라웠다. 아울러 농업이나 염철업鹽鐵業의 흥성興盛은 말하지 않더라도, 단지 제나라 수도 임치臨淄의 번영만으로도 충분히 문제를 설명할 수 있다. 원광元光 5년(기원전 130년) 주보언主父偃이 무제武帝에게, "제나라 임치臨淄는 10만 호이며 시조市租는 1천 금金이고 백성은 부유하여 장안長安보다 크다."60 제나라의 도성 임치臨淄가 한초漢初 70여 년간 이미 인구 10만 호의 대도시(大城市)로 발전했음을 알 수 있다. 아울러 성城 내 상공업의 발달로 제국齊國 정부가 수취하는 시조市租가 거의 1천만 전錢에 가까웠다. 당시 임치의 번영함과 부유함이 이미 중앙〈정부의〉 도성都城 장안을 초과하였고, 동방에서 대도회大都會를 이루었다. 성시城市 경제는 사회경제의 집중을 나타내므로, 제나라 지역경제의 신속한 발전상을 알 수 있다. 장사국長沙國에 관해서는 문제文帝 시기 가의賈誼가 일찍이 올린 「치안책治安策」에는 "장사長沙는 단지 2만 5천 호 정도가 있을 뿐인데, 공功은 적지만 가장 완전하고, 형세는 〈황제와 혈연관계상〉 소원하지만 가장 충성

---

59 『史記』卷106 「吳王濞列傳」"寡人節衣食之用, 積金錢修兵革, 聚穀食, 夜以繼日, 三十餘年矣. 凡爲此, 願諸王勉用之. 能斬捕大將者, 賜金五千斤, 封萬戶. 列將, 三千斤, 封五千戶. 裨將, 二千斤, 封二千戶. 二千石, 千石, 封千戶….".

60 『史記』卷52 「齊悼惠王世家」"齊臨淄十萬戶, 市租千金, 人衆殷富, 巨于長安."

스럽다"고 하였다.[61] 이것은 한초 여러 왕국 중 장사국의 경제역량이 비교적 미약했음을 설명한다. 그러나 장사 마왕퇴 1, 2, 3호 한묘漢墓가 출토되어, 우리에게 그 지역의 경제 발전의 실물 증거를 제공하였다. 이 3기의 한묘에서 수천 건의 부장품이 출토되었고, 그중에는 풍부한 양식糧食, 채소 및 과일, 동물 골격과 식품이 있었으며, 5백 건의 온전히 보존된 정교하고 아름다운 칠기漆器와 1백여 건의 기본적으로 나무랄 데가 없는 직물織物과 복식服飾 등이 있었다. 만약 장례를 치룬 연대의 선후를 살펴본다면, 이 3기의 한묘가 나타난 이후, 규모는 더욱 커지고 더욱 사치스럽고 호화로워졌다. 이러한 현상은 다른 부분에서도 전한 전기 사회의 물질적인 재부가 10여 년간에 걸쳐 신속히 증식되었음을 반영한다.[62] 당시 관동關東의 광대한 지역은 절대적인 부분이 제후왕의 통치구역이었다. 그리고 한초 "산동山東의 곡식을 조운漕運으로 옮겨서 중도관中都官에 공급하였고, 1년에 10만 석을 넘지 않았다."[63] 그러나 무제武帝 이후 "해마다 관동關東에서 4백만 곡斛을 조운으로 경사京師에 공급하였다."[64] 그 당시 조운으로 옮긴 곡식은 거의 한초의 40배에 이르렀다. 이러한 정보는 전한 전기 전반적인 관동 제후왕국의 농업생산의 발전상황을 드러낸다. 별도로 『한서』「지리지」 등에 따르면, 전한 중기 한漢정부는 전국 각지에 수공업 근거지 총 91처를 설치하였다. 이러한 지방의 수공업 생산은 전한 전기에 모두 일정하게 진행되지 않았더라도 대도시(大都)에 상응하는 수공업장이 있었다는 것은 긍정할 수 있다. 이러한 수공업장은 전한 전기 왕

---

61 賈誼,『治安策』"長沙乃在二萬五千戶耳, 功少而最完, 勢疏而最忠."
62 湖南省博物館·中國科學院考古研究所,『長沙馬王堆一號漢墓』및「馬王堆二·三號漢墓發掘的主要收獲」『考古』, 1975 第1期 참조.
63 『史記』卷30「平準書」"漕轉山東粟, 以給中都官, 歲不過十萬石."
64 『史記』卷30「平準書」및『漢書』卷24「食貨志上」"歲漕關東四百萬斛以給京師." 참조.

국 지역에 염관鹽官 19처, 철관鐵官 29처, 공관工官 2처, 도합 50여 처에 달한다. 우리는 이러한 방면에서 당시 제후왕국 수공업경제 발전상황을 살펴볼 수 있다.

요컨대, 전한 전기 제후왕국王國·후국侯國의 경제발전은 비교적 빨랐다. 당시 제후왕국의 총면적은 전한 전체 강역의 절반을 점하였으며 후국 역시 각지에 흩어져있어서, 전반적인 전한 사회경제의 발전에 매우 중요한 지위를 차지하였다. 당연히 한초 왕국 및 후국을 분봉한 제도는 또한 다소 부정적인 작용을 유발하였다. 주로 식리食利계층이 대규모로 증가했고, 아울러 한초 봉건제후는 강역을 확장하였다. "궁실宮室과 백관百官은 경사京師와 제도를 동일하게 하였는데",65 이것이 지방의 분열을 야기하는 요인이었음은 의심의 여지가 없다. 그러나 이 때문에 한초 특정한 역사환경 속에서 이 같은 정치경제 체제가 생산에 적극적인 작용을 일으켰다는 사실도 부정할 수 없다.

2. 상업억제 정책에서 상업진흥 정책으로 변화

전한 초기 한 고조 유방은 사회의 생산을 회복하여 발전시키기 위해서, 경제질서를 정돈했으며 농업을 중시하고 상업을 억제하는 기본정책을 제정하였다. 당시 상인에 대한 규제가 매우 과도하여서, 이미 한 차례 상인은 불만을 제기하였다. 고조 말기 진희陳豨가 반역을 일으키니, 조趙·대代 지역의 수많은 상인들이 진희에게 몸을 의탁하여 반군의 상수가 되었다. 게다가 상업 활동은 사회경제 발전의 필연적 결과였고, 단순히 행정수단의 채택으로는 억제되지 않았다. 전한 전기 국민경제의 회복에 따라서, 상업거래도 점점 빈번해졌다. 상인에 대한 지나친 규제는 사회의 안정에

---

65 "宮室百官, 同制京師."

Ⅲ. 전한 전기 사회경제의 회복과 발전

불리하였을 뿐 아니라, 사회경제의 지속적 발전에도 불리함을 알 수 있다. 혜제惠帝·고후高后 시기에 이르러, 전면적인 무위방임정책이 실시되었고, 상고商賈에 대한 규제도 관대해졌다. 『사기』「평준서平準書」에 따르면, "다시 상고商賈의 율律이 느슨해졌으나, 시정市井의 자손은 여전히 관리가 될 수 없었다."[66] "효문황제가 천하를 다스림에 이르러, 관문을 열고 교량을 건설하여 먼 지방도 다르지 않게 하였으며",[67] 동시에 "산택山澤의 규제를 완화하여",[68] "백성이 마음대로 주전鑄錢·야철冶鐵·자염煮鹽을 할 수 있도록 풀어주었다."[69] 그래서 "부상대고富商大賈는 천하를 주유周游하여 물건을 교역함에 막힘이 없었고, 원하는 것을 얻을 수 있을 만큼"[70] 번영하였음을 알 수 있다. 이러한 한초 상업을 억제하는 정책은 문제 시기에 이르러 "상업진흥(利商)" 정책으로 바뀌었다. 경제 시기 "다시 여러 관關을 설치하여 전傳(곧 통행증)을 이용하여 출입하는"[71] 것은 단지 치안을 위한 수요에 불과했고 상인에 대한 정책은 여전히 관대하였다.

무위이치無爲而治의 환경 속에서 형성된 "상업진흥" 정책은 전한 전기 상공업의 신속한 발전을 촉진시켰다. 당시 상공업을 겸업하여 경영하는 일군의 염철대상인이 먼저 발전하였다. 염철은 고대 백성을 위한 생활필수품으로 생산하였기 때문에, 어느 시기라도 광활한 판매시장이 존재하였다. 진한秦漢 동란기에 수많은 부호富豪가 가족의 자본과 기술을 이용하여, 혼란한 시국을 틈타 염철자원을 점유하고 염철의 생산과 판매를 경영하였다. 전한 사회가 안정됨에 따라 그들은 이미 충분히 활약할 만큼 실력이

---

66 『史記』 卷30 「平準書」 "復弛商賈之律, 然市井之子孫亦不得仕宦爲吏."
67 『史記』 卷10 「孝文本」 "孝文皇帝臨天下, 通關梁, 不異遠方."
68 "弛山澤之禁."
69 『鹽鐵論』 卷1 「錯幣」 "縱民得鑄錢冶鐵煮鹽."
70 『史記』 卷129 「貨殖列傳」 "富商大賈周流天下, 交易之物莫不通, 得其所欲."
71 『漢書』 卷5 「景帝紀」 "復置諸關, 用傳出入."

붙었다. 한漢정권은 단지 기정사실을 승인하여, 염철경영자에게서 고조顧租를 징수하였다.[72] 고조의 액수는 문헌에 명확히 기재되어있지 않으나, 『염철론』「비앙非鞅」에는 "옛날 문제文帝 시기 염철의 이익이 없었으나 백성은 부유했다"고 하였다.[73] 『화양국지』「촉지蜀志」에 따르면, 문제文帝가 임공臨邛의 철鐵·동銅 광산을 "시랑侍郞 등통鄧通에게 내리니, 등통은 백성 탁왕손卓王孫에게 빌려주고 1년에 1천 필匹을 취하였다. 그래서 탁왕손의 재화는 누적되어 거만억巨萬億에 달하였다."[74] 등통이 탁왕손에게서 징수한 "가조假租"는 탁씨가 원래 관부에 납부하던 고조顧租이므로, 문제 시기 징수한 고조는 매우 적었음을 알 수 있다.

『사기』「화식열전」에 따르면, 당시 염철상인이 대단히 활약하였다. 대염상大鹽商으로 제나라의 조간刁間이 있는데, 그는 호노豪奴를 사용하여 "어염상고漁鹽商賈의 이익을 좇았고, 혹은 거기車騎[수레]를 줄지어 거느리고서 군수郡守·국상國相과 교제하였고 … 부富는 수천만을 일구었다."[75] 제나라 동곽함양東郭咸陽 역시 "일생동안 천금을 쌓았다."[76] 대야철가大冶鐵家로 촉나라의 탁씨卓氏가 있는데, "곧 철산에서 주조하고 원대한 방책으로 전滇·촉蜀의 백성에게 영향을 미쳤고, 부유함은 가동家僮이 1천 명에 달했으며, 전지田池에서 사냥하는 즐거움은 인군人君에 비견되었다."[77] 촉

---

72 『漢書』「食貨志下」에서 가의賈誼는 "법은 천하에 공정해야 하니 고조顧租를 거두고, 동석銅錫을 주조하여 동전을 만든다(法使天下公得顧租, 鑄銅錫爲錢.)"고 하였다. 이러한 고조는 산림천택山林川澤의 개발에 대한 청부 세금(承包稅)이다. 張傳璽, 「論秦漢時期三種鹽鐵政策的遞變」『秦漢問題硏究』, 北京大學出版社, 1985 참조.

73 『鹽鐵論』 卷2 「非鞅」 "昔文帝之時, 無鹽鐵之利而民富."

74 『華陽國志』 卷3 「蜀志」 "賜侍郞鄧通, 通假民卓王孫, 歲取千匹, 故王孫貨累巨萬億."

75 『史記』 卷129 「貨殖列傳」 "逐漁鹽商賈之利, 或連車騎, 交守相 … 起富數千萬."

76 『史記』 卷30 「平準書」 "致生累千金."

77 『史記』 卷129 「貨殖列傳」 "則鐵山鼓鑄, 遠籌策, 傾滇蜀之民, 富至僮千人, 田池射獵之樂, 擬于人君."

나라의 정정程鄭 역시 "〈대부호〉 탁씨만큼 부유하였다."78 남양南陽의 공근孔僅은 "집안에서 이룬 부가 수천금이었다."79 노나라의 조병씨曹邴氏도 "행고行賈에게 돈을 빌려주고 군국郡國을 두루 누비도록 하여",80 부가 거만巨萬에 이르렀다. 별도로 수많은 소염철상인小鹽鐵商人이 있었다. 『염철론』「수한水旱」에 따르면, 당시 이러한 소야철가는 "가족끼리 서로 하나가 되어서 부자가 진력을 다하였고, 각기 좋은 기물器物을 만드는 데 힘썼으며, 기물이 좋지 않으면 〈사람들이〉 모이지 않았다. 농사가 급하면 멀리 천맥阡陌 사이까지 끌고 왔다. 백성은 서로 현장에서 구매하되, 재화財貨와 오곡五穀으로 새것과 낡은 것을 바꿀 수 있었다. 때로는 빌릴 수도 있었으니, 백성은 〈농기구가 없어도〉 작업을 포기하지 않았고, 농기구를 갖추어 전지田地에 기물器物을 두고 각자 원하는 것을 얻었다."81 그들은 자신들이 정교하게 제작한 철농기구를 멀리 전지田地 사이에 가져와서 팔았고, 생산과 판매를 결합시켜 농민의 많은 환영을 받았다.

이외에도 수많은 상공업 겸업경영자가 매우 활약하였고, 그들은 생산과 경영 활동에 종사하여 풍부한 이익을 얻었다. 이것은 모두 "상업진흥" 정책이 전한 전기 수공업의 전면적인 발전과 수공업 상품의 번영을 촉진하였음을 설명한다. 게다가 당시 농업, 목축업, 어업, 임업 등 생산품도 시장에 나와 있어서, "상업진흥" 정책이 같은 방식으로 농·목축업 생산 및 그 상품의 번영을 재촉하였음을 볼 수 있다.

전한 전기 "상업진흥" 정책은 또한 상품 매매에 전문적으로 종사하는

---

78 "富埒卓民〔氏〕."
79 "家致富數千金."
80 "貰貸行賈遍郡國."
81 『鹽鐵論』卷6「水旱」"家人相一, 父子戮力, 各務爲善器, 器不善者不集. 農事急, 輓運衍之阡陌之間. 民相與市買, 得以財貨五穀新弊易貨. 或時貰, 民不棄作業, 置田器, 各得所欲."

행상行商〔비점포영업〕과 좌고坐賈〔점포영업〕가 더 많아지도록 직접적인 역할을 하였다. 당시 상고商賈는 관중關中, 삼하三河, 추노鄒魯, 남양南陽, 제조齊趙 등 전국 각지에 분포하였다. 이러한 상고는 천하를 주류周流하면서, 혹은 장거리로 운송하여 판매하거나, 혹은 중개를 통해 대리 판매하여 각각의 경제구역의 물자교류를 소통시켰을 뿐 아니라, 더욱이 더 많은 농업·공업 등의 생산품을 상품으로 바꾸어서 시장경제가 전면적인 번영에 이르도록 촉진하였다.

『한서』「제도왕전齊悼王傳」에는 제나라에 "시조市租가 1천 금"이 있다고 했는데,[82] 안사고顔師古의 주注에는 "시장 한 곳의 세금을 거두면 가치가 1천 금이다"고 풀이하였다.[83] 당시 한漢 정권이 상품 교역에 종사하는 사람들에게서 영업세를 징수하였음을 알 수 있다. 시조의 액수는 명확히 기재되어 있지 않다. 『관자管子』「유관편幼官編」에는 "시부市賦는 2/100세이고 관부關賦는 1/100세이다"고 하였다.[84] 전한 전기 이미 "관문을 열고 교량을 개통하여",[85] 관세關稅를 징수하지 않았고, 시조市租 역시 응당 2%를 초과하지 않았으며, 다시 왕망 시기 시조 10%의 규정에 도달할 수 없었다. 당시 봉건정권이 징수한 부세는 보통 비교적 가벼웠기 때문에, 동시에 상품교환의 번영과 가벼운 시조市租는 또한 상호연계 되었다.

당시 무위이치無爲而治 및 "상업진흥" 정책의 형성에 따라서, "사람은 각각 그 능력을 맡아서, 그 힘을 다하여, 원하는 것을 얻었고",[86] 전한 전기 상업은 전면적으로 번성하였다. 그 원인을 궁구해보면 또한 다음 몇 가지

---

82 "市租千金."
83 "收一市之租, 值千金也."
84 『管子』「幼官」"市賦百取二, 關賦百取一."
85 "開關梁."
86 『史記』卷129「貨殖列傳」"人各任其能, 竭其力, 以得所欲."

가 있다.

첫째, 전국시대 이후 상품경제 발전의 필연적 추세이다. 『한서』「식화지상食貨志上」에는 "이때 백성은 전국시대에 이르러 모두 본업〔농업〕을 등지고 말업〔상업〕을 따랐다"고 하였다.[87] 사회생산력의 발전과 개별경제의 형성 때문에, 민간 상업은 춘추전국시대부터 관부가 독점하는 울타리를 부순 후에 마치 한 마리 고삐 풀린 야생마처럼 중국의 광대한 성향城鄉에서 종횡으로 질주하였다. 상업 활동의 종사가 농업·공업보다 훨씬 많은 이윤을 얻을 수 있었기 때문에, "천하가 떠들썩하니 모두 이익을 좇아 왔고, 천하가 와자지껄하니 모두 이익을 위해 갔으며",[88] 더 많은 사람에게 농업을 포기하고 상업을 경영하게 하였다. 비록 봉건왕조가 농업을 기초로 한 봉건경제질서를 보호하기 위해서, 총체적으로 농업을 중시하고 상업을 억제하는 정책을 채택하였으나, 상업은 사회경제의 필수 구성 부분이어서 봉건국가는 얼마나 엄격한 행정수단을 채택했는지를 막론하고 모두 억제할 방법이 없었다. 상앙商鞅부터 한 고조까지 상업을 억제하는 정책은 모두 상업적 발전을 가로막는 행정조치를 채택하였으나, 국가에서 상업을 경영하는 방법까지 찾아내지 않았고, 실제로 당시 상업을 억제하는 정책은 모두 억제해도 그치지 않았으며, 가로막아도 죽지 않았기 때문에, 민간 상업은 여전히 맹렬히 앞으로 발전해나갔다. 특히 전한 전기 장기간 평화기의 아주 좋은 정치환경을 만났고, 더욱이 한 걸음 더 나아가 농업과 수공업이 발전하였으므로, 상품경제는 마치 "비온 뒤에 무성히 자라나는 죽순(雨後竹筍)"처럼 활발하게 향상되었다.

둘째, 전국 수륙水陸교통망의 형성이다. 진왕조는 전국의 민력民力을 동

87　『漢書』卷24「食貨志上」"時民近戰國, 皆背本趨末."
88　『史記』卷129「貨殖列傳」"天下熙熙, 皆為利來, 天下壤壤, 皆為利往."

원하여 수륙교통의 건설을 추진하였고, 그 사회의 효과와 수익을 함께 나누는 데 미치지 못하고 천수天壽를 다하였다. 그러나 전한 전기에 이르러, 상품경제는 도리어 앉아서 편하게 어부지리漁父之利를 얻었다. 「식화전殖貨傳」에는 "한漢이 흥하여, 해내海內가 통일되었고, 관문이 열리고 교량이 개통되어 산택山澤의 규제가 완화되었으며, 이 때문에 부상대고富商大賈가 천하를 주류周流하여 교역하는 물건이 통하지 않음이 없었다"고 하였다.[89] 『사기』 「회남형산열전」에도 "무거운 짐을 실은 상고商賈가 천하를 주류周流하였고 길이 통하지 않음이 없었으므로 교역의 길이 열렸다."[90] 전국 사통팔달의 수륙교통망은 전국 각지의 경제교류를 더욱 강화하였고, 장거리 운송판매에 유리해서 상품시장과 상품종류를 확대하였으며, 게다가 운수시간을 단축하는 데 유리하여 상품교환의 실현과 자금회전을 더욱 빠르게 하고 상업이윤을 증가시켜 상품경제가 광범위하고 지속적으로 발전하게 하였다. 아마도 어떤 사람은 전한 전기에 함부로 백성이 주전하면 필연적으로 화폐혼란을 야기하여 상품교환의 발전에 영향을 미쳤을 것이라고 생각하였다. 그러나 실제 이러한 근심은 불필요했다. 당시 주조된 화폐는 화폐와 가격이 같았고, 일종의 가치를 지닌 특수상품이었다. 각종 화폐가 주조되어 시장에 들어간 후에, 그것들은 우승열패優勝劣敗가 지배하는 가치價値 규율을 받아들였다. 오래지 않아서 "오왕吳王 유비劉濞와 등통鄧通의 동전이 천하에 유통되었으며",[91] 그리고 오왕과 등통의 화폐는 "〈동전 위의〉 문자와 겉모양은 모두 천자의 동전과 같았으므로"[92] 상품을 교환하는 화폐로 통용되었다. 그래서 전국 수륙교

---

89 "漢興, 海內爲一, 開關梁, 弛山澤之禁, 是以富商大賈周流天下, 交易之物莫不通."

90 『史記』 卷118 「淮南衡山列傳」 "重裝商賈, 周流天下, 道無不通, 故交易之道行."

91 『漢書』 卷24 「食貨志下」 "吳鄧氏錢布天下."

92 "文子肉好皆與天子錢同."

III. 전한 전기 사회경제의 회복과 발전

통망은 최종적으로 전국의 통일된 시장과 통일된 화폐체계를 형성하도록 촉진하였고, 상품경제가 질서정연하게 순조로운 방향으로 신속히 발전하게 하였다.

셋째, 군국郡國과 다양한 경제요소가 공존하였다. 상업의 발전은 통일된 자유시장에 의지했으나, 상대적으로 독립경제 실체와 다양한 경제성분의 공존이 필요하였다. 그래서 고대 상업은 주로 소농업과 수공업 발전의 기초 위에 건축하였다. 단지 각 지역에서 독자적으로 발전한 경제적 우세優勢는 다양한 경영을 실행하였고, 해당 지역 광산礦産 등의 자원을 개발하였으며, 다양한 수공업을 형성하였고, 비로소 상품교환을 위해서 다시 광활한 사회기초를 제공할 수 있었다. 또한 단지 각종 형식의(순경제적인 요소와 정치와 경제가 결합한 요소도 포함한다) 독립경제의 실체적인 존재는 비로소 더 많은 고객을 상품교환의 조류에 유입시킬 수 있었다. 그리고 전한 전기 "백성이 원하는 것을 따랐는데",[93] 자유롭게 발전하는 지방경제와 군국병행제의 추진은 바로 상품경제의 발전을 위해서 좋은 조건을 만들어냈다. 춘추전국시대는 중국 사회경제의 매우 빠른 발전 시기였고, 당시 각국이 독립적으로 발전시킨 자기 지역의 경제는 중원中原, 관중關中, 파촉巴蜀, 월연越燕, 제로齊魯, 형초荊楚, 오월吳越, 영남嶺南 경제구역 및 농업(다양한 경영형태를 포함한다), 목축업, 임업, 어업, 수공업, 상업 등 다양한 경제 요인을 만들어냈다. 진나라의 중국통일 이후, 경제사업을 통일시켜 공고화하는 데 분주하였고, 또한 사회경제에 대해서 단일한 소농경제 모델을 전면적으로 조정하거나 건립하도록 추진하여 곧바로 소멸되지 않았다. 그래서 전한 전기 각지의 독립적인 경제 지역과 다양한 경제요인이 한 걸음 더 발전한 경지에 도달하였다. 「화식열전」에 따르면, "무릇

---

93 "從民之欲."

산서山西에는 목재(材), 대나무(竹), 닥나무(穀), 모시(盧), 검은 소꼬리(旄),
옥석玉石이 풍부하였고, 산동山東에는 생선(魚), 소금(鹽), 옻(漆), 명주실(絲),
가희(聲), 미희(色)가 많았으며, 강남江南에는 녹나무(楠), 가래나무(梓), 생
강(姜), 계수나무(桂), 금金, 주석(錫), 납(連), 단사丹砂, 무소뿔(犀), 바다거북
(瑇瑁), 진주(珠璣), 상아(齒), 가죽(革)이 나왔고, 용문龍門 및 갈석碣石 북쪽
에는 말(馬), 소(牛), 양羊, 털가죽(旃裘), 동물의 힘줄과 뿔(筋角)이 많았으며,
동銅과 철鐵은 천리에 걸쳐 종종 산에서 나와서 촘촘히 널려있었다. 이상
이 산물의 대략이다. 모두 중국 백성이 아주 좋아하는 것이니, 각기 풍속
에 따라 의복과 음식으로 사용하고 생활을 영위하고 장례를 치르는 도구
이다."[94] 따라서 사회를 위해서, 아름답고 귀한 물건(琳琅)이 눈앞에 가득
하도록 각종 토산품 및 특산품을 제공하였다. 당시 제후왕국은 다양한
경제요인의 발전을 촉진시키는 것 이외에, 왕후들은 또한 그 거대한 자본
으로 재원을 확대하고자 하는 강렬한 욕망은 상품무역에 대해 특별한 호
감을 가졌고, 오왕 유비는 바로 일찍이 많은 사람을 전국 각지에서 장사
하게 하였으며, 제나라의 임치臨淄는 또한 매우 빠르게 발전하여 번화한
상업도시가 되었다. 그리고 부상대고富商大賈는 또한 그 이해관계 때문에
"왕후와 교제"[95]를 더욱더 환영하였다. 군국郡國과 다양한 경제요인의 공
존은 상품경제의 발전을 위한 깊은 경제적 기초를 닦았다.

　당연히 전한 전기 상품경제 발전에 대해 과대평가할 수 없는데, 당시
소수의 대염철상 이외에는 여전히 비교적 소규모 생산과 판매를 결합한
원거리 판매형 상업이었다. 게다가 상업자본, 고리대자본, 토지자본은 함

94　『史記』卷129「貨殖列傳」"夫山西饒材竹穀盧旄玉石, 山東多魚鹽漆絲聲色, 江南出楠
　　梓姜桂金錫連丹砂犀瑇瑁珠璣齒革, 龍門碣石北多馬牛羊旃裘筋角, 銅鐵則千里往往山
　　出棋置. 此其大較也. 皆中國人民所喜好, 淫俗被服飲食奉生送死之具也."
95　"交通王侯."

께 결합하였다. 이러한 형태의 상품경제는 여전히 봉건경제를 구성하는
일부였다.

3. 사회경제의 전면적 협조·발전

전한 정권은 "무위無爲를 통하여 백성의 하고자 하는 것을 들어주되 혼
란을 없애는"96 방침을 실행하였으며, 동시에 백성이 생산을 발전시키도
록 장려하는 각종 조치를 채택하였고, 아울러 적당한 경제수단을 통해서
각 생산부문의 평균적인 증가를 조절하였으며, 더욱이 경제규율이 자발적
으로 작동되어 사회경제가 신속히 회복하여 발전하도록 하였다.

(1) 농·목·공·상의 협동발전

우선, 농업의 발전은 전한 통치집단의 기본적인 국가시책이었다. 한 고
조가 추진한 농업을 중시하는 정책은 일찍이 많은 중·소지주와 자영농을
증가시켰고 농업생산을 회복하여 발전시키기 위한 기초를 닦았다. 그 후
혜제惠帝, 고후高后, 문제文帝, 경제景帝 연간 장기간에 걸쳐 "요역徭役을 가
볍게 하고 부세를 낮추고"97 백성과 함께 쉬는98 정책을 추진하였다. 봉건
정권은 또 항상 "종자와 곡식을 빌려주거나"99 "창고를 열거나"100 심지어
"여러 동산을 없애고 농부에게 주거나 비단 10만여 필을 내서 빈민을 구
휼하는"101 등의 방식을 통해서 생산〈기반〉에 대한 구제책救濟策을 추진하
였다. 그래서 소규모 자영농 경제는 신속히 안정과 발전에 이를 수 있었다.

---

96 『漢書』 卷23 「刑法志」 "壇以無爲, 從民之欲, 而無擾亂."
97 "輕徭薄賦."
98 "與民休息."
99 "貸種食."
100 "發倉庾."
101 『漢書』 卷51 「賈山列傳」 "去諸苑以賦農夫, 出帛十萬餘匹以賑貧民."

『사기』「율서律書」에는 다음과 같이 묘사하였다. 그때 "백성은 안팎으로 요역이 없었고, 전지田地에서 어깨를 쉴 수 있었으며, 천하가 부유해졌다. 속粟 〈1석〉은 10여 전錢에 이르렀고, 닭이 울고 개가 짖으며 〈밥 짓는 굴뚝〉 연기가 1만 리에 이르니, 평화롭고 안락하다고 이를 만하도다."[102] 한 폭의 아름다운 그림 같은 자영농이 편안히 살면서 직업을 즐기는 생활일 것이다! 이때 자영농은 절대다수를 점하였고, 자영농의 가정은 봉건농업의 가장 훌륭한 생산체제였으며, 그들은 이미 생산수단을 갖고 있었고, 또한 생산의 참가자이자 조직자였으며, 수확의 성패는 자신의 경제적 이익과 직접 관계되었다. 이 때문에 최고의 생산 적극성을 발휘하였고, 농업경제는 신속한 회복과 발전을 추동하였다. 문제文帝 연간에 이르러 농업생산은 염가(속粟 1석은 10여 전錢)의 상품곡물을 사회에 충분하게 제공하였을 뿐만 아니라, 모든 업종의 전면적인 번영을 이끌었다.

전한 전기 목축업은 또한 "백성이 원하는 것을 따르도록 하였고",[103] 각지에 적합한 제도의 기초 위에서 발전해나갔다. 한초漢初 소하蕭何가 제정한 『구장률九章律』 중에는 오로지 「구율廐律」 1장에 〈관련 내용이〉 있으니, 곧 법률형식을 통해 목축업 생산을 보장하고 촉진시키도록 하였다. 문제文帝 연간 "마복령馬復令"을 정비하여 "백성에게 거기마車騎馬 1필匹을 보유하면 군졸 3인의 역을 면제해주었다."[104] 요역 감면의 방법을 채택하여 민간에서 말을 기르도록 장려하였다. 경제 연간에 이르러 "동산을 늘려서 말을 널리 사용하였다."[105] 게다가 전한 정권은 장기간 "백성에게 변

---

102 『史記』 卷25 「律書」 "百姓無內外之繇, 得息肩於田畝, 天下殷富. 粟至十餘錢, 鳴鷄吠狗, 烟火萬里, 可謂和樂者乎."
103 "從民之欲."
104 『漢書』 卷24 「食貨志下」 "令民有車騎馬一匹者, 復卒三人."
105 『史記』 卷30 「平準書」 "益造苑馬以廣用."

경의 현縣에서 가축을 기르게 하는"106 정책을 추진하여, 다시 변경 지역 목축업 생산의 향상을 촉진하였다. 봉건국가의 우대정책과 자연지리 조건의 상호작용으로 말미암아, 중국 서북부 〈만리〉장성長城 인접 지역에 농·목업 혼합지대가 형성되었다. 이러한 농업과 목업이 병행되는 경제구역은 북방 유목 지역과 내지 농업 지역의 경제적 유대를 연계시켜서, 농업 지역에 비교적 안정된 목축 근거지를 마련하고 가축 공급이 이루어지도록 하였다. 도처에서 다음 광경을 볼 수 있었다. "소와 말이 무리를 이루었고, 농부가 말로 밭을 갈고 물건을 실었으며, 백성은 말을 타거나 수레를 타지 않음이 없었고 … 도리어 달리는 말도 거름을 주게 하였다."107 목축업의 흥성은 또한 농업생산의 한 걸음 더 나아가 발전하도록 촉진하였다.

당시 임업과 어업, 농업부업農業副業도 발전해나갔다. 각지에서 서로 잇달아 양어養魚에 종사하거나 경제적 임목林木을 심거나 경제적 작물을 재배하는 일을 전업으로 하는 대호大戶가 상당수 나타났다. 그들의 농업부산품 대량생산은 또한 상공업의 발전을 촉진시켰다. 전한 전기 점차 번영한 상공업은 농목지대와 각종 전업專業 생산호生産戶 사이의 경제교류를 서로 통하게 하였다. 광대한 농촌은 상공업품의 판매시장이었을 뿐 아니라, 또한 농민 가정의 수공업품의 근거지였다. 특히 전한 정권은 인두세와 대역비代役費 모두 반드시 전錢으로 납부하도록 규정하였고, 농민호(農戶)가 자기의 농업부산품을 시장에 투입하도록 촉진하였기 때문에, 그중 일부 농민호는 시장수요에 따라 생산을 안배하였다.

요컨대, 전한 전기 농업, 목축업, 상업, 공업 모두 전면적인 발전에 이르렀다. 사회경제는 "농農(농업·임업·목축업, 어업부업漁業副業을 포함한다)에 기대

---

106 『漢書』卷24 「食貨志下」. "令民得畜邊縣."

107 『鹽鐵論』卷3 「未通」"牛馬成群, 農夫以馬耕載, 而民莫不騎乘 … 卻走馬以糞."

어 식량을 해결하고, 우虞(곧 산택山澤의 이익)에서 자원을 산출하며, 공工으로 물건을 만들고, 상商으로 상품을 유통하게 된다."[108] 모든 업종 간 상호 보완하고, 상호 촉진하며, 농업, 목축업, 상업, 공업이 협동하여 발전하게 하였고, 사회경제의 온전한 유기체를 형성하였다.

(2) 국민경제의 균형적인 증가

농업·목축업·공업·상업 발전이 적당한 비례를 유지하고 각 생산부문 사이의 균형적인 증가를 이루기 위해서, 전한 정권은 끊임없이 상응하는 경제조치를 채택하여, 농업, 목축업, 상업, 공업의 균형발전을 조절하고, 사회경제의 안정과 번영을 유지하였다.

첫째, "조세 지렛대(租稅杠杆)"의 정확한 운용이다.

국가의 조세정책은 사람들이 사회경제활동에 흥미를 느끼는 데 직접적인 영향을 미쳤다. 한초漢初 정권은 이러한 원칙에 비추어서, 여러 차례의 전세를 감면하는 방식을 통하여 사람들이 농경생산에 적극적으로 종사하도록 권장하였다. 건국 초기 재정수입이 극도로 곤란한 조건하에서 오히려 전세를 1/15세로 경감하였다. 문제 연간에 이르러, 정부의 재정상황이 호전되어 다시 전조田租를 경감하거나 혹은 전조를 모두 면제하여, 최종 전조 세율은 "1/30세"[109]가 확정되었다. 이러한 전조 세율은 봉건사회를 통틀어 최저였다. 송인宋人 주밀周密은 "정전법井田法 폐지 이후, 부세의 명칭이 나날이 복잡해졌고, 백성은 거의 편안히 생활하지 못하였다. 내가 일찍이 살펴보니, 옛날에 오직 양한兩漢시대만 가장 가벼웠다. 비단 후세後世가 미치지 못했을 뿐 아니라, 비록 삼대三代조차 여기에 미치지 못하였

---

108 『史記』 卷129 「貨殖列傳」 "待農而食之, 虞而出之, 工而成之, 商而通之."
109 "三十稅一."

다."[110] 그의 언급은 별로 정확하지 않지만, 전한 전기 특히 문제 시기 "요역을 가볍게 하고 부세를 낮추는"[111] 정책은 확실히 역대 역사가들이 흥미진진하게 여겨 찬사를 보냈다. 단지 후한 말기 순열筍悅의 이견異見이 『전한기前漢紀』에 실려있는데, "문제는 근본〔농업〕을 바로잡지 못하고 조세를 면제하는 데 힘쓰니 단지 호강豪强의 이익을 증가시켰을 뿐이다"고 하였다.[112] 순열은 봉건지주 대토지점유제가 기본적으로 확립한 사회현실을 문제의 행위를 평가하였으니 편파적이다. 전한 전기 자영농은 절대다수를 점하였고, 그 다음은 중·소지주였다. 이러한 군공·관료대지주로 말하면, 그들은 조부租賦 면제의 특권을 지녔고, 전조 경감은 그들에게 어떠한 실제 의미가 전혀 없었으며, 오히려 자영농에게 확실한 이익을 가져다주었다. 당시 전조 경감의 목적은 물질적 이익을 통해 사람들을 자발적으로 농업생산에 적극성을 띠도록 유도하는 데 있었다. 문제文帝 2년 (기원전 177년) 조서詔書에 따르면, "농업은 천하의 근본이고, 백성이 의지하며 살아간다. 그러나 백성이 혹여 본업에 힘쓰지 않고 말업에 종사하므로 생활은 나날이 곤란해진다. 짐은 그러한 점을 근심하므로, 지금부터 친히 신하들을 이끌고 농업을 권장한다. 장차 천하의 백성에게 금년 전조의 절반을 내리겠다."[113] 문제文帝 13년 또한 다음과 같은 조서를 내려 전조를 모두 면제하였다. "농업은 천하의 근본이고 힘쓸 데가 이보다 큰 곳이 없다. 금년에는 부지런히 직접 백성을 독려하여 농경에 종사하면 전부田賦의 조세를 징수할 수 있으며, 이는 본업과 말업이 다르지 않다고 하지만,

---

110 『齊東野語』 卷1 "自井田之法廢, 賦名日繁, 民幾不聊生. 余嘗夷考, 在昔獨兩漢爲最輕. 非惟後世不及, 雖三代亦所不及焉."

111 "輕徭薄賦."

112 『前漢紀』「孝文皇帝紀下」"(文帝) 不正其本, 而務除租稅, 適足以資富彊."

113 『漢書』 卷4「文帝紀」"農, 天下之大本也, 民所恃以生也. 而民或不務本而事末, 故生不遂. 朕憂其然, 故今玆親率羣臣農以勸之. 其賜天下民今年田租之半."

그 농사를 권장하는 방도는 아직 갖추어져 있지 않으니, 지금은 전지田地의 조세를 면제한다."114 전조를 감면하니 바로 상대적으로 농민호의 수입이 증가하였고, 유망하면서 말업에 종사하는 백성에게 다시 토지로 돌아가서 농업생산에 종사하도록 유인하였다.

한초漢初 정권의 전조 감면과 동시에 적당히 인구세 수입을 가중시켜, 실질적으로 곧 원래 모두 농민이 부담하는 조세를 균등히 분배하여 사회 모든 업종의 인구가 공동으로 부담하는 데 이르렀고, 마찬가지로 통치집단의 "농업을 중시하고 말업을 억제하는"115 경제의도를 구현하였다. 그리고 한초 정권은 또한 상고商賈의 인구세를 두 배로 징수한다고 규정하여 "무거운 조세로 곤욕을 치르게 하였다."116 그 목적은 당연히 상고를 압박하여, "농업에 힘쓰게 하려는 데" 있었다.117 『사기』「화식열전」에는 "가난하여 부유함을 구하는데, 농업은 수공업만 못하고 수공업은 상업만 못하다"고 하였다.118 그래서 상공업에 종사하는 사람은 동등한 조건하에서 농민보다 높은 이윤을 획득하였기 때문에 사람들은 잇달아 본업을 등지고 말업을 좇았다. 그래서 농·상·공업의 비례는 균형을 잃었다. 농·상·공업의 균형을 유지하기 위한 가장 좋은 경제수단은 바로 서로 다른 조세정책을 통하여 상공업자와 농업의 실제 수입을 대체로 비슷하게 해야, 비로소 농업과 상공업에 종사하는 인구가 자연히 안정될 수 있었다. 한초 정권의 전조 경감과 상고商賈 수세 가중은 경제학 원리에 부합하며, 실제로 봉건국가가 "조세 지렛대"를 이용하여 농·상·공업의 균형적인 발전을 조절했

---

114 『漢書』卷4「文帝紀」"農, 天下之本, 無莫大焉. 今勤身從事而有租稅之賦. 是謂本末者無以異也, 其於勸農之道未備. 其除田之租稅."
115 "重農抑末."
116 "重租稅而困辱之."
117 "欲令務農."
118 『史記』卷129「貨殖列傳」"用貧求富, 農不如工, 工不如商."

음을 알 수 있다.

『한서』「혜제기惠帝紀」에는 "백성 중 효제孝弟하고 전지田地〔농사〕에 힘쓰는 사람을 뽑아서 신역을 면제하였고",[119] 또한 농상農桑을 장려하기 위해서 "그 조세를 가볍게 하였고, 그 열심히 힘쓰는 사람을 총애했다"고 하였다.[120] 곧 "전지에 힘쓰는 사람을 우대하였고",[121] 효제하고 전지에 힘쓰는 사람의 조세와 요역 면제를 통해서 사람들에게 농업생산에 종사하도록 권장하였다. 별도로, 한초 정권은 또한 아이를 낳은 가정은 2년간 요역을 면제할 수 있도록 규정하였고, 또한 "여자 나이 15세에서 30세까지 출가하지 않으면 5산算(곧 벌금 6백 전錢)을 부과하였다."[122] 조세의 상벌제도를 통해서 전후戰後 인구의 신속한 번영을 촉진하여 농촌 노동력을 보충하였다. 또한 말을 키우는 사람에게 요역을 면제하는 등은 모두 "조세 지렛대"를 운용하여 농·목축업 생산을 더욱 강화시켰고, 사회경제 각 부문 간 균형을 이루고 협조하여 발전하도록 유지하는 경제조치였다.

둘째, 효과적인 "곡물을 귀하게 만드는 정책(貴粟政策)"의 추진이다.

전한 초기 사회경제의 한 걸음 더 나아간 발전은 "상인이 농인을 겸병하는"[123] 현상을 초래하였다. 이러한 새로운 동향에 대하여, 조조晁錯는 문제文帝에게 「귀속소貴粟疏」를 올려서, "지금 법률은 상인을 천시하지만 상인은 이미 부귀하며, 농부를 존귀하게 여기나 농부는 이미 가난하고 천하다"고 하였다.[124] 국가정권은 단순히 법률과 정령에 의지하여 농업을 중시하고 상업을 억제하는 정책을 추진할 수 없으며, 반드시 일정한 물질

---

119 『漢書』 卷2 「惠帝紀」 "擧民孝弟力田者復其身."
120 『漢書』 卷10 「成帝紀」 "薄其租稅, 寵其疆力."
121 "優寵力田之人."
122 『漢書』 卷2 「惠帝紀」 "女子年十五以上至三十不嫁, 五算."
123 "商人兼幷農人."
124 『漢書』 卷24 「食貨志上」 "今法律賤商人, 商人已富貴矣. 尊農夫, 農夫已貧賤矣."

적 이익을 보완해야 비로소 실제 효험이 있다고 인식하였다. 다른 방면 으로는 문제 연간 1석마다 "속粟은 10여 전錢에 이르렀는데", 만약 양식 가격이 장기간 저렴했다면, 또한 농민의 실제 수입에 영향을 주어 농민 이 안심하고 농업생산에 전념하지 못하였을 것이다. 이 때문에 봉건국가 는 반드시 양식가격을 높일 방법을 마련하여서 농민의 수입을 증대시키 고, 물질적 이익으로 인심을 안정시켜 농업을 중시하기 위한 목적을 달성 하였다. 그러나 당시 정부는 화폐주조권을 독점하지 못하여 국가가 장악 하는 대량화폐를 운용할 수 없었고, 직접 시장의 양식매매에 참여하여 식량가격의 경輕·중重을 조정하였다. 그래서 국가는 단지 왕권의 힘을 빌 려서 양식의 가격에 영향을 미칠 수 있었다. 그리하여 조조는 상앙商鞅 이 만든 곡물을 바치면 작위를 내리는 제도(輸粟拜爵)를 참조하여, 문제에 게 다음과 같은 건의를 제안하였다. "곡물을 귀하게 만드는 방법은 백성 에게 곡물로 상벌을 시행하는 데 있습니다. 지금 천하에 곡물을 현관縣官 (곧 국가)에 들이는 자를 모집하여 곡물로 벼슬을 내리기도 하고, 〈곡물로〉 죄를 사면하기도 합니다."[125] 이것으로 미루어 보면, 부상대고富商大賈가 작위爵位를 얻거나 혹은 속죄贖罪하기를 원하면, 바로 농민에게서 양식을 구매해야 했다. 양식을 구매하는 사람이 많아지자, 양식의 가격은 자연 히 올라갔다. "이와 같이 하면 부유한 사람은 작위를 갖게 되고, 농민은 돈을 갖게 된다."[126] 이것은 바로 백성에게 곡식으로 상벌을 시행하는 "곡 물을 귀하게 하는 방법(貴粟之道)"인데, 군주(主)는 쓰기에 풍족하고 백성은 부세가 적어서 농사에 힘쓰기를 장려하는 목적에 도달할 수 있었다. 한 문제는 조조의 건의를 받아들여 문제 12년(기원전 168년) 정식으로 매

---

125 『漢書』卷24「食貨志上」"貴粟之道, 在於使民以粟爲賞罰. 今募天下入粟縣官, 得以拜 粟, 得以除罪."
126 『漢書』卷24「食貨志上」"如此, 富人有爵, 農民有錢."

작령賣爵令을 반포하니, 과연 국가는 대규모의 양식을 얻었고 농민의 생산과 생활도 모두 개선되었다.

문제가 추진한 곡물을 귀하게 만드는 정책은 필연적으로 양식 가격을 끌어올렸다. 환담桓譚의 『신론新論』에는 문제 연간 "충실해져 부유해지니 은택이 여서黎庶〔백성〕에게 더해졌고, 곡식은 1석石에 수십 전錢에 이르니 상·하가 풍요롭고 넉넉해졌다"고 하였다.[127] 어째서 문제 연간 1석의 양식가격이 "10여 전錢"에서 "수십 전錢"으로 파동波動이 일어났을까? 문제가 곡물을 귀하게 만드는 정책을 실행하여 일으킨 변화라고 추측된다. 이리하여 옛 사람의 전통적인 경제사상에는 양식가격을 30~80전 사이를 이상적이라고 여겼고, "농업과 말업을 모두 이롭게" 할 수 있었다.[128] 환담桓譚 역시 "곡식 1석이 수십 전에 이르면", "은택을 백성에게 더해져 상·하가 풍요롭고 넉넉해지도록" 구현되었다고 여겼다.[129] 요컨대, 양식 수요가 확대되고 양식 가격이 높아지자, 농민에게 양식농사(種糧)에 대한 적극성을 대거 유발하였고 농업생산의 안정적인 발전을 유지하였다. 이 때문에 조조가 제안한 "곡물을 귀하게 만드는 정책"은 그 경제적 의의로 말하자면, 통치계급은 국가정권의 역량을 통해 양식 가격을 올렸고, "가격 지렛대"를 통해 농업과 상업 사이에 균형있게 발전하도록 경제정책을 조절하였다.

셋째, 가치 규율의 자연조절이다.

전한 통치집단은 정확하고 유효하게 경제 지렛대를 운용하였기 때문에, 또한 장기간 경제를 방임하는 무위정책을 추진하였고, 빈번한 상품교환은 가치규율이 생산과 유통영역에 대해 생산을 제약하는 작용을 하도록

---

127 "充實殷富, 澤加黎庶, 穀至石數十錢, 上下饒羨."
128 『絶越書』「計倪內經」. "農末俱利."
129 "穀至石數十錢", "澤加黎庶."

하였으며, 마침내 전한 전기 "평균이윤平均利潤"을 형성하도록 이끌었다. 사마천司馬遷의 『사기』 「화식열전」에는 당시 일정량의 경영자금은 곧 일정 수량의 합리적 이윤을 얻을 수 있다고 지적하였다. "서민庶民인 농農, 공工, 상고商賈는 평균이 또한 1년에 1만 〈전〉은 이자가 2천 〈전〉이고, 백만 〈전〉이 있는 집안은 〈이자가〉 20만 〈전〉이다"고 하였다.[130] 곧 어떤 경영자는 1백만 전의 자본을 투입하면 매년 20만 전 이자수입을 거둘 수 있었다. 그 당시는 약 20% 이윤률이었고, 바로 근대 경제학의 이른바 "정상正常" 혹은 "평균平均"의 이윤률이었다.[131] 사마천司馬遷은 당시 농업, 목축업, 어업, 임업林業, 과수원업果樹園業, 경제작물업, 혹은 각종 수공업, 상업 등의 영역을 막론하고, 얻는 이윤율은 모두 비슷하다고 지적하였다. 이러한 "평균이윤률平均利潤率"의 생산은 주로 상품경제가 번영하는 조건 하에서, 시장가치 규율의 조절을 통해서 각종 업종의 발전이 기본적으로 균형을 향하도록 반영하고 있었음을 짐작할 수 있다. 농업, 목업, 공업, 상업이 협력하여 안정적으로 증가하였기 때문에, 사회경제가 안정되고 신속히 앞으로 발전하였다.

요컨대, 전한 전기는 중국 봉건경제가 무위정책을 따라서 발전한 시기였고, 중국봉건 경제환경, 경제체제, 경제운영이 모두 최적의 시기였으며, 또한 중국봉건 경제발전 속도가 가장 빠른 시기였다. 중국봉건 경제발전의 길은 어떤 곳으로 한 걸음 더 나아갔을까? 역사에는 자연히 선택된 곳이 있었다.

---

130 『史記』 卷129 「貨殖列傳」 "庶民農工商賈, 率亦歲萬息二千, 百萬之家則二十萬."
131 胡寄窗, 『中國古代經濟思想的光輝成就』, 中國社會科學出版社, 1981 참고.

(三) 호적·부세·요역제도의 확립

토지·호적·부세·요역제도는 봉건국가의 가장 기본적인 경제제도인데, 이것은 역대 왕조가 토지를 분할하고 호구를 통제하며 재산을 장악하고 조세를 징수하며 민력을 동원하는 중요한 근거이다. 전한 초기에 한 고조는 "백성에게 토지를 획득하게 하고" "옛 작위와 전택을 회복시키며", "공로功勞에 따라 전택을 지급하는"[132] 등의 법령을 통해서, 기본적으로 신분 등급에 따라 토지를 가지는 명전名田제도가 형성되었고, 다시 토지를 점유하는 이중구조를 확정하였다. 이러한 기초 위에 전한 시기 호적·부세·요역제도가 서로 잇달아 형성되었다.

1. 호적제도의 건립

중국의 호적제도는 전국시대에 이미 점진적으로 형성되었다. 진국秦國은 진秦 헌공獻公 10년(기원전 375년) "호적상오戶籍相伍를 만들었는데",[133] 곧 5가家를 단위로 호적을 만들어서 관리하였다. 진秦 효공孝公 6년(기원전 356년) 상앙商鞅의 변법으로 "백성을 십오什伍로 만들어 서로 죄를 적발하고 연좌하게 하였으며",[134] 한 걸음 더 나아가 호적관리를 동네 십오什伍와 연좌하는 제도로 결합해나갔다. 『상군서』 「거강去强」에는 "백성의 인구 수를 조사하여 살아있는 사람은 기록하고 죽은 사람은 삭제한다"고 하였다.[135] 『여씨춘추』 「상농上農」에는 "무릇 백성은 7척 이상이면 〈농·공·상의〉 세 가지 직분에 귀속된다.[136] 당시 호적은 십오什伍로 서로 이어졌고,

---

132　"令民得田之", "復故爵田宅", "以功勞行田宅."
133　"爲戶籍相伍."
134　『史記』 卷68 「商君列傳」 "令民爲什伍, 而相牧司連坐."
135　『商君書』 「去强」 "擧民衆口數, 生者著, 死者削."

주로 현존하는 호구의 성명이나 신장身長을 등재하였음을 알 수 있다. 진 왕秦王 정政시대에 이르러, 호적제도는 더욱 완비되었다. 진왕 정 16년(기 원전 231년) "처음으로 남자의 나이를 기록했고",137 시황始皇 31년(기원전 216년) "백성이 스스로 전지田地를 등록하도록 하였다."138 호적에 이미 호 구의 성명, 연령, 토지 등의 정황을 기재하여서 백성에 대한 통제를 강화 하였고, 아울러 그 조부租賦를 제공받고 요역을 수탈하는 데 편리하게 하 였다.

전한의 호적제도는 진나라의 제도를 계승하였다. 진말秦末 유방劉邦이 군을 이끌고 함양咸陽에 들어갔을 때, 소하蕭何가 먼저 진秦 승상부丞相府· 어사부御史府의 "율령律令·도서圖書"를 거두어들여서, 유방劉邦이 "천하의 요새, 호구의 많고 적음, 강하고 약한 곳, 백성의 질고疾苦를 두루 알게 하였고",139 그래서 봉건정권의 회복과 호적제도의 재건을 위한 기초를 닦 았다. 연이어 전한 정권은 진나라 백성의 원래 작위爵位와 전지田地 등을 회복시키는 방법을 채택하였고, 전란 중에 유망한 백성을 불러 모아 다시 호적에 등록하였다. 또한 장창張蒼이 진나라 때 주하柱下[궁전]의 어사였기 때문에 천하의 도서와 호적을 헤아리는 데 밝았고, 그런 까닭에 "장창은 계상計相"이었다고 하였으며,140 전국 호적에 대한 건설과 관리를 더욱 강 화하였다. 승상 소하蕭何 등이 제정한 『구장율九章律』 중 「호율戶律」은 한 걸음 더 나아가 호적의 편제와 관리를 법치法治의 궤도에 올렸다.

한대漢代의 호적은 또한 "명수名數"로 불렸다. 『한서』 「석분전石奮傳」의 안

---

136 『呂氏春秋』 「上農」 "凡民自七尺以上, 屬諸三官."
137 "初令男子書年."
138 "使黔首自實田."
139 『史記』 卷53 「蕭相國世家」 "其知天下厄塞, 戶口多少, 彊弱之處, 民所疾苦."
140 『史記』 卷96 「張丞相列傳」.

　　　　　　　　　　Ⅲ. 전한 전기 사회경제의 회복과 발전

사고의 주注에 "명수는 지금의 호적과 같다"고 하였고,『후한서』「중장통전」에는 "판적版籍을 밝혀서 서로 숫자를 열람하고, 십오什伍를 살펴서 서로 부지扶持하게 하자"고 하였으며,141 주注에는 "판版은 명적名籍이고, 판으로 만들기 때문이다"고 하였다.142 당시 일반적으로 매년 가을 8월에 인구조사를 진행해서 호적을 편성하였다. 이러한 습관은 유래가 이미 오래되었다. 『관자』「탁지度地」에는 "항상 가을을 연말로 하여 그 백성을 살펴서 가인家人을 기록하고 토지를 헤아리며, 십오什伍〈단위〉로 사람 수를 정하고 남녀와 대소[나이]를 구분한다"고 하였다.143 진대秦代에는 전욱력顓頊曆을 사용했으므로 10월이 연초이고 9월이 연말이었기 때문에, 연말 이전인 가을 8월에 인구를 조사하여 호적을 만들고 추가하였다. 『수호지운몽진간睡虎地雲夢秦簡』「창률倉律」에는 "소예신첩小隷臣妾은 〈성인이 되면 그해〉 8월에 부傅에 등록하여 대예신첩大隷臣妾으로 삼는다"고 하였다.144 전한이 세워진 초반에는 곧 이러한 제도를 회복하였다. 『한서』「고제기상高帝紀上」에는 "한왕漢王 4년(기원전 203년) 8월에 처음으로 산부算賦를 시행한다"고 하였다.145 이후 "한법漢法은 항상 8월에 인구를 조사한다"고 하여,146 곧 "8월에 살펴서 호적을 만들었다."147

호적의 등재된 내용은 주로 호구와 재산의 상황을 포함하였다. 그중 호구 내용에는 호주戶主의 성명, 직무職務, 적관籍貫, 작급爵級, 연령 및 그 가속家屬을 기재하였고, 재산정보에는 매호의 동산, 부동산 및 자산貲算을

---

141 『後漢書』卷49「仲長統傳」"明版籍以相數閱, 審什伍以相連持."

142 "版, 名籍也, 以版爲之也."

143 『管子』「度地」"常以秋歲末之時, 閱其民, 案家人, 比地, 定什伍口數, 別男女大小."

144 "小隷臣妾以八月傅爲大隷臣妾."

145 『漢書』卷1「高帝紀上」"(漢四年) 八月, 初爲算賦."

146 "漢法八月算人."

147 "八月案比而造籍書."

기재하였다.

진률秦律·한률漢律 규정은 사람마다 모두 필수로 호적에 등재해야 하고, 허위로 등록한 자는 마땅히 논죄하여 처벌하였다. 무릇 국가의 호적에 등록한 인구는 "편호민編戶民"으로 통칭하고, 편호민은 마음대로 옮겨 다닐 수 없었고, 만약 불법으로 옮긴 경우는 "망명亡命"이라고 일컬었다. 『한서』「장이전張耳傳」의 안사고의 주注에는 "명命은 명名이니, 무릇 망명亡命은 명적名籍에서 벗어나 도망하는 것을 이른다"고 하였다.[148] 국가는 명적에서 벗어나 도망한 망명亡命의 무리에 대해 엄벌에 처하였다. 『수호지진묘죽간』「유사율游士律」의 규정에는 진나라 사람이 국경을 벗어나거나 혹은 명적이 제거되는 것을 방조하면, "상조上造〔관작명〕이상은 귀신鬼薪〔땔나무를 하는 노역〕으로 삼고, 공사公士 이하는 형벌로 성단城旦〔낮에는 외적을 방어하고 밤에는 성을 쌓는 형벌〕으로 삼는다"고 하였다.[149] 『한서』「회남여왕전淮南厲王傳」에는 또한 "제후에게 망명하여 유세하며 다른 사람을 섬기거나, 〈제후가〉머무르게 하여 숨겨주면 모두 법으로 논한다"고 지적하였다.[150] 그래서 한漢정권은 항상 이렇게 "명수名數〔호적〕에서 벗어나 망명해간"[151] 왕후王侯·관리官吏·호강豪强에 대해 탄압하였다.

편호민의 통제를 강화하기 위해서, 국가의 규정에는 출유出遊하는 사람은 반드시 "부符"를 휴대하도록 하였다. 진간秦簡「유사율遊士律」에는 "유사游士가 체류하고 있으면서 증명서(符)가 없는 경우 머무른 현에서 1갑의 벌금을 부과하고 연말에 책임을 묻는다"고 하였다.[152] 부符를 잃어버린

---

148 "命者, 名也. 凡言亡名, 謂脫其名籍而逃亡."
149 『睡虎地秦墓竹簡』「游士律」"上造以上爲鬼薪, 公士以下刑爲城旦."
150 『漢書』卷44「淮南厲王傳」"亡之諸侯, 遊宦事人, 及舍匿者, 論皆有法."
151 "脫亡名數."
152 『睡虎地秦墓竹簡』「游士律」"游士在, 亡符, 居縣貲一甲, 卒歲, 責之."

유사에 대해서 엄한 징벌을 내렸는데, 주로 편호민(編民)이 호적에서 벗어나 유망하는 것을 방지하기 위해서였다. 이러한 부符는 또한 "신信" 혹은 "전傳"으로 불렸고 통행증과 유사하였다. 경제景帝 4년(기원전 153년) 규정에는 "여러 관關에는 전傳을 사용하여 출입한다"고 하였는데,[153] 바로 망명하는 무리나 윗사람을 범하여 난을 일으키는 경우를 방비한 것이다. "부符"는 일반적으로 죽간으로 만들었고, 그 위에 본인 성명, 직무, 적관籍貫, 연령 이외에, 또한 식별을 용이하도록 신장이나 피부색 등의 특징을 기재하였다.

만약 편호민이 거주지를 옮기고 싶으면, 반드시 먼저 해당 지역의 관리의 승인을 얻어야 한다. 편호민이 이주하여 새로운 거주지로 옮긴 후에는 또한 반드시 해정 지역의 호적에 들어가야 한다. 일체 이러한 규정에는 모두 호구를 엄격히 통제하기 위해서, 사람마다 호적에서 벗어날 수 없도록 하여, 장기간 국가를 위해 조세를 내고 요역에 복무하도록 하였다.

한대漢代 국가는 공민公民의 호적을 크게 세 종류로 구분하였다. 첫째, 일반공민인 편호제민적編戶濟民籍이다. 이것은 한대 호적의 근간이었다. 편호제민적은 통상 현도縣道의 감독하에 향관鄕官이 호적을 편성하였다. 그런 후에 현도에서 상계上計하여 군국郡國에 보고한다. 다시 군국에서 상계하여 중앙에 보고한다. 중앙에서 지방에 이르는 단계별 관리제도가 형성되었다. 『사기』「평준서平準書」의 주注에는 여순如淳을 인용하여, "나란히 균등하여 귀천貴賤이 없었으므로 '제민齊民'이라고 하였고, 지금의 말로 '평민平民'과 같다"고 하였다.[154] 기실 편호제민 중에 위로는 열후列侯·중신重臣에서 아래로는 땅이 없는 빈민 등 각종 신분을 포괄하였고 그래서

---

153 『漢書』卷5「景帝紀」"諸關用傳出入."
154 『史記』卷30「平準書」"齊等無有貴賤, 故謂之齊民, 若今言平民矣."

편호제민이라고 칭하였다. 이것은 상대적으로 전제군주에 대해서 모든 공민은 "나란히 균등하여 귀천이 없다"[155]고 말한 것이며, 모두 황제의 신하에 속하기 때문이다. 그러므로 "편호제민編戶齊民"은 실질적으로는 "보편적인 예속농제도"와 동의어이다. 그러나 이러한 "귀천이 없는"[156] "편호제민" 중에서 가계의 경제력[財産家資]을 살펴서 상·중·하 세 등급으로 나누었다. 다만 전한 시기 호등戶等은 또한 당대唐代의 기록처럼 호적 장부에 남아있지 않다. 그때 상호는 대가大家로 칭했고, 가계家計자산은 약 수십만 전 이상이었다. 지방 호강의 경제실력이 악성으로 팽창하는 것을 억제하기 위해서, 상호上戶 대가大家는 종종 천사遷徙를 당하는 대상이 되었다. 『사기』「회남형산열전」에서 "산産(곧 가산家産, 가자家資)이 50만 〈전〉 이상이면 모두 그 가속을 삭방朔方의 군郡으로 천사遷徙한다"고 하였다.[157] 한 무제는 일찍이 가계자산이 3백만 〈전〉 이상의 대가는 무릉茂陵으로 천사하였다. 선제宣帝 때는 가계자산이 1백만 〈전〉 이상이면 평릉平陵, 두릉杜陵으로 천사하였다. 성제成帝는 일찍이 가계자산이 5백만 〈전〉 이상이면 창릉昌陵으로 천사하도록 조령詔令을 내렸으므로, 상호는 가계자산이 매우 컸음을 알 수 있다. 일반적으로 중호中戶(혹은 중가中家로 칭함) 가계자산은 10만 전錢 정도였다. 『한서』「문제기文帝紀」의 찬贊에는 "백금百金은 중인中人 10개 집안의 재산이다"고 하였다.[158] 한대의 1금金은 1만 전이다. 10금은 중가 10만 전의 자산이다. 하호下戶(혹은 소가小家나 세민細民으로 칭함) 가계자산은 수만 전 이하이다. 심지어 "자산이 1천 전 미만"[159]의 몹

---

155 "齊等無有貴賤."
156 "無貴賤."
157 『史記』卷118 「淮南衡山列傳」"産五十萬以上者, 皆徙其家屬朔方之郡."
158 『漢書』卷4 「文帝紀」"百金, 中人十家之産也."
159 "貲不滿千錢."

시 가난한 호도 있었다. 하호는 편호제민 중 인구수가 가장 많았고, 수탈도 가장 많이 당하였다.

편호의 가계자산 호등은 전한 정권이 추진한 호구정책의 기초였다. 예컨대 가계자산이 수십만 〈전〉에서 수백만 〈전〉 이상의 대가大家는 항상 황릉皇陵으로 천사를 당하였다. 가계자산이 10만 〈전〉 이상의 중가中家와 대가는 관직에 오를 자격이 있었고, 경제景帝 후원後元 2년(기원전 142년) 이후, 비로소 가계자산이 4만 〈전〉 이상이면 또한 관직을 얻을 수 있도록 고쳤다. 그리고 가계자산 10만 〈전〉 이하의 소가는 종종 구제되어 조부租賦를 감면받는 대상이었다. 『한서』「성제기成帝紀」에는 "재해를 입은 〈가호가〉 40% 이상이면, 백성의 자산이 3만 〈전〉 미만은 모두 조부를 내지 않도록 하였다."[160] 「애제기哀帝紀」에는 "그 수재水災를 입은 현읍縣邑이나 다른 군국郡國의 재해가 40% 이상이면, 백성의 자산이 10만 〈전〉 미만은 모두 금년 조부租賦를 내지 않도록 하였다."[161] "무제武帝 연간 상림원上林苑의 관노비官奴婢나 천하의 빈민으로 자산 5천 〈전〉 미만인 사람은 옮겨와서 〈상림〉 원에서 사슴을 기르게 하였다."[162] 또한 편호의 가계자산 호등은 또한 국가의 조세징수 기준 중 하나였다. 〈사마표의〉『속한서續漢書』「백관지百官志」에는 기층 향관鄕官은 조세의 액수를 정할 때에 반드시 "백성의 빈부貧富를 알아서 부세의 많고 적음을 정하고 등급 분류를 공평히 한다"고 하였다.[163]

둘째, 특수공민인 종실적宗室籍이다. 종실은 황제 가족 구성원에 속하기

---

160 『漢書』 卷10 「成帝紀」 "被災害什四以上, 民貲不滿三萬, 勿出租賦."
161 『漢書』 卷11 「哀帝紀」 "其令水所傷縣邑及他郡國災害什四以上, 民貲不滿十萬, 皆無出今年租賦."
162 『漢舊儀』 "武帝時, 使上林苑中官奴婢, 及天下貧民貲不滿五千, 徙置苑中養鹿."
163 『續漢書』 卷28 「百官志五」 "知民貧富, 爲賦多少, 平其差品."

때문에 특수한 우대를 받았다. 그들은 대부분 봉국封國·식읍食邑이 있었고 모두 부역賦役을 면제받는 특권을 누렸으며 또한 언제나 황제의 상을 받았다. 『한서』「문제기文帝紀」에 따르면, 문제文帝 전원前元 4년(기원전 176년) "여러 유씨劉氏는 호적에 등기하게 하고, 집안의 도움을 받지 못하는 가속은 〈부세와 요역을 면제하고〉, 제후·왕의 아들에게는 읍 2천 호를 하사하였다."164 종실적은 중앙 종정宗正이 관장하였고, 군국에 분산되어 있는 종실의 명적名籍은 매년 각지에서 상계上計하여 중앙에 보고한다. 『초원왕전楚元王傳』 등에 따르면, 한 고조 유방劉邦은 처음 봉기했을 때 부모·형제·자질子姪을 헤아려 약 32명이었으나, 전한 말기 230년간 종실 호구는 10여만 명으로 증가하여 인구 증가률은 최대 42%에 달하였다. 이는 분명히 그들이 향유했던 각종 특권의 결과였다.

셋째, 하등공민인 상인시적商人市籍이다. 『한서』「조조전晁錯傳」에 따르면, 진대秦代 수졸戍卒은 "먼저 관리 중 유배된 사람이나 데릴사위, 상인을 선발하였고, 다음으로 일찍이 시적市籍을 가진 사람으로 하였으며, 마지막으로 조부모나 부모가 일찍이 시적을 지닌 사람 중에서 하였다."165 당시 상인에 대한 시적 관리가 매우 엄격하였음을 확인할 수 있다. 진한秦漢시대 규정은 대체로 성진城鎭의 "시市" 안에서 교역에 종사하는 사람은 모두 반드시 관부에서 등록하고 시적에 들어가야 했다. 단지 시적을 취득한 상인만 비로소 특정한 시장 지역 내 영업을 허가받았다. 이러한 상인은 절차에 따라 시적조市籍租(곧 장소세)와 시조市租(곧 교역세)를 바쳐야 한다. 일반적으로 시적은 시장의 관리가 구체적으로 관리하였으나 반드시 각급 정부에 보고하여 문서를 갖추었다. 전한 초기 일찍이 시적의 상인에 대한

---

164 『漢書』 卷4 「文帝紀」 "復諸劉有屬籍, 家無所與. 賜諸侯王子邑各二千戶."
165 『漢書』 卷49 「晁錯傳」 "先發吏有謫及贅婿賈人, 後以嘗有市籍者, 又後以大父母, 父母 嘗有市籍者."

수많은 차별정책을 제정하여, 그들의 사회지위를 편호제민보다 낮추었다.

요컨대, 전한 전기 이미 기본적으로 완전한 호적제도가 갖추어졌다. 봉건국가는 지방정부가 매년 8월에 정기적으로 호구와 재산을 자세히 조사하도록 책임을 지웠고, 그러한 후에 법에 따라 호적을 편성하였다. 호적조사를 통해서 전국의 호구관리를 더욱 강화했고, 아울러 부세를 징수하고 요역을 징발하거나 혹은 기타 복무를 제공하는 데도 기본적인 근거를 마련하였다. 동시에 각급 정부는 호적조사의 인구나 재산 등 수량을 기초로 삼아서, 관리재임 중 치적(政績)의 주요내용을 "상계上計"하고 고찰하였다. 게다가 호적조사는 또한 봉건정권이 제정한 각종 정치경제정책의 중요 근거였다.

2. 부세제도의 형성

부세제도의 내용은 비교적 많다. 여기서 중요하게 지적한 것은 당시 농호가 부담한 부세수탈이며, 전조田租 · 추고芻稿 · 가세假稅 · 산부算賦 · 구부口賦 · 자부資賦 등 6가지를 포괄한다.

(1) 전조田租

전조는 봉건정권이 개인의 경지에 대한 세수稅收이다. 한 고조 유방劉邦의 건국 초기에, 사회경제는 쇠퇴하여 "황제는 이에 법을 간략히 하였고 규제를 줄였으며 전조를 경감하여 1/15세로 하였다."[166] 그러나 오래지 않아서 국가재정이 부족했기 때문에, 다시 전조의 징수세율을 더 무겁게 하였다. 혜제惠帝 원년(기원전 194년)에 이르러, 다시 "전조를 줄여서 1/15세를 회복하였다."[167] 농업생산이 회복되어 발전하고 무위정책이 추진됨에

---

166 『漢書』 卷24 「食貨志上」 "上於是約法省禁, 輕田租, 什五而稅一."

따라, 문제文帝 2년(기원전 178년) "천하의 모든 백성에게 금년 전조의 절반을 면제하라"고 명하였고,[168] 문제 12년(기원전 168년) 또한 "농민에게 올해 조세租稅의 절반을 면제하라"고 명하였다.[169] 두 차례에 걸쳐 전조률이 1/30로 낮아졌다. 이 때문에 한대漢代 1/30세 전조률은 실제로 문제 시기에 처음 시행되었으나, 아직 온전히 제도로 갖추어지지는 않았을 뿐이다. 문제 13년(기원전 167년)에 이르면, 이미 모든 전조가 면제되었다. 『사기』 「효경본기孝景本紀」에는 경제景帝 원년(기원전 156년) 5월에 "전조의 절반을 면하라"고 하여,[170] 곧 1/30세의 전조률이 추진되었다. 이후부터 1/30세 전조률이 완전한 제도로 성립되었다. 예컨대 『염철론』 「미통未通」에는 "옛날에는 전지 100보를 1무畝로 제정하였고 … 그중 1/10세로 하였으며 … 선제先帝(한 무제를 가리킨다)는 백성의 수고로움과 의식의 부족함을 가엾게 여겨 전지 240보로 1무畝를 만들어서 세율을 1/30세로 하였다."[171] 바로 왕망王莽이 제도를 고칠 때에도 "한조漢朝는 전조를 경감하여 1/30세로 하였다"고 언급하였다.[172] 끝내 전한시대 1/30세 제도는 바뀌지 않았음을 알 수 있다.

한대漢代의 전조는 비율에 따라서 나누어 징수하였고, 분명히 상고上古 시대 "1/10세"[173]의 전통을 계승하였다. 그러나 실제로 한대의 전조는 평년의 생산량을 환산하여 정한 후에 곧 정량을 징수하였다. 『염철론』

---

167 『漢書』 卷2 「惠帝紀」 "減田租, 復什五稅一."
168 『漢書』 卷4 「文帝紀」 "賜天下民, 今年田租之半."
169 『漢書』 卷4 「文帝紀」 "其賜農民今年租稅之半."
170 『史記』 卷10 「孝景本紀」 "除田半租."
171 『鹽鐵論』 卷3 「未通」 "古者制田百爲畝, … 什而籍一. … 先帝哀矜百姓之愁苦, 衣食不足, 制田二百四十步而一畝, 率三十而稅一."
172 『史記』 卷10 「王莽傳」 "漢氏減輕田租, 三十而稅一."
173 "什一稅."

에서 이른바 "전조는 비록 1/30세일지라도 토지면적에 따라서 세금을 내며, 풍년에 낱알(粒米)이 여기저기 흩어져 있는데도 적게 취하고, 흉년에 기근이 들지라도 반드시 액수를 채워 징수한다"고 했는데,[174] 바로 이러한 뜻이다. 그런데 한대 전조 징수량은 지역별로 다른 토양의 비옥하고 척박한 정도에 따라서, 일반적으로 세 등급으로 구분하였다. 허신許愼은 일찍이 "한나라의 제도에는 수조收租하는 전지田地에 상·중·하가 있다"고 지적하였다.[175] 『후한서』 「진팽전秦彭傳」에 따르면, 또한 장제章帝 건초建初 원년(기원후 76년) 산양태수山陽太守 진팽秦彭은 "도전稻田〔논〕 수천 경頃을 개간하여 매번 농월農月에 직접 토지면적을 헤아렸는데, 비옥하고 척박한 정도를 나누어 세 등급으로 차등을 두었으며, 각각 문부文簿를 만들어 고을에 보관하였다."[176] 여기서 "세 등급으로 차등을 두었다"고[177] 이른 것은 곧 "상·중·하" 세 등급이다. 한대漢代 전조는 1무畝당 정해진 액수의 많고 적음은 해당 지역의 전지에 따라서 차이가 있어서 전국에 통일된 조세 액수는 없고, 단지 통일된 전조률―"1/30세"―만 있었다. 이미 전조률 "1/30세"는 전한 전기에 확정되었고, 이에 따라 그러한 상·중·하 세 등급의 정액 전조가 형성되었다.

　『한서』 「식화지상食貨志上」에는 조조晁錯의 말을 인용하여 "100무畝의 수확은 100석石을 넘지 않는다"고 하였는데,[178] 1/30세로 환산하면 1무畝

174　『鹽鐵論』 卷3 「未通」 "田雖三十, 而以頃畝出稅, 樂歲粒米狼戾而寡取之, 凶年饑饉而必求足."

175　『周禮』 「地官」, 載師 중 賈公彦의 疏에서 인용한 『五經異義』 第5 「田稅」. "漢制, 收租田有上中下."

176　『後漢書』 卷76 「秦彭傳」 "興起稻田數千頃, 每於農月, 親度頃畝, 分別肥墝, 差爲三品, 各立文簿, 藏之鄕縣."

177　"差爲三品."

178　『漢書』 卷24 「食貨志上」 "百畝之收不過百石."

당 전조 징수는 3과 1/3승升(3승과 소반승小半升), 대략 3승 정도였다. 『한서』
「광형전匡衡傳」에는 원제元帝 연간 광형匡衡에게 낙안국樂安國을 식읍으로
봉하고 가동家僮을 보냈으며, 임회군臨淮郡의 "4백 경頃을 낙안국에 주었
고, 광형이 속관의 가동을 보내어 거두어들인 곡식 1천여 석을 광형의
집으로 들였다."[179] 4백 경은 전조 1천여 석을 거두니, 대략 1무畝당 전조
3~4승이었다. 헌제獻帝 건안建安 9년(기원후 204년) 조조曹操가 기주冀州를
점령한 이후, 정식으로 "전조는 1무畝당 4승升"이라고 반포하였는데,[180] 또
한 한대漢代 전조량에 근접하였다. 별도로 호북湖北 강릉江陵 봉황산鳳凰山
10호 한묘漢墓에서 출토된 제7호 대죽간大竹簡에 따르면, 시양리市陽里의
전조는 총 53석石 3두斗 6승반升半이므로, 1무畝당 전조가 3~4승으로 추
정된다.[181] 1무畝당 3과 1/3승을 거두어서 대략 3승 정도이며, 한대 전조
징수 시 일정한 액수였음을 알 수 있다.

『관자管子』「치국治國」(근거한 연구는 한대漢代 사람의 글이다)에는 "상산常山
의 동쪽과 황하黃河의 여수汝水 사이는 … 중년中年에 1무畝당 2석을 생산
했다"고 하였다.[182] 전조 1/30세 계산에 따르면, 1무畝당 곡식 6과 2/3승
(6승과 1대반승大半升)으로 대략 7승 정도이며, 한대 전조 징수 시 또 다른
정액定額이었다.

『후한서』「중장통전」에서 인용한 『창언昌言』「손익편損益編」에는 "지금
비옥하고 풍요로울 때 비율을 감안해서, 농사로 들어올 수입을 계획하면
1무畝당 3곡斛을 얻을 수 있고, 1곡당 1두斗를 취하더라도 그다지 많시

---

179 『漢書』卷81「匡張孔馬傳」"以四百頃付樂安國. 衡遣史之僮, 收取所還田租穀千餘石,
　　入衡家."
180 『三國志』卷1「魏書」"田租畝四升."
181 裴賜圭,「湖北江陵鳳凰山十號漢墓出土簡牘考釋」『文物』, 1974 第7期 참조.
182 『管子』「治國」"常山之東, 河汝之間 … 中年畝二石."

　　　　　　　　Ⅲ. 전한 전기 사회경제의 회복과 발전

않을 것이다"고 하였다.[183] 중장통仲長統은 전조로 1/10세 징수를 주장하였다. 만약 한대漢代 통행된 1/30세로 계산하면, 전조량田租量은 1무畝당 1두斗를 걷는다. 이상 제시한 한대 전조 징수량의 세 가지 정액－곧 1무당 3승 정도, 7승 정도, 1두 정도－는 바로 허신許愼이 "수조收租하는 전지田地에 상·중·하가 있다"고[184] 말한 제도이다.

요컨대, 한대漢代 1/30세의 전조률은 전한 전기 확정되었고, 그 징수방법은 전무田畝와 생산량을 감안하여 상호 결합하는 방식으로 진행되었다. 이는 중국 고대의 전조에서 출발하여, 납부 시 비율제에서 정액제로 이행되는 과도기였음을 반영하고 있다. 건안建安 9년 조조曹操는 전조호조제田租戶調制를 반포하였고, 명의상 1/30세로 비율방식을 폐지하였으며, 가벼운 쪽을 좇아서 전조를 정액定額으로 징수하여서 공식적으로 비율방식에서 정액방식의 조세로 전환을 완료하였다.

(2) 추고세芻稿稅

추고는 일반적으로 가축을 사육하는 사료용 풀을 가리키는데, 고稿는 볏짚(禾杆)이고 추芻는 목초牧草이다. 추고세는 인호人戶와 전무田畝의 징수에 기초하였다. 진대秦代 통치자는 이미 백성에게 추고를 징수하였다. 전한 건립 이후 추고를 징수하는 제도를 회복하였다.『사기』「소상국세가蕭相國世家」에는 소하蕭何가 백성을 위해서, "장안長安 지역은 협소하고 상림원에는 많은 빈터가 버려져있으니, 원컨대 백성이 들어가 농사를 짓게 하되, 고세를 거두지 말고 금수禽獸를 먹이도록 하자"고 청하였다.[185] 이후 "전조와 추고로 일상경비를 지급하였다."[186] 추고세는 한대

---

183 『後漢書』卷49「仲長統傳」"今通肥饒之率, 計稼穡之入, 令畝收三斛, 斛取一斗, 未爲甚多."
184 "收租田有上中下."

漢代 농민호의 큰 부담이었다.

『수호지진묘죽간』「전률田律」에는 "1경당 추세 3석, 고세 2석을 납입해야 했고",[187] 한대 전조는 크게 경감되어, 전무田畝에 따라 추고를 납부하는 수량은 이 숫자보다 낮아야 했다. 그러나 한초漢初 전무에 따라 납부하는 전고田稿와 전추田芻 이외에, 또한 호에 따라 호추戶芻를 납부하였다. 호북 강릉 봉황산 10호 한묘에서 출토된 제6호 목독木牘에 따르면, 평리平里와 고상稿上 두 지역에서 납부한 추고芻稿는 전고, 전추, 호추 세 종류로 나뉘고, 그중 평리平里에서 "전추 4석 3두 7승", "전고 2석 2두 4승반", "호추 27석"을 납부하여서,[188] 호에 따라 납부한 호추가 전무에 따라 납부한 추고 수량의 4배를 초과하였음을 알 수 있다. 고상에서 "전추 1석 6두 6승", "전고 8두 3승", "호추 13석"을 납부하여서,[189] 곧 호에 따라 납부한 호추가 전무에 따라 납부하는 추고 수량의 6배를 초과하였다. 그래서 추고세는 전조의 부가세라고 말할 수 없으며, 인호人戶와 전무 두 가지에 기초하여 징수하였고, 게다가 인호에 따라 납부하는 액수가 전무에 따라 징수하는 부분보다 크게 초월하였다. 별도로 평리〈지역〉에서는 추세 항목에 "6석은 고세이다"고 하였고,[190] 고세 항목에는 "추세는 고세 12석이다"고 기록하였다.[191] 또한 고상〈지역〉에서는 추세 항목에 "1석은 고세이다"고 하였고,[192] 고세 항목에는 "추세는 고세 2석이다"고 기록하여

---

185 『史記』卷53「蕭相國世家」"長安地狹, 上林多空地, 弃. 願令民得入田, 毋收稾爲禽獸食."
186 『後漢書』卷116「百官志三」"田租芻稾, 以給經用."
187 『睡虎地秦墓竹簡』「田律」"頃入芻三石, 稾二石."
188 "田芻四石三斗七升", "田稾二石二斗四升半", "戶芻廿七石."
189 "田芻一石六斗六升", "田稾八斗三升", "戶芻十三石."
190 "六石當稾."
191 "芻爲稾十二石."
192 "一石當稾."

Ⅲ. 전한 전기 사회경제의 회복과 발전

서,[193] 추세의 가치가 고세보다 크고, 추세 1석은 고세 2석에 견줄 수 있음을 알 수 있다.

추고는 일반적으로 묶음(束)이나 중량단위로 계산한다. 대략 추 1속束의 가치는 값이 1.5~3전이고, 고의 1속의 가치는 1~2전이다. 6호 목독木牘의 추고는 석石, 두斗, 승升 등의 용량단위로 계산하였고, 또한 아마도 가축이 먹는 데 편리하도록 작두로 자르는 과정을 거친 분쇄된 추고일 것이다. 목독에는 또한 "8두는 1전이며", "2두는 1전이다"고 기록하였는데,[194] 추고세가 돈(錢)으로 환산하여 납부할 수 있었음을 설명한다. 당시 곡식 가격은 1곡斛당 100전이었는데, 곧 봉건정권이 징수한 전조와 추고세의 비율은 50 : 1이었음을 알 수 있다.

(3) 가세假稅

한대 통치자는 일찍이 "백성에게 공전公田을 빌려주고",[195] "가세假稅"를 징수하였다. 이러한 "가세"는 2종류로 나뉜다. 하나는 고액 가세로, 주로 대사농大司農에게 징수권이 귀속되었다. 다른 하나는 저액 가세로, 주로 소부少府에게 징수권이 귀속되었다.

전한 초기 황무지가 비교적 많아서 봉건정권은 요역을 가볍게 하고 부세를 낮추는 정책을 실행하였고, 농민의 근본인 농사에 힘쓰도록 격려하여, 적극적으로 황무지를 개간하고 농사를 짓게 하였다. 그러나 농민에게 공전을 빌려주고 "가세"를 징수하는 현상은 없었다. 한 무제 시기에 이르러 비교적 대규모의 토목공사와 변경의 전쟁을 추진하여 국가재정은 적자에 이르렀다. "이 때문에 현관縣官에서 원지園池를 개발하였고, 산해山海

---

193 "芻爲槀二石."
194 "八斗爲錢", "二斗爲錢."
195 "假民公田."

까지 포함하여 이윤을 만들어서 공부貢賦에 보탬이 되도록 하였으며, 구거溝渠[수리시설]를 정비하여 각종 농사를 일으키고 전목田牧을 넓혀서 원유苑圃를 성대하게 하였다. 태복太僕, 수형도위水衡都尉, 대농령大農令은 해마다 수입을 징수하여 전목田牧의 이익, 지어池籔의 임대료, 그리고 변방에는 전관田官을 임명하여 나오는 수입 등으로 여러 비용을 충당하게 하였다."[196] 이에 국가가 통제하는 공전원유公田苑圃를 "백성에게 빌려주어(假民)" 개간하고 〈농작물을〉 심게 하였는데, 곧 농민에게 "빌려주어(租賃)" 농사짓게 하고 "가세"를 거두었다. 당시 빌려준 공전公田에는 태복이 관할하는 목사牧師의 여러 동산(園)과 초지草地가 있었고, 수형도위가 관할하는 상림원上林園의 한지閑地가 있었으며, 소부少府가 관할하는 원유苑圃·원지園池의 땅이 있었고, 또한 대사농이 관할하는 대규모의 경작지(熟地)가 있었다. 그중 일부는 사병士兵이 변경에서 개간한 대규모 둔전屯田이었고, 일부는 고민령告緡令을 통해 몰수한 대규모 양전良田이었다. 대사농은 각지 전지田地의 생산을 관리하는 전관을 설치하였고, 경작이 잘되는 공전을 빌린 농민에게는 고액의 가세를 징수하였다.

대사농은 전관인 "도전사자稻田使者"를 설치하여, 국가 소속의 도전稻田을 "백성에게 빌려주고 세수입을 거두어들였다."[197] 도전사자는 무제 시기에 이미 설립되었다. 『한서』 「구혁지溝洫志」 중 무제의 조서詔書에는 "지금 내사內史의 도전稻田 조설租挈[임대계약]은 무겁고, 군군郡 관할지역과 같지 않으니 장차 의논하여 감하라"고 하였다.[198] 안사고의 주注에는 "조설

---

196 『鹽鐵論』 卷3 「園池」 "是以縣官開園池, 總山海, 致利以助貢賦, 修溝渠, 立諸農, 廣田牧, 盛苑囿. 太僕水衡大農歲課諸入田牧之利, 池籔之假, 及北邊置任田官, 以瞻諸用."

197 『漢書』 卷7 「昭帝紀」 및 如淳의 注. "假與民, 收其稅入也." 「紀」에는 도전사자稻田使者 연창燕倉이 상관걸上官傑 모반 사건을 발각하여, "대사농大司農 양창楊敞에게 고하였다(以告大司農(楊)敞.)"고 했는데, 도전사자의 상사上司는 대사농임을 알 수 있다.

198 『漢書』 卷29 「溝洫志」 "今內史稻田租挈[契]重, 不與郡同, 其議減."

Ⅲ. 전한 전기 사회경제의 회복과 발전

은 전조를 거두기로 한 약조이다"고 하였다.[199] 이러한 "조설"의 가세가 정립되었고, 자연히 상설제도인 "1/30세"의 전조량보다 무거웠다. 그 가세율은 어느 정도였는가?『후한서』「황향전黃香傳」에 따르면, "(위魏)군군郡에는 옛날부터 내외로 원전園田이 있는데, 항상 사람들과 나누어 경작하였다"고 하여서,[200] 당시 비율로 수탈하는 방법을 채택하였는데, 수탈률은 "5/10세로 나타나서"[201] 차이가 많지 않았다. 그러나 이것은 후한 후기에 나타난 정황이다.

한 무제는 서북 변군邊郡에 일찍이 대규모의 군사둔전을 개간했는데, 군대가 철수한 후에 곧 백성을 옮겨서 채웠고, 전관을 설치하여 관리하였다.『한서』「원제기元帝紀」에는 "북가전관北假田官"이 나오는데,[202] 이비李斐의 주注에는 "주로 관전官田을 백성에게 빌려주고, 그 가세를 거두므로 농전農田의 관官을 설치한다"고 하였다.[203] 이러한 가세의 징수량은 『거연한간居延漢簡』에 따르면, "위 제2장관 2처의 전田은 65무畝이고, 조租는 26석石이다"고 하였다.[204] 곧 1무당 평균 조租 4두를 징수하였다. 또한 두죽간에는 모두 "비율 1무당 4두"라고 하였는데,[205] 곧 가세 1무당 4두 수취가 정액定額임을 알 수 있다. 또한 한간漢簡에는 "위 다섯 집의 전田은 65무, 조租는 대석大石으로 21석 8두이다"고 했는데,[206] 평균적으로 1무당

---

199 "租挈, 收田租之約令也."
200 『後漢書』卷80「黃香傳」"(魏)郡舊有內外園田, 常與人分種."
201 "見稅什五."
202 『水經注』「河水注」에는 "고궐高闕의 동쪽은 산을 끼고 하천이 흐르며, 양산陽山의 서쪽은 모두 북가北假이다(自高闕以來東山帶河, 陽山以西皆北假也.)"고 하였다.
203 『漢書』卷9「元帝紀」"主假賃見官田與民, 收其假稅也. 故置農田之官."
204 "右第二長官二處, 田六十五畝, 租廿六石."
205 "率畝四斗."
206 "右家五, 田六十五畝, 租大石廿一石八斗." 簡文은『居延漢簡釋文合校』496쪽, 32쪽, 292쪽, 498쪽에서 보인다.

조租 약 3두 4승을 거두었다. 당시 도량형에는 대석大石과 소석小石의 구별이 있었는데, 1소석은 0.6대석이다. 앞의 죽간에 조租로 거두는 곡식을 대석이라고 하지 않았으므로 소석일 가능성이 있고, 대석으로 환산하면 1무당 조로 거두는 곡식은 2두 4승이다. 만일 변방 지역의 1무의 생산량이 1대석이면, 여기의 가세율은 24%~34%이다. 이러한 조세율은 1/30세(약 3.3%)의 전조률을 크게 초과하지만, "5/10세(50%)로 나타나는"[207] 사조률私租律보다는 낮았음을 알 수 있다.

이러한 고액 가세는 비록 지주의 사조私租와 서로 비슷한 점이 있었으나 완전히 지조地租의 의미는 아니었으며, 여전히 조세 합일적 성격을 갖고 있었다. 왜냐하면 이러한 고액 가세는 단지 봉건정권이 재정수입을 확대하기 위한 임시변통 조치에 지나지 않았기 때문이다. 그들의 수탈량은 일반적으로 사조보다 낮았을 뿐 아니라, 또한 그 실행도 오래지 않아 곧 폐지되었다. 한 무제는 "내사內史의 도전稻田 조설租挈은 무겁고, 군郡 관할지역과 같지 않으니 장차 감하도록 의논하라"고 하여서,[208] 곧 이러한 추세를 설명한다. 후한 시기 위군魏郡의 고액 가세 징수는 신임태수 황향黃香으로부터 다음과 같은 비평을 받기에 이르렀다. 그는 "겨울에 얼음을 저장해두었다가 여름에 깨어먹을 정도로 부유하고 녹祿을 가진 사람은 백성과 이익을 다투어서는 안 된다"고 하였다.[209] 그래서 "토지를 모두 백성에게 분급하고, 경종耕種을 권장하였는데",[210] 겨우 1/30세에 따라 전조를 거두었다. 또한 한 무제 이후 설치한 "북가전관北假田官"은 원제元帝 초원初元 5년(기원전 44년전)에 혁파하였고, 공전公田을 빌려주고 농사짓게 하는 방식

---

207 "見稅十五."
208 『漢書』卷29 「溝洫志」"今內史稻田租挈重, 不與郡同, 其議減."
209 『後漢書』卷80 「文苑列傳」"伐氷食祿之人, 不與百姓爭利."
210 『後漢書』卷80 「文苑列傳」"乃悉以賦人, 課令耕種."

도 자영농으로 바뀌었다. 국가의 일반제도(常制)에 따라 조부租賦를 부담하였다. 양한兩漢 시기 봉건국가의 농민에 대한 주요 수탈은 토지세가 아니라 인구세였으며, 공전을 소작하는 농민은 동일하게 반드시 법法에 따라 인구세를 납부하였다. 만일 가세가 너무 높다면 농민은 곧 국가의 부세를 부담할 방도가 없었고, 또한 농민을 토지에 묶어 두는 데에도 불리하였다. 그래서 국가의 고액 가세 징수는 대사농이 빌려주는 경작지(熟田)에 주로 시행하였고, 아울러 장기간 추진하지도 않았다. 이것은 실제로 국가가 특수한 조건하에서 호강지주豪强地主와 노동인력을 다투고 노동자를 통제하는 경제조치이다. 시대의 변화에 따라서 이러한 고액 가세는 조위曹魏시대에 이르러 순수한 지조地租로 전환되어 발전하였다.

고액 가세 이외에, 한대漢代 정권은 또한 저액 가세를 징수하였다. 전한 중기 이후 토지겸병은 나날이 발전하였고, 토지가 없는 빈민이나 유민이 끊이지 않고 나타났다. 사회모순을 완화시키기 위해, 한 걸음 더 나아가 호강대가豪强大家와 호구를 다투었다. 봉건통치자는 항상 "백성에게 공전을 주거나"[211] "백성에게 공전을 내렸고",[212] 동시에 조금이라도 경작 가능한 원유공전苑囿公田을 임시로 빈민에게 "빌려주고(假與)" "가세"를 거두었다. 이러한 가세의 양은 매우 적었고, 실제로 "1/30세"의 전조량田租量과 큰 차이가 없었다. 예컨대 『한서』「선제기宣帝紀」에는 지절地節 원년(기원전 69년) "군국郡國의 빈민에게 전지田地를 빌려준다"고 하였다.[213] 지절 3년(기원전 67년) 조서詔書에는 "지어池籞가 아직 운영되지 못한 곳은 빈민에게 빌려주고 … 유민流民이 돌아오면 공전을 빌려주며, 종자와 식량을 대부하고, 또한 전부를 징수하지 말라"고 하였다.[214] 『한서』「원제기元帝紀」

---

211 "賦民公田."
212 "賜民公田."
213 『漢書』卷8「宣帝紀」"假郡國貧民田."

에는 초원初元 원년(기원전 48년) "강해江海, 피호陂湖, 원지園池는 소부少府에 속하는데, 빈민에게 빌려주고 조부租賦를 거두지 말라"고 명하였다.[215] 초원初元 2년 "조서詔書에는 … 수형도위의 금유禁囿, 의춘하원宜春下苑, 소부의 차비외지伏飛外池, 엄어지전嚴籞池田〔황실사냥터〕을 … 혁파하고 빈민에게 빌려주어 경작하도록 하라"고 하였다.[216]

이러한 조령詔令을 살펴보면, 봉건정권이 공전원유公田苑囿를 "빌려주는 (假)" 대상은 모두 "유민流民"과 "빈민貧民"이었다. 게다가 "빌려준(假)" 수많은 공전에 또한 개간된 초지는 없었으며, 어떤 조령에는 또한 "빈민에게 빌려주되 조부租賦를 금하라"고 명확히 규정하였다.[217] 이 때문에 유민을 안집安輯시키고 빈민을 돕기 위해서, 이러한 "가세"의 징수량은 매우 높을 수 없었다. 만약 빈민에게 고액 가세를 징수하고, 더욱이 또 국가가 규정한 인두세와 요역을 부담시키면, 확실히 감당하지 못하였을 것이다. 또한 『한서』「선제기」 안사고의 주注에는 "가假는 권한을 주되, 영구적으로 주는 것은 아니다"고 하였다.[218] 봉건정권이 "백성에게 공전을 빌려준 것"[219]은 결코 공전公田을 빈민에게 임대한 것이 아니라, 빈민에게 잠시 동안 지급한 것이었다. 동시에 관련 문헌 중에는 또한 빈민에게 빌려준 공전을 회수한 기록은 없었으며, 실제로 빈민은 빌린 토지를 장기간 점유할 수 있었으므로, 이러한 농민은 자영농에 근접하였다. 국가의 그 "가세"에 대한

---

214 『漢書』卷8「宣帝紀」"池籞未御幸者, 假與貧民 … 流民還歸者, 假公田, 貸種植, 且勿算事."

215 『漢書』卷9「元帝紀」"江海陂湖園池屬少府者, 以假貧民, 勿租賦."

216 『漢書』卷9「元帝紀」"詔罷 … 水衡禁囿, 宜春下苑, 少府伏飛外池, 嚴籞池田, 假與貧民."

217 『漢書』卷45「眭兩夏侯京翼李傳」"假貧民, 勿租賦."

218 "假, 權以給之, 不常與."

219 "假民公田."

Ⅲ. 전한 전기 사회경제의 회복과 발전

징수는 "1/30세"인 전조에 비해 차이가 크지 않았다. 『구장산술九章算術』 「균수均輸」의 어떤 문제에는 "지금 빌린 전지田地가 있는데, 빌린 지 1년 차에는 3무당 1전, 2년 차에는 4무당 1전, 3년 차에는 5무당 1전이니, 무 릇 3년이면 1백 전을 얻는다. 전지〈의 크기〉는 얼마인가?"라고 하였고, 그 답은 "1경頃 27무畝 47분分이며, 1무당 1/30이다"고 하였다.[220] 이러한 문제에서 언급한 사회경제 자료에는 당시 사회실제가 대체로 반영되어 있는데, 이것은 당시 가세는 매우 낮았고 아울러 점차 줄어드는 추세였 으며, 전지를 빌린 빈민은 몇 년 후 실제로 자영농이 되었음을 설명한다.

『염철론』「원지園池」에서 문학文學은 "지금 현관縣官은 원유苑囿, 공전 公田, 지택池澤을 많이 늘리고, 공가公家에는 장가鄣假〔국가의 통제 하에 산택원 지를 빌려주고 수세하여 이익을 취함〕의 이름은 있으나 이익은 권가權家에 돌아 가고 … 선제先帝가 개설한 원유苑囿와 지어池籔를 농민에게 돌려주고 현 관은 조세를 거둘 뿐이다. 가세의 이름은 다르지만 그 실제는 하나이다" 고 하였다.[221] 또한 바로 "권가"는 방법을 강구하여서, 국가에서 토지를 "빌리고(假)" 단지 매우 가벼운 "가세"만 납부하고, 그런 후에 "권가"는 다 시 빌린 전지田地를 "전차轉借"하여 농민에게 임대해주며, 전지를 빌린 농 민에게 "5/10"세를 거두니, "이익은 권가에게 돌아갔다"고 한 이유이다. 그러므로 문학은 공전을 직접 농민에게 지급하는 것이 옳다고 건의하였 고, 아울러 "공전장가公田鄣假"의 '가假'와 "현관조세縣官租稅"의 '세稅' 두 가 지는 비록 명목名目은 다르다고 하더라도, 국가가 양자에 대한 징수량은 차이가 크지 않았다고 지적하였다. 이것이 바로 "가세의 이름은 다르지만,

---

220 『九章算術』「均輸」 "今有假田, 初假之歲三畝一錢, 明年四畝一錢, 後年五畝一錢, 凡 三歲, 得(錢)一百, 問田幾何. 答曰, 一頃二十七畝四十七分, 畝之三十一."

221 『鹽鐵論』卷3「園池」 "今縣官之多張苑囿, 公田池澤. 公家有鄣假之名, 而利歸權家, … 先帝之開苑囿池籔, 可賦歸之於民, 縣官租稅而已. 假稅殊名, 其實一也."

그 실제는 하나이다"라는 것이다.[222]

이러한 공전의 저액 가세는 일반적으로 소부에서 징수한다. 그리고 빈민에게 빌려준 공전은 원래 대부분 소부가 관장하는 지택池澤, 피지陂池, 원유苑囿이었고, 황무지(生地)였기 때문에 개간하여 공전公田을 만든 후에도 여전히 소부에 귀속시켜서 가세를 징수하였다. 이러한 지택, 피지, 원유는 본래 다소 폐해져서 방치된 자원이었기 때문에, 빈민에게 빌려주고 개간하여 양전으로 만든 후에 "빈민에게 생업을 일으키게 하고",[223] 또한 소부의 수입을 증가시킬 수 있으니, 이것이 대개 저액 가세를 징수한 요인이다.

한대漢代에는 또한 산천山川과 원지園池 중에 "가세假稅"를 징수했는데, 이것은 바로 "어업(漁采)"의 세금이다. 이러한 가세는 대략 신망新莽 시기부터 징수가 시작되었다. 『한서』「왕망전王莽傳」의 시건국始建國 3년(기원전 10년) 규정에는 "모든 명산대택名山大澤의 여러 물산을 채취하면 세금을 거둔다"고 하였다.[224] 아울러 조령詔令에는 "모든 산림수택山林水澤에서 여러 물산, 조수鳥獸, 어별魚鱉, 온갖 곤충을 채취하거나 목축하면 … 모두 각자가 점유한 것은 그 소재지의 현관縣官에게 가서 그 본전을 제외하고 이윤을 계산하여 1/10로 나누어 그중 1[10%]을 공貢으로 바치니 감히 스스로 점유할 수 없으며, 스스로 점유하고서 등록하지 않으면 채취한 것을 몰수하고 현관이 1년 동안 짓도록 한다"고 하였다.[225] 왕망 시기 어업의 가세는 수확물의 1/10이었음을 알 수 있다.

---

222 "假稅殊名, 其實一也."
223 "振業貧民."
224 『漢書』卷99「王莽傳」"諸采取名山大澤衆物者, 稅之."
225 『漢書』卷24「食貨志下」"諸取衆物鳥獸魚鱉百蟲於山林水澤及牧畜者 … 皆各自占所爲於其所之縣官, 除其本, 計其利, 十一分之, 而以其一爲貢, 敢不自占, 自占不以實者, 盡沒入所采取, 而作縣官一歲."

후한 화제和帝 연간 빈민을 구제하기 위해서, 여러 차례 어업의 가세를
면제하는 조서를 내렸다. 후한 시기 어업의 가세가 어떻게 징수되었는지
는 기록이 보이지 않는다. 그러나 후한 시기 산천山川과 원지園池의 세금
은 이미 "개정되어 대사농에 속했으므로",[226] 이처럼 가세는 대사농大司農
의 관할로 귀속되었다.

(4) 구부口賦와 산부算賦

한漢나라는 진秦나라의 제도를 계승하여 인구세를 징수하였다. 진대秦代
인구세는 구전口錢이라 불렸는데, 대략 1인당 120전錢을 징수하였다. 그
러나 새로 귀부한 지역에는 우대정책을 실행하였다. 유방劉邦이 한나라를
다스릴 때 인구세 징수를 시작하였다. 한왕漢王 4년(기원전 203년) 유방은
그 광대한 통치 구역에 "처음으로 산부算賦를 시행한다"고 정식으로 공포
했으나,[227] 당시 산부의 징세 수량은 기록이 보이지 않는다. 당시 정치형
세에 따라 추론하면, 유방은 최종적으로 항우를 패배시키고 민심을 얻기
위해서, 그 산부의 액수는 진대秦代 구전口錢 120전보다 낮추어야 했다.

『한서』「고제기」에는 다음과 같이 실려있다. 고조高祖 11년(기원전 196년)
"부세를 많이 줄이고자 하지만 지금 바치는 데 아직 일정한 법도가 없다.
관리는 간혹 많은 부세를 거두어 바치고, 제후왕은 더욱 약탈이 심하니,
백성이 고통스러워한다. 지금 제후왕諸侯王과 통후通侯는 항상 10월에 내
조來朝하여 바치고, 군郡은 각기 사람 수에 따라 1년에 1인당 63전을 헌
비獻費로 납입하라."[228] 여기서 언급한 '헌비'는 모두 산부算賦 이외의 새로

---

226 『續漢書』卷26「百官志三·少府」"改屬司農."
227 『漢書』卷1「高帝紀」"初爲算賦."
228 『漢書』卷1「高帝紀」"欲省賦甚, 今獻未有程. 吏或多賦而爲獻, 而諸侯王尤多, 民疾
之. 令諸侯王通侯常以十月朝獻, 及郡各以口數率, 人歲六十三錢, 以給獻費."

이 증가한 세수가 아니며, 각 군국이 징수하는 산부를 천자에게 공물로 바쳤으므로 '헌비'라고 칭하였음을 가리킨다. 한초漢初 때 납부한 산무는 정액定額이 없었기 때문에, 백성은 징수를 많이 당하는 고통을 겪었다. 그래서 고조 11년에 처음으로 63전으로 확정하였다. 『한서』 「가손지전賈損之傳」에는 문제文帝 연간 "백성은 부세가 40〈전〉"이라고 하였다.[229] 곧 문제 연간 산부가 한 걸음 더 나아가 40전까지 감소하였음을 알 수 있다.

위굉衛宏의 『한구의』에는 "백성은 남녀 15세 이상 56세까지 부전賦錢을 내는데, 1인당 120〈전〉을 1산算으로 하고, 거마車馬를 지급하라"고 하였다.[230] 「한률漢律」에도 "1인당 1산算을 내는데, 1산은 120전錢이다"고 하였다.[231] 무제武帝 시기 산부는 1인당 120전으로 규정되었다. 『한서』 「공우전貢禹傳」에는 "옛날에는 백성에게 산부와 구전口錢이 없었는데, 무제가 사이四夷를 정벌할 때부터 백성에게 무거운 부세를 거두었다"고 하였다.[232] 한 무제 이후 공교롭게도 산부는 감면되었다. 예컨대, 선제宣帝 감로甘露 2년(기원전 52년) 일찍이 "백성의 산부 30〈전〉을 감면하였고",[233] 성제成帝 건시建始 2년(기원전 31년) 일찍이 "천하의 산부(賦算) 40〈전〉을 감면하였다."[234] 그러나 산부는 통상적인 사례로 1인당 120전이었다.

한대 산부 이외에 구부口賦가 있었는데, 구부는 또한 구전口錢이라고 칭하였다. 산부는 성인세였고, 구부는 아동세였다. 『한서』 「공우전貢禹傳」에는 무제 때 시작하여 3세에서 14세까지 아동은 구전을 냈고, 1인당 23

229 『漢書』 卷64 「賈損之傳」 "民賦四十."

230 "令民男女十五以上至五十六出賦錢, 人百二十爲一算, 以給車馬."

231 『漢書』 卷2 「惠帝紀」 應劭의 注 인용.

232 『漢書』 卷72 「王貢兩龔鮑傳·貢禹」 "古民亡[無]賦算口錢, 起武帝征伐四夷, 重賦於民."

233 『漢書』 卷8 「宣帝紀」 "減民算三十."

234 『漢書』 卷10 「成帝紀」 "減天下賦算四十."

Ⅲ. 전한 전기 사회경제의 회복과 발전

〈전〉이었다. 원제元帝 때에 7세에서 14세까지 아동이 납부하도록 개정하여 마침내 한대漢代에 일정한 제도로 확립되었다. 그러므로 『한의주漢儀注』에는 다음과 같이 설명한다. "백성의 나이 7세에서 14세까지 구전을 내고, 1인당 23〈전〉이다. 20전은 천자를 봉양하며, 3전은 무제가 구전을 덧붙여 거기마車騎馬를 보충한다."[235] 『논형論衡』 「사단편謝短編」에서도 "7세는 1 인당 23전이다"고 하였다.[236] 그러나 어떤 지방에서는 "자식을 낳은 지 1년이 지나면 갑자기 구전을 징수하니, 백성 다수가 자식을 신고하지 않는다"고 하였다.[237]

산부算賦와 구부口賦는 비록 모두 인두세일지라도, 용도는 모두 같지 않았다. 산부는 군부軍賦로서, "창고, 병기, 거마車馬를 정비하였고",[238] 대사농大司農의 주관으로 귀속되었다. 그리고 구부는 "20전은 천자를 봉양하였고",[239] 소부의 주관으로 귀속되었다.

산부와 구부는 보통 화폐로 징수하였으나, 어떤 때는 실물로 징수하였다. 『한서』 「소제기昭帝紀」에는 원봉元鳳 2년(기원전 79년) "삼보군三輔郡과 태상군太常郡에 명하여 숙속菽粟을 부세로 부과하라"고 하였다.[240] 해당 관부에서 징수할 때마다, "먼저 그 날짜를 명확히 공포하였고, 날짜가 되면 관리와 백성이 경외敬畏하여 빨리 납부하게 하였다."[241] 구체적으로 각 현縣의 향색부鄕嗇夫·향좌鄕佐가 징수하고 또한 기재하여 보고하였다.

---

235 "民年七歲至十四出口錢, 人二十三. 二十錢以食天子, 其三錢者, 武帝加口錢, 以補車騎馬."

236 『論衡』 「謝短編」 "七歲, 頭錢二十三."

237 『水經』 「湘水」의 注에서 인용한 「零陵先賢傳」 "産子一歲, 輒出口錢, 民多不擧子."

238 "治庫兵車馬."

239 "二十錢以食天子."

240 『漢書』 卷7 「昭帝紀」 "三輔, 太常郡得以菽粟當賦."

241 『漢書』 卷76 「韓延壽傳」 "先明布告其日, 以期會爲大事, 吏民敬畏趨鄕之."

호북湖北 강릉江陵 봉황산鳳凰山 10호 한묘漢墓에서 출토된 4호 목독木牘
에는 문제文帝 말기에서 경제景帝 초기 사이에 산부算賦와 관련해서 거두
고 납부하여 기록한 정황이 확인된다. 그중 시양리市陽里의 경우 2월분은
산부를 3회 징수하고, 3월분은 3회 징수하며, 4월분은 4회 징수하고, 5월
분은 3회 징수하며, 6월분은 1회 징수한다고 기록되어있다. 지방 기층基層
의 산부는 달에 따라 여러 차례 징수했음을 알 수 있다. 별도로 산부 징수
의 수량을 살펴보면, 시양리는 6개월간 누계로 1산당 227전을 징수하였
다. 만약 이렇게 계속 징수하면 이러한 1산당 〈전의〉 수량도 증가할 것이
다. 지방의 실제 1산당 징수량은 비단 문제 연간 "백성의 부세 40〈전〉"[242]
의 액수를 초과하였을 뿐 아니라, 더욱이 한대漢代 일반제도인 "산부 120
전"[243]의 규정도 초과하였음을 설명한다. 원래 이른바 한漢나라 제도의
산부는 63전, 40전, 120전 등 숫자로 나타나는데, 단지 각지에서 중앙에
상납한 부세의 액수였다. 각 지방의 백성에게 수취하는 부세는 단지 중앙
에 상납하는 부세액을 포함하였을 뿐 아니라, 또한 지방 관리의 봉전俸錢
〔봉급〕과 그 지방 행정비용 등을 포함하였다.[244] 그래서 각 지역에서 백성
에게 수취하는 부세는 한漢나라 제도에서 규정한 부세 액수를 크게 초과
하였다. 백성에게 수취하는 부세의 실제수량에 관해서는 각 지역의 상황
에 따라서 참작하여 정하였고, 일반적으로 중앙에 납부하는 부세 액수의
몇 배倍를 초과하였다. 한대漢代 백성의 조세 부담은 몹시 무거웠으며, 단
지 인두세의 징수만으로도 사람들이 춥지 않은데도 떨게 만들었음을 알
수 있다.

---

242 "民賦四十."
243 "算百二十錢."
244 岳慶平, 「漢代"賦額"試探」『中國史硏究』, 1985 第4期 참고.

Ⅲ. 전한 전기 사회경제의 회복과 발전

(5) 자부資賦

한대漢代에는 인두세 이외에 재산세, 곧 자부資賦도 징수하였다. 앞의 글에서 언급했듯이, 편호민(編民)의 가산家産은 반드시 자산을 헤아려서 등록해야 하며, 자산을 헤아리는 범위는 전지田地, 주택, 수레, 말, 소, 노비 등 모든 재산을 포함한다. 편호編戶의 가산(家貲)이 어느 정도인지는 국가가 호구정책을 제정하는 데 참고하는 숫자였을 뿐만 아니라, 국가가 자부를 징수하는 기본 근거였다. 한대에는 가산을 헤아려 등록하였는데, 자가신고(自報), 실태조사(核實), 평의評議의 방법을 채택하였다. 민호民戶는 스스로 가산을 신고한 후에, 또한 반드시 현縣이나 향鄕의 조직을 통해 심사받고 평의를 거쳤다. 게다가 향鄕에 유질有秩, 색부嗇夫는 반드시 백성의 빈부를 살펴서 "부세의 많고 적음을 정하였고 그 등급 구분을 공평하게 하였다."[245]

편호민의 가산은 확정하여 등록한 후에, 일반적으로 "가산 1만 전錢이면 산算 127⟨전⟩"으로 정하였다.[246] 곧 가산이 1만⟨전⟩이면 127전을 납세하였다. 그러나 산부는 "1인당 120⟨전⟩을 1산算으로 하였음"을 감안하면,[247] 복건服虔이 말한 "산算 127⟨전⟩"[248]은 "산 120⟨전⟩"의 오기誤記일 수 있다. 그렇다면 자부의 세율은 1.2%가 된다. 『염철론』「미통편未通編」에는 "왕년에 군사를 자주 일으켜서 재정이 부족하니 가산으로 부세를 징수하고 항상 현재 남아있는 백성에게 거두어 지급한다"고 하였다.[249] 여기서 "왕년"은 한 무제 시기를 가리킨다. 막대한 군비지출에 부응하기 위해

---

245 『後漢書』卷33「朱馮虞鄭周列傳」"爲賦多少, 平其差品也."
246 『漢書』卷5「景帝紀」注에서 인용한 服虔의 설 "貲萬錢, 算百二十七."
247 "人百二十爲一算."
248 "算百二十七."
249 『鹽鐵論』卷3「未通」"往者, 軍隊數起, 用度不足, 以貲徵賦, 常取給現民."

서, 당시 편호제민編戶齊民에게 자부의 징수 이외에, 또한 산민전算緡錢이 있었는데 "비율은 민전 2천을 1산算으로 하였다."[250] 세율은 6%로 자부의 세율을 크게 초과하였다. 『한서』「식화지食貨志」에는 신망新莽 시기 "모든 세는 관리와 백성에 대해 가산의 1/30세로 하였다."[251] 곧 세율은 3.3%였고, 또한 전한前漢의 정상적인 시기 자부의 세율을 초과하였다.

요컨대, 한대의 세금징수는 인두세를 위주로 하였고, 자부貨賦는 오히려 재산의 많고 적음에 따라서 징세하였다. 이는 편호제민의 빈부貧富가 분화된 당연한 결과였음이 분명하다. 자부의 징수는 조세의 "공평한" 원칙에 부합하였으나, 부호대가富豪大家의 경우 또한 일부 제한하는 작용을 초래할 수 있었다. 그러나 한대 재산의 세율(예컨대 전조田租, 자부貨賦)은 항상 매우 낮았기 때문에 부호대가에게 영향이 크지 않았다. 특히 부호들은 자주 관리와 함께 결탁하여, 마침내 부역賦役을 노동자에게 전가할 방법을 강구하였는데, 바로 자부가 그러하다. 『후한서』「화제기和帝紀」에는 영원永元 5년(기원후 93년) "왕년에 군국郡國의 빈민은 의복, 신발, 가마솥이 〈전〉 재산이었으나, 호우豪右는 많은 이익을 얻었다"고 하였다.[252]

3. 요역제도의 확립

한대의 요역제도는 대체로 진秦나라의 제도를 계승하였으나 변통한 부분도 있다. 현전하는 장적에 기록돼 역을 시작하는 연령에 관하여, 진대에는 17세에 부傅에 등록을 시작하고 18세에 정식으로 역에 복무하였고, 한초漢初에도 계승하여 변하지 않았다. 경제景帝 2년(기원전 155년)에 이르러, "천하의 남자는 20세부터 부傅에 등록을 시작하도록 명하였

250 『漢書』卷6「武帝紀」注의 인용. "律緡錢二千而一算."
251 『漢書』卷24「食貨志下」"一切稅吏民, 訾三十而取一."
252 『後漢書』卷4「和帝紀」"往者郡國上貧民, 以衣履釜鬵〔甑〕爲貨, 而豪右得其饒利."

다."[253] 당시 부傅에 등록하고 복무하는 연령을 3년 늦추었는데, 바로 문제文帝·경제景帝 연간 "요역을 가볍게 하고 부세를 낮추는"[254] 정책을 구현한 경우이다. 『염철론』「미통未通」에는 소제昭帝 연간 "백성을 긍휼히여겨 역역力役의 정사를 관대하게 하여서, 23세에 부傅의 등록을 시작하고 56세에 면제하였는데, 이는 연로하나 아직 건장한 사람에게 도움을 주고노인(老艾)을 쉬게 하기 위함이다"고 하였다.[255] 이후 한대 백성은 23세에 부傅의 등록을 시작하고 56세에 이르면 면역하도록 일정한 제도가 이루어졌다. 백성이 법적으로 역에 복무하는 한도는 33년이었다.

복역의 구체적인 내용에 관해서는 『한서』「식화지상食貨志上」에서 동중서董仲舒가 다음과 같이 설명한다. 진秦나라 때는 "1개월은 경졸更卒이 되었고, 다시 정正이 되어 1년이었으며, 둔수屯戍가 1년이었고, 역역力役은 옛날보다 30배였다. … 한나라가 흥기하여서도 계승하여 고치지 않았다."[256] 한나라 제도와 진나라 제도는 기본적으로 서로 동일함을 지적하였다. 이른바 "1개월은 경졸이 된다"[257]는 바로 백성이 복무하는 역의 기간 내에서 매년 모두 요역 복무를 1개월가량 해야 한다고 지적한 것이다. 『한서』「명제기明帝紀」주註에서 여순如淳이 인용한 「위률尉律」에는 "군졸의 천경踐更은 1개월이며",[258] 『논형論衡』「사단편謝短編」에는 "백성의 거경居更은 1개월간 하도록 하는데",[259] 모두 한대에 이르러 "1개월간 한번 경更을

---

253 『漢書』卷5「景帝紀」"令天下男子年二十始傅."
254 "輕徭薄賦."
255 『鹽鐵論』卷3「未通」"哀矜百姓, 寬力役之政, 二十三始傅, 五十六而免, 所以輔耆壯而息老艾也."
256 『漢書』卷24「食貨志上」"月爲更卒, 已復爲正一歲, 屯戌一歲, 力役三十倍於古. … 漢興, 循而未改."
257 "月爲更卒."
258 "卒踐更一月."
259 "使民居更一月."

하는"[260] 경졸 요역을 언급한 것이다.

어떤 향리鄕里의 요역을 파견하는 시기에는 민호民戶를 합산하여 10산算(곧 10명의 성인)을 1조로 만들어, 매번 1남 1녀를 파견하여 역을 지게 하였다. 『한서』「혜제기惠帝紀」에는 "〈한 혜제〉 3년 봄 장안長安 6백 리 내 남녀 40만 6천 명을 징발하여 장안에 성을 축조했는데 30일이 지나서 마쳤으며",[261] 또한 "〈한 혜제〉(5년) 정월 다시 장안 6백 리 내 남녀 14만 5천 명을 징발하여 장안에 성을 축조했는데 30일이 지나서 마쳤다"고 하였다.[262] 곧 매번 남녀를 징발하는 복무기간은 1개월이 한도임을 알 수 있다. 그러나 경졸은 모두 다음과 같이 매번 복무하는 기한이 일정하지 않아서, 어떤 때는 수요에 근거해서 몇 차례 나누어서 완성할 수 있었고, 어떤 때는 곧 역의 연한이 있는 경졸의 요역을 누계해서(총 33개월) "연年" 단위로 역에 복무시켰다. 매년 요역 1개월 요역 이외에, 한대 백성은 또한 반드시 병역인 "정正 1년, 둔수 1년"을 감당하였다.[263] 『한관구의漢官舊儀』 에서는 또한 다음과 같이 설명한다. "백성의 나이가 23세이면 정正이 되어 1년을 지내고, 그리고 위사衛士가 되어 1년을 지내며, 재관材官이나 기사騎士가 되어 사어射御, 기치騎馳, 전진戰陣을 익힌다. 8월에는 태수太守, 도위都尉, 영令, 장長, 상相, 승丞, 위尉는 도시都試를 치르고 최상·최하등급[殿最]을 매긴다. 물가에는 누선樓船을 만들고, 또한 전사戰射, 행선行船 을 익히게 한다."[264] 동중서董仲舒의 언급이나 혹 『한관구의』의 기록을 막론하고, 모두 한나라의 백성은 병역에 2년간 복무해야 함을 밝혔다. 그중

---

260 "一月一更."
261 『漢書』卷2「惠帝紀」"三年春, 發長安六百里內男女十四萬五千人城長安, 三十日罷."
262 『漢書』卷2「惠帝紀」"正月, 復發安六百里內男女十四萬午千人城長安, 三十日罷."
263 "爲正一歲, 屯戌一歲."
264 『漢官舊儀』"民年二十三爲正一歲, 而以爲衛士一歲, 爲材官騎士, 習射御騎馳戰陣. 八月, 太守都尉令長相丞尉會都試, 課殿最. 水處爲樓船, 亦習戰射行船."

1년은 군국郡國에서 "정졸正卒"에 충당되었고, 근거지가 같지 않은 지역으로 나누어 재관材官(보병), 경거輕車(거병車兵), 기사騎士(기병), 누선사樓船士(수병水兵) 등의 병종이 되었으며, 그들의 주요 임무는 군사훈련을 진행하고 도시都試에 참가하여 고핵考核을 받는 것이었다. 그리고 별도로 1년은 외지에서 둔수屯戍하였는데, 수요에 따라서 어떤 사람은 "위사衛士"로 충당되어 경사京師에서 둔수하였고, 일부는 "수졸戍卒"로 충당되어 변강에서 둔수하였다.

『한서』「명제기明帝紀」에는 안사고顔師古의 주注에서 여순如淳을 인용하여 다음과 같이 설명한다. "천하 사람은 모두 곧바로 변방 수자리를 3일 동안 해야 하는데, 또한 이름을 경更이라 하고, 율에서 「요수徭戍」라고 한 것이다. 비록 승상丞相의 아들이라도 변방 수자리 징발에 들어간다. 사람마다 직접 가서 수자리를 3일 동안 할 수 없고, 또한 간 사람은 스스로 수자리를 3일 동안 하고서 곧바로 돌아갈 수 없다. 그래서 1년간 살면서 한번 경更을 한다."[265] 여순如淳은 한률漢律 「요수徭戍」에서 해설하였고, 또한 『후한서』「명제기明帝紀」중 이현李賢의 주注에서 인용한『전서음의前書音義』등에도 비슷한 기록이 확인되기 때문에 가벼이 부정할 수 없다. 한률「요수」의 "천하 사람은 모두 곧바로 변방 수자리를 3일 동안 해야 한다"[266]는 규정은 마치 "옛날에 백성의 사역使役은 1년에 3일을 넘기지 않는다"[267]는 전통을 계승한 듯하며, 동시에 또한 이는 고대 사람들의 요수徭戍에 대한 평균적인 할당방식을 반영한다. 당연히 이러한 규정은 집행하기에 불편하였으므로, 역에 복무할 때 변통한 방법을 채택하여 "수졸은 1년 동안

---

265 "天下人皆直戍邊三日, 亦名爲更, 律所謂徭戍也. 雖丞相子亦在戍邊之調. 不可人人自行三日戍, 又行者當自戍三日, 不可往便還, 因便住一歲一更."
266 "天下人皆直戍邊三日."
267 "古者使民不過歲三日."

한번 경更을 하였다."268 당시 실제로 변방을 지키는 사람은 단지 일부의 사람들만 있었고 절대다수의 사람들은 대역전代役錢으로 대신하였다.

『한관의』에는 "고조高祖가 천하의 군국郡國에 명하여, 능히 활시위를 길게 당기고 쇠뇌를 메기며, 능력 있고 용맹한 사람을 가려서, 경거輕車, 기사騎士, 재관材官, 누선樓船으로, 항상 입추立秋 이후에 익힌 것을 시험보아서 각기 인원수를 채우게 한다"고 하였다.269 실제로 각 개인이 모두 정졸正卒의 병역에 복무하지 않았고, 신체가 강인하고 완력이 센지를 가려서 병역에 충당하였다. 『한서』「고제기高帝紀」 중 여순如淳의 주注에서 인용한 한률漢律에는 "키가 6척 2촌에 미치지 못하면 파릉罷癃으로 하는데",270 파릉은 신체가 왜소하고 완력이 약하기 때문에, 징집되어 뽑힐 수 없었으므로 대역전을 이용해서 대신하였다. 별도로 병역을 책임지는 복역기한은 또한 2년으로 고정되지 않았다. 그들은 나이 23세에서 56세까지가 역을 담당하는 기간이었고, 일반제도에 따라 병역에 2년간 복무하는 것 이외에, 또한 반드시 수시로 파견을 대기하여 싸움터로 나아가 전쟁을 치렀고, 전쟁이 진행되는 동안 시간의 제약이 없었다.

한대의 요역제도는 비록 진대의 요역제도와 대체로 비슷하지만, 진대 요역징발은 제도에 따라 집행하지 않아서 임의로 제한 없이 민력民力을 동원하여 격렬한 백성의 변란(民變)을 야기하였다. 한대의 통치자는 이를 경계로 삼아서 일반적으로 제도에 따라 요역을 징발할 수 있었다. 동시에 한漢 정권은 또한 일정한 대역전을 납부하면 직접 역에 복무하지 않을 수 있다고 명확히 규정하였다. 이렇게 노동자의 신체노역을 다소 경감시

---

268 "戍卒歲更."
269 "高祖命天下郡國選能引關蹶張材力武猛者, 以爲輕車騎士材官樓船, 常以立秋後講肄課試, 各有員數."
270 "高不滿六尺二寸以下爲罷癃."

켰고, 또한 노동자가 농사의 시기를 잃지 않게 하여 농업생산에 더 잘 안배安排할 수 있었다. 대역전의 설치는 한대 요역제도의 커다란 진보였음을 알 수 있다.

『한서』, 『후한서』, 『한간漢簡』 등의 기록에 따르면, 한漢정권에서 징수한 대역전은 두 가지였음을 알 수 있다. 곧 "과경過更"과 "경부更賦"였다. 앞에서 여순如淳을 인용하여, "천하 사람은 모두 곧바로 변방 수자리를 3일 동안 해야 하는데 … 모든 가지 않는 사람은 3백 전을 관에 납부하고, 관에서 지키는 사람에게 비용을 지급하는데 이를 과경過更이라 한다"고 하였다.271 곧 "과경"은 "변방 수자리를 3일 동안 하는 것"272에 대한 대역전임을 알 수 있다. 『한서』 「복식전卜式傳」의 주에서 인용한 소림蘇林의 설에서도 "외방의 요역(外徭)을 변방 수자리라 이르고, 1인당 3백 전을 내는 것을 과경過更이라 이른다"고 하였다.273 어떤 사람은 변방 수자리를 3일 동안 하는데,274 3백 전을 대신 내는 것이 너무 비싸다고 여겼으나, 기실 변방을 지키는 것은 다소 고통스러운 일이었고, 길에서 오고 가는 비용이 추가되었으므로, 백성은 오히려 이처럼 3백 전을 내기를 바랐다. "경부更賦"는 병역을 치르는 정졸의 대역전이다. 『한서』 「식화지상食貨志上」에서 한대에는 "항상 경부가 있고, 파륭은 모두 낸다"고 하였다.275 파륭은 키가 작아서 정졸에 해당하는 병역을 치를 수 없었다. 그래서 국가에 정졸 병역의 대역전－경부更賦－을 납부해야 했다. 후한後漢 건무建武 6년(기원후 30년) 도위都尉를 줄이고 도시都試를 폐지하였고, 다음해는 또 기

---

271 "天下人皆直戍邊三日 … 諸不行者出錢三百入官, 官以給戍者, 是謂過更也."

272 "戍邊三日."

273 "外徭, 謂戍邊也, 一人出三百錢, 謂之過更."

274 "戍邊三日."

275 『漢書』 卷24 「食貨志上」 "常有更賦, 罷癃咸出."

사기士, 경거輕車, 재관材官, 누선樓船 등을 혁파하였다. 병역을 감축한 후에 경부更賦의 징수는 자연히 증가하였다. 그래서 후한 시기 동안 경부는 전조田租와 구산口算과 동일하게 중요한 세수가 되었다. 『후한서』의 본기本紀 중에는 수차례 경부 조세를 감면하는 조령詔令이 나와서 경부를 해마다 징수하였음을 알 수 있으며, 단지 징수 액수는 상세하지 않다. 여순如淳 등의 설에 따르면 다음과 같다. "옛날에 정졸은 항상 있지 않았고, 사람은 모두 가려 골랐으며, 1개월에 1경更을 하는데 졸경卒更이라 하였다. 가난한 사람이 고용되어 경전更錢을 얻기를 바라면, 다음에 품삯을 돈으로 내서 고용하여 1개월에 2천 〈전〉을 내는데, 이것을 천경踐更이라 이른다."[276] 이른바 "천경"은 바로 요역 복무를 이행하는 것이고, 직접 역을 복무하거나 돈을 내어 사람을 고용해서 역에 복무시키는 경우를 막론하고, 모두 요역 복무를 이행하므로 포괄적으로 통칭하여 천경이라고 한다. 천경 1개월은 용역 가치가 2천 전이었고, 일반적으로 역에 대해 백성이 직접 거래하였기 때문에, 대역전은 정식으로 국가에 속하지 않았다. 그러나 『한서』 「구혁지溝洫志」의 주注에서 여순을 인용하여, "율律에는 1개월간 평상시 품삯은 2천 전이다"고 하였다.[277] 1개월간 고용 품삯은 2천 전이며, 또한 국가 법률상 승인을 얻었음을 설명한다. 이 때문에 정졸 병역의 대역전 ─ 경부更賦 ─ 은 또한 매월 2천 전을 납부해야 했다. 게다가 당시 정졸 병역兵役은 총 복역시간과 경졸更卒 요역徭役의 총 복역 시간이 모두 2년 이상 기본적으로 서로 같았고, 경부更賦는 매년 2천 전 이상을 국가에 납부해야 했음을 미루어 알 수 있다. 당연히 여기서 언급한 과경過更 3백 〈전〉, 경부 2천 전의 액수는 모두 통상 시가였다. 실제로 대역전은

---

276 "古者正卒無常, 人皆選爲之, 一月一更, 是謂卒更也. 貧者欲得顧更錢者, 次値出錢顧之, 月二千, 是謂踐更也."

277 "律說, 平賈一月, 得錢二千."

또한 물가에 따라 등락騰落이 아래위로 요동쳤다.

　요컨대, 전한왕조 건립 이후, 차츰 호적제도, 조세제도, 요역제도가 온전히 갖추어졌다. 각급 정권은 호적부戶籍簿, 호구부戶口簿, 자산부貲産簿 및 각종 조세부역 등의 장부기록을 통해서, 사회인구나 재산정보를 장악하여 국가 부세의 징수와 요역의 징발을 보장하였다. 전한 전기 한대의 통치자는 빠르게 망한 진대의 역사적 교훈을 받아들여 백성과 휴식하고 요역을 가볍게 하고 부세를 낮추는 경제정책을 실행하였고, 일정한 정도로 광대한 백성의 생산생활의 기본요구를 유지하였으며, 사회생활의 회복과 발전을 촉진하였다. 그러나 한왕조 통치제도가 더욱 강화됨에 따라서, 봉건정권은 백성에 대한 통제가 갈수록 더욱 심각해졌고, 노동자에 대한 조부와 요역 수탈은 더욱더 무거워졌다. 더욱이 지방관리는 교묘한 수단이나 힘으로 빼앗았고, 지주호강地主豪强은 남의 집에 불이 난 틈을 타서 도둑질하였으며, 각종 사회모순도 갈수록 첨예해졌다.

IV

전한 중기 사회경제의
번영과 변혁

(一) 한 무제의 중앙집권적 경제개혁 강화

전한 전기 사회생산의 회복과 발전을 통해서 한 무제가 즉위한 시기에 이르러 국민경제가 이미 상당히 번영하였다. 그러나 사회경제 번영과 동시에, 통일제국의 경제요소는 또한 나날이 증가하는 데 불리하였다. 예컨 대 지방호강地方豪强·부상대고富商大賈 세력이 신속히 발전하여, 토지겸병이 나날이 매우 심해졌으며, 흉노 등 주변 민족 정권의 한나라 변경에 대한 소요나 약탈이 끊임없이 확대되었고, 통일제국이 새로이 와해·분열의 위험에 직면하였다. 전한 전기 무위정책無爲政策은 비록 사회경제의 발전에 유리하였다고 하더라도, 중앙집권 통일국가의 공고화에는 불리하였음을 알 수 있다. 일찍이 문제文帝·경제景帝 시기에 몇몇 원대한 식견을 지닌 경제 사상가는 당시 이미 통일제국을 와해시키는 각종 위험이 잠재해있음을 지적하였다. 그래서 이러한 경제사상가는 전한 통치집단이 경제개혁을 추진하는 서막을 열었다.

1. 무위경제에서 유위경제로 변화

가의賈誼(기원전 200년~168년)와 조조晁錯(?~기원전 154년)는 모두 문제·경제 시기 저명한 경제 사상가이다. 가의는 낙양에서 출생하였고, 일찍이 유가 순자荀子학파의 후계자 오증吳曾의 제자였으며, 한漢 문제文帝 시기 박사博士·중대부中大夫·제후왕태부諸侯王太傅를 역임하였다. 조조는 영천인潁川人으로 일찍이 잇따라 "신상형명申商刑名〔상앙변법〕"과 금문今文 『상서尚書』를 익혔으며, 한 문제 시기 박사·태자가령太子家令·중대부를 맡았고, 경제景帝 즉위 후 조조를 내사內史·어사대부御史大夫로 제수하였다. 그들 두 사람은 "문제·경제의 치세(文景之治)"의 번영기가 지속되면서 무위정책의 비호하에 나날이 불어난 불안정 요소가 바로 통일제국의 안전을 위태롭게 하는 지경에 이르렀다고 통찰하였다. 자유롭게 범람하던 좋지 않은 영향을 제때에 극복하고 봉건경제가 중앙집권적 방향으로 발전하는 데 유리하도록, 가의와 조조는 사회현실에 대해 정곡을 찌르는 일련의 경제이론과 경제정책을 제안하였다. 그들의 경제사상은 전한 왕조의 경제정책이 무위無爲에서 유위有爲로 변화했음을 보여준다.

(1) 흉노를 방비하는 경제책략

전한 문제·경제 시기 흉노는 계속해서 변경을 침입하여, 통일제국의 심각한 외부위협이었다. 한초漢初 국력이 부족하였기 때문에 대안으로 굴욕적인 화친정책을 취하였고, 아울러 "해마다 금, 솜, 채색비단까지 바쳤다."[1] 그러나 흉노는 또한 이 때문에 전한 변경에 대한 침입을 중지하지 않았고, 심지어 당시 일부 제후왕은 또한 흉노귀족과 결탁하여 전한 정권의 전복을 기도하였다. 그래서 어떻게 통일제국에 대한 외족外族〔흉노〕의

---

1   『漢書』卷48「賈誼傳」"歲致金絮采繪以奉之."

위협을 해소할지가 한 왕조에게 반드시 변혁하여 강대해져야 하는 외부의 압력으로 자리매김하였다. 문제 시기 사회경제의 회복과 발전에 따라서, 통치계급은 흉노정벌을 요구하는 바람이 훨씬 강렬해졌다. 가의는 일찍이 국가가 화폐주조권을 장악함으로써 사회의 재부財富를 통제하여 집적시키고, 흉노의 백성을 유인하여 조정에 귀부歸附시켜 적국의 세력을 와해시키려 하였다. 가의는 또한 문제에게 흉노에 대한 무위방임정책을 개편하기를 간청하여 적극적으로 경제수단을 활용하여 실력을 쌓았는데, 흉노의 진영을 분화시켜 최후에는 전쟁에서 승리에 도달하려는 목적이었다. 동시에 조조도 「병체삼장兵體三章」을 올려서, 흉노를 정벌할 기본방침을 개진하였다. 이어서 그들은 또한 문제에게 「수변비새守邊備塞」, 「권농력본勸農力本」, 「당세급무이사當世急務二事」를 올려서, 점차 흉노를 정벌할 구체적인 조치를 제안하였다. 백성을 옮겨서 "변방의 성새를 수비하며",[2] 그리고 변방 지역을 개간하여 "농사를 권하고 근본〔농업〕에 힘쓰게 하여"[3] 두 가지의 큰 사업을 연동시켜 함께 해결하고자 하였다.

"변방성새의 수비"[4]는 당시 통치집단의 눈앞에 놓인 커다란 난제였다. 일찍이 진왕조秦王朝 시기에는 바로 먼 지방에서 징발하여 변방에 수졸戍卒로 삼고, 백성을 옮겨와서 변방을 채우는[5] 두 가지 방법을 채택하였다. 그러나 진나라의 통치자는 단지 행정폭력에 의지하여 강제로 추진했을 뿐이었고, 마침내 백성의 변란을 격렬히 야기하였다. 조조는 진정으로 진왕조가 빠르게 멸망한 교훈을 총괄하여 인식하였고, 아울러 신상형명의 정책에서 시사점을 얻어서, 물질적 이익을 통해서 백성을 이주시켜 변방

2　"守邊備塞."
3　"勸農力本."
4　"守邊備塞."
5　"移民實邊."

을 지키고 개간하도록 유도하는 새로운 방안을 제안하였다. 그들은 다음과 같이 백성의 이주를 조직할 때 먼저 반드시 변경의 좋은 땅을 선택해야만 한다고 건의하였다. "그 음양陰陽의 조화를 살피고, 그 샘물의 맛을 보게 하며, 토지의 적합도(土地之宜)를 상세히 조사하고, 그 초목의 풍성함을 관찰한다. 그런 후에 고을(邑)을 조성하고 성城을 세우며, 마을(里)을 구획하고 택지(宅)를 나눈다. 전지田地를 경작하는 도리를 통하게 하여, 천맥阡陌의 경계를 바로 잡는다. 먼저 집(室)을 축조하는데, 집에는 당堂 1채, 내실 2채를 두며 문으로 가리고",6 또한 가재도구(家具)와 경작도구(田器)를 둔다. 계속해서 "건장하고 능력있는"7 죄인을 차례로 모집하여, 도형徒刑을 면제하여 노비나 자유민 〈신분〉을 회복시켜주고, "모두 높은 작위를 내리고 그 가문을 복구한다. 겨울 및 여름에 옷을 주고 양식을 지급하며 자급이 가능할 때 비로소 그쳤다."8 요컨대, 조조의 백성을 변방으로 옮겨서 채우는9 정책은 이미 봉건국가의 장대한 이익(예컨대 변경을 개간하여 둔수屯戍 비용을 삭감하는 등)을 고려하고, 또한 당시의 실제 정황에서 출발하여 백성을 옮기는데 "인정人情"과 물질적 이익을 두루 살펴서, 그 실용적 가치가 있었다. 그래서 문제는 조조의 건의를 받아들여서, "백성을 모집하여 옮기기를 도와서 변방을 채우고, 둔수의 일을 축소하여 운송비용은 더욱 줄어들어 매우 큰 혜택을 누렸다."10

6　『漢書』卷49「爰盎鼂錯傳」"相其陰陽之和, 嘗其水泉之味, 審其土地之宜, 觀其屮木之饒. 然後營邑立城, 制里割宅, 通田作之道, 正阡陌之界, 先爲築室, 家有一堂二內, 門戶之閉."

7　"壯有材力."

8　『漢書』卷49「鼂錯傳」"皆賜高爵, 復其家. 予冬夏衣, 廩食, 能自給而止."

9　"徙民實邊."

10　『漢書』卷49「鼂錯傳」"募民相徙利實塞下, 使屯戍之事益省, 輸將之費益寡, 甚大惠也."

당연히 조조의 백성을 옮겨서 변방을 채우는 정책의 경제적 의의는
또한 단지 이것뿐만이 아니었고, 또한 통치계급이 전국적으로 사회생산
을 통일적으로 조직하려는 기도였으며, 각지의 경제를 균등하게 발전시키
려는 전략적 의도도 있었다. 『사기』「화식열전」 등의 기록에 따르면, 전한
전기 농업생산이 최대로 발달한 지역은 관중關中, 촉한蜀漢, 삼하三河, 제
노齊魯 등지였고, 이곳들은 모두 동서로 폭이 좁고 긴 지역였다. 관중에
인접한 촉한 지역 외에는 대체로 황하와 그 중요 지류를 따라서 형성된
농경지대였다. 이러한 지역에는 특별히 좋은 조건의 자연환경을 갖추었
고, 더욱이 역대 통치계급의 장기간 경영으로 인해서 "토지는 협소한데
백성은 많은"[11] 현상이 나타났다. 하물며 어찌 "문제文帝·경제景帝 40~
50여 년 사이에 유민이 이미 돌아왔고 호구 또한 불어났다"[12]고 했는가?
인구는 계속 증가하였기 때문에, 장차 이러한 지역은 토지 문제가 더욱
심각해졌을 것이다. 그리고 당시 통일제국의 서쪽·북쪽·남쪽 변경은 대
부분 토지는 넓고 인구는 적은 지역이었다. 이러한 지역은 자연지리 조건
등의 요소에 제약이 있었고, 모두 단독 가호家戶인 소농小農은 자력으로
개간할 방도가 없었다. 예컨대 이러한 인구분포의 불균등한 상황을 변화
시킬 필요가 있었고, 봉건국가가 일정한 인력과 물자를 사용해야만 비로
소 달성할 수 있었다. 당시 조조도 이러한 상황에 이른 것을 고려하였으
므로, 그가 다음과 같이 상서하였다. "(백성을 옮기게 하여) 먼저 당도한
자가 안락해져서 고향을 그리워하지 않으면, 빈민(파산하여 토지를 잃은 소농
을 포함)은 서로 모집하여 가기를 권합니다. 신이 듣건대 옛날에는 먼 곳에
서 옮겨서 넓게 비어있는 토지를 채웠습니다. 이는 바로 조조는 봉건정

---

11 『史記』卷129「貨殖列傳」"土地小狹, 民人衆."

12 『漢書』卷16「高惠高后文功臣表」"逮文景四五世間, 流民旣歸, 戶口亦息."

13 『漢書』卷49「鼂錯傳」"使(徙民)先至者安樂而不思故鄕, 則貧民相募而勸往矣. 臣聞古

부가 광대한 국토 내 전면적인 계획의 안배, 인구의 배치, 각지 농업생산의 균형 발전, "농사를 권하고 근본에 힘쓰게 하는"[14] 전략적 사상을 희구希求하였음을 나타낸다. 이 때문에 조조의 백성을 옮겨서 변방을 채우는 경제정책은 중국 봉건사회에 매우 깊은 영향을 주었다. 한 무제 시기에 이르러 전한 왕조는 곧 흉노를 토벌하는 군사행동에 맞추어 대규모 군둔軍屯과 백성을 옮겨서 변방을 채우는 정책을 실행하였다.

(2) 상업억제 정책의 새로운 방법

문제文帝·경제景帝 시기 자유롭게 범람하던 상품경제는 통일제국을 와해하는 내재적 위험이었다. 한漢 고조高祖는 일찍이 국가의 통일계획에 따라 상품분배방식을 제정하였는데, "관리의 녹祿을 헤아리고 관아의 비용을 감안하여서 백성에게 부세를 거두었다."[15] 그러나 무위정책하에서 상품경제의 발전과 사회상품의 재분배는 봉건통일국가의 사회경제적 질서와 격렬히 충돌하였다. 부상대고富商大賈는 "그 부유함을 가지고 왕후王侯와 교통하고, 힘은 관리의 세력보다 더하며, 이익으로 서로에게 기울어지는"[16] 국면이 나타났는데, 이는 상인이 농인을 겸병하고 농인이 근본(농업)을 등지며 말업末業(상업)으로 향하는 심각한 사회의 결과를 야기하였다. 상품경제가 바로 통일제국이 의지하고 있는 경제기초 - 소농을 주체로 하는 봉건자연경제 - 를 잠식하고 있었음을 설명한다. 가의와 조조는 모두 이미 이 같은 잠재적 위험을 자각하였으므로, 무위방임정책을 개혁하고자 큰 소리로 주창하였으며, 새로운 경제조치를 채택하여 상품경

之徙遠方以實廣虛也."
14　"勸農力本."
15　『史記』 卷30 「平準書」 "量吏祿, 度官用, 以賦於民."
16　『漢書』 卷24 「食貨志上」 "因其富厚, 交通王侯, 力過吏勢, 以利相傾."

제의 발전을 억압하였다.

가의는 일찍이 다음과 같이 「논적저소論積貯疏」를 올렸다. "지금 근본 〔농업〕을 등지고 말업〔상업〕을 따르고, 먹기만 하는 자가 매우 많으니, 이것 은 천하를 크게 해치는 것이다."[17] 반드시 "백성을 몰아서 농사로 돌아가 게 하고, 모두 근본〔농업〕에 붙박게 하여, 천하가 각기 그 〈자기〉 힘으로 먹게 한다. 하찮은 재주로 떠돌아다니며 먹는 백성을 변화시켜 농사에 인연을 맺게 하면, 저축이 충분해지고 사람들은 제자리에서 즐거워할 것 이다."[18] 그는 또한 문제 시기 민간의 사적인 전폐錢幣〔화폐〕 주조 허가의 위험에 대해 주목하여 화폐주조권을 국가에 귀속시켜야 한다고 주장하였 다. 가의는 사적인 화폐 주조는 지방호강·부상대고 경제세력〈의 성장〉을 조장할 뿐만 아니라, 더욱이 필연적으로 일시에 각지에서 주조한 화폐의 경중輕重이 일치하지 않아서, 서로 환산하면 "크게 번거로워서",[19] 국가 재정기능의 정상적 운영에 영향을 미친다고 생각하였다. 가의는 또한 특 히 사적인 화폐주조가 농업생산의 발전에 심각한 지장을 초래한다고 강조 하였다. 화폐를 주조하여 얻는 이익이 막대했기 때문에, 사람들은 농업에 힘쓰지 않고, 동을 채굴하여 화폐를 주조하는 데 종사하고자 하였으며, 이렇게 화폐를 주조하는 상공업 거부巨富도 기회를 틈타 대규모 사회노동 력을 끌어들여서, 사람들에게 "농기구를 버리고 불을 지펴 제련하게 하니, 간사한 동전은 나날이 늘어났으나 오곡五穀은 늘어나지 않았다."[20] 이 때 문에 가의는 문제에게 상서하여, "화폐주조 방임정책"에 결연히 반대하였

---

17 『漢書』卷24 「食貨志上」 "今背本而趨末, 食者甚衆, 是天下之大殘也."

18 『漢書』卷24 「食貨志上」 "毆民而歸之農, 皆著於本, 使天下各食其力. 末技游食之民轉 而緣南畝, 則畜積足而人樂其所矣."

19 "大爲煩苛."

20 『漢書』卷24 「食貨志下」 "釋其耒耨, 冶熔炊炭, 姦錢日多, 五穀不爲多."

고, 반드시 중앙에서 통일시켜 주조해야 한다고 하였다. 그러나 그는 오로지 법률의 힘에 의지하여 지방의 사적인 화폐주조를 금지하는 데는 찬성하지 않았으나, 국가에서 화폐의 재료를 독점하자고 건의하여, "나라에서 동포銅布를 거두어 금하게 하였다."[21] 따라서 사적인 주조를 금지하는 목적은 달성할 수 있었다.

가의는 또한 국가가 아주 양질의 7대 동광銅鑛을 독점해야 한다고 지적하였다. 그의 언급을 살펴보면 다음과 같다. 국가에서 화폐 재료를 독점하기 때문에 "동銅을 채굴하여 화폐를 주조하는 사람은 전지에서 농사를 짓는 데로 되돌아갈 것이고",[22] 농업 전선戰線이 충실해질 것이다. 게다가 "동은 모두 국가[上]로 돌아오고, 국가는 동을 축적하여 경중輕重을 관리한다. 화폐가 가벼워지면 거두어들이는 정책을 펴고, 무거워지면 내보내는 정책을 펴서, 화폐와 물건의 〈가치를〉 반드시 맞춘다."[23] 곧 중앙에서 동 자원을 통제하기 때문에, 바로 시장의 동폐銅幣와 상품의 비교가치를 조절할 수 있었다. 만일 상품 가격이 높고 화폐의 비교 가치가 낮으면, 중앙정부가 화폐를 회수하는 방법을 채택하여, 화폐가치를 높이고 물가를 안정시켰다. 만일 상품의 가격이 낮고 화폐의 비교가치가 높으면 국가에서 시장에 대규모로 화폐를 방출하여 물가를 높였다. 최종적으로 상품의 가격을 안정시키는 목적에 도달하였다. 가의는 또한 국가가 화폐재료를 독점하여, "모든 화폐에 대해서 상승과 하락을 조절하며, 잉여수익을 거두어들이면 관官은 부유해지고 건실해지나 말민末民은 어려워진다"고 하였다.[24] 곧, 국가가 화폐를 이용하여 상품시장의 가격을 통제하였고, 아울

21　『漢書』卷24「食貨志下」"上收銅勿令布."

22　『漢書』卷24「食貨志下」"采銅鑄作者反於耕田."

23　『漢書』卷24「食貨志下」"銅畢歸於上, 上挾銅積以御輕重, 錢輕則以術斂之, 重則以述散之, 貨物必平."

러 상업을 직접 경영하여 얻는 대규모 상업이윤을 통해서, 점차 국고 수입이 증가시켰고, "말민末民(상인)" 세력에 타격을 입혔다.

가의의 건의가 비록 문제에게 채택되지 않았다고 하더라도, 그는 국가에서 경제영역에 직접 간여할 것을 제안하였으며, 상업을 억제하는 정책의 새로운 조치를 추진하였다. 가의의「간주전소諫鑄錢疏」중에는 선진先秦 시기 "경중"의 개념을 계승하여, 창조적인 운영에서 시작하여 중앙집권국가가 경제활동을 통제하는 문제까지 다루었다. 그는 화폐주조의 독점을 통해서 "경중을 관리하는"25 이론을 창도唱導하였는데, 한 무제 시기에 이르러 충분한 발전과 운영이 이루어졌다.

전술한 바와 같이, 조조晁錯도 상업을 억제하는 정책의 새로운 방침을 제안하였으니, 곧 "곡물을 귀하게 만드는 정책"이었다. 조조는 문제에게 다음과 같은「논귀속소論貴粟疏」를 올렸다. "대저 주옥珠玉과 금은金銀은 기근이 들어도 먹을 수 없고, 추위가 닥쳐도 옷으로 입을 수 없다. 그러나 뭇사람이 그것을 귀하게 여기는 것은 위에서 사용하기 때문이다. … 속粟·미米·포布·백帛은 땅에서 생산되고, 계절이 지나야 자라며, 많은 힘을 모아서 얻는다. … 추위와 기근이 들어도 하루아침에 얻을 수 없다. 그러므로 명군明君은 오곡五穀을 귀하게 여기고 금옥金玉을 천하게 여긴다."26 이 부분의 언급에는 비록 화폐가치를 왕권에서 부여한다는 잘못된 인식이 있으나, 화폐의 명목주의적 관점을 갖추고 있다. 그러나 다른 관점에서 보면, 또한 왕권은 국가의 권력을 운용하여 상품가치에 영향을 미칠 수

---

24 『漢書』卷24「食貨志下」"以臨萬貨, 以調盈虛, 以收奇羨, 則官富實而末民困."

25 "以御輕重."

26 『漢書』卷24「食貨志上」"夫珠玉金銀, 饑不可食, 寒不可衣, 然而衆貴之者, 以上用之故也. … 粟米布帛, 生於地, 長于時, 聚於力. … 一日弗得而飢寒至, 是故明君貴五穀而賤金玉."

있다는 사상을 표현하였는데, 이것은 바로 조조가 실행한 "곡물을 귀하게 만드는" 정책의 이론적인 근거였다.

문제가 조조의 간언을 좇아서 매작령賣爵令을 정비한 후에, 비록 상인들에게서 대규모로 재화를 끌어내어 국가와 농민 모두에게 이롭게 하였다고 하더라도, 상인은 이 때문에 작위를 얻어서 자신의 사회지위를 크게 제고하였다. 따라서 상인이 관직을 얻을 수 없다는 금지령은 취소되었고, 중대한 한 걸음을 내딛었다. 한 무제 시기에 이르러, 봉건국가는 많은 상인을 관인으로 기용하여 국가가 상공업을 경영하고 관리하였고, 민간 상인을 억제하는 목적도 달성하였다. 바로 가의·조조의 상업을 억제하는 정책을 계승한 신사조新思潮가 발전해 나간 것이다.

(3) 제후왕의 경제세력 약화

문제·경제 시기 무위정책하 제후왕국은 다시 통일국가를 분열시킬 거대한 위험이었다. 당시 흉노匈奴귀족·제후왕·부상대고는 약정을 맺지는 않았으나 동일하게 서로 연계해 나갔다. 『한서漢書』「회남왕전淮南王傳」에는 여왕厲王 유장劉長은 일찍이 "민월閩越과 흉노가 병사를 일으키도록 모의하였고",27 부상대고도 자주 "제후와 교통하였으며",28 삼자가 봉건 통일제국을 와해시키는 연합전선을 조성하였다. 이 때문에 가의와 조조는 흉노를 정벌하고 부상대고를 타도하고자 시도하는 동시에, 제후왕국의 경제세력을 약화시킬 것을 강력히 요구하였다. 당시 제후왕은 다양한 경제특권을 갖고 있어서, 봉국封國 내 전조田租, 산부算賦, 구부口賦, 자부貲賦, 시세市稅, 산택세山澤稅 등 각종 부세를 거둘 수 있었고, 산택자

---

27   『漢書』卷44「淮南王傳」"謀使閩越及匈奴發其兵."
28   "交通諸侯."

원을 스스로 개발할 수 있었으며, 산림을 개척하여 주전鑄錢하고 바닷물을 끓여서 소금을 만드는 등 경제활동을 추진하였고, 또한 왕국 내 요역·병역의 징발이 가능했으며, 뜻대로 본국이 소유한 수입을 지배하였다. 문제·경제 시기 경제적 발전에 따라서, 관동關東 국토의 절반(半壁江山)을 점거한 제후왕은 점차 중앙정부와 대항할 수 있는 경제세력을 형성하였다. 예컨대 문제 3년(기원전 177년) 제북왕濟北王 유흥거劉興居는 문제가 직접 흉노에 응전應戰하는 기회를 틈타서, 군사를 징발하여 반란을 일으켰다가 일이 실패하여 자살하였다. 이 때문에 반독립상태의 제후왕국의 존재는 봉건할거세력이 악성으로 팽창하는 것을 촉진했을 뿐 아니라, 게다가 근본적으로 사회경제가 봉건통일국가를 공고히 하는 데 유리하게 운행되도록 궤도에 올릴 수 없었다. 당시 제후왕국은 봉건전제 통일국가가 추진하는 집권적 정치경제의 주요 장애물이었다.

문제 초기 젊고 영민한 가의는 이미 중앙정권과 제후왕국 사이의 모순이 심각한 정도로 발전되었음을 감지했고, 유효한 조치를 채택하여 제후왕국의 세력을 약화시켜야 했다. 그는 다음과 같은 「치안책治安策」을 올렸다. "천하를 편안하게 다스리고자 하면, 제후를 많이 세워서 그 힘을 약하게 하는 것만 못하다. 힘이 약해지면 뜻대로 부리기 쉽고, 나라가 작으면 사심邪心도 없어진다. 해내海內의 형세가 좋은 몸은 어깨를 부리고, 어깨는 손가락을 부리니, 따르지 않을 수 없게 될 것이다. 제후의 군주는 감히 다른 마음을 품지 못하고 모여서 함께 나아가니 천자에게 귀명歸命할 것이다"고 하였다.[29] 단지 "제후를 많이 세워서"[30] 그들의 봉지를 감소시

---

29 『漢書』 卷48 「賈誼傳」 "欲天下之治安, 莫若衆建諸侯而少其力. 力少則易使以義, 國小則亡邪心. 令海內之勢, 好身之使臂, 臂之使指, 莫不制從. 諸侯之君不敢有異心, 輻湊幷進而歸命天子."

30 "衆建諸侯."

키고 경제적 역량을 약화시켜야 비로소 중앙집권의 통치를 더욱 강화할 수 있다고 여겼다. 문제 16년(기원전 164년) 조조는 당시 상황의 진전에 근거하여, "마땅히 제후〈의 봉지〉를 삭감하는 일로 법령을 다시 개정할만 것을 30편을 저술하여"[31] 제출하였다. "효문孝文〔문제〕은 모두 들어주지 않았지만 그의 재능을 특별하게 여겼다."[32] 경제 연간에 이르러 중앙정권과 제후왕의 모순으로 인한 충돌은 이미 일촉즉발의 상황으로 치달았다. 그래서 조조는 다시 한 번 다음과 같은 「삭번책削藩策」을 올려서 직접 현실을 지적하였다. "지금 〈봉지封地를〉 삭감하면 또한 반란을 일으킬 것이고, 〈봉지를〉 깎지 않아도 또한 반란을 일으킬 것입니다. 〈봉지를〉 삭감하면 그 반란은 빨리 일어나지만 화禍는 적을 것이고, 〈봉지를〉 삭감하지 않으면 그 반란은 지연되지만 화는 클 것입니다"고 하였다.[33] 초왕楚王 유무劉戊가 조정에 왔을 때, 조조는 기회를 틈타 〈그를〉 사형에 처하자고 제안하였다. 조조가 제후왕에 대해 투쟁이 매우 결연했음을 알 수 있다. 경제景帝는 결국 조조의 건의를 받아들여, 차례로 초왕楚王, 오왕吳王, 월왕越王, 교서왕膠西王〈의 봉지〉를 삭감해서 일부 군현을 한漢나라의 〈직할〉지로 편입하였다. 이것은 모두 조조가 중앙집권의 사상을 더욱 강화하기 위해서, 일체 중앙정부에 대항할 수 있는 경제세력은 삭감할 것을 강렬히 요구했음을 나타낸다.

이상에서 우리는 가의와 조조의 경제사상을 세 분야로 나누어 고찰해 보았다. 이러한 사상은 모두 봉건통일국가가 직면한 와해와 분열의 위험을 극복하기 위해서 제안된 경제대책이었다. 그들은 전한통치집단이 정

---

31 『漢書』 卷48 「賈誼傳」 "宜削諸侯事, 及法令可更定者, 書凡三十編."
32 『漢書』 卷49 「鼂錯傳」 "孝文雖不盡聽, 然奇其才."
33 『史記』 卷106 「吳王濞傳」 "今削之亦反, 不削之亦反. 削之, 其反亟, 禍小, 不削, 反迟, 禍大."

치사상의 새로운 통지방안을 모색하는 동시에, 또한 경제정책의 새로운 목표를 구상하기 시작하였고, 봉건정권의 역량을 활용하여 사회경제생활에 관여하기를 희구하였으며, 사회경제가 차츰 봉건통일국가의 수요에 따라서 운영하였음을 명확히 드러낸다. 그러므로 가의·조조의 경제사상은 통치계급이 경제영역에서 "무위無爲"에서 "유위有爲"로 전환했음을 나타낸다. 한 무제 시기 제정권을 장악한 상홍양桑弘羊의 경제사상은 바로 이러한 사조를 계승하여 심화시켜 발전하였다. 게다가 가의와 조조의 첫걸음은 봉건전제통일국가를 공고히 하기 위해 설계한 한 폭의 전원田園경제의 청사진이었다. 그들은 흉노 방비를 위해 백성을 이주시켜 변방을 채우는 정책을 제안하였는데, 서북 변방의 목축업 생산이 충격을 받기 시작하였고, 각 지역의 서로 다른 경제의 지리적 특징을 말살하였다. 전국을 범위로 단일의 소농경제 모델을 추진하였다. 그들은 상업을 억제하는 정책의 새로운 대안을 제기하였는데, 바야흐로 힘차게 발전하고 있던 상품경제를 진정으로 억압하고 철저히 자급자족하는 자연경제구조를 구축하려는 의도였다. 그들이 제안한 삭번削藩정책은 정치경제 권력의 고도의 집중을 요구하였고, 국가가 사회경제 명맥命脈을 통제하기 위해서 일원화의 경제체제를 추진하였다. "진실로 이렇게 하지 않으면 천자는 존중받지 못할 것이다!"[34] 당시 사회생산력이 비교적 낮은 상태에서, 광대한 국토가 장기간 보존되도록 유지해야 했고, 군주전제 중앙집권의 정치제도를 추진하는 것 이외에, 이처럼 한 쌍으로 서로 협력하는 경제체제는 없었으며, 수천 년 동안 지속되기가 어려웠다. 당연히 이것은 그들 두 사람의 주관적 공상이 아니었으며, 당시 역사 발전의 필연적인 선택이었다.

가의와 조조의 경제사상은 이미 "대부분 같았고(大同)" 또한 "약간 다른

---

34   『史記』 卷101 『袁盎鼂錯列傳』 ; 『漢書』 卷49 「鼂錯傳」 "固也, 不如此, 天子不尊."

부분(小異)"도 있었다. 사상 유파流派로 보면, 비록 가의는 "자못 제자백가
諸子百家의 언설에 통달하였다"고 하더라도,[35] 기본적으로 유가儒家인 순
자학파에 속하였다. 조조는 어릴 때부터 "신상형명의 방책"을 연구하여
익혔는데, 주로 법가 학파에 속하였다. 〈두 사람의〉 성격 및 특징으로
살펴보면, 조조는 "사람됨이 매우 곧고 사려가 깊어서",[36] 법가의 "엄격하
고 은혜를 적게 베푸는"[37] 특징을 갖추고 있었다. 그리고 가의는 "스스로
상처입는 경우가 많아서",[38] 유가에서 궁구하는 내심으로 반성하는 기질
을 갖추고 있었다. 사상의 방법으로 살펴보면, 조조는 물질적 이익이나
술수術數의 중요성을 많이 강조하였고, 가의는 예악교화禮樂敎化의 작용
을 중요시하였으므로, 그들의 "민본民本" 사상도 서로 비교가 되어 돋보였
다. 흉노 문제에 대해, 가의는 유가의 이적夷狄을 경시하는 생각을 갖고서
"내가 아니면 그 누가 하겠는가"[39]라는 영웅의 기개가 있었으므로 그 "대
책對策"도 "자못 소활疎闊하여 조조가 궁구한 바에 비할 수 없었다."[40] 농
업을 중시하고 상업을 억제하는 문제에 대해, 가의는 유가의 전략적인 안
목을 갖고 있었는데 마지막으로 통치자에게 올린 것이 「논적저소」와 「간
주전소」였다. 그리고 조조는 오히려 공리功利를 시급히 여겼고, 그 대책이
「논귀속소」였는데, 법가에서 "일시적인 계책은 시행할 수 있으나 장기간
쓸 수는 없다"[41]는 실용주의적 경향을 반영하였다. 제후왕 문제에 대해,

---

35 『史記』 卷84 「屈原賈生列傳」 "頗通諸子百家之言."
36 "爲人陗直刻深."
37 "嚴而少恩."
38 "多自傷."
39 "舍我其誰也."
40 魯迅, 「賈誼與晁錯」 『漢文學史綱要』 "頗疎闊, 不能與晁錯之深識爲倫比矣."
41 『史記』 卷130 「太史公自序」 ; 『漢書』 卷62 「司馬遷傳」 "可以行一時之計, 而不可長
     用也."

가의는 "제후를 많이 세워서 그 힘을 약하게 하는"[42] 점진적인 방법을 채택하여, 오히려 유가의 "존귀한 사람을 존중하고 친한 사람을 친히 여기는"[43] 뜻을 잃지 않았다. 그리고 조조의 삭변削藩정책은 법가의 상투수단인 "친소를 구분하지 않고 귀천도 차별하지 않으며 법에서 동일하게 다스린다"[44]는 급진적인 방식이다. 요컨대 만약 조조가 당시 새로 생긴 법가 세대를 대표한다면, 가의는 새로 생긴 유가세대를 대표하였다. 많은 생각이 일치하여 방법은 다르지만 같은 데로 귀결되었다. 그들은 통일된 전제주의적 중앙집권통치를 공고히 하는 문제를 어떻게 해결할지에 대해서, 자신도 모르게 함께 보조를 맞추었다. 이것은 당시 황로黃老·형명刑名·유가·법가가 섞인 잠류潛流가 마침내 한 무제 시기에 이르러 합류하여 "겉으로는 유가를 표방하고 안으로는 법가인"[45] 시대에서 주류로 형성되었음을 암시한다.

2. 전면적 경제개혁정책의 실시

당시 정치경제상황의 조장하에서 젊고 유능한 한 무제는 황로무위정책을 결연히 폐지했고, 유가의 적극적이고 진취적인 태도로 중앙집권의 건설을 전면적으로 더욱 강화하였다. 그의 즉위 후 10여 년 동안 "밖으로는 사이四夷 〈정벌〉을 일삼았고, 안으로는 공리功利를 일으켰다."[46] 곧 흉노와 대규모 전쟁을 일으켰고, 또한 계속해서 양월兩越을 정벌하였으며, 서남이西南夷와 통교하였고, 동이東夷를 가로질렀으며(穿), 서역西域을 경영하였는

---

42 『漢書』 卷48 「賈誼傳」 "衆建諸侯而少其力."
43 "尊尊親親."
44 『史記』 卷130 「太史公自序」 "不別親疏, 不殊貴賤, 一斷于法."
45 "外儒內法."
46 『漢書』 卷24 「食貨志上」 "外事四夷, 內興功利."

데, 상당히 많은 인력과 재력을 소비하였다. 동시에 수차례 구재救災, 백
성이주(移民), 새하塞河, 천거穿渠, 축성築成은 "비용이 몇 만거萬巨에 달하
였다."[47] 더욱이 무제는 큰 공을 좋아하고 사치와 욕심이 극에 달하였고,
장생불로의 방도를 추구하였으며, 대규모로 이궁離宮과 별관別館을 건설
하였고, 음란하고 부패한 생활을 하였으며,[48] 또한 많은 재산(錢財)을 흥청
망청 낭비하였다. 이처럼 방대한 군정軍政 비용은 전한 전기 누적된 거액
의 재부를 거의 다 탕진하였을 뿐 아니라, 더욱이 전한 정권의 심각한 재
정위기를 초래하였다. 『사기』「평준서平準書」에 따르면, 원광元光 2년(기원
전 133년)부터 전한과 흉노가 전쟁을 시작한 지 10년 후에, "대사농大司農이
저축한 돈도 이미 소진되었고, 부세도 이미 고갈되었으며, 오히려 군사를
부양하기에도 부족하였다."[49]

국가의 심각한 재정 곤란에 직면하여, 통치집단은 평성에 대한 부세
에만 의존하여 해결할 수 없었다. 그래서 과중한 부세는 백성의 변란을
격렬히 일으키기 쉽고, 진왕조가 빨리 망한 역사적 교훈이 오히려 눈앞
에 있다고 이해하였다. 그러므로 한대漢代 통치집단이 부세 이외에 다른
수단을 찾도록 하였다. 전한 전기 상공업의 발전에 따라서, 가의·조조
등은 이미 봉건국가가 직접 상공업을 경영하고 통제하는 새로운 수단을
제안하였다. 이것은 의심할 바 없이 한 무제와 그 재정대신들의 이상적인
"재화를 만들어내는 방법"[50]이었다.

무위정책하에서 배출되어온 수많은 상공업 벼락부자는 단지 일부분의
국가가 편호한 백성의 잉여노동력을 분할하고 농민이 파산하여 유망하게

---

47 "費數巨萬."
48 "荒淫腐朽."
49 『史記』卷30「平準書」 "大農陳藏錢經耗, 賦稅既竭, 猶不足以奉戰士."
50 "生材之道."

하였을 뿐 아니라, 게다가 봉건통일국가의 큰 정사의 방침을 지지支持하지 못하였다. 오초칠국吳楚七國의 난亂 때는 한군漢軍 중 일부 열후列侯, 봉군封君은 출정 전에 상인 "사채업자(子錢家)"에게 돈을 빌렸으나, 당시 염씨鹽氏 이외에 "사채업자는 관동關東의 승패가 아직 결정되지 않아서 줄 수가 없다"고 하였다.[51] 그들은 중앙정권과 지방왕국의 투쟁의 관건關鍵이 달린 시각에도 모호한 태도를 취하며 우유부단하였다. 또한 한 무제가 "밖으로 정벌을 일삼는"[52] 비정상적인 시기에는 "부상대고는 혹은 재물을 저축하고 빈민을 사역하여 수레로 실은 곡식은 수백을 헤아렸고, 싸게 사서 비싸게 팔면서 읍에 거주하였으며, 봉군조차 모두 머리를 숙이고 얻기를 바랐고, 동전을 주조하고 바닷물을 끓여서 소금을 만들어 재물은 혹 수만 금이었으나 국가의 위기에 돕지 않았으며 백성은 더욱 곤궁해졌다."[53] 따라서 봉건정권의 재정위기는 더욱 심각해졌다. 봉건국가는 재정 곤경에서 벗어나기 위해서 대외정벌의 순조로운 진행을 확보하였고, 동시에 부상대고 세력을 타도하기 위해서 국가에서 사회경제 영역을 통제하고 한 걸음 더 나아가 중앙집권을 공고히 하였다. 한 무제는 한 차례 대대적인 경제개혁을 전개하였다.

(1) 화폐제도 개혁

전한 초기 화폐제도가 매우 안정되지 못하였다. 고조高祖는 진나라 동전이 무거워 쓰기 어려워, 백성에게 가벼운 동전(莢錢)을 주조하게 하였다. 고후高后는 팔수전八銖錢을 시행하였고 문제文帝는 사수전四銖錢으로 고쳤

---

51 『漢書』卷91「殖貨傳」"子錢家以爲關東成敗未決, 莫肯予."

52 "外事征伐."

53 『漢書』卷91「殖貨傳」;『史記』卷30「平準書」"而富商大賈或蹛財役貧, 轉穀百數, 廢居居邑, 封君皆低首仰給. 冶鑄煮鹽, 財或累萬金, 而不佐國家之急, 與民重困."

다. 민간에서 자유로이 사적인 주조를 하였음을 알 수 있다. 그래서 제후 왕과 부상대고는 기회를 틈타 화폐를 주조하여 횡재橫材하였고, 중앙정권에 대한 엄청난 위협을 만들어냈다. 경제景帝는 제후왕국의 세력을 삭감한 후, 중원中元 6년(기원전 144년) "동전을 주조하거나 가짜 황금을 만들면 기시률棄市律로 처벌하도록 정하였는데",[54] 민간에서 사적으로 화폐를 주조하는 것을 금지하였다. 그러나 한 무제 즉위 시 민간에서 화폐의 사적인 주조를 완전히 금지하지 못하였고, 화폐제도는 여전히 혼란스러웠다. 건원建元 원년(기원전 140년) 전한 정부는 유통 중인 사수전을 폐지하고 삼수전三銖錢으로 바꾸어서 유통하였다. 건원 5년 다시 삼수전을 폐지하고 사수전을 회복하였다. 그러나 이러한 개혁은 모두 명확한 효과를 얻지 못하였다.

전한 정권과 흉노 사이에 전쟁이 시작된 후에, 화폐 문제는 더욱 심각해졌다. 당시 봉건국가의 재정은 날이 어려워졌을 뿐 아니라, 더욱이 부상대고는 화폐 혹은 사주私鑄화폐를 이용하여 벼락부자가 되었고, 더욱이 국가의 재정위기를 악화시켰다. 그래서 전한 정권은 "화폐를 다시 주조하여 재정을 충당하고 제멋대로 겸병하는 무리를 저지하고자",[55] 다시 화폐제도를 개혁하였다.

무제가 추진한 몇 차례의 화폐제도 개혁으로, 주조한 대부분은 허폐虛幣가 되었는데, 예컨대 백금삼품白金三品, 백록포폐白鹿布幣, 적측오수赤側五銖 등은 자체 가치가 관부 규정의 가치보다 크게 낮았다. 그래서 이러한 허폐는 각종 방식을 통해서 유통영역에 투입된 후에, 모두 국가가 이익을 얻게 하여 잠시 국가의 재정위기를 완화시켰다. 그러나 허폐의 대량 발행

54　『漢書』卷5「景帝紀」"定鑄錢僞黃金棄市律."
55　『漢書』卷24「食貨志上」"更造錢幣以澹用, 而摧浮淫幷兼之徒."

은 호부豪富가 몰래 화폐를 주조하는 광풍을 야기하였다. 『사기』「평준서平準書」와 「혹리열전酷吏列傳」에 따르면, 이 같은 기간 동안 몰래 화폐를 주조해서 죄를 지은 사람은 수백만에 달하였다. 대규모 위조화폐가 유통에 투입되어 물가는 올라갔고, 국가가 발행한 허폐에서 얻은 이익을 빠르게 잠식하였으며, 아울러 새로운 재정위기가 조성되었다. 허폐의 대량 발행은 재정 개선을 위한 목적에 도달하지 못하였을 뿐만 아니라, 더욱이 "제멋대로 겸병하는 무리"[56]를 진정으로 타도할 수 없었다.

정치경제학 원리에 비추어보면, 가장 중요한 상품－화폐－의 수요를 독점하였다. 그러나 국가의 화폐 독점은 반드시 경제법칙에 부합한다. 전한 통치집단은 수차례 화폐개혁 실패의 교훈을 받아들여, 국가에서 화폐 주조권을 독점하기로 결심하였다. 원정 4년(기원전 113년) 한 무제는 군국郡國의 주전을 취소하고, 각지에서 사사로이 주조한 동전을 녹여 없애버리며, 유통을 엄격히 금지하도록 명하였다. 동시에 중앙에서 관장하는 상림원上林苑의 수형도위水衡都尉 아래에 삼관三官(종관鍾官, 기교技巧, 변동辨銅)을 설치하여 오수전五銖錢을 주조하고 법정화폐로 만들어 전국에 유통시켰다. 오수전은 또한 삼관전三官錢이라 칭했고, 그 화폐 가치는 중량과 일치했으며, "무게는 그 〈동전 위의〉 문자와 같았고", 게다가 양식 규정에 따라서 정교하게 제작되어, 몰래 주전하기가 쉽지 않았다. 동시에 국가는 또한 동관산銅鑛山 지역을 중앙통일 관리하에 두었고, 근본적으로 위조화폐의 남발을 억제하였다. 당연히 이때 국가의 대대적인 고민告緡 시행으로 많은 액수가 들어왔고 염철관영도 처음으로 성과를 거두어서, 국가재정 상황이 기본적으로 호전되었으며, 또한 화폐개혁 성공의 중요한 조건이 되었다. 국가는 화폐의 통일로 인해서 한 걸음 더 나아가, 제멋대

---

56 "浮淫并兼之徒."

로 겸병하는 무리를 타도하였고, 국가재정은 안정되었으며, 중앙집권을 더욱 강화하였다. 그러므로 다른 경제개혁 또한 순조롭게 진행되도록 보장하였다.

(2) 부상대고富商大賈의 수탈

원수元狩 4년(기원전 119년) 바야흐로 강력히 화폐제도 개혁을 진행하는 동시에, 또한 전한 정권은 산민령算緡令·고민령告緡令을 반포하였다. 산민령 규정에는 "모든 상인(賈人)은 아직 임대·임차나 매매를 하기 전에 거주하는 읍에서 모든 물화를 헤아리고, 상업으로 이익을 취하는 자는 비록 시적市籍이 없더라도, 각기 그 자신이 갖고 있는 물화에 대해, 민전緡錢 2천 〈전〉마다 1산算으로 매긴다"고 하였다.[57] 곧 상인과 고리대高利貸 등을 놓는 사람은 재산세를 추가로 징수했는데, 먼저 그들 스스로 재산을 신고하였고, 그런 후에 각 2천 전을 1산으로 세금을 징수하였다(곧 120전錢). 그리고 상공업 겸업경영자는 "비율은 민전 4천 〈전〉마다 1산으로 하였다."[58] 무릇 관리 혹은 삼로三老, 북쪽변방 기사騎士뿐 아니라 수레를 갖고 있는 사람은 1대마다 1산씩 납세하였다. 상인의 수레는 1대마다 2산씩 납세하였다. 5장丈 이상의 선박은 1산씩 납세하였다. 동시에 규정에는 재산을 숨기고 신고하지 않거나 혹은 신고하되 부실하면, 벌로 1년간 변방에서 수자리를 살게 하고 모든 재산을 몰수하였다. 또한 적발하여 고발하면 몰수한 재산의 절반을 상금으로 준다고 하였다. 이것이 바로 고민령이다. 별도로 시적의 상인과 그 가속家屬은 토지를 점유할 수 없게 하는 금령을 거듭 신칙申飭하였고, 위반하면 토지와 가동家僮을 몰수하였다.

---

57 『史記』 卷30 「平準書」 "諸賈人未作貰貸賣買, 居邑稽諸物, 及商以取利者, 雖無市籍, 各以其物自占, 率緡錢二千而一算."

58 『史記』 卷30 「平準書」 "率緡錢四千一算."

　　　　　　　　Ⅳ. 전한 중기 사회경제의 번영과 변혁

산민령·고민령의 반포로 더욱 직접적으로 부상대고의 재산을 수탈하여서 한漢왕조의 재정위기를 해결하였다. 산민전算緡錢의 세율은 6%와 3%로 구분되었고, 일반 자부貲賦 세율의 최고 2~4배에 달하였다. 그러나 이것은 부유한 가산을 지닌 상공업호商工業戶로 보자면, 또한 받아들일 수 있는 정도였다. 가장 엄격했던 것은 고민령이었는데, 민전은 아직 등록한 적이 없었기 때문에 그들은 모두 수시로 무고로 재산을 몰수당할 수 있는 위험이 있었다. 그러므로 고민령은 수많은 사람들의 비난에 직면하였다. 그러나 한 무제는 장탕張湯 등의 지지하에 어떠한 반대도 돌아보지 않고 굳건히 이 법을 추진하였다. 원수元狩 6년 양가楊可에게 고민告緡 사업을 주관하도록 하였다. 당시 우내사右內史 의종義縱은 고민告緡을 반대하여, 부리部吏를 지휘해서 양가의 속하屬下를 체포했고, "이것은 백성을 혼란시켰다."[59] 무제가 알게 된 후에 "법을 어기고 군주를 능멸한"[60] 죄로 의종을 사형에 처하였다. 이후 조정 내외의 이견이 없어졌고, 전국에 고민의 바람이 크게 일어났다.

원정元鼎 3년(기원전 114년) "양가楊可가 고민령을 천하에 두루 펼쳤고, 대략 중가中家 이상은 모두 고발을 당하였다."[61] 무제는 두주杜周에게 고민 안건을 처리하도록 명했으나, 대체로 바로잡지 못하였다. 그래서 국가가 몰수한 재산은 억億을 헤아렸는데, 노비의 수는 천만, 전지田地의 경우 대읍은 수백 경頃, 소읍은 대략 백여 경, 주택은 천만 칸이었다. 상고商賈 중등 이상 가정은 대다수 이 때문에 파산하였다. 고민령은 부상대고에 대한 경제수탈이 매우 혹독했음을 알 수 있다.

---

59   『史記』 卷122 「酷吏列傳」 "以爲此亂民."

60   "廢格沮事."

61   『史記』 卷30 「平準書」 ; 『漢書』 卷24 「食貨志上」 "楊可告緡遍天下, 中家以上大氐皆遇告."

산민算緡과 고민을 통해 몰수된 재산은 비록 봉건국가의 재정위기를 완화시켰지만, 또한 사회생산적 발전에 영향을 끼쳤다. 당시 "백성은 달콤한 음식과 좋은 옷을 훔쳤고, 저축하는 산업에는 종사하지 않았으며",[62] 재생산의 확대를 바라지 않았다. 그리고 부상대고는 산민·고민을 통한 타격을 입은 이후에, 전산田産경영 위주로 바뀌었다. 이후 상인 대다수는 지주의 합법적 신분으로 나타났고, 그들은 밖으로는 전업田業에 종사하고 안으로는 재화를 불려서 상업자본이 더욱 긴밀하게 봉건지주경제에 예속되었다.

(3) 독점경영의 실행

일찍이 춘추시대 제齊 환공桓公이 관중管仲을 재상으로 삼아서 제나라 재정수입이 증가했는데 바로 "관산해官山海"－관부에서 염철업을 독점 경영하는 정책－를 제안하였다. 전한 원수 연간(기원전 122년~기원전 117년) 한 무제를 수장으로 하는 통치집단은 다방면으로 재원을 확대하는 방도를 마련하였고, 그들은 마침내 과거 사람들의 경험을 계승하여, 국가가 염철 등의 상공업을 독점경영하는 방침을 실행하였다.

원수 4년(기원전 119년) 한 무제는 대염철상인大鹽鐵商人 동곽함양東郭咸陽 과 공근孔僅을 기용해서 대농승大農丞으로 삼았고 동시에 낙양상인의 자제 상홍양桑弘羊을 중용했는데, 그들 세 사람이 염철사업을 관할하는 계획을 마련하였다. 이 세 사람은 이익이 되는 일에는 미세한 부분도 세세히 살펴야 한다고 말했고, 오래지 않아서 바로 무제에게 한편의 관영염철방안官營鹽鐵方案을 제안하였다. 야철治鐵과 자염煮鹽을 국가에 귀속시켜 경영하고 관리하도록 건의했는데, 그 구체적 방법은 다음과 같다. 소금 생산

---

62   『史記』卷30「平準書」"民偸甘食好衣, 不事蓄藏之産業."

지에는 염관鹽官을 설립하였다. 사람을 모집하여 소금을 구웠고, 국가에서 소금을 굽는 "뇌분牢盆"을 제공하였기 때문에 생산품은 관부에 귀속되었고, 관부가 사들여서 각 지역에 내다 팔았다. 동시에 철 생산지에는 철관을 설립하였다. 광석을 채굴하여 제련하였고, 철기를 주조하였으며, 각 지역으로 운반해서 〈소비자에게〉 판매하였다. 철광이 없는 군국에는 소철관小鐵官을 설치하였다. 옛 철기를 수매하여 다시 주조하거나, 철기를 새로 주조하여 판매하는 일을 관리하는 책임을 맡겼다. 게다가 사사로이 철기를 주조하거나 소금을 굽는 것을 엄금하였는데, "감히 사사로이 철기를 주조하거나 소금을 구우면, 왼쪽 발목에 차꼬(鈦)를 채우고 그 기물器物을 몰수하였다."63

한 무제는 즉시 관영염철방안을 비준하였다. 공근과 동곽함양을 전국 각지의 염철 생산지에 파견하여, 염철을 관리해본 경험이 있는 부상富商을 가려 뽑아서 염관 혹은 철관으로 충당하였고, 전국을 통일적으로 염철을 오로지 관리하는 기구를 건립하였다. 『한서』「지리지」의 통계에 따르면, 전한 정권은 연속적으로 27군郡에 염관 35처를 설립했고, 40군에 철관 48처를 설립하였다. 그러나 관련 자료의 고증에 따르면, 한대 일찍이 29군에 염관 43처를 설치했고, 43군에 철관 53처를 설립하였다.64 전국 각지의 염철관은 모두 중앙의 대농령大農令(후에 대사농大司農으로 다시 변경)의 관할하에 있었고, 염철의 생산과 판매 전체를 국가에서 독점하게 하였다.

국가에서 독점으로 경영하는 상품은 주류酒類까지 확대되었다. 옛날부터 위로 천자부터 아래로 서민까지 술을 빚고 마시는 기풍이 있었고, "모든 의례는 술 없이는 행하지 못한다"고 했는데,65 술의 응용범위가 매우

63　『史記』卷30「平準書」"敢私鑄鐵器煮鹽者, 鈦左趾, 沒入其器物."
64　羅庆康,『漢代專賣制度研究』, 中國文史出版社, 1991 참고.
65　『漢書』卷24「食貨志下」"百禮之會, 非酒不行."

넓었고, 사회경제에서 양주업釀酒業의 지위가 매우 중요했다고 설명하였다. 사마천의『사기』「화식열전」에는 34종의 영리贏利 공상업품을 나열했는데, 바로 양주업이 첫 번째로 꼽혔다. 그러나 양주업은 이전에는 계속 민간에서 스스로 주조하고 판매하여, 소부少府에서 주세를 징수하였다. 한 무제는 한 걸음 더 나아가 재원을 확대하기 위해서, "소부승령少府丞令이 주류전매를 청하는 건의"66를 접수하여 주류전매를 실행하였다.『한서』「무제기武帝紀」에는 천한天漢 3년(기원전 98년) "처음으로 주류전매를 시행하였다."67 응소應劭의 주注에 따르면, "현관縣官에서 직접 술을 전매했고 소민小民은 다시 술을 매매할 수 없었다."68 술의 생산과 판매 모두를 국가에서 독점 경영했음을 알 수 있다. 당시 전한 정권은 또한 각 군국에 "각 고관榷酤官"을 설치했고, 관부가 주류판매 업무를 주관하였다.

『한서』「식화지상食貨志上」에는 "장로長老들은 '모두 무제 시기 현관縣官에서 일찍이 직접 고기잡이를 하여 바다 생선이 나오지 않다가 이후 다시 백성에게 돌려주니 물고기가 나오게 되었다'고 말하였다."69 무제 연간에는 일찍이 연해 지역에서 관영 어업생산을 조직하여, 국가에서 어업을 독점경영하려고 시도하였다. 그러나 관영 어업의 병폐가 많았다. 어민은 소극적으로 태업하였고 어업 수입은 갑자기 줄어들었다. 그래서 오래지 않아 민영 수세제도收稅制度가 회복되었다.

한 무제 시기 연이은 염·철·주류 등 상품의 생산과 판매의 독점 이후, 국가에 거액의 재정수입을 가져왔고, 동시에 부상대고가 부를 축적하는 주요 경로를 차단하였으며, 진정으로 "본업을 세우고 말업을 억누르는"70

---

66 "少府丞令請建酒榷."

67 "初榷酒酤."

68 『漢書』卷6「武帝紀」"縣官自酤榷賣酒, 小民不復得酤也."

69 『漢書』卷24「食貨志上」"長老皆言, 武帝時縣官嘗自漁, 海魚不出, 後復予民, 魚乃出."

작용을 야기하였다. 그러나 염철 등의 독점경영 실행은 필연적으로 관료
화 경향을 발생시켰는데, 제품이 뒤떨어지고 가격이 오르는 등의 현상이
나타났다. 『염철론鹽鐵論』「수한水旱」에서 현량賢良은 다음과 같이 설명한
다. "현관縣官이 철기를 주조하는데, 대개 대기大器를 많이 만들고, 수량과
법식에 부합하도록 힘쓰며, 민간용품은 공급하지 않는다. 민간용품은 둔
해져서 못 쓰게 되어 풀을 베더라도 다치지 않는다."[71] 또한 "염철 가격이
높으면 백성은 불편하다. 가난한 사람은 혹 나무로 밭을 갈고 손으로 풀
을 뽑으며, 형편없는 농기구로 농사를 짓고 소금기 없는 식사를 한다."[72]
『사기』「평준서」에도 "군국은 현관이 염철을 만들어 많이 불편하지 않으
나, 철기는 악화되고 가격은 높아지며 혹은 백성에게 강매한다"고 하였
다.[73] 염철관영은 수많은 부정적인 작용을 발생시켰음을 알 수 있다.

(4) 균수均輸·평준平準의 추진

전한 정권은 염·철·주류 등을 독점경영을 실행한 기초 위에, 한 걸음
더 나아가 상품시장을 규제하여 균수·평준정책을 추진했고, 부상대고의
세력을 배제하여 더 많은 상업이윤을 모색하였다.

무제 원정元鼎 2년(기원전 115년) 공근孔僅이 대농령大農令이 되고, 상홍양
桑弘羊은 대농승大農丞이 되어, 균수를 시범적으로 시작하였다. 원봉 원년
(기원전 110년) 상홍양은 치속도위治粟都尉 영대농令大農이 되어 전국 재정의
대권을 총괄하였다. 그래서 상홍양이 제안한 균수·평준의 전체 방안은

---

70 "建本抑末."
71 『鹽鐵論』 卷6 「水旱」 "縣官鼓鑄鐵器, 大抵多爲大器, 務應員程, 不給民用. 民用鈍廢,
    割草不痛."
72 『鹽鐵論』 卷6 「水旱」 "鹽鐵賈貴, 百姓不便. 貧民或木耕手耨, 土耰淡食."
73 『史記』 卷30 「平準書」 "郡國, 多不便縣官作鹽鐵, 鐵器苦惡, 賈貴, 或彊令民賣買之."

무제의 비준을 얻어, 정식으로 전국에서 추진되었다. 이른바 균수는 바로 국가에서 화물貨物을 매입하거나(徵購), 바꾸어서 판매하거나(轉銷), 옮겨서 실어 보내거나(調運) 하는 일을 통일하였다. 구체적인 방법은 다음과 같다. 대농령은 각 군국에 균수관均輸官을 설치하고, 균수관은 지방의 부세 수취를 근본으로 삼고, 시장수요에 근거하여 해당 지역 물산을 매입해야 하며, 그런 연후에 외지로 운반해서 판매하여 이익을 취한다. 이렇게 바꾸어서 교환하는 과정을 통해서, 최종적으로 국가에서 필요로 하는 화물을 수도까지 운반한다. 『한서』「지리지」에 따르면, 천승군千乘郡에는 균수관을 설치했고,[74] 『사기』「순리열전循吏列傳」에는 일찍이 황패黃霸가 하동河東 균수장均輸長에 보임되었다고 하였다.[75] 균수법은 무제 이후에도 여전히 시행되고 있었음을 설명한다.

이른바 평준平準은 바로 국가에서 시장물가를 안정시키는 것이다. 구체적인 방법은 다음과 같다. 대농령은 경사京師에 평준관平準官을 설치한다. 균수화물을 접수하여 시장물가의 등락에 따라서, 가격이 오르면 방출하고 가격이 내리면 수매해서, 시장의 공급과 수요를 조절하여 물가 안정을 유지시켰다.

균수·평준 정책의 시행은 군국에서 공물 수송 시 발생하는 번거로움과 운반비용이 때로는 화물 본래의 가격을 초과하는 나쁜 현상을 제거하였다. 게다가 물가를 조절하고 시장을 통제하는 데 유리하여, 부상대고의 불법 활동을 타도하였다. 국가 재정수입을 증가시켰는데, "백성에게 부세를 더하지 않고도 천하의 재용이 풍부해졌다."[76] 그러나 균수·평준정책은 실행 과정에서 수많은 폐단이 발생하였다. 예컨대 어떤 때는 균수관이

---

74 『漢書』卷28「地理志」.

75 『史記』卷89「循吏列傳」.

76 『史記』卷30「平準書」"民不益賦而天下用饒."

IV. 전한 중기 사회경제의 번영과 변혁

늑매勒買한 물품과 농민이 생산하지 않은 물품은 "갖고 있는 물자를 풀어서 갖고 있지 않은 물자를 책임지게 하였고, 백성이 물품을 싼값에 팔아서 나라에서 구하기 편리하게 만들었으며",77 심지어 "간사하게 평균가로 팔게 하여서, 농민의 고통이 심하였다."78

한 무제 시기 재정 영역에서 상술한 개혁을 진행하는 것 이외에, 기타 경제 영역에도 광범한 개혁이 진행되었다. 예컨대 각지에 잇따라 공관工官, 복관服官, 동관銅官, 누선관樓船官 등이 설립되었고, 강력하게 관영 수공업을 일으켰다. 서북변경의 둔전을 널리 개간하고, 백성을 천사遷徙시켜 거주하게 하였으며, 농도위農都尉, 전관田官 등을 설치하여 관영 농업을 일으켰다. 동시에 경제영역에서 계속하여 제후왕의 권세를 약화시키고, 호강지주의 토지겸병세력 등등을 강력하게 타도하였다. 이러한 일련의 전방위적 경제개혁을 통해서, 국가의 재정수입이 충실해졌을 뿐 아니라, 한 무제의 웅대한 변방경략 계획을 떠받쳐주었고, 게다가 직접 혹은 간접으로 지방호부地方豪富의 경제이익을 박탈했으며, 한 걸음 더 나아가 경제영역에서 전제주의 중앙집권 통치제도를 강화시켰다.

진 시황이 건립한 전제 집권적 봉건통일국가 이후, 역대 통치자는 모두 봉건통일국가의 요구에 부합하는 경제제도를 건립하려고 모색하였다. 한 무제는 군주와 신하의 노력을 통해서, 마침내 이러한 임무를 처음으로 완성하였으므로, 중국 봉건경제제도의 기본 틀을 닦았다. 부인할 수 없는 것은 당시 생산력이 비교적 낮은 상황하에서, 봉건정권이 화폐를 독점하고 상공업을 독점하여 국가의 인력, 재력, 물력을 집중시켰고, 이를 사회자원으로 개발하고 첨단과학기술 수준을 향상시켜서 일정한 정도로 사회

---

77 『後漢書』卷26「百官三」"釋其所有, 責其所無. 百姓賤賣貨物以便上求."

78 『鹽鐵論』卷1「本議」"行姦賣平, 農民重苦."

경제 발전을 촉진하였다는 사실이다. 그러나 관영 상공업은 사회경제 발전을 저해하는 부작용도 함께 있었다. 가장 근본적인 문제는 바로 사유제가 기초인 봉건사회에서 국민경제에 대한 독점경영을 실행하였고, 가치규율을 위반하기가 쉬웠으며, 정치가 경제에 빈번히 충격을 주었다. 관리가 농간을 부리거나 경영이 제대로 잘 되지 않거나 백성을 위해하는 등의 각종 폐단이 나타났다. 특히 관영 상공업은 민간 상공업의 정상적인 발전을 억눌러서, 봉건경제가 단지 장기간 농업을 주체로 하는 자연경제 도로에 따라 원만히 진행시켜 나갈 수 있도록 하였다.

3. 재정관리 기구의 조정

경제개혁의 수요에 적응하기 위해서, 한 무제는 봉건국가의 재정관리 기구에 대해서 전면적인 조정을 진행하였다.

(1) 중앙재정관리 기구

전한前漢의 건국 이후 진나라의 제도를 계승하여, 중앙재정관리 기구를 다시 세웠다. 중앙정권은 승상丞相이 천자天子를 보좌하여 전국 재정을 총괄하였다. 일반적으로 승상이 중앙관서의 재정에 대한 심의를 책임졌고, 중앙과 지방군국의 재정집행 상황을 감찰하였다. 어사대부御史大夫는 부승상副丞相이 되어 주로 재정 감찰 직책을 수행하였다. 어사대부는 때로는 승상과 함께 군국의 상계上計를 받아서, 장부의 진위를 감찰하고 심사하는 책임을 맡았다.

한 무제 시기 황권을 더욱 강화하기 위해서, 일찍이 한 차례 승상의 권력을 약화시켰다. 당시 수많은 재정방략은 모두 장탕張湯, 공근孔僅, 상홍양 등이 제안하였으며, 승상은 단지 공사公事를 관례대로 이행할 뿐이었다. 게다가 무제는 또한 수차례 친히 상계를 주관하였고, 승상의 재정관리의 직무상 과실을 견책譴責하였다. 단지 승상은 명의상으로 여전히 재정방면의 최고 행정장관이었다.

승상의 재정 속관屬官으로 장사長史 2명이 있어서 관리재정사무를 도왔다. 계상計相과 기실연사記室掾史는 군국의 상계 사무를 책임졌다. 한 무제가 전면적인 경제개혁을 추진한 이후, 한 걸음 더 나아가 전국재정제도의 감찰관리를 더욱 강화하였다. 원수 5년(기원전118년) 사직司直을 설치하여, "승상을 보좌하여 불법을 적발하는 일을 맡겼다."[79] 사직은 재정방면에서 주로 다음과 같은 사항을 감독하였다. 관상官商인 평준령과 균수령이 사적으로 운영하여 부정행위를 하는지 여부, 국가에서 진행하는 건설공사 시 누군가 공으로 사익을 추구하는지 여부, 관리가 거짓을 꾸며 국가재산을 침탈하는지 여부 등이다. 『한서』「적방진전翟方進傳」에는 "고사故事에 사예교위司隸校尉는 위계가 사직司直 아래이다"라고 하여,[80] 사직의 지위가 비교적 높았음을 알 수 있다. 그는 기타 승상에 속리를 지휘하여 전면적으로 재정검사를 진행할 수 있었으며, 국가재정의 규율부분을 수호하는 데 중대한 역량을 발휘하였다.

중앙은 승상·어사부御史府 이외에, 구체적으로 재정을 관리하는 기구는 여전히 양대 계통으로 나뉜다. 하나는 국가재정을 관리하는 대사농大司農이고, 다른 하나는 제실帝室의 재정을 관리하는 소부少府와 수형도위水衡都尉이다.

대사농大司農: 전한 초기 대사농은 진나라의 제도를 계승해서 여전히 "치속내사治粟內史"라고 이름하였고, 경제景帝 연간 대농령으로 이름을 고쳤다. 한 무제 태초太初 원년(기원전 104년) 정식으로 대사농이라 칭하였다.

79　『漢書』卷19「百官公卿表·序」"掌佐丞相擧不法."
80　『漢書』卷84「翟方進傳」"故事, 司隸校尉, 位在司直下."

안사고는 "사농司農이 천하의 전곡錢穀을 관할하고, 국가의 상시 비용을 공급한다"고 하였다.[81] 구체적으로 전조田租, 추고세芻稿稅, 산부算賦, 자부貲賦, 경부更賦, 과경過更, 산민算緡 등 부세의 징수를 책임졌고, 또한 염·철·주류의 제작과 전매를 경영하였으며, 균수·평준 등 상업 활동에 종사하였고, 게다가 물자의 조운漕運과 조발調撥을 관리하였으며, 국가관리의 봉록과 군정軍政비용 등 재정지출을 책임졌다. 대사농은 중앙과 지방에서 모두 관리를 설치하여 각종 재정사무를 나누어 관할하였다.

대사농을 중앙에서 보좌하는 관리인 대사농중승大司農中丞은 전곡錢穀, 고용雇傭, 영건營建을 주관하였다. 또한 대사농승大司農丞은 소금, 철 혹은 관영 상업을 관할하였다. 무제 원봉元封 원년(기원전 110년) 상홍양의 건의에 따라서, 또한 대농부승大農部丞 몇 사람을 두어 군국郡國의 염鹽·철鐵을 균수均輸하는 일을 관리하였다. 대사농의 중앙속관인 태창령은 주로 미속米粟을 거두어 저장하여 관리에게 식량을 제공하는 책임을 졌고 아울러 도량형을 관장하였다. 또한 적전령籍田令은 황제의 친경親耕을 안배하는 일을 책임졌고, 아울러 적전籍田의 수확으로 제사에 공급하는 일을 관장하였다. 제왕이 친히 적전을 경작하는 오래된 전통은 인군人君에게 조종祖宗이 창업할 때의 어려움과 민간의 농사짓는 고됨을 깊이 마음에 새겨서 경계로 삼게 하였을 뿐 아니라, 게다가 봉건 통치집단이 농사를 권장하고 근본[농업]에 힘쓰게 하는 특별한 형식이었다. 무제 정화征和 4년(기원전 89년) "임금이 거정鉅定에서 경작하였고",[82] 일찍이 백관을 거느리고 멀리 제국齊國의 거정鉅定까지 가서 적전의 대례大禮를 거행하였다.

한漢 경제 연간 일찍이 대내大內를 설치하여 재화를 관장하게 했는데,

---

81 顔氏注, 『急就篇』卷4, 顔氏의 注 "司農領天下錢穀, 以供國之常用."
82 『漢書』卷6「武帝紀」"上耕于鉅定."

당시 곡화穀貨를 관장하는 대농령과 대등한 기구였다. 무제는 국가재정의 집중적이고 통일적인 관리를 더욱 강화하기 위해서, 대농령을 대사농으로 이름을 고쳐서 곡화와 재화를 통괄하게 하였다. 또한 대내를 도내령都內令으로 이름을 고쳐서 대사농의 속관으로 강등하였다. 도내령은 돈을 저축하는 일(藏錢)을 주관하는 것 이외에, 또한 방물을 공물로 바치는 일을 관리하였다. 도내都內는 국가 전화錢貨의 저축 장소였고, 도내에 보관된 돈을 "금전禁錢"이라고 칭하였는데, 평상시는 운영하지 않았다. 별도로 알관장斡官長은 원래 소부少府에 속하며 주전鑄錢을 관장하였다. 한 무제는 재정관계를 바로잡기 위해서, 태초太初 원년에 알관장을 분리하여 대사농에 귀속시켰고, 염·철·주류의 전매 사무를 관장하는 데 협조하도록 하였다. 한 무제가 경제개혁을 진행한 이후에, 한 걸음 더 나아가 국가의 재정수입을 확대하였다. 연이어 대사농 아래에 균수령均輸令을 설치하여 균수사무를 총괄하게 하였고, 각 군국의 균수관을 통괄하게 하였다. 평준령平準令을 설치하여 천하에서 수집하여 운송하는 일과 시장물가를 안정시키는 일을 담당하였다. 천한天漢 3년(기원전 98년) 무제는 각고관榷沽官을 설치하여, 관주官酒의 판매를 전담시켰다. 군량의 공급을 해결하기 위해서, 무제는 또한 군사재정관인 수속도위駿粟都尉를 설치하여, 주로 군둔軍屯 지역의 농업기술을 널리 확대하는 일을 책임지게 했고, 유사시에는 병사를 이끌고 전쟁을 맡게 하였다. 또한 치속도위治粟都尉는 군사비용을 조달할 계획을 세우는 일을 주관하였고, 대사농이 재원을 확대하는 일을 협조하였다. 또한 도전사자稻田使者를 설치하여, 공전公田에서 전조를 내고 가세假稅를 징수하는 일을 관장하게 하였다.

대사농은 중앙기구에 좌관佐官과 속리屬吏를 설치하여 각 분야의 공작을 분담한 것 이외에, 또한 지방군국에 파견기구를 설치하여 구체적인 사무를 처리하게 하였다. 『한서』「백관공경표百官公卿表·서문序文」에는 "또한 군국에 각종 창倉, 농감農監, 도수都水 65관官의 장長이나 승丞은 모두 여기에 속한다"고 하였는데,[83] 곧 대사농은 65개 군국에 모두 창장倉長, 농감, 도수 등의 속리를 설치하였다. 그중 창장은 관부의 미속을 거두어 보관하는 일을 맡았고, 때로는 미속을 중앙으로 송달하였다. 농감장農監長은 관전官田의 경작을 감독하는 일을 맡았다. 도수장都水長은 군국에 있는 하거河渠의 수리를 주관하였고, 관개灌漑하여 수위를 맞추었으며, 어세漁稅를 징수하였다. 무제 시기 각 군郡에 균수관을 설치하였다. 균수관은 또한 균수장 혹은 균장均長이라 칭하였고, "균등하게 조절하여 공급하고 육로와 수로를 통해 〈군국에 비축된 물자를〉 옮긴다."[84] 게다가 각 군국은 또한 균수감均輸監을 설치하여, 균수 사무를 감독하는 일을 책임졌다. 그들은 대사농과 균수령의 지도하에 공정을 시작하였고, 전국은 아래위로 전반적인 균수관리 감독체계가 형성되었다. 전한 정권은 또한 각 소금생산지에 염관鹽官을 설치하였다. 염관은 또한 염관장鹽官長이라 칭하였고, 염정鹽政의 관리를 책임졌다. 철광산지에는 철관鐵官을 설치하여, 철정鐵政을 주관하게 하였다. 한漢나라의 봉니封泥에 따르면, 철관은 또한 채철采鐵 혹은 주장鑄長이라 이름하였다. 무제가 염철의 관영을 실행한 이후, 각지에 염철관은 한결같이 대사농의 통일적인 관할하에 귀속되었다. 『염철론』 「복고復古」에는 "효무황제孝武皇帝〔한 무제〕는 구이九夷를 물리쳤고 백월百越을 평정했으나, 군사가 수차례 일어나서 양식이 부족하여 전관을 세웠다"고 했는데,[85] 무제가 또한 각지에 전관－예컨대 거리전관渠犁田官, 성전관騂田官, 북가전관北假田官 등－을 설치하여, 공전公田의 임대와 가세의 수취를 관장하게 했음을 알 수 있다. 변군邊郡 소수 민족 지역의

---

83 『漢書』 卷19 「百官公卿表」 "又郡國諸倉農監都水六十五官長丞皆屬焉."

84 王隆, 『小學』 「漢官篇」 "調均報度, 輸漕委輸."

85 『鹽鐵論』 卷1 「復古」 "孝武皇帝攘九夷, 平百越, 師旅數起, 糧食不足, 故立田官."

농업생산을 발전시키기 위해서, 무제는 또한 농도위農都尉를 설치하여 둔전과 식곡殖穀을 맡게 하고, 아울러 둔전 지역의 민정을 관리하도록 하였다. 문헌 중에는 장액농도위張掖農都尉, 삭(방)농도위朔(方)農都尉 등이 보인다. 전관과 농도위는 또한 대사농이 각지에 설치한 속관이다.

소부少府: 전한 정권의 소부는 여전히 제실帝室 재정을 관리하는 주요한 기구였다. 경제개혁의 수요에 적응하기 위해서, 한 무제는 소부기구에 대해서 다음과 같이 조정하였다. 첫째, 소부기구 이외에 수형도위水衡都尉를 설치하였고, 상림원上林苑과 화폐주조 등의 업무를 전문적으로 관리하였다. 둘째, 소부가 관장하던 얼마간 세수와 그에 상응하는 기구를 대사농에게 이관하였다. 『한서』「식화지하食貨志下」에서 "염철승鹽鐵丞 공근孔僅과 동곽함양東郭咸陽은 '산해山海와 천지天地가 품고 있는 산물은 마땅히 소부에 속하지만, 폐하께서는 사사로움이 없으시니 대농령大農令에 속하게 하여 부세에 도움이 되게 해야 합니다'"라고 하였다.[86] 그래서 소부가 관할하던 알관斡官, 염관鹽官, 철관鐵官 등은 모두 대사농의 하위기구가 되었다. 셋째, 각지에 상관上官, 삼복관三服官, 동관銅官 등의 기구를 계속해서 설치하여, 관부수공업에 대한 관리를 더욱 강화하였다. 넷째, 소부의 수입을 황실전용으로 삼던 상규常規를 타파하여, 비상시에 종종 소부의 금전禁錢을 국가의 지출에 사용하였다.

한 무제의 재정기구에 대한 조정을 통해서, 소부의 주요한 세수의 근원은 소부가 갖고 있는 원지園池·원유苑囿, 산지山地·황야荒野 등을 빌려주고 얻는 가세, 민영 상공업 영업세, 관잡세關卡稅, 7～14세 아동이 납부하는 구부口賦 20전 등이었다. 그 재정지출은 천자·궁정宮庭의 비용, 천자의 제

---

86 『漢書』卷24「食貨志下」"鹽鐵丞孔僅咸陽言, 山海天地之藏, 宜屬少府, 陛下弗私, 以屬大農佐賦."

사·상사賞賜 비용 등에 쓰였다.

소부는 중앙과 지방에 모두 분사기구를 설치하여 각종 업무를 관장하게 하였다. 경사京師에는 소부에 승丞 6인이 있었고, 소부의 동승銅丞이 전한 전기 일찍이 동전주조를 관장했다는 것을 상고해볼 만하다. 소부의 옥승獄丞은 조옥詔獄을 주관한 듯하다. 또 다른 승은 "〈황제가〉 사용하는 여러 물품을 관장하였는데, 곧 의복, 보화寶貨, 진선珍膳 등이 속하였다."[87] 평제平帝 원시元始 원년(기원후 1년) 또한 소부에 해승海丞을 두어 해세海稅를 담당하게 하였고, 과승果丞을 두어 각종 과일을 담당하게 하였다. 소부의 속관屬官인 태관太官은 궁정의 찬거리(膳食), 술빚기(釀酒), 채소재배(種菜), 식용의 진기한 날짐승·야생동물 및 사계절에 헌상된 과일 등을 공급하는 일을 주관하였다. 탕관령湯官令은 떡(餠餌), 과일(果實), 식자재(貨食)를 공급하는 일을 주관하였다. 또한 탕관湯官은 음료를 살폈고, 탕관령이 궁정음식을 감독하는 데 협조하였다. 사서의 기록에 따르면, 태관과 탕관은 각각 관노비 3천 명이 있었고, 매년 사용경비는 평균 2만만萬萬[억] 〈전〉에 달하였다. 또한 태의령太醫令은 여러 의원(医)을 관장하고 의약을 주관하였다. 『한관漢官』에는 태의령에게 "의원 293인, 관리 19인이 있어,[88] 각종 의료업무를 분장하였다. 아울러 태의감太醫監을 설치하여 여러 태의太醫가 병을 진료하고 약을 사용하는 일을 감찰하게 하였다. 도관령導官令은 쌀을 고르는 일을 주관하였고, 도관導官은 여도女徒[여자 죄수]를 이용하여 쌀을 고르도록 하였으므로 도관은 범인의 관리를 겸하였다. 약로령若盧令은 병기의 보관을 맡았고, 죄를 저지른 장상將相·대신 및 그 친척·부녀자를 가두었으며, 아울러 낭중郎中 29인을 두어 쇠뇌쏘기(弩射)를 담당하게

---

87 『後漢書』 卷116 「百官志三」 "掌中服御諸物, 衣服寶貨珍膳之屬."
88 "員醫二百九十三人, 員吏十九人."

하였다. 고공령考工令은 기계 제작을 주관했는데, 활(弓), 쇠뇌(弩), 칼(刀), 갑옷(鎧), 제사·생활용기를 포괄하였다. 고공관서考工官署는 원래 이름이 고공실考工室인데, 태초 원년(기원전 104년) 무제가 고공으로 이름을 고쳤다. 고공의 규모는 비교적 컸으며, 수공업 공장이 약간 있었고, 다양한 명칭의 속리가 있었다. 동직령東織令과 서직령西織令은 성제成帝 화평和平 원년(기원전 28년) 동직東織을 없애고, 서직西織을 직실織室로 이름을 고쳤다. 직실령織室令은 비단(繒帛)을 짜서 경사京師 궁정의 피복을 공급하고, 무늬(文繡)를 넣은 교묘제郊廟祭의 의복 등을 짓는 일을 주관하였고, 매년 사용경비는 5천만〈전〉에 달하였다. 또한 차비령佽飛令은 오리(鳧)·기러기(雁)를 사냥하여 종묘의 제사에 공급하는 일을 맡았고, 일부 병기를 만드는 일도 겸하였다. 차비는 원래 이름이 좌익左弋이었는데, 한 무제 태초 원년에 차비라고 고쳐서, 9승丞 12위尉를 두었다. 동원령東園令은 능내陵內 기물을 제작하는 일을 주관하였다. 동원의 비기秘器·관곽棺槨, 동원의 온명溫明·금루金縷·옥의玉衣 등을 포괄하였다. 어부령御府令은 천자의 금전金錢·진보珍寶·의복衣服 등을 관장하였다. 포인장胞人長은 가축을 도살한 식자재를 관장하였다. 상방령尙方令은 진보珍寶의 기물을 제작하는 일을 주관하였고, 경서를 보관하는 상자(藏經之器)나 아주 좋은 병기나 용기를 포괄하였다. 무제가 시작한 이후, 상방령尙方令은 좌·중·우상방으로 나누었는데, 수공업 공장의 규모 역시 그에 따라 확대되었다. 구순령鉤盾令은 경사京師 부근의 원유苑囿, 천자의 농전弄田(천자가 유년시절 시험삼아 경작하여 희롱하는 전지田地), 보화寶貨를 관장하였다. 중장부령中藏府令은 금은재화를 관장하였고, 아울러 용기도 만들었다. 또한 상서령尙書令은 천자의 일상적인 업무와 생활을 시중들었다. 무제가 후궁에게 연회를 베풀었기에 환관을 겸직으로 임명하면 중서령中書令이라 칭하고, 사족을 임용任用하면 상서령이라 칭하였다. 『한관의漢官儀』에는 무제 연간 서령書令〔중서령 혹은 상서령〕 아래에 상서尙書 4인을 두었고, "1인은 흉노匈奴 선우單于의 영부營部를 주관하고, 1인은 강이羌夷의 관리와 백성을 주관하고, 1인은 천하의 호구戶口와 토전土田의 개간·경작을 주관하고, 1인은 전백錢帛의 납부와 수송을 주관한다"고 하였다.[89] 성제成帝 연간 또한 상서尙書 5인을 두었다. 상서기구의 직권이 점차 확대되었음을 알 수 있다.

소부는 지방군국에 수공업을 일으켜서, 궁정관부宮廷官府의 수요를 만족시켰다. 대략 경제景帝·무제武帝 사이에, 전한 정권은 연이어 군현郡縣에 공관工官 10처를 설치하였다. 공관은 주로 지방 관영 수공업을 관리하였고, 궁정관부의 용품 혹은 병기를 제조하였다. 그중 촉군蜀郡, 광한군廣漢郡의 공관에서 주로 귀중한 칠기漆器와 금은기金銀器를 제조하였다. 매년 각기 5백만 〈전〉을 소모하였다. 공관의 설치는 봉건정부로 하여금 지방경제를 제어하였고, 지방의 공상호부工商豪富에 타격을 주어서 중앙집권을 더욱 강화하는 중대한 시책이었다. 별도로 제군齊郡, 진군陳郡 두 군에 복관服官을 설치하였고, 천자의 의복 제작을 주관하게 하였다. 또한 몇 곳의 동銅 생산지에 동관銅官을 두어 동을 채굴하여 제련하게 하고, 그런 후에 각지에서 제조한 기구를 운반해가는 일을 관장하도록 하였다. 강이나 바다 근처에 누선관樓船官을 설치하여 누선樓船의 제조를 주관하게 하였다. 별도로 출산지에 귤관橘官을 설치하여 해마다 공물로 황제에게 바치는 귤을 주관하였고, 금관金官을 설치해 금광金鑛에서 채굴하고 제련하는 일을 주관하였다. 요컨대, 소부는 지방의 속관屬官을 설치하여 군현 수공업을 발전시켰고, 궁정관부의 수요를 만족시켰으나, 이를 위해서 거액의 자금을 소모하였다.

수형도위水衡都尉: 원정元鼎 2년(기원전 115년) 한 무제 시기에 상림원上林苑

---

[89] "一人主匈奴單于營部, 一人主羌夷吏民, 一人主天下戶口土田墾作, 一人主錢帛貢獻委輸."

Ⅳ. 전한 중기 사회경제의 번영과 변혁

을 전담하는 수형도위水衡都尉를 별도로 설치하였으며 대사농, 소부와 함께 3대 재정기구가 되었다. 『한서』「식화지하」에는 다음과 같이 설명한다. "처음에 대농령大農令이 염철관을 관리하면서 많이 펴져있었으나, 수형도위를 설치해 염철鹽鐵을 주관하게 하였다. 그리고 양가楊可의 고민령告緡令으로 상림원上林苑의 재물이 불어나니, 수형도위에게 상림원을 주관하게 하였다."[90] 오래지 않아서 무제는 민간에서 군국의 동전을 주조하는 일을 금지시켰고, 화폐의 주조권한을 국가로 귀속시켜서 상림삼관上林三官이 오수전五銖錢 주조를 전담하게 하였다. 이에 수형도위 또한 국가 화폐제조를 주관하여 전한 왕조 재정의 중요한 부분을 담당했다.

　수형도위가 장악한 상림원의 면적은 광대하여, "남쪽으로 의춘宜春, 정호鼎湖, 어숙御宿, 곤오昆吾에 이르고, 남산南山 인근에서 서쪽으로 장양長楊, 오작五柞에 이르며, 북쪽으로 황산黃山이 둘러싸고, 위수渭水를 건너서 동쪽으로 둘레가 수백 리에 이른다."[91] 주위에 담장을 축조하였고, 길이는 20여 만 미터에 달하였다. 『관중기關中記』 등에서 상림원은 36구區로 구획하였는데, 그중 "궁宮이 12곳, 관觀이 25곳"이었고,[92] 또한 10대 유명 연못이 있었으며, 각종 날짐승과 들짐승, 진귀하고 희귀한 식물 등 수천 종이 있었다고 한다. 수형도위는 상림원 내 소유재산을 관리하는 것 이외에, 또한 무제武帝가 고민으로 몰수한 전물錢物, 전지田地, 노비奴婢 및 상림원 내 주전업鑄錢業, 관부수공업, 각종 세수, 그리고 군정軍政, 민정民政 등을 관리하는 책임을 졌다.

90　『漢書』卷24「食貨志下」"初, 大農幹〔斡〕鹽鐵官布多, 置水衡, 欲以主鹽鐵, 及楊可告緡, 上林財物衆, 乃令水衡主上林."

91　『漢書』卷87「揚雄傳」"南至宜春鼎湖御宿昆吾, 旁南山而西, 至長楊五柞, 北饒黃山, 瀕渭而東, 周袤數百里."

92　"宮十二, 觀二十五."

수형도위를 보좌하는 관리로 승丞 5인을 두었는데, 수형도위가 상림원
上林苑을 관리하는 일을 돕고, 천자의 출행을 위해서 올리는 도구를 진열
하였으며, 제사의 희생을 획득하는 등의 업무를 맡았다. 속관屬官인 상림
령上林令은 〈상림〉원 내에서 궁관宮館과 금수禽獸를 관장하였고, 아울러
〈황제의〉순수巡狩 시 호위를 책임졌으며, 그 휘하에 "8승丞 12위尉"[93]를
설치하였다. 예컨대 상림조옥上林詔獄은 구체적으로 〈상림〉원 내 금수禽獸
와 궁관宮館의 수리(治理)를 책임졌다. 상림수사공上林水司空은 수도囚徒〔죄
수〕를 관리하였다. 호권색부虎圈嗇夫는 원苑 내 금수를 책임졌는데, 상림
중에는 호랑이우리(虎圈) 이외에, 또한 말우리(馬圈), 돼지우리(豕圈), 곰우
리(熊圈) 등이 있었다. 상림농관上林農官은 소속 공전公田을 관리하였다. 상
림구감上林狗監은 천하의 사냥개의 사육을 책임졌다. 상림공부上林供府는
동기銅器나 칠기漆器 등 용구의 제조를 맡았다. 상림시공上林寺工은 병기兵器
와 용기用器의 생산을 책임졌다. 균수령均輸令은 상림원 내 균수업무를 주
관하였고, 또한 원 내 일부 생산품을 내다 팔아서 이익을 내는 일을 맡았
으며, 아울러 승 4인을 두어 균수와 유관한 사무를 돕게 하였다. 어수령
御羞令은 제왕의 이궁離宮 별관이나 휴식 장소를 관리하였고, 제왕의 음식
재료를 책임졌으며, 아울러 황제가 쓸 물건을 공물로 바치는 일을 주관하였
다. 금포령禁圃令은 상림원에 소속된 작은 구역의 원유苑圃를 주관하는 관
리인데, 원 중에 샘물(泉水)을 관리하였고, 원 중에 재배한 채소나 원전苑田에
서 나오는 전조田租를 책임졌다. 아울러 금포승禁圃丞, 금포위禁圃尉, 천감
泉監을 설치하여 각종 사무를 분장하였다. 집탁령輯濯令은 원 내 하지河池
의 선박제조를 관리했고, 그 휘하에 집탁사輯濯士와 황두랑黃頭郎을 두어
배를 운용하는 일을 책임지게 했다.

93　『漢書』卷19「百官公卿表」"八丞十二尉."

상림삼관上林三官: 종관령鐘官令이 동전의 주조를 주관하였고, 기교령技巧令은 동전 모형을 새기는 기술을 맡았으며, 변동령辨銅令은 동전주조 원료의 분별을 관할하였다. 『한서』「식화지하」에는 "효무孝武〔한 무제〕 원수元狩 5년 삼관三官이 처음으로 오수전五銖錢을 주조하였고, 평제平帝 원시元始 연간에 이르러 동전은 280억만여 〈전〉을 만들었다"고 하였다.[94] 또한 육구령六廄令은 원 내 말 사육을 주관하였다. 마굿간마다 영令과 승丞 각 1인을 두었고, 그 속관으로 마감馬鑑, 구색부廄嗇夫가 있었다. 형관장衡官長은 세수의 균형을 맞추는 일을 주관하였고, 아울러 주조한 동전의 질량을 관리하였다. 수사공장水司空長은 수리水利 공사와 유관범죄를 관리하였다. 도수농창장都水農倉長은 곡물 저장을 주관하였다. 도수장都水長은 원 내 수리水利를 주관하였고, 동시에 삼보三輔의 도수都水를 관리했는데 하거河渠의 준천濬川이나 교량의 정비 등을 포괄하였다. 감천창장甘泉倉長은 수형水衡이 조租로 거둔 곡물을 저장하여 관리하였다.

『한서』「선제기宣帝紀」에서 응소應劭의 주注를 인용하여, "수형도위와 소부는 모두 천자의 사적인 재정일 뿐이다"고 하였다.[95] 그러나 수형도위와 소부는 필경 같지 않으니, 수형도위는 주로 재물을 모으는 기구였고, 아울러 소부처럼 궁정 내무內務 및 그 방대한 지출을 관장하지 않았다. 게다가 수형도위 소속의 상림삼관이 주조한 오수전五銖錢은 천자가 사적인 재정(私藏)으로 삼기는 불가능하였으므로, 실제로 국가공용을 충당해야 했다.

무제의 경제개혁을 통해서, 원래 소부에 속한 수많은 수입을 별도로 나누어서 수형도위와 대사농에게 귀속시켜 관장하게 하여 소부의 수입을

---

94 『漢書』卷24「食貨志下」"自孝武元狩五年三官初鑄五銖錢, 至平帝元始中, 成錢二百八十億萬餘."

95 "水衡與少府皆天子私藏耳."

크게 감소시켰다. 설령 이처럼 되었다고 하더라도, 소부의 금전은 비상시 국가재정을 지원할 여력이 있었다. 『한서』「식화지하」에는 무제 시기 "군국이 자못 재해를 당하면, 빈민과 산업이 없는 사람을 모집하여 넓고 풍요로운 땅으로 천사하였고, 폐하陛下께서는 반찬을 덜어 지출을 줄이셨으며, 금전禁錢을 내어서 백성을 진휼하셨습니다"고 하였다.[96] 또한 『한서』「가연지전賈捐之傳」에는 다음과 같이 설명한다. "일전에 강족羌族 군대로 말하자면, 사나운 군사가 〈왔다간 지〉 일찍이 아직 1년도 안 되어서, 병사를 냈지만 천리도 넘지 못하고 비용은 약 40만만〔억〕〈전〉에 달하였다. 대사농은 자금을 모두 사용하여, 이에 소부가 금전禁錢으로 계속해서 지출하였다."[97] 한 무제가 전면적으로 재정기구를 조정한 이후, 국가재정기구인 대사농의 세금수취 기능은 더욱더 확대되었고, 제실재정기구인 소부의 세수기능은 더욱더 약화되었다. 그리고 수형도위의 설치는 소부를 점차 궁정사무 전담기구로 변모시키는 과도기의 작용을 야기하였다.

『한서』「왕가전王嘉傳」에는 한 무제 시기 "도내의 동전은(곧 대사농이 관장하는 동전) 40만만〔억〕〈전〉이고, 수형도위의 동전은 25만만〔억〕〈전〉이고, 소부의 동전은 18만만〔억〕〈전〉이다"고 하였다.[98] 전한 중·후기 중앙의 3대 재정기구 수입의 대략적인 정황情況을 알 수 있다.

---

96 『漢書』 卷24 「食貨志下」 "郡國頗被災害, 貧民無産業者, 募徙廣饒之地. 陛下損膳省用, 出禁錢以振元元."

97 『漢書』 卷64 「嚴朱吾丘主父徐嚴終王賈傳」 "以往者羌軍言之, 暴師曾未一年, 兵出不踰千里, 費四十餘萬萬, 大司農錢盡, 乃以少府禁錢續之."

98 『漢書』 卷86 「何武王嘉師丹傳」 "都內錢四十萬萬, 水衡錢二十五萬萬, 少府錢十八萬萬."

(2) 지방재정기구地方行政機構

전한 정권의 지방재정기구는 대체로 진나라의 제도를 계승하였다. 그러나 한초漢初 추진한 군국병행제도는 중앙집권적 통치에 불리하였다. 정치경제 상황의 발전에 따라서 문제가 시작한 이후, 경제·무제 등은 계속해서 경제영역 내에서 한 걸음 더 나아가 전제 집권적 관리체제를 더욱 강화하기 위해서, 지방행정기구에 대한 조정을 진행하였다.

제후왕국諸侯王國: 전술한 바와 같이, 전한 초기 여러 제후왕국은 봉지가 크고 인구가 많았으며, 각종 재정특권을 가졌다. 이 때문에 지방을 분열시킨 할거세력割據勢力이 점차 발전하였다. 제후왕의 경제적 우세를 박탈하기 위해서, 전한 정권은 우선 왕국의 봉지封地 삭감부터 착수하였다. 가의賈誼와 조조晁錯의 건의에 따라서, 문제와 경제는 연이어 "제후를 많이 세워서 그 힘을 약화시키고"[99] 아울러 "봉지를 삭감하는"[100] 정책을 채택하여, 계속해서 제후왕의 봉지를 삭감하고 박탈하였으며, 점차 줄기를 튼튼히 하고 가지를 약화시키는[101] 국면이 도래하였다. 원삭元朔 2년(기원전 127년) 한 무제는 한 걸음 더 나아가 주보언主父偃의 제안을 받아들여서, "추은령推恩令"을 반포하였다. 제후왕은 자기 영지를 자제에게 은혜를 베풀어[102] 나누어주고 후국侯國을 세울 수 있도록 규정하였다. 그래서 왕국의 영지는 은혜를 베풀어서 일부가 나날이 축소되었고, 새로이 건립된 후국은 한 군의 통할하에 들어갔으며, 그러므로 중앙 직속 군현의 범위는 나날이 확대되었다. 추은령은 "제후를 많이 세우고", "봉지를 삭감하는" 정책 두 가지를 종합적으로 운영하여, 일종의 완만하고 유효하게 봉지를 삭감하는

---

99 『漢書』卷48「賈誼傳」"衆建諸侯而少其力."
100 "削藩."
101 "强干弱枝."
102 "推恩."

방식이었음을 알 수 있다. 그래서 한 무제 시기 제후왕국의 봉지는 크게 감축되었다. 중앙의 직속인 지역은 한초 15군郡에서 80군으로 증가하였다. 사마천은 다음과 같이 지적하였다. "제후는 점점 미약해져서, 대국大國도 10여 성城에 불과했고, 소후小侯도 수십 리에 불과했다. 〈그러나〉위로는 공물을 바치기에 충분하였고, 아래로는 제사를 공양하기에 충분하였으며, 경사京師의 울타리가 되었다. 그리고 80~90여 개의 한군은 제후 사이에 형세가 얽혀서 견아犬牙로 서로 맞물려있고, 〈조정은〉요새와 지리적 유리한 곳을 장악하여, 뿌리와 줄기는 강하게 하고 가지와 잎은 약하게 하는 형세가 되어, 존귀하고 비천함이 분명해져서 모든 일이 각기 그 제자리를 얻었다."[103]

전한 정권은 점차 제후의 봉지를 삭감하는 동시에, 또한 그 경제권력에 대해서 각종 제한을 추진하였다. 일찍이 고조高祖 시기 바로 중앙에서 제후왕국에 승상을 임명하였고, 승상이 왕국의 재정을 협치하여 감독하였다. 그리고 제후왕은 내사內史를 자신이 설치하여 재정을 관리하였다. 경제景帝는 칠국七國의 난亂을 평정한 후, 제후왕의 백성을 다스리는 권한을 없앴다. 제후왕국의 관속官屬을 없애거나 줄였고, 제후왕국의 승상을 상相으로 이름을 고쳤다. 아울러 제후국은 4백 석 이상의 관리는 모두 한나라 조정에서 대신 두게 하였고, 제후왕이 사사로이 부세를 징수하거나 요역을 징발할 수 없도록 규정하였다. 동시에 경제는 제후가 스스로 설치한 소부를 폐지하도록 선포하였고, 그 봉국 내 산천山川·원지園池·시정市井의 조세를 수취하는 특권을 없앴다. 소부가 관리하던 제후 왕궁王宮의 사물에 관해서는 중앙에서 선발한 낭중령郎中令을 파견하여 대신 관리하도록

---

103 『史記』卷17「漢興以來諸侯王年表·序」"諸侯稍微, 大國不過十餘城, 小侯不過數十里. 上足以奉貢職, 下足以供養祭祀, 以藩輔京師. 而漢郡八九十, 形錯諸侯閒, 犬牙相臨, 秉其阨塞地利, 強本幹弱枝葉之勢, 尊卑明而萬事各得其所矣."

하였다. 그리고 제후가 소유한 동전은 사부장私府長에게 귀속시켜 관리하 도록 하였다. 그때 제후왕국이 비록 여전히 정치권력을 보유하는 형식을 띠었으나, 이미 한나라 조정이 직할하는 군郡과 아무런 구별이 없었고, 제 후왕은 "오로지 의식과 조세를 얻을 뿐, 정사를 돌볼 수 없는"104 봉군封君 으로 변모하였다.

무제 시기 한 걸음 더 나아가 제후의 경제특권을 약화시켰고, 정식으로 제후왕의 화폐주조와 염·철·주류를 경영하는 권력을 없앴으며, 제후왕 국의 원료 산지에 국가가 동관, 염관, 철관 등을 설치해서 통일적으로 관리하였다. 그래서 제후왕은 "사부私府"의 대규모 재원이 잘려나갔다. 소 제昭帝·선제宣帝 시기 민정과 재정을 감독하는 왕국 상相의 지위는 여전히 군수郡守보다 위에 있었다. 『한서』 「원제기元帝紀」에는 초원 3년(기원전 46년) "제후 상相의 지위를 군수 아래에 두라고 명한다"고 하였다.105 성제成帝 수화綏和 원년(기원후 8년)에 이르러, 전한 정권은 또한 왕국 내사를 폐지한 다고 선포하였고, "상은 백성을 다스리니 군의 태수太守와 같게 하고, 중 위中尉는 군의 도위都尉와 같게 하라고 다시 명하였다."106 왕국의 속관은 완전히 군현郡縣과 일치하였다.

게다가 전한 정권은 제후왕의 경제범죄를 엄격하게 처벌하였다. 경제景帝 시기 임강민왕臨江閔王 유영劉榮은 "사당의 공터와 담을 침범하여(관외官外 의 여유땅) 궁을 지었다."107 경제는 중위 질도郅都를 파견하여 문책하니, "왕이 두려워하여 자살하였다."108 무제 시기 또한 죄명을 뒤집어쓴 경우

---

104 『漢書』卷14「諸侯王表·序」"惟得衣食稅租, 不與政事."
105 『漢書』卷9「元帝紀」"令諸侯相位在郡守下."
106 『漢書』卷19「百官公卿表·序」"更令相治民, 如郡太守, 中尉如郡都尉."
107 『史記』卷17「漢興以來諸侯王年表」"坐侵廟壖垣爲宮."
108 『史記』卷59「五宗世家」"王懼, 自殺."

도 있었는데, 연이어 9개 왕국을 폐지하였다. 별도로 중앙정부는 또한 엄격한 상계上計제도를 통해서 제후왕국의 재정을 제어하였는데, 왕국에 소속된 각 현은 제때에 왕국에 상계하고, 왕국은 군과 마찬가지로 함께 계리計吏를 파견하여 경사京師에 보내어 상계하도록 요구하였다. 왕국은 또한 "장사長史"를 두었는데 "군의 승과 같아서",[109] 상계 업무를 전담하였다.

군수郡守: 한나라는 진나라의 제도를 계승하여, 지방 각 군에 군수를 설치하여 전국의 행정과 재정을 관장하게 하였다. 군수는 재정방면에서 본군本郡의 수입과 지출의 모든 권한을 책임졌고, 아울러 그 속현屬縣의 재정을 감독하였다. 『한서』「왕가전王嘉傳」에는 "지금의 군수는 제후보다 중요하다"고 하였다.[110] 그래서 군수는 군 단위의 최고재정장관이 되었다. 경제 중원中元 2년(기원전 148년) 군수를 태수太守로 이름을 변경하였는데, 이것은 군수의 명망을 높이고 제후왕국의 지위를 낮추려는 뜻이 있었음이 분명하다. 한 무제 시기 군단위 재정기구에 대한 새로운 조정을 추진하였다. 우선, 경성京城 근교 지역의 행정재정관리 기구를 완비하였다. 태초원년(기원전 104년) 우내사右內史를 경조윤京兆尹으로 이름을 고쳤는데, 장안동서시령長安東西市令, 장안주령長安廚令, 도수都水, 그리고 그 소재지 철관의 재정기능을 감독하였기 때문이다. 좌내사左內史를 좌풍익左馮翊으로 이름을 고쳤는데, 제사에 희생을 바치는 일, 그리고 좌도수左都水, 소재 철관鐵官·운루雲壘·장안사시장長安四市長의 재정기능을 감독하였기 때문이다. 주작도위主爵都尉를 우부풍右扶風으로 이름을 고쳤는데, 목축牧畜·우도수右都水·소재 철관鐵官·마구馬廄·옹주장雍廚長의 재정기능을 감독하였기 때문이다. 경조윤·좌풍익·우부풍은 도성都城의 삼보三輔가 되었는데, 이

---

109 『續漢書』卷28「百官志五」"如郡丞."
110 "今之郡守重于諸侯."

것은 전한 정권이 반드시 엄격히 통제하는 중대한 요직이었고, 그 재정지위는 외지의 태수보다 높았다. 동시에 한 무제는 또한 계속해서 변군邊郡을 증설했는데, 전국에 총 1백여 개 군국 단위의 지방행정재정 통치망이 형성되었다. 다음으로, 지방 군국에 대한 재정감독을 더욱 강화하였다. 한 무제는 또한 원봉元封 5년(기원전 106년) 부자사部刺史 13인을 설치하여, "군국을 두루 다니며 통치 상황을 살펴서, 능력여부에 따라 출척黜陟하고 억울한 옥사를 판결하며 육조로 업무를 물어보게 하였고, 육조에서 묻는 바가 아니면 살피지 않았다. 제1조, 강종호우强宗豪右가 전택田宅의 제도를 뛰어넘고, 강한 자가 약한 자를 업신여기며, 많은 자가 적은 자에게 난폭하게 하는지 여부이다. 제2조, 2천석이 조서를 받들어 전장典章제도를 존숭하지 않고, 공公을 등지고 사私를 추구하며, 조서를 제쳐두고서 이익을 지키며, 백성을 침탈하고, 세금징수를 간사하게 하는지 여부이다."111 게다가 무제는 또한 직접 상계上計를 주관하였고, 각지를 순행巡行하였으며, 군국재정을 감독하였다. 원정 5년(기원전 112년) 무제는 하동河東·농서隴西까지 순행했는데, 두 군의 태수는 천자와 수행 인원에게 제공하는 음식을 잘 준비하지 못하여서 모두 황공하여 자살하였다. 그 후 무제는 "신진新秦 지역 중에 혹 천리千里를 지나도록 역참(亭)과 요새(徼)가 없음"을 발견하고서, "북방 지역 태수 이하를 주살하였다"고 하여,112 직책을 다하지 못한 태수에 대하여 엄한 처벌을 실행하였다. 마지막으로, 무제는 지방 물산이나 수공업에 대한 통제를 더욱 강화하였다. 그때 정부는 철을 감독하고 관에서 운영하게 했고, 지방수공업을 일으켰으며, 연이어 군국郡國에 염

---

111 『漢書』卷19「百官公卿表」, 顔師古의 注 "… 周行郡國, 省察治狀, 黜陟能否, 斷治冤獄, 以六條問事, 非條所問, 則不省. 一條, 强宗豪右田宅踰制, 以强凌弱, 以衆暴寡. 二條, 二千石不奉詔書遵承典制, 倍公向私, 旁詔守利, 侵漁百姓, 聚斂爲姦. …"
112 『漢書』卷24「食貨志下」"新秦中或千里無亭徼. 於是誅北地太守以下."

관염官·철관鐵官·공관工官·복관服官·동관銅官·귤관橘官 등을 설치하여 원료와 기초공업을 독점하고, 지방 경제의 명맥을 제어하였다.

당시 태수의 재정직무에는 부세를 징수하고 요역을 징발하며 물자를 조발調發하고 거두어 바치는 권한을 갖고 있었고, 아울러 군부郡府의 일상 지출을 책임졌으며, 또한 농상農桑을 장려하고 빈민을 구제하는 등의 책임이 있었다. 별도로 태수는 군 내 관영 수공업에 대한 감독 권한을 갖고 있었고, 아울러 현령縣令과 현장縣長 및 군리郡吏의 횡령(貪汚)이나 부정행위 등 재정법령을 위반하는 행위를 감찰하였다. 태수는 또한 반드시 소속 현의 상계를 접수하여 현령과 현장의 치적(政績)을 심사하였다. 게다가 군 태수는 또한 반드시 분류하여 중앙에 상계하였고, 중앙에서 심사평정을 거쳐, 마지막에 황제가 장징奬懲과 출척黜陟을 결정하였다.

태수의 재정보좌 관리는 주로 군승郡丞과 군연郡掾이었다. 군승은 중앙에서 임면任免하였는데, "삼보군三輔郡은 다른 군의 사람을 임용할 수 있었다."113 예컨대 황패黃霸는 회양인淮陽人이었고, 옮겨서 좌풍익에 이르렀고, "찰염察廉은 하남태수河南太守의 승丞이었다."114 군승은 태수의 직권행사를 특별히 허락받았다. 그 재정상 주요한 책임은 상계上計의 관장이었고, 아울러 속리屬吏인 서좌書佐가 협력하여 다스렸다. 군연郡掾은 태수가 임면하는데, 인원수가 비교적 많았고, 그중에 계부計簿〔회계장부〕를 전담하는 군연이 있었다. 태수의 재정속관인 군소부郡少府는 군부郡府의 재물財物을 관장하였고, 태수의 경비를 공급하였다. 유창령有倉令은 무기를 관장하였다. 전한은 변군邊郡에 또한 농도위農都尉를 설치하였는데, 대사농에 직속되었으나 역시 군 태수의 지휘를 받았다.

---

113 "三輔郡得仕用它郡人."
114 『漢書』卷89「循吏·黃霸傳」, 如淳의 注 "察廉爲河南太守丞."

Ⅳ. 전한 중기 사회경제의 번영과 변혁

현령縣令(현장縣長): 한나라는 진나라의 제도를 계승하여, 1만 호 이상의 현에는 영을 설치하였고, 1만 호 이하의 현에는 장長을 설치하였다. 현령(현장)은 본현本縣의 재정을 관장하였고, 조부租賦를 징수하고 요역을 할당하며 농상을 권장하고 빈민을 구제하는 등의 책임이 있었다. 게다가 매번 가을·겨울 한 해가 끝날 때마다 현의 호구戶口·간전墾田·전곡錢穀의 입출入出, 도적의 많고 적음 등의 정황을 태수에게 상계하였고, 아울러 군과 중앙의 재정감독을 받아들였으며, 황제는 평소 치적(政績)이 우수한 현령·현장을 장려하거나 발탁하였다. 동시에 현령·현장은 또한 경내 설치된 관부수공업을 감독하는 책임이 있었으며, 그 공장과 원료를 제공하였다. 아울러 본현의 재정지출권을 갖고 있었고, 반드시 속리가 주관하는 재물과 장부의 물목(帳目)을 정기적으로 검사해야 했다. 현령·현장의 재정보좌관인 현승縣丞은 문서와 창고·감옥(倉獄)을 관리하였고, 주요 재정상 직무로 현의 상계를 책임졌다. 별도로 현마승縣馬丞을 두어 마필을 관리했으며, 현도승縣徒丞은 형도刑徒를 관리하였다. 어떤 현에는 또한 필요에 따라 시승市丞을 두어 시정을 관리했고, 평승平丞을 두어 물가 안정을 맡겼으며, 수승水丞을 두어 수리水利를 관리했고, 익승弋丞을 두어 익사弋射를 관리했으며, 공승空丞을 두어 수공업을 관리하였다. 모두 임시적인 성격을 지녔다. 현령·현장의 재정속관인 시리市吏는 상공업 영업세의 징수를 책임졌다. 영令이나 사史는 관창官倉 등의 잡다한 물품을 검사하는 책임을 지녔다. 별도로 현의 색부嗇夫는 다양한 명칭이 있었는데, 각기 구체적인 업무를 나누어 관리하였다.

한대漢代에는 또한 소수민족의 변군邊郡 지역에 도道를 설치하였는데, 현縣 단위에 해당하였다. 『한서』「지리지地理志」에 따르면, 전한은 도道 32개를 설치하였고(그러나 통계상 각 군의 도는 단지 29개이다), 도의 장관을 도장道長이라 칭하였다. 중앙은 소수민족에 대하여 우대정책을 실행했고,

일반적으로 단지 부락추장에게 가벼운 세금을 징수하거나 혹은 세금징수를 면제하였다. 전한 초기 일찍이 무릉만武陵蠻 지역에서 "1년에 대인大人은 포布 1필匹을 거두었고, 소구小口는 2장丈으로 하였는데, 이를 종포寶布라고 하였다."[115] 『한서』「식화지하」에는 무제 시기에 "강족羌族을 주살하고 양월兩粵을 멸하였고, 번우番禺의 서쪽에서 촉남蜀南에 이르렀고, 처음으로 17개 군을 설치하였으며, 또한 그들의 옛 풍습대로 다스렸기 때문에 부세가 없었다"고 하였다.[116] 그러나 한 정권이 상으로 내린 만이도蠻夷道의 봉군封君에게는 일반적으로 단지 봉호封號와 인수印綬만 있었고, 봉록俸祿이나 식읍食邑은 없었다. 또한 『후한서』「남만서남이전南蠻西南夷傳」에는 선제宣帝 지절地節 3년(기원전 67년) 문산군汶山郡 염봉이冉驅夷가 "군을 세우고 부세를 무겁게 하니, 선제가 이에 촉군蜀郡과 통폐합하여 북군도위北郡都尉로 만들었다"고 하였다.[117] 전한 어떤 시기에 변군邊郡의 만이蠻夷 지역에 도위都尉를 설치했으며, 도위에서 몇 개의 도道와 현縣을 관리했음을 알 수 있다. 그러나 도위는 재정을 주관하지 않았고, 일반적으로 단지 관잡關卡의 진수鎭守만 책임졌고, 몇 개 현의 군무軍務를 나누어 관리하였다.

현縣 아래에는 향鄕이 있는데, 대향大鄕에는 유질有秩을 설치하고 소향小鄕에는 색부嗇夫를 두어서 해당 향의 재정을 관리하였다. 향관에서 부세를 징수하고 요역을 징발하였다. 그들은 향민의 실제 사정에 근거하여 "역役의 선후를 정하였고", "부세의 많고 적음을 정하였다."[118] 또한 향좌鄕佐를 설치하여 재정사무를 협조하게 하였다. 향 아래에는 정亭이나 이里

---

115 『後漢書』 卷86 「南蠻西南夷傳」 "歲令大人輸布一匹, 小口二丈, 是謂寶布."
116 『漢書』 卷24 「食貨志下」 "誅羌, 滅兩粵, 番禺以西至蜀南者置初郡十七, 且以其故俗治, 無賦稅."
117 『後漢書』 卷86 「南蠻西南夷傳」 "以立郡賦重, 宣帝乃省幷蜀郡爲北郡都尉."
118 "爲役先後", "爲賦多少."

가 있는데 정장亭長이나 이정里正을 설치하여 부세 수취와 요역 할당 등을 맡겼다. 이러한 기층조직의 관리는 또한 백성에게 경직耕織을 권장하고 고아나 빈민을 부양할 책임이 있었다.

『한서』「무제기武帝紀」에 따르면, 한 무제는 일찍이 20여 차례 직접 혹은 사자를 보내어서 각지를 순행巡行하게 하여, 정사의 득실을 살펴서 물어보았고, 늙은이, 어린이, 고아, 가난한 사람에게 진대振貸하였으며, 아울러 여러 차례 조서를 내려서 삼로三老, 효제孝弟, 역전力田〔농사에 힘쓴 사람〕 등을 표창하였다. 한 무제가 기층基層 재정기능의 정상적인 운영을 매우 중시했음을 알 수 있다. 요컨대, 한 무제는 재정기구의 전면적인 조정을 통해서, 독자적인 특색을 갖춘 전한前漢 재정기구가 형성되었다. 이러한 기구는 국가재정을 국민경제에서 주도적인 위치로 안정시켰고, 전방위로 재정제도에 대한 감찰체제를 더욱 강화하였다. 중앙에서 지방에 이르는 관영 상공업 관리체계를 완성하였고, 더욱이 재정영역의 중앙집권적 통치를 강화하였으므로, 한 무제의 경제개혁 성과를 공고히 하였다.

(二) 소제·선제 중흥과 사회경제의 번영

한 무제가 진행한 경제개혁은 비록 국가를 위해서 대규모로 전재錢財를 모았으나, 여전히 나날이 팽창하는 군비지출을 완전히 만족시키지 못하였다. 그때 여러 해 대외 원정과 국내 토목사업을 계속하면서 노동자의 부세와 요역 부담의 증가는 그치지 않았고, 계급모순은 갈수록 첨예해졌다. 원봉元封 4년(기원전 107년) 관동關東 유민流民은 2백만 명에 달하였다. 천한天漢 2년(기원전 99년) 이후, 남양南陽, 초楚, 제齊, 연燕, 월越의 사이에, 농민봉기가 폭발하여 끊이지 않았다. 한 무제는 "직접 어사로 지명한 사람"[119]

을 파견하여 지역을 나누어 진압하게 하였으나, 농민봉기는 여기저기서 일어나서 평정되기 어려웠다.

심각한 사회의 정치경제적 상황은 한 무제가 현행정책을 변경하지 않으면 곧바로 망한 진나라의 전철을 밟을 수 있다고 느꼈다. 정화征和 4년(기원전 89년) 무제가 조서(윤대조서輪臺詔書)를 내려서, 지난 일을 후회하여 "현재 힘쓸 것은 가혹함과 포악함을 금하고, 함부로 부세를 거두지 못하게 하며, 농업을 근본으로 삼아 힘쓰고, 마복령馬復令을 정비하여 부족분을 보충해서 무비武備가 결핍되지 않도록 할 뿐이다"고 신칙하였다.[120] 이후 한 무제는 대외정벌을 정지하고 "백성과 함께 쉬어서" 생산〈을 증대하는〉 정책을 발전시켜서, 소제昭帝·선제宣帝 중흥을 위한 기초를 닦았다.

1. 염철회의와 소제·선제 중흥

무제武帝 사후, 곽광霍光은 8세에 즉위한 소제昭帝를 보좌하였고, 무제만년의 "백성과 함께 쉬는" 정책을 계속 실행하였고, 농업생산력을 회복하여 발전시키는 데 힘을 기울였다. 그러나 당시 통치집단 내부에 심각한 내분과 대립이 있었는데, 주요 사건은 어사대부 상홍양이 일부 사람들과 연합하여 곽광이 추진한 "백성과 함께 쉬는" 정책을 반대하고 방해했던 일이다. 이러한 문제를 해결하기 위해서, 곽광은 현량문학賢良文學을 소집할 것을 결정했고, 정부의 현행정책에 대해 한 차례 대토론회를 개최하였다. 이것이 바로 전한 시기 유명한 "염철회의鹽鐵會議"이다.

---

119 "直接繡衣指者."

120 『漢書』卷96「西域傳」"當今務在禁苛暴, 止擅賦, 力本農, 修馬復令, 以補缺, 毋乏武備而已."

(1) 염철회의: 사회경제 정책에 관한 대변론

소제昭帝 시원始元 6년(기원전 81년) 국정을 관장하던 곽광이 소제의 명의로 조서를 내려서, 승상丞相 전천추田千秋, 어사대부 상홍양에게 명하여 현량문학 60여 명을 소집하였고, 민간의 질고疾苦와 국가정책의 득실 등의 문제를 순문詢問하였다. 회의기간에 현량문학과 상홍양은 바로 전한 왕조의 내외정책에 대해 광범한 변론을 진행했고, 그중 염철鹽鐵, 주류전매[酒榷], 균수均輸, 평준平準 등 경제정책이 주요한 의제였다.

염철관영, 균수, 평준, 주류전매 등의 경제정책은 상홍양이 한 무제 시대부터 실시할 것을 제창하였다. 현량문학은 먼저 이에 대해서 힐문하였는데, 국가에서 염철 등의 경제사업을 경영하여 백성과 이익을 다투는 것이 민간 질고의 근원으로 인식하여, 염철, 주류전매, 균수 등의 관官을 폐지할 것을 요구하였다. 상홍양은 이러한 주장에 반대하였고, 아울러 한 걸음 더 나아가 염철관 등 정책은 중앙집권적 봉건국가를 공고히 하는데 중대작용을 야기할 수 있다고 천명하였다. 상홍양은 흉노가 끊임없이 변경 지역을 침입하여 혼란을 일으키니, 한왕조는 변방의 경비가 크게 증가하였으므로, 비로소 "염철을 일으키고 주류를 전매하며 균수를 설치하여, 재화를 불려서 변방의 경비에 보충하고 있다"고 지적하였다.[121] 게다가 염철 등의 사업을 국가에서 경영하니, 정부의 재정수입을 증가시킬 수 있었을 뿐만 아니라, "사문私門"이 산해山海 자원을 독점하여 "겸병하는 일(兼幷之事)"과 "간사하게 속이는 일(奸僞之業)"을 방지할 수 있었다. 아울러 관영 상공업을 통해서, 대상인과 지방제후가 반역을 도모할 수 있는 재부의 근원을 막아서 중앙집권을 강화시켰다. 상홍양은 또한 국가에서 상공업 경영을 독점한 것은 흉노와 함께 했던 경제전쟁의 중요 수단이라고

---

121 『鹽鐵論』卷1「本議」"興鹽鐵, 設酒榷, 置均輸, 蓄貨長財, 以佐助邊費."

여겼다. 『염철론鹽鐵論』「역경力耕」에서 대부大夫를 인용하여, "여汝와 한漢의 사금·마직물의 공물은 외국을 유인하여 호胡·강羌의 보물을 낚시질하는 원인이다. 대저 중국의 일부 비단으로 흉노에 쌓여있는 금을 얻으면 적국의 재용을 줄일 수 있고",[122] "이는 곧 외국의 물건을 안으로 유통시키고, 이익은 밖으로 새지 않게 하는 것이다."[123] 상홍양이 올린 것은 기본적으로 사실과 일치했고, 당시 염철관영, 평준, 균수 등 정책의 추진은 정확히 중앙집권국가를 공고히 하는 방면에서 일정하게 적극적인 작용을 발휘하였다.

그러나 국가에서 염철 등 경제사업을 독점한 것은 또한 사회생산과 백성생활에 부정적인 영향을 미쳤고, 현량문학은 바로 이러한 문제에 대해 많은 글을 지었다. 그들은 국영 철업鐵業의 수많은 병폐를 지적하였는데, 예컨대 "졸도卒徒는 번거로워서 힘써서 만들어도 다하지 못하였고",[124] 관에서 공장을 운영하고 노예와 범죄자의 노동력을 사용하였기 때문에, 그들은 소극적이고 태만하게 작업하였고, 생산한 철기는 "매우 좋지 않았고 비용도 줄지 않았다."[125] 게다가 국영 철업은 장관의 의지에 따라 사업을 하였고, 사회수요로 생산하지 않았으며, 상품규격도 농민의 요구에 부합하지 않았다. 동시에 관료의 태도는 심각했고, 철기의 경영과 판매는 고객의 수요를 고려하지 않았으며, 농민이 구매하기에 불편하였다. "잘 만든 것과 그렇지 못한 것을 선택할 수 없었고, 관리는 자주 자리를 비워서, 그릇을 구할 수 없었다. 가인家人은 많이 쌓을 수 없었고, 많이 쌓이면

---

122 『鹽鐵論』 卷1 「本議」 "汝漢之金纖維之貢, 所以誘外國而釣胡羌之寶也. 夫中國一端之縵, 得匈奴累金之物, 而損敵國之用."
123 『鹽鐵論』 卷1 「本議」 "是則外國之物內流, 而利不外泄也."
124 『鹽鐵論』 卷6 「水旱」 "卒徒煩[繁]而力作不盡."
125 『鹽鐵論』 卷6 「水旱」 "多苦惡, 用費不省."

자라나는 것을 짓누르게 되었다. 거름을 주기에 분주한 날에, 먼 시장에 농기구가 있으니, 좋은 시기를 뒤로 미루게 되었다."[126] 이외에 생산품의 가격은 앙등했고, 종종 백성에게 구매를 강요했으며, 혹은 요역을 강제로 할당하였다. 이른바 "철관은 그릇을 팔아도 팔리지 않았고, 혹은 종종 백성에게 나누어주었다. 졸도가 만든 것은 규격에 맞지 않았으나 때때로 돕도록 명하였다. 징발에 한도가 없었고 다시 요역을 할당함이 심하므로 백성이 괴로워하였다."[127]

그러나 현량문학은 관영 염업에 대한 질책은 많지 않았고, 단지 소금 가격이 너무 높다고 지적하였고, 백성이 실제로 소금기 없는 식사(淡食)를 하지는 않았다. 그들이 제기했던 노출된 각종 폐단은 관영 염철업 중 모두 존재했음이 확인된다. 그래서 관부에서 상공업을 독점하여, 가치규율이 충분히 작동되지 못하게 하였고, 정부 측 의지는 필연적으로 시장경제의 자연조절을 대신하였다. 관료부패화 풍조가 나타났고, 노동효율은 저하되었으며, 경영은 잘 이루어지지 못하였고, 원가는 비쌌으며, 생산과 판매와 수요에 맞지 않았고, 강제로 매매하는 등의 일반적인 폐단이 나타났다. 관영 염업이 비교적 폐단이 적었던 이유는 염관의 경영이 적절해서가 아니라, 식염의 제작이 철기의 생산보다 비교적 간단하고, 사람들이 요구하는 식염의 품질이 한가지인 점 등의 특징이 결정적이었다. 바로 이와 같은 이유로 중국 봉건시대에 국가가 염철전매를 실행한 시간이 다른 상품에 비해서 더욱 많고 길었다.

별도로 현량문학은 또한 주류전매, 균수 평준에서 파생된 폐단에 대해

---

126 『鹽鐵論』卷6「水旱」"善惡無所擇, 吏數不在, 器難得. 家人不能多儲, 多儲則鏬生. 奔膏腴之日, 遠市田器, 則後良時."

127 『鹽鐵論』卷6「水旱」"鐵官賣器不售, 或頗賦與民. 卒徒作不中呈, 時命助之. 發徵無限, 更繇以均劇, 故百姓疾苦之."

지적하였다. 『염철론』「본의本議」에서는 다음과 같이 설명한다. "현관이 함부로 명을 내려 성문을 닫고 시장을 독점하여 만물을 모두 거두어들인다. 만물을 거두어들이면 물가가 폭등하고, 물가가 폭등하면 상고는 이익을 얻는다. 시장에는 관리가 간사한 호상豪商을 용인하고 부상富商은 물자를 쌓아놓고 가격이 오르기를 기다린다. 미천한 상인과 간사한 관리가 싼 값에 거두어서 비싸게 이익을 취하니, 아직 평준平準을 볼 수 없다."[128] 이것은 모두 관영 상업과 평준의 법이 인위적인 수단으로 상품시장의 자연조절을 대체하였고, 그 결과가 종종 반대의 효과를 얻었음을 설명한다. 그리고 관상의 심각한 폐단은 "공법公法을 범하여 사사로운 이익을 얻었고, 산택山澤을 넘나들면서 관시官市를 독점하였으며",[129] 그들은 종종 직권을 이용하여 공익을 덜어서 사익을 늘렸고, 사회와 백성에게 위해危害를 가하였다. 요컨대, 양한兩漢 왕조가 추진한 염철관영, 균수, 평준, 주류전매 등의 경제정책은 사회생활과 생산에 대해 좋지 않은 영향이 비교적 컸다. 가령 이러한 문제는 한 문제가 전쟁을 진행한 시기에 재정위기를 해결하는 게 급했기에 감추어졌다. 그래서 대규모 전쟁이 일어났을 때 이미 정지되었다. 그러므로 이는 바로 휴양생식休養生息이 필요했던 소제昭帝 시기에 현저히 드러나게 되었다.

이것을 통해서 살펴보면, 현량문학과 상홍양의 논쟁은 비단 현행 경제정책 자체에 대한 평가에 국한되지 않았고, 그 말의 숨은 뜻은 다음과 같다. 새로운 상황(곧 소제 시기)하에 커다란 정치적 방침에 변화를 줄 필요가 있었는가? 전반적으로 한 무제 시기 집행한 경제정책을 긍정적으로

---

128 『鹽鐵論』 卷1「本議」 "縣官猥發, 闔門擅市, 則萬物幷收. 萬物幷收, 則物騰躍, 騰躍, 則商賈牟利. 自市, 則吏容姦, 豪而富商積貨儲物以待其急. 輕賈姦吏收賤以取貴, 未見準之平也."

129 『鹽鐵論』 卷2「刺權」 "攘公法, 申私利, 跨山澤, 擅官市."

보았는데, 또한 이러한 정책의 한계성을 충분히 인식하고 있었는가? 〈어째서〉 한 무제 전기에는 큰 공을 세우기를 좋아하여 나라를 부유하게 하는 정책을 계속 추진하였으나, 또 〈어째서〉 한 무제 만년에는 "백성과 함께 쉬어서" 백성을 부유하게 하는 정책을 실행했는가? 어사대부 상홍양은 자신의 정력을 모두 바쳐서 무제 시기 관영 상공업 경제정책을 제정하여서, 전한 왕조의 재정건설을 위해 큰 공을 세웠다. 그러나 그는 새로운 상황하에서 방기된 자신의 일관된 주장에 미련이 남았다. 한 무제 만년에 상홍양 등이 당시 〈침공한〉 윤대輪臺〔신강新疆 일대〕에서 백성의 구부口賦와 둔전을 가중시키자고 건의하였다. 그러나 윤대조서에서 비평하면서, 이것은 "천하를 어지럽히고 수고롭게 하고",[130] "노인, 어린이, 고아, 자식 없는 사람을 더욱 곤란하게 하는"[131] 방법이라고 하였고, 아울러 이후 "휴양생식"의 정책을 실행한다고 명확히 선포하였다. 상홍양은 비록 당시 한 무제의 비평을 들었으나, 생각이 곧바로 바뀔 수는 없었다. 이 때문에, 무제 사후 상홍양은 "휴양생식" 정책을 견지해서 실행한 곽광에 대해 소극적으로 저항하는 태도를 보였고, "자주 사특하게 정사를 보좌하는 데 간여하였다."[132] 국정을 주관하던 곽광은 시무時務가 백성과 함께 쉬는 것임을 알아서, "이익을 꾀하는 신료"[133]인 상홍양과 그 자제를 다시 중용하지 않았다. 그래서 상홍양은 일종의 "재주를 품고도 기회를 만나지 못하여" 낙담하였고,[134] "자제들이 관리가 되길 바랐으나, 〈성사되지 못하여〉 대장군 곽광을 원망하였다."[135]

---

130 "擾勞天下."
131 "重困老弱孤獨."
132 『漢書』卷7「昭帝紀」"數以邪枉干輔政."
133 "興利之臣."
134 "懷才不遇."
135 『漢書』卷24「食貨志下」"欲爲子弟得官, 怨望大將軍霍光."

상홍양이 "백성과 함께 쉬는" 정책에 대해 품었던 불만은 염철회의에서 시류에 맞지 않게 나타났다. 예컨대 당시 흉노에 대한 반격에서 결정적인 승리를 얻은 후에, 현량문학은 흉노와 함께 "병사를 쉬게 하고 많은 비단을 주고 화친을 맺자"고 제안하였는데,[136] 이것은 "백성과 쉬게 한다"는 점에서 이미 정해진 방침에 부합하였다. 그러나 상홍양은 오히려 "지금 한나라는 크고 사민士民의 무력은 비단 제 환공의 군대뿐 아니라 연燕나라나 조趙나라 군사에 필적하는데도,[137] 흉노가 오래도록 복속되지 않은 것은 군신이 힘을 합치지 않았고 상·하가 아직 화합하지 못했기 때문이다"고 하였다.[138] 그는 당시 조정이 계속해서 병사를 보내어 흉노족을 철저히 패퇴하지 못함을 질책하였고, "백성과 함께 쉬는" 정책과 경쟁을 벌였음이 명백하다. 또한 예컨대 현량문학은 덕교德敎를 주로 하고 형벌로 보완하자고 주장하였고, 상홍양 등에게 다음과 같이 제안하였다. "엄격한 형벌과 준열한 법은 오래갈 수 없다"고 하였다.[139] 〈반면에〉 상홍양은 잔혹한 법치정책을 견고하게 추진하고, "엄격하게 하여 백성이 삼가며, 법을 제정하여 간사함을 금하게 해야 한다"고 하였다."[140] 현량문학은 또한 여러 차례 "백성과 이익을 다투지 않는"[141] 관점을 천명하였다. 상홍양은 오히려 국가의 이익을 독점하는 정책을 다음과 같이 견지하였다. "지금 대저 월越의 구구具區, 초楚의 운몽雲夢, 송宋의 거야鉅野, 제齊의 맹제孟諸는 나라는 부유하였고 패왕霸王의 바탕이었다. 인군人君이 통제하여 지키면 강해지고, 금하지 않으면 망하였다."[142] 기실 상홍양은 장기간 국가에서 상

---

136 『鹽鐵論』 卷1 「擊之」 "偃兵休士, 厚幣結和親."
137 『鹽鐵論』 卷8 「伐功」 "今以漢國之大, 士民之力, 非特齊桓之衆, 燕趙之師也."
138 『鹽鐵論』 卷8 「伐功」 "然匈奴久未服者, 君臣不幷力, 上下未諧故也."
139 『鹽鐵論』 卷10 「詔聖」 "嚴刑峻法, 不可久也."
140 『鹽鐵論』 卷10 「刑德」 "令嚴而民愼, 法設而姦禁."
141 "不與民爭利."

Ⅳ. 전한 중기 사회경제의 번영과 변혁

공업을 독점하여 전매정책을 추진했고, 유통영역에서 부유해지는 관점을 과도하게 강조하였고, 농업생산의 발전으로 재부를 창출해내는 작용을 폄하하였다. 그는 상앙이 진국을 부강하게 하는 데 농전農戰정책에 의거하지 않았고, "밖으로 100배의 이익을 얻는 길을 취하고 산택山澤의 세금을 거두어서, 나라를 부유하게 하고 백성을 강하게 만드는"[143] 정책에 의거했다고 생각하였다. 현량문학은 그의 말에 다음과 같이 반박하였다. "이익은 하늘에서 내려오지 않고, 땅에서 나오지도 않으며, 단지 민간에서 하나를 취하는데 이를 100배라 하니, 이 같은 계산은 잘못이다."[144] 소유한 사회적 재부는 최종적으로 모두 백성의 생산에 의지하여 나온다는 점을 지적하였다. 그러므로 당시 힘써야 할 계책은 "백성과 쉬는 것"과 생산〈력〉 발전이었는데, 만일 "황야가 개간되지 않고 전주田疇가 정돈되지 않으면, 비록 산과 바다의 재물을 독점하고 온갖 상업의 이익을 통하게 한다고 하더라도 오히려 넉넉해질 수가 없다"고 보았다.[145]

요컨대, 염철회의 논쟁은 실제로 소제 시기를 중심에 놓고 한 무제 만년 "백성과 함께 쉬는" 경제정책을 계속해서 철저히 관철시켜 나가야 하는지 여부였다. 당시 국정을 주관했던 곽광은 사회기층의 지주계급과 지식분자ー현량문학ー를 이용하여 통치계급 내부의 반대파ー상홍양의 세력ー에 타격을 입혀서, "백성과 함께 쉬는" 경제정책이 한 걸음 더 나아가 긍정〈적인 효과〉를 얻게 하였다. 염철회의 이후, 비록 염철관영과 평준·균수법이 모두 폐지되지 않았더라도, 그 발전된 규모는 일정 정도 제한하였다.

---

142 『鹽鐵論』卷2「刺權」"今夫越之具區, 楚之雲夢, 宋之鉅野, 齊之孟諸, 有國之富而霸王之資也. 人君統而守之則彊, 不禁則亡."

143 『鹽鐵論』卷2「非鞅」"外設百倍之利, 收山澤之稅, 國富民强."

144 『鹽鐵論』卷2「非鞅」"利不從天來, 從不地出, 一取之民間, 謂之百倍, 此計之失者也."

145 『鹽鐵論』卷1「力耕」"草萊不闢, 田疇不治, 雖擅山海之財, 通百末之利, 猶不能贍也."

아울러 현량문학의 의견에 따르면, 주류전매를 폐지하고, 그들은 회의에서 소금가격을 인하하며, 백성에게 공전을 주고, 유민을 불러 모으며, 빈민에게 종자와 식량을 빌려주고, 부세와 요역을 감면하는 등의 주장을 제안하였는데, 이것은 모두 소제昭帝·선제宣帝 시기 사회경제의 회복과 발전으로 적극적인 작용을 만들어냈다.

(2) 소제·선제 연간 생산력의 회복·발전 조치

『한서』「소제기昭帝紀」에는 소제 즉위 시 "효무孝武〔한 무제〕의 사치, 기타 폐단, 군사〈정벌〉 등을 이어받은 후에, 해내海內가 헛되게 소모되어 호구는 절반으로 감소했다"[146]고 하였다. 이러한 국면에 직면하여, 소제·선제 시기 이미 정한 "백성과 함께 쉬는" 방침을 견고히 실행하였고, 계속해서 수많은 생산을 회복시키고 발전시키는 조치를 채택하였다.

첫째, 요역을 가볍게 하고 부세를 낮추는 정책을 실시하였다. 소제 시원始元 2년(기원전 85년) "조서를 내려서 … 백성에게 금년에는 전조田租를 내지 말라"고 하였다.[147] 이것은 문제 13년(기원전 167년) 이후 다시 한 차례 전국의 전조를 면제한 것이었다. 소제 시원 6년(기원전 81년) "백성에게 율에 따라 전조를 행한다"고 하였다.[148] 단지 규정에 따라 전조를 거두고, 무릇 제도 이외에 가혹하게 억지로 거두어들이는 잡세는 일률적으로 면제하라고 선포하였다. 그래서 무제 시기 율 외에 거두던 번거롭고 무거운 부세는 전부 폐지되었다. 전조 면제 이외에, 제는 또한 계속해서 구부口賦와 기타 잡세를 감면하였다. 원봉 4년(기원전 77년) "4~5년 동안 구부를 거두지 말고, 3년 전에 체납된 경부更賦로 들어오지 않은 경우는 모두

---

146 『漢書』 卷7 「昭帝紀」 "承孝武奢侈餘敝師旅之後, 海內虛耗, 戶口減半."
147 『漢書』 卷7 「昭帝紀」 "詔 … 毋令民出今年田租."
148 "令民以律田租."

　　　　　　Ⅳ. 전한 중기 사회경제의 번영과 변혁

거두지 말라"고 선포하였다.[149] 원평元平 6년(기원전 74년)에 또 다음과 같은 조서를 내렸다. "천하는 농상을 근본으로 삼는다. 일상의 비용을 줄이며, 급하지 않은 관서는 폐지하고, 외부의 요역을 줄이며, 뽕나무 재배를 늘리도록 하라. 그러나 백성이 집에서 자급자족할 수 없으니 짐이 매우 염려된다. 앞으로 구부전口賦錢을 감하도록 하라."[150] 그래서 3/10으로 감면하도록 비준하였다. 원봉 2년(기원전 79년) "군국에 명하여 금년의 마구전馬口錢을 걷지 말라"고 하였다.[151] 이른바 "마구전"은 곧 말을 소유한 사람이 말의 숫자에 따라 세금을 내는 것이다. 이것은 무제 시기 규정한 가혹하게 억지로 거두어들이는 잡세였는데, 소제가 면제를 선포하였다. 동시에 이처럼 생산에 불리한 요역과 금령도 연이어 폐지되어, 농업생산의 회복과 발전을 촉진시켰다.

선제 시기 지속적으로 "요역을 가볍게 하고 부세를 낮추는"[152] 정책을 실시하였다. 『한서』「선제기」에 따르면, 선제는 여섯 차례나 전국 혹은 일부 지역의 전조와 전부田賦를 감면하였다. 동시에, 산부算賦, 구부口賦도 누차 감면하였다. 오봉五鳳 3년(기원전 55년) "천하의 구전口錢을 감하였고",[153] 감로甘露 2년(기원전 52년) "백성의 산부 30〈전〉을 감하였다."[154] 게다가 관리는 "가혹한 정사를 행하지 말며", "백성을 침어하지 말라"고 규정하였고,[155] 아울러 다양한 방법으로 요역을 줄였으며, 농민이 더욱 많은

---

149 『漢書』卷7「昭帝紀」"毋收四年五年口賦, 三年以前逋更賦未入者, 皆勿收."

150 『漢書』卷7「昭帝紀」"天下以農桑爲本. 日者省用, 罷不急官, 減外繇, 耕桑者衆, 而百姓未能家給, 朕甚愍焉. 其減口賦錢."

151 『漢書』卷7「昭帝紀」"令郡國毋斂今年馬口錢."

152 "輕徭薄賦."

153 "減天下口錢."

154 "減民算三十."

155 『漢書』卷8「宣帝紀」"勿行苛政", "毋侵漁百姓."

시간과 재화(錢物)를 사회적 재생산에 투입하게 하였다.

둘째, 유망민流亡民을 불러 모으고 백성에게 공전公田을 빌려주었다. 소제와 선제는 요역을 가볍게 하고 부세를 낮추는 정책을 보편적으로 추진하는 기초 위에서, 또한 이처럼 파산하여 유망하는 농민과 빈민을 구제하고, 그들이 다시 가정을 꾸리는 것을 도우며, 그들이 생산에 종사하여 능력을 회복하는 데 중점을 두었다. 전량錢糧을 진대賑貸와 공부貢賦·요역徭役의 감면 등의 방식을 통해서, 빈민과 "유망하는 임노동자(流庸)"를 안무安撫하였다. 원봉 3년(기원전 78년) 또한 "중모中牟의 원苑은 혁파하여 빈민에게 주었고",156 아울러 창고를 열어서 이재민을 구제하였다. 전한 정권은 빈민과 유민을 안무하는 각종 방법을 채택했기 때문에, "소제 시기 유민이 점차 돌아왔고, 전야가 많이 개간되었으며, 저축도 상당히 이루어졌다."157

선제는 빈민과 유민을 안정적으로 정착시키기 위해서, 여러 차례 "백성에게 공전을 주는"158 방식을 채택하는 것 외에도, "백성에게 공전을 빌려주는"159 새로운 형식을 처음으로 창출하였다. 「선제기」에는 지절地節 원년(기원전 69년) "군국의 빈민에게 전지를 빌려주었고",160 아울러 종자와 식량도 빌려주었다. 지절地節 3년 조서를 내려서, "지어池籞가 아직 운영되지 않은 경우는 빈민에게 빌려주고 …유민이 돌아오면 공전을 빌려주며, 종자와 음식을 대여하고, 또한 산부를 부과하지 말라"고 하였다.161 이렇

---

156 『漢書』卷7 「昭帝紀」"罷中牟苑賦貧民."
157 『漢書』卷24 「食貨志上」"昭帝時流民稍還, 田野益闢, 頗有畜積."
158 "賦民公田."
159 "假民公田."
160 "假郡國貧民田."
161 『漢書』卷8 「宣帝紀」"池籞未御幸者, 假與貧民, … 流民還歸者, 假公田, 貸種食, 且勿算事."

게 빈민 혹은 유민에게 공전을 빌려주었고, 오래지 않아 점유지는 완전히 그들에게 귀속되었고, 그들은 진정한 자영농이 되었다. 선제가 채택한 "백성에게 공전을 빌려주는" 방법은 사회를 안정시키고 생산을 회복하고 발전시키는 데 효과적인 조치였음을 알 수 있다.

셋째, 관영 농업·수공업 생산을 더욱 강화하였다. 무제 시기 일찍이 삼변三邊에 둔전屯田을 확대하기 시작했고, 관영 농업 생산을 조직하였다. 소제·선제 시기 이러한 성과를 발전시켜 공고히 하였다. 「소제기」에는 시원 2년(기원전 85년) "옛 관리나 장수를 선발하여 장액군張掖郡에서 둔전하게 하였고",[162] 적극적으로 변군邊郡의 둔전을 경영하였다. 둔전 지역의 생산을 발전시키기 위해서, 백성이 옮겨와서 둔전하면 모두 쟁기(犁)와 소를 지급하였다. 원풍元風 3년(기원전 78년) 조서를 내려서, "3년 이전에 진대振貸한 것은, 승상과 어사가 청하지 않더라도, 변군에서 소를 받은 사람에게 책하지 말라"고 하였고,[163] 한 걸음 더 나아가 둔전군민屯田軍民을 우대하였다. 그래서 전한 정권은 장기간 서북 변군에서 둔전을 증가시켰고, 원제 초기에 이르러 서하군西河郡(지금의 내몽고 동승胴勝 부근) 서쪽의 11개 군 및 2개 농도위農都尉는 이미 대사농이 조발하는 전곡錢穀을 공급할 수 있었다.[164] 선제 시기 대사농중승 경수창耿壽昌의 건의에 따라서, 또한 변경 인근 수많은 지방에 상평창을 설립하였는데, 곡식 가격이 내려가면 수매하고 곡식 가격이 올라가면 방출하였다. 이를 통해 변방 지역의 농업생산이 순조롭게 진행되도록 보장하였다.

소제·선제 시기 관부 수공업이 지속적으로 발전하였다. 제齊의 삼복관三服官, 촉蜀·광한廣漢 및 기타 각 군郡의 공관工官, 동서직실東西織室은 생

---

162 『漢書』卷7「昭帝紀」"調故吏將屯田張掖郡."
163 『漢書』卷7「昭帝紀」"三年以前所振貸, 非丞相御史所請, 邊郡受牛者勿收責."
164 『居延漢簡釋文合校』337쪽, 第214·33A簡 참고.

산규모가 방대하였다. 염철업도 매우 번성하였다. 「선제기」에는 지절 4
년(기원전 66년) 일찍이 조서를 내려서, "천하의 소금 가격을 낮추라"고 하
여,165 백성의 일상생활의 요구를 만족시켰다. 철기 등 관영 수공업 공장
의 생산관리가 더욱 강화되었다. 그래서 선제 시기(기원전 73년~기원전 49년)
의 "솜씨가 좋은 공장과 기계는 원제·성제 연간(기원전 49년~기원전 7년)
이후에도 따라잡을 수가 없었다."166

넷째, 순리循吏를 중용하여 생산을 발전시켰다. 무제가 혹리酷吏를 중
용하는 데 비해 선명한 대조를 이루었으며, 선제는 순리를 선발하여 중용
한데 탁월하였다. 『한서』「순리전循吏傳」에 따르면, 전한 왕조는 선제 연
간에 순리가 가장 많았다. 이것은 순리가 법을 쓸 때는 공평함을 유지했
고 정사를 돌볼 때는 관대하고 간소하게 하여서, 그들은 백성을 안무하여
각지 생산방면을 발전시키는 데 비교적 큰 작용을 발휘하였다. 예컨대
교동상膠東相 왕성王成은 지방을 다스리는 데 특출한 효과를 냈는데, 유민
이 귀부하여 스스로 정착한 경우가 8만여 구口였다고 한다. 또한 영천태
수潁川太守 황패黃霸는 "밖으로는 관대하고 안으로는 분명하여 관리와 백
성의 마음을 얻어서, 호구는 해마다 증가하였고 다스림이 천하제일이었
다."167 북해태수北海太守 주읍朱邑은 청렴하고 공평하며 가혹하지 않았고,
노인(耆老), 고아(孤), 과부(寡)의 안부를 물어보았으며, 정치를 가장 잘하여
서 대사농이 되었다. 발해태수渤海太守 공수龔遂는 검소함으로 아랫사람을
이끌고, 농상을 권하였으며, 농가에 나무를 심고 채소를 가꾸기를 장려
하고 돼지와 닭을 기르게 하여 농가의 부업副業생산을 발전시켰다. 남양
태수南陽太守 소신신召信臣은 수리시설의 정비에 크게 힘써서 "백성은 그

---

165 『漢書』 卷8 「宣帝紀」 "減天下鹽賈〔價〕."
166 『漢書』 卷8 「宣帝紀」 "技巧工匠器械, 自元成間鮮能及之."
167 『漢書』 卷89 「循吏傳」 "以外寬內明得吏民心, 戶口歲增, 治爲天下第一."

이익을 얻어서 잉여물을 비축하였고", "백성이 돌아와서 호구가 두 배로 증가하였다."[168]

요컨대, 소제·선제가 백성과 함께 쉬어서 생산을 회복하고 발전시키는 정책을 실행함으로써 사회경제 발전이 고도로 촉진되었다. 선제 연간에는 여러 해 계속해서 풍년이 들면서 1석당 곡가가 단 5전錢이었고, 먼 변방인 금성金城·황중湟中 지역도 1석당 8전에 불과하였다. 더불어 수공업과 상업도 발전하였다. 이에 따라 "천하는 부유해지고 백성은 편안해졌고",[169] "소제·선제 중흥"의 최상 국면이 도래하였다.

2. 농업생산의 발전

전한 시기 농업생산의 발전은 주로 철제농기구와 우경牛耕의 보편적 사용, 경작기술의 현저한 진보 및 수리공사의 대규모 정비 등의 방면을 표현하였다.

전한 초기 철제농기구는 이미 중원지방에서 변원邊遠 지역까지 확대되었다. 『한서』 「남월전南越傳」에는 고조·혜제 시기 영남嶺南 지역의 남월국南越國은 바로 중원 지역에서 철기와 말·소를 수입해갔다. 문제·경제 시기 민간 상공업이 발달하여, 철기는 당시 가장 잘 팔리는 상품 중 하나였다. 무제 이후 국가에서 철기 주조를 독점하였으므로, 철관鐵官은 전국에 두루 퍼져있었고, 철제농기구의 전파는 더욱 광범위하게 이루어졌다. 근래 고고학 발굴에 따르면, 전국 각지의 도시에서 전한시대 철제농기구가 출토되었는데, 신강新疆·감숙甘肅·내몽內蒙·요녕遼寧·광동廣東·광서廣西·운남雲南·귀주貴州 등의 변방 지역을 포괄하였다. 주요한 철제농기구에

---

168 『漢書』 卷89 「循吏傳」 "民得其利, 蓄積有餘. … 百姓歸之, 戶口增倍."
169 "天下殷富, 百姓康樂."

는 보습(犁鏵), 창(钁), 호미(鋤), 낫(鐮), 써레(耙), 삽(鍤), 곡괭이(鎬), 칼(刀) 등이 있었다. 이때 철제농기구의 종류가 크게 증가하였고, 끌어당겨서 베는 구겸矩鎌과 흙을 부수고 뒤집는 철써레(鐵耙)를 사용했는데, 모두 전한의 선진적 신식 농기구였다. 보습에는 대·중·소 각 유형이 있었고, 서로 다른 토질과 경작조건에 적용하였다. 1995년 요녕遼寧 요양遼陽 삼도호三道壕에서 출토된 대형철제쟁기(大鐵犁)는 너비가 42cm에 달하였는데, 이것은 당시 도랑(溝)을 파고 수로(渠)를 만드는 등 농사 활동을 하기 위해서 주조한 대기大器이다. 또한 전한 시기 철제 볏(鐵犁鐴)이 발견되었는데, 볏을 경지에 장치하여 이용함으로써, 흙을 뒤집거나 흙을 부수거나 이랑을 만들거나 하는 것을 동시에 완성하였고, 쟁기(犁) 경작의 효율을 향상시켰다. 그러나 유럽은 쟁기 경작이 비로소 11세기에 이르러서야 볏을 사용하였고, 중국에 비해 천 년 정도 늦다.

전한 시기 우경방식은 보편적으로 두 마리의 소를 결합했다. 산서山西 평륙平陸 조원촌棗園村에서 전한 말기 묘의 내부 벽화로 우경도牛耕圖가 발견되었는데, 바로 두 마리의 소를 매는 형식이었다. 『한서』「식화지」에 언급된 우리耦犁도 두 마리의 소와 세 사람이 한 조를 이루었다.[170] 이러한 우리는 한 무제 시기 조과趙過가 발명하였다. 우리의 보습은 비교적 커서, 쟁기 끌채(犁轅)와 볏(犁鐴) 장치가 있고, 오로지 두 마리의 소가 끌어당겼다. 그 조작방식은 한 사람이 소를 끌고 방향을 조정하고, 다른 한 사람은 끌채를 잡고 경지耕地의 깊고 얕음을 조절하며, 또 다른 한 사람은 쟁기를 떠받치면서, 흙을 갈고(耕土), 흙을 뒤집고(翻土), 이랑을 배토하는(培壟) 일을 동시에 진행하는 것이다. 이후 우리의 구조가 개선되는데, 사람이 끌채(轅)를 잡을 필요 없이 활동식 우전犁箭을 사용하여 경지의 깊고 얕음을

---

170 『漢書』 卷24 「食貨志上」 "用耦犁, 二牛三人."

제어하였다. 또한 쟁기를 떠받치는 사람이 소의 코에 구멍을 뚫어 고삐를 사용하여 경작하는 소를 끌면서 소를 끄는 사람을 없앴다. 그래서 두 마리의 소와 세 사람(二牛三人)이 쟁기로 경작하는 방식은 점차 두 마리의 소와 한 사람(二牛一人)이 쟁기로 경작하는 방식으로 대체되었다. 별도로 감숙甘肅 무위武威 마저자磨咀子에서 전한 말기 나무로 만든 소와 쟁기(木牛犁) 모형의 명기明器가 출토되었는데, 당시 한 마리의 소와 한 사람이 쟁기로 경작하는 방식이 확인되지만, 보편적이지 않았다. 후한後漢의 정황과 결합해보면, 두 마리 소로 매는 방식은 한대漢代 주요한 쟁기로 경작하는 방식이었다. 어떤 지방에서는 말을 이용한 경작도 병행되었다.

전한 시기 경작기술은 이미 상당히 진보하였다. 우경기술의 보급과 향상에 따라서, 무제·선제 시기 조과는 또한 누리耬犁를 발명하였다. 이러한 누리에는 3개의 철제 누족耬足이 있어서 파종용 누거耬車에 장치할 수 있었다. 누거로 파종할 때 "3개의 쟁기를 한 마리의 소에 매고, 한 사람이 조정해서 씨를 뿌리고 누耬를 당기고 모두 완비되니, 하루에 1경頃을 파종한다."[171] 누리의 발명은 파종기술의 1차 혁명이었고, 파종시 깊고 얕음이 일치하고 간격도 균일하였으며, 또한 파종의 세 가지 동작을 동시에 할 수 있어서 도랑을 열고, 씨를 뿌리고, 다시 흙을 덮는 세 가지 작업 순서를 한 번에 완성하였다. 전한 말기 이 같은 누리는 이미 북경北京·요양遼陽 일대까지 전해졌고, 이 같은 지방에는 모두 당시 철제 누족이 발견되었다. 산서 평륙平陸 조원棗園의 한묘漢墓 벽화에는 또한 한 폭의 누耬로 파종하는 그림(耬播圖)이 있는데, 최식崔寔의 『정론政論』에 기재된 정황과 완전히 일치한다.

한 무제 시기 조과는 서북 지역 농민의 생산경험을 집대성하여 "대전법

---

[171] 『齊民要術』 「耕田」에서 인용한 崔寔의 『政論』.

代田法"을 추진하였다. 대전법은 우선 너비 1척과 깊이 1척의 도랑을 파고 고랑(甽)이라 부르고, 고랑의 옆에 너비 1척, 높이 1척의 이랑을 쌓았다. 그런 후에 종자를 고랑 안에 파종하고 모종(苗)이 자라기를 기다린 후에, 점차 이랑 위의 흙을 풀과 함께 고랑 안에 김을 매서 넣어서, 모의 뿌리를 재배한다. 이것은 작물의 뿌리가 깊이 파고들어서 가뭄을 견디고 바람에도 버틸 수 있게 하였다. 두 번째 해에 경작할 때는 고랑과 이랑을 바꾸는데, 곧 원래의 고랑은 이랑이 되고, 원래의 이랑은 고랑이 되어서 교대로 파종하여서 지력을 조절한다. 대전법代田法의 파종을 사용한 경우 만전縵田 (도랑을 만들지 않은 전지田地)에 비해서 1무畝당 1곡斛에서 2곡斛 이상 증산할 수 있었다. 그래서 대전법은 수많은 지방에 확대되었고, 거연居延 한간漢簡에도 대전법을 실행하였음이 기재되어있다. 연이어 대전법·우리와 누리를 발명하여 보급한 조과는 일찍이 무제 시기 군관인 수속도위搜粟都尉에 임명되었다. 이것은 관영 대농업 생산의 경작방식에 적합하였고, 응당 서·북변방 군사둔전軍事屯田 지역에 보편적으로 시행되어야 했다.

한漢 성제成帝 시기 구전법區田法은 일종의 원예식園藝式 집약경작방식으로 북방의 한전농법(旱作) 지역에 적합하였다. 도랑(溝)을 파고 점파하기 (開溝點播)와 구덩이에 점파하기(坑穴點播) 두 종류로 구분된다. 우선 작물의 서로 다른 특징에 근거하여, 토지에 도랑을 파거나 구덩이를 파서, 도랑 혹은 구덩이 안에 두터운 거름을 넣고, 그런 후에 그 안에 작물을 점파한다. 도랑을 파고 점파하기는 일반적으로 벼(禾)·기장(黍)·보리(麥)·대두 (大豆)·들깨(荏/蘇子: 기름재료가 되는 작물)·참깨(胡麻)를 심는다. 구덩이에 점파하기는 일반적으로 조(粟)·보리·대두·오이(瓜)·조롱박(瓠/葫芦)·토란(芋)을 심는다. 구전법은 숙전熟田〔기경전起耕田〕·평지平地·경사지(坡地)와 황무지(荒地)에 광범위하게 시행할 수 있었고, 게다가 작물의 모종(苗) 생산량을 대대적으로 향상시킬 수 있었다. 이외에도 수종법溲種法·경전법耕田法·

수선법穗選法, 도전稻田에 수온水溫을 조절하는 법, 뽕나무 모종의 줄기를 자르는 법(桑苗截干法), 그리고 각종 경작재배법 등은 모두 비교적 선진적 농업생산 기술이 있었다.

전한 시기 수리사업이 매우 발달하였다. 한 무제 시기 관중關中에는 수많은 수로(渠道)를 파서, 하나의 수리망水利網을 이루었다. 원광元光 6년(기원전 129년) 수공水工 서백徐伯의 주관하에 운하(漕渠)를 파서 3년이 지나서 준공하였다. 운하는 서쪽으로 장안長安에서 출발하여, 동쪽으로 황하黃河까지 통하였고, 전체 길이가 3백여 리里에 달하였다. 그것은 조운漕運에 편리하였을 뿐 아니라, 게다가 1만여頃의 전지에 관개灌漑할 수 있었다. 이와 동시에, 관중의 낙수洛水 부근에 용수거龍首渠를 건설하였다. 운하의 시작 부분(渠首)은 상안산商顔山(철겸산鐵鎌山)을 통과해야 했다. 여기는 토질이 부드러워 붕괴되기 쉬워서 도랑을 파는 대신에 우물을 뚫는 방식을 채택하였다. 매번 일정한 간격으로 거리를 두고 우물을 하나씩 팠고, 우물 아래에는 물이 서로 통하도록 하여 "정거井渠"를 만들었으며, 7리 너비의 상안산을 통과하였다. 이것은 중국 역사상 첫 번째 지하 수리시설(水渠)이고, 노동자의 제일 큰 창조물이다. 후세의 감아정坎兒井에 대한 설명에는 정거의 기술을 이용하여 시공하였다고 한다. 원정元鼎 6년(기원전 111년) 관중 정국거鄭國渠 상류에서 또한 6개 보조 수로를 파서, 지세地勢가 비교적 높은 지역에 관개灌漑하여, 육보거六輔渠라고 칭하였다. 태시太始 2년(기원전 95년) 경수涇水와 위수渭水 사이에 백거白渠를 건설하였다. 백거는 정국거와 나란히 달리는데, 길이가 2백 리이고, 관개하는 전지가 4천5백여 경頃에 관개하였다. 당시 사람들은 다음과 같이 노래를 불렀다. "전지田地는 어디에 있는가? 지양池陽의 계곡 어귀라오. 정국거는 앞에 있고 백거는 뒤에서 시작하네. 가래를 들어서 구름처럼 올라가고, 수로(渠)를 열면 비처럼 쏟아지네. 주방 아래까지 물이 흐르고, 물고기가 뛰어올라 가마솥에 들어가네. 경수의 돌 하나에도 진흙은 여러 두斗나 되네. 또한 물을 대고 또한 비료를 대고, 우리 벼와 기장이 자라서 경사京師에 사는 억만 명에게 의복과 음식을 충족하게 하네."172 이외에도, 당시 또한 관중 지역에는 성국거成國渠, 영지거靈軹渠, 위거湋渠를 축조하였다. 이러한 수리시설(水渠)은 관중의 농업생산 발전을 대대적으로 촉진시켰다.

별도로 관동 등 지역에서도 수많은 수리공사를 건축하였다. 한초漢初 갱힐후羹頡侯 유신劉信이 서舒(안휘安徽 여강廬江 서남쪽)에서 7개 문門과 3개 제방(堰)을 건조하였고, 전지田地에 관개하였다. 문제 말기 촉군태수蜀郡太守 문옹文翁은 전강湔江 입구를 뚫어서, 번전繁田 1천7백 경頃에 관개하였다. 무제 시기 서북 지역의 삭방朔方, 서하西河, 농서隴西, 주천酒泉 등 군郡에는 황하黃河 혹은 하천과 계곡의 물을 끌어들여 수로를 파서 전지에 관개하였다. 여남汝南, 구강九江, 동해東海, 태산泰山 등 군에는 수로를 파서 각기 1만여 경의 전지에 관개하였다. 선제 시기 남양태수 소신신召信臣은 도랑(溝瀆)을 파고 수문(堤閘)을 세워서, 전지에 관개한 면적이 3만여 경에 달하였다. 전한 말기 익주태수益州太守 문제文齊는 "피지陂池를 만들고 관개하여 개간한 전지가 2천여 경이다"라고 하였다.173

황하黃河의 치수는 한 무제 시기 중대한 수리공사였다. 전한 시기 황하는 여러 차례 제방이 붕괴되어 심각한 수해가 일어났다. 원광元光 2년(기원전 132년) 황하는 또한 호자瓠子(하남河南 복양濮陽 남쪽)에서 제방이 붕괴되어, 재해를 입은 지역이 16군에 달하였다. 무제는 일찍이 군사 10만을 보내어 황하를 치수하게 하였으나 아직 성과를 보지 못하였다. 원봉 2년(기원전 109년)

---

172 『漢書』卷29「溝洫志」및 荀悅의 『漢紀』. "田於何所. 池陽谷口. 鄭國在前, 白渠起後. 擧臿爲雲, 決渠爲雨. 水流竈下, 魚跳入釜. 涇水一石, 其泥數斗. 且漑且糞, 長我禾黍, 衣食京師, 億萬之口."

173 『後漢書』卷86「西南夷列傳」"造起陂池, 開通灌漑, 墾田二千餘頃."

무제는 태산泰山에서 장안長安으로 돌아오면서 경로상 이 지역을 지났는데, 또한 군사 수만 명을 보내어 붕괴된 제방을 막았다. 무제는 친히 공사장을 순시하였고 수행관원은 장군 이하가 모두 땔감을 지고 터진 제방을 메우도록 명령하였다. 이러한 치수를 통해서, 황하는 80년동안 과도한 재해가 발생하지 않았다.

수리사업의 발전, 철제농기구·우경의 광범위한 사용, 경작기술의 향상으로 말미암아서, 전한 시기 농업생산량·경지면적과 사회 인구는 모두 비교적 빨리 증가하였다. 전한 시기 식량생산량에 관해서는 각 지역은 당연히 매우 차이가 컸다. 이것을 통하여 보면, 한초 평균 1무畝당 1석石 반—속粟 140시근市斤〔1시근=500g〕—에서, 전한 말기 평균 1무당 생산은 2～3석—속粟 200～250시근— 정도까지 향상되었다. 『한서』「지리지」에 따르면, 전한 말기 민호는 12,233,062호戶, 인구는 59,594,978명, 이미 개간된 토지는 8,270,536경이었다. 이러한 숫자는 대체로 전한의 농업생산 발전의 규모를 반영하였다.

3. 수공업의 진보

전한 시기 봉건 통치제도의 공고화와 사회경제적 발전에 따라서, 수공업의 생산경영체제는 점차 정형화되었고, 수공업의 발전수준은 한 걸음 더 나아가 제고되었다.

(1) 수공업 생산의 경영체제

수공업생산의 경영체제는 주로 다음과 같은 세 가지 형식이었다. 곧 관영 수공업, 민영 수공업, 가정부업家庭副業 수공업이다. 한 무제가 전면적인 경제개혁을 추진한 이후, 수공업생산은 봉건경제에 종속된 지위가 완전히 확립되었고, 수공업생산의 세 가지 경영방식은 그에 따라 정형화되었으므로, 중국 봉건사회 수공업생산체제의 기본적인 유형이 다져졌다.

전한 시기 관부수공업의 생산관리체제는 진나라의 제도를 계승하였고, 기본적으로 소부가 통일하여 관리하였으며, 그 수공업산품은 주로 황실과 관부가 사용하는 데 공급하였다. 한 무제 시기 한 걸음 더 나아가 관영 수공업의 규모를 확대하였고, 수공업생산의 관리체제에 대한 새로운 조정을 추진하였으며, 독자적인 특색을 갖춘 한나라의 제도를 만들어냈다. 이때 소부에서 관장하던 수공업 부문에는 고공서考工署와 상방서尚方署가 있었는데, 주로 활(弓)·쇠뇌(弩)·칼(刀)·갑옷(鎧)과 같은 병기 외에 예기禮器, 식기와 생활용기까지 제작하였다. 동원서東園署는 주로 능릉陵 내 기물器物을 제작하였다. 동직東織과 서직西織은 비단(繒帛), 피복, 무늬 있는 교묘제郊廟祭의 의복(文繡郊廟之服) 및 제례복(祭服)을 제작하였다. 소부는 또한 지방에 공관工官을 설치하여 주로 용기와 병기를 제작하게 하였고, 복관服官을 두어 의복을 주로 제작하게 하였으며, 누선관樓船官을 두어 주로 누선樓船을 제작하게 하였고, 금은동석관金銀銅錫官을 두어 금·은·동·주석의 채굴과 제련을 관장하게 하였으며, 채주관采珠官을 두어 진주를 채집하게 하였고, 칠관漆官을 두어 칠기漆器의 생산 등을 관장하게 하였다. 요컨대, 소부는 원료 산지를 통제하고 황실과 관부에서 필요한 각종 수공업품을 제조하는 책임을 졌다. 수형도위는 동전을 주조하고 동기銅器를 제작하는 책임을 졌다. 장작대장將作大匠은 종묘宗廟·능침陵寢·궁실宮室의 건축을 책임졌고, 그 경비는 대사농이 제공하였다. 대사농은 염·철·주류의 제작을 책임졌고, 그 아래에 알관장斡官長을 두어서 각지에 설치된 염관·철관·주관의 구체적인 경영을 주관하였다. 대사농 소속의 수공업과 국계國計·민생民生의 관계는 매우 컸으며, 그 생산품은 황실과 관부를 만족시키는 것 이외에, 또한 백성에게 나가서 판매하여 영리적인 성격을 갖고 있었는데, 이것은 소부 등이 관장하는 수공업과 다른 점이다.

IV. 전한 중기 사회경제의 번영과 변혁

관영 수공업에서 필요한 원료는 일반적으로 국가에서 독점하거나 민간에서 징발하였다. 노동력은 역에 복무하는 관리(吏)·군사(卒)·공장工匠, 형도刑徒와 관노비官奴婢, 그리고 소수의 임노동군(雇工)으로 하였다. 일반 관영 수공업 작업장 규모가 방대하였고, 내부의 분업은 세밀하였으며, 엄격한 생산관리와 생산품 책임 제도가 있었다. 바로 관부수공업은 국가의 인력과 물력을 집중할 수 있었고 또한 전문적인 수공업 기술인력을 갖추었기 때문에, 황실과 궁정의 생산용품을 대규모로 정교하고 아름다우며 화려하고 진귀하게 만들었으며, 비교적 높은 공예수준을 갖추었다. 그러나 관부수공업 생산품에서는 원가를 계산하지 않았으므로, 원료와 인력의 소모가 또한 막대하였다. 게다가 관부수공업의 존재는 황실과 궁정의 수요를 충족시켰으나, 사회에서는 최대 구매력을 가진 한 집단을 상실하게 되었다. 그래서 상품경제 발전의 중요한 경로가 막혀버렸다. 또 다른 방면에서 관부수공업은 국계國計·민생에 관련된 주요 수공업 부문까지 독점하였고, 또한 민영 수공업이 발전적인 방향으로 변화하게 만들었다.

전한 전기 민영 수공업 부문은 다양하였고, 상대적으로 자유롭게 발전할 수 있었으며, 특히 당시 대규모 염철상공업자는 풍부한 자본을 가지고 자신이 경영하는 사업에 도취되어 상대적으로 독립적인 인격을 갖고 있었다. 그때 상공업자가 관직에 나아갈 수 없는 규정은 오히려 그들을 관료사회의 악습에서 벗어나서, 경제활동에 종사하는 데 전념하게 하였고, 완전히 시장의 가치규율에 따라서 일을 처리하였다. 그러나 한 무제의 경제개혁 폭풍은 민영 수공업의 발전한 면모를 크게 변화시켰다. 첫째, 〈관직〉 구매(收買)이다. 상공업자가 관직을 얻을 수 없는 금령을 취소함에 따라서, 봉건국가는 대규모로 민간 염철 등의 상인에게 〈관직을〉 구입(收買)하게 하여서, 그들이 자신의 사업을 방기하고 봉건통치자의 포부를 품게 만들었다. 둘째, 타격打擊이다. 산민算緡과 고민告緡의 추진을 통해서, 상당히 많은 민영 상공업자의 재산이 수탈당하였고, 그들은 상공업 생산규모를 확대하기를 원하지 않았으며, 차라리 먹고 마시거나 토지 구매에 돈을 썼다. 셋째, 제한(限制)이다. 관영 수공업은 분야나 규모가 방대하였기에, 민영 수공업자는 생존하기 위해서 그들이 핍박받더라도 어쩔 수 없이 관료에 의지하거나 지주에게 예속되거나 다양한 경영에 종사하였다. 이후 민영 수공업자는 독립적 성격(人格)을 잃어버렸고, 그들은 종종 관료나 지주와 함께 결합하였으며, 민영 수공업경제는 전체 봉건경제 속으로 완전히 녹아들었다.

전한 중기 이후 민영 수공업은 방직, 도기, 칠기 등의 업종에 국한되었다. 선제宣帝 시기 대관료 장안세長安世는 "가동家童 7백 명이 모두 기술을 갖고 작업을 하여 집안에서 산업을 경영해서 조금씩 모았으므로 재산을 불릴 수 있었는데, 대장군 곽광霍光보다 부유하였다."[174] 『후한서』「번굉전樊宏傳」에는 전한 말 대지주 "번중樊重은 … 일찍이 기물器物을 제작하고자 하여, 먼저 가래나무(梓)와 옻나무(漆)를 재배했는데, 당시 사람들이 그것을 비웃었으나, 세월이 흘러서 모두가 그 방법을 사용했"고 하였다.[175] 이것은 규모가 비교적 큰 민영 수공업 작업장은 주로 노동력이 가복家僕, 임노동자(傭工)였으며, 그중에는 스스로 도망온 농민이 매우 많았다. 별도로 당시 또한 수공업에 종사하는 수많은 개별호가 존재하였다.

농민의 가정수공업은 또한 전한 수공업생산의 주요한 경영방식이었다. 이러한 가정수공업은 "여자방적女子紡績"이 중심이었고, 실제로 한 집안의 남녀노소 모두가 그 일에 참여하였다. 가정방직업의 원료-뽕나무(桑)와

---

174 『漢書』卷59「張湯傳」"家童七百人, 皆有手技作事, 內治産業, 累積纖微, 是以能殖其貨, 富於大將軍(霍)光."

175 『後漢書』卷32「樊宏傳」"(樊)重 … 嘗欲作器物, 先種梓漆, 時人嗤之, 然積以歲月, 皆得其用."

마(麻) - 는 일반적으로 농가에서 스스로 생산하였고, 게다가 빈 시간과 밤을 충분히 이용하여 연일連日로 작업할 수 있었으므로 생산 원가는 저렴하였다. 동시에 가정수공업은 또한 농민의 생존과 풍족한 생활을 유지하는 데 필요한 수단이었고, 원래 변변치 못한 상황을 이용하여 일을 처리하였으므로 언제 어디서나 진행할 수 있었다. 이 때문에 가정수공업은 완강한 생명력을 갖고 있었고, 외부 조건에 의지할 필요가 없었다.

전한 정권은 농상을 권장하여 황후가 "봄이 되면 견관繭館에 행차하는"176 등의 형식을 통해서, 가정수공업의 발전을 격려하였다. 비단(繒帛)은 당시 가정수공업의 주요 생산품이었고, 남방 농촌가정의 마포麻布 생산 역시 적지 않았다.

농민 가정수공업의 주요한 생산품은 자가自家의 수요를 만족시켰으나 시장에 내다팔기도 하였다. 전한 시기 농민의 세금징수는 화폐 납부를 위주로 하였고, 또한 농민들이 자신의 농업부산품을 시장에 내놓도록 촉진시켰다. 전한 중·후기 경제상황의 변화에 따라서, 농가와 시장의 연계는 점차 감소하였다. 가정수공업과 소농업의 결합은 나날이 보편화되고 확고해져서, 봉건자연경제구조의 기초를 구성하였다.

(2) 수공업생산의 발전수준

전한 수공업의 분야는 비교적 많아서, 야철업冶鐵業, 주동업鑄銅業, 제염업制鹽業, 양주업釀酒業, 건축업建築業, 방직업紡織業, 주거제조업舟車制造業, 칠기업漆器業 등이 있었다. 이러한 업종은 모두 이미 상당히 높은 수준으로 발전하였고, 그중 대표적인 업종은 야철업, 사직업絲織業, 칠기업이었다.

전한의 야철업은 중요한 지위를 점하였고, 철기의 종류, 야철 기술, 혹

---

176 『漢書』 卷98 「元后傳」 "春幸繭館."

은 생산규모와 생산품의 품질을 막론하고 모두 전국시대에 비하여 중대한 발전을 이루었다. 전한 전기 민영 야철업은 매우 발전했으며, 전한 중기 이후 국가가 설치한 철관鐵官은 전국 각지에 두루 미쳤다. 『한서』「지리지」에 따르면, 전한前漢 하남군河南郡 6곳에 철관을 설치했으나, 최근 하남 지역 고고학에서 발굴한 한대漢代 야철 유적지가 바로 15곳이어서, 당시 야철업의 발전수준이 문헌 기록을 훨씬 초월했음을 알 수 있다. 그 중 하남河南 공현鞏縣 철생구촌鐵生溝村, 남양북관와방장南陽北關瓦房莊, 정주고영진鄭州古滎鎭의 야철유적지는 규모가 매우 크다. 따라서 이러한 유적지는 당시 광석 채굴부터 제련 및 주조 기술의 수준까지 모두 매우 선진적이었음을 보여준다. 정주고영진 유적지의 연철로煉鐵爐는 그 형태는 타원형이었고, 고풍鼓風 설비는 양호했으며, 용광로(高爐)가 하루에 생산하는 생철의 양은 1ton(吨)으로 추정된다. 연철煉鐵유적지의 연료는 목재 이외에, 또한 원탄原煤과 탄병煤餠의 흔적이 있는데, 전한 시기 이미 야철에 탄을 처음으로 사용하였음을 나타낸다. 동시에 연강煉鋼과 주조 기술은 매우 크게 진보하였는데, 북경 대보대大葆臺 전한묘前漢墓에서 출토된 환수도環首刀와 비녀(簪)는 모두 처를 주조할 때 고체에서 탄소강을 제거하였다. 당시 기술자는 또한 담금질(焠火) 기술을 발명했는데, 바로 도검을 주조할 때 붉게 달구어진 도검刀劍을 물속에 담구어서 견고하고 날카롭게 만들었다. 전한 시기 동안 야철주조업이 발전하여 전한 후기에 이르러, 철기그릇과 철제병기가 이미 기본적으로 청동기(銅器)를 대체하였고 주요한 지위를 점하였다.

전한의 방직업은 매우 발달하였으며, 더욱이 사직絲織기술은 세계 선두의 지위에 있었다. 당시 뽕나무 심기(植桑), 누에 기르기(養蠶), 고치를 켜서 실뽑기(繅絲), 비단짜기(織帛)는 편호제민編戶齊民의 보편적 가정수공업이었다. 민영 사직업은 상대적으로 번영했는데, 거록巨鹿의 진보광陳寶光은 곧

IV. 전한 중기 사회경제의 번영과 변혁

그 대표적인 사례였다. 전한 정권은 장안長安에 동東·서직실西織室을 설치했고, 양읍襄邑(하남河南 휴현睢縣), 임치臨淄에 복관服官을 두었는데, 모두 규모가 방대한 관영 사직업 작업장이었다. 이러한 관영 작업장은 황실과 관부를 위해 각종 정교하고 아름답게 사직絲織으로 의복(服裝)을 지었고, 원료를 연구하고 공정을 정교하게 하여 막대한 자금을 소비하였다. 그중 제군齊郡 임치臨淄에 설치한 삼복관三服官은 천자의 "삼복三服"을 주로 만들었다. "봄에 관과 두건을 바쳐서 수복首服이라 하고, 희고 고운 비단으로 동복冬服을 짓고, 가벼운 생사生絲로 하복夏服을 지으니, 모두 삼복三服이다."[177] 원제 시기에 이르러, "제齊 삼복관의 작업공정에는 각기 수천 명이었고, 1년 경비가 수거만數巨萬이나 되었다."[178]

당시 방직공구紡織工具에는 방륜紡輪, 낙거络車, 위거緯車, 직기織機 등이 있었는데, 산동山東·강소江蘇에서 출토된 한대漢代 화상석畫像石에서 당시 직기를 살펴볼 수 있다. 일종의 수직직기(竪机)에서 수평직기(平機)로 이행되는 과도기의 양식이었으며, 민간의 보편적 소형직기에 해당하였다. 직기는 지속적인 개선을 통해서, 한 선제 시기에 이르러 민간 사직업가絲織業家인 진보광의 처가 일종의 고급 제화기提花機를 만들어냈다. 이러한 제화기는 120번을 밟아서, 각양각색의 꽃무늬 능백綾帛을 직조할 수 있었고, "60일에 1필匹을 완성하였으며, 1필은 바로 1만 전에 해당하였다."[179] 장사長沙 마왕퇴馬王堆 전한前漢 대후부인묘軑侯夫人墓에서 대규모로 사직품絲織品이 출토되었는데, 견絹, 겸縑, 나사羅紗, 금錦, 수繡, 기綺 등이 있었고, 꽃무늬의 빛깔과 광택은 다양한 모양과 다양한 채색이 있었다. 그중 소사단의素紗單衣는 신장 128cm, 소매길이는 190cm, 중량은 거의 49극克

---

177 『漢書』卷9「元帝紀」李斐의 注 "春獻冠幘緌爲首服, 紈素爲冬服, 輕綃爲夏服, 凡三."
178 『漢書』卷72「王貢兩龔鮑傳·貢禹」"齊三服官作工各數千人, 一歲數巨萬."
179 『西京雜記』卷1 "六十日成一匹, 匹直萬錢."

이다(1시량市兩에 미치지 못한다). 이것은 모두 전한 백성이 사직·인염印染의 여러 방면에서 중대한 성취를 얻었음을 반영한다.

전한의 칠기업 역시 매우 큰 발전을 하였다. 민간에서는 옻나무를 재배하고 칠기를 생산하는 사영私營 작업장에 종사하였다. 전한 왕조가 촉蜀·광한廣漢 등의 군郡에 설치한 공관工官은 황실과 궁정에서 사용하는 칠기漆器와 금은장식기(金銀釦器: 칠기에 금테나 은테를 두룬 구슬(釦)을 추가하여 금은장식기라고 부른다)를 전문으로 제조했고, 각 공관마다 1년 동안 경비 5백만 전이 필요하였다. 당시 칠기에는 이배耳杯, 위卮, 염奩, 반盤, 호壺, 정鼎, 방鈁, 비匕, 갑匣, 병풍屏風 등 다양한 종류의 용품이 있었다. 그것들은 일반적으로 나무로 원형을 만들고, 그런 후에 옻칠(髹漆) 등으로 가공하여 완성한다. 수많은 칠기와 금은장식기는 재질이 가볍고 정교하며 조형이 아름답고 색깔과 광택은 윤이 나고 깨끗하며 문양이 수려하여, 아름다운 공예품으로 칭할 만하였다. 북경 대보대大葆臺 전한묘에서 출토된 칠기에는 또한 대모玳瑁, 운모雲母, 홍백마노紅白瑪瑙 등이 박혀있고, 그것들은 밝게 빛나는 칠기와 서로 눈부시게 비쳐서 화려하고 다양한 채색을 더욱더 드러냈다. 당시 칠기제작은 복잡하였고, 분업이 세밀하였다. 그 공정의 종류에는 소공素工, 조공雕工, 휴공髹工, 상공上工, 동구황도공銅扣黃涂工, 화공畫工, 청공淸工, 조공造工, 공공供工 등이 있었다. 『염철론』「산부족散不足」에는 "술잔 하나에 백 명의 힘이 들고, 병풍 하나에 만 명의 공이 들어간다"고 하여,[180] 곧 이러한 정황을 가리킨다. 전한의 관리官吏와 호부豪富는 모두 칠기를 매우 좋아하여 사후 사용할 대규모의 칠기를 부장하였다. 장사 마왕퇴 1·2·3호 한묘漢墓에서 출토된 칠기는 7백 건에 달하였고, 강릉 봉황산 168호 한묘에서는 묘의 주인이 비록 오대부五大夫이지

---

180 『鹽鐵論』 卷6「散不足」 "一杯棬用百人之力, 一屏風就萬人之功."

만, 또한 칠기 1백60여 건 등이 출토되었다. 심지어 한반도 평양 낙랑樂浪 왕우묘王旰墓와 몽고蒙古 낙안조랍諾顔鳥拉의 흉노匈奴 귀족묘에서도 대규모로 한대 칠기와 장식기(釦器)가 발견되었는데, 전한 시기 칠기의 생산이 전례없는 번영을 누렸음을 설명한다.

4. 상업의 발전과 성시·교통의 발달

전한의 상업은 다른 시기에 다른 모습의 발전된 면모를 드러냈다. 전한 전기 봉건정권은 "무위이치無爲而治"의 방임정책을 실행하였는데, 농업·목축업·수공업의 발전은 신속하였으며, 민간 상업이 매우 번영하였고, 상품 경제는 순조롭게 발전할 수 있었다. 전한 중기 한 무제가 "유위有爲"정책을 실행하여 사회경제에 대해서 전면적으로 간여하자, 민간 상업은 타격과 배제를 받아서 한차례 쇠락하였으나, 관영 상업은 상대적으로 발전하였다. 전한 후기 관영 상업은 여전히 존재하였고, 민간 상업도 매우 활약하였다. 그러나 이때 상업의 발전은 이미 정상적인 상태가 아니어서, 전한 전기 상업의 정상적인 발전과 함께 논할 수는 없다.

(1) 전한 중·후기 상업의 발전

전한 중기 한漢왕조는 관영 상업 활동에 종사하기 시작하였다. 염·철·주류·어류의 전매를 실행하였고, 아울러 각 군郡에 균수관均輸官을 설치하여 각지의 특산물을 운반하여 판매하였고, 평준관平準官을 설치하여 시장 물가를 제어하였다. 관영 상업의 규모가 방대하여 전매와 판매를 실행하는 상품의 종류가 많았고, 상업과 공업을 겸하여 운영하는 염철주관鹽鐵酒官뿐만 아니라, "행상行商" 성격의 균수관이 있었으며, "좌고坐賈"와 유사한 평준관이 있어서 거의 모든 상업 활동을 독점하였다. 이러한 상업 활동은 독점성과 강제성을 지녔기 때문에, 상품의 본래 원가를 추정할 수 없었고, 상업 활동에 종사하는 사람과 성업 이윤은 직접적인 관계가 없었다. 이 때문에 이러한 관영 상업 활동은 가치규율의 약속을 받지 못하였고, 사회생활 과정에서 유기적으로 조성된 부분도 아니었으며, 생산 이외에 독립적인 유통과정이었다. 이러한 유통은 유효하게 생산을 지배할 수 없었고, 사회생산과 생활에 대해 모두 좋지 않은 영향을 미쳤다. 바로 당시 관영 상업은 가격을 내려서 강제로 사들이고, 가격을 높여서 내다팔며, 공급과 수요의 연관성을 잃는 등의 폐단을 지녔기 때문에, 민간 상업 활동이 틈을 노려볼 수 있는 기회를 주었다.

이때 민간 상업은 생존공간이 대대적으로 축소되었다. 첫째, 관영 상업은 민간의 광대한 토대를 강점하였다. 둘째, 관영 수공업의 확대는 한 걸음 더 나아가 상층 황실과 귀족의 풍부한 시장을 상실하였다. 셋째, 국가는 끊임없이 귤관橘官·수관羞官·포수관圃羞官·칠관漆官 등을 설립하여 원료 산지 및 상품이 생산되는 곳을 제어하였다. 넷째, 민영 수공업의 쇠퇴는 또한 상인에게 상품의 공급원(貨源)과 손님(主顧) 등을 감소시켰다. 특히 한 무제는 일부 상인에게 〈관직을〉 팔아서 관상官商에 충당하였고, 동시에 대부분의 상인의 재산을 수탈하였으며, 거의 민간 상업 활동은 정체되었다. 그러나 원봉 원년(기원전 110년) "다시 고민을 시행하지 않은" 뒤부터,[181] 국가의 상업정책은 점차 방관으로 바뀌었다. 관영 어업은 오래지 않아 폐지되었다. 소제昭帝는 시원始元 6년(기원전 181년) "각고관権酤官을 혁파하였고, 백성에게 율에 따라 전조田租를 부과하였으며, 술은 1승升에 4전錢으로 팔도록 하였다."[182] 게다가 소제·선제 시기 "백성과 함께 쉬는" 정책과 사회경제의 회복·발전은 모두 민간 상업이 새로이 활약하기 위한

---

181 『漢書』卷24「食貨志下」"不復告緡〔緡〕."
182 『漢書』卷7「昭帝紀」"罷榷酤〔酤〕官, 令民得以律占租, 賣酒升四錢."

조건을 제공하였다.

한 무제 연간 비상시기를 제외하고, 전한 정권의 상고商賈에 대한 주요한 세입은 시적세市籍稅와 시조市租였다. 시적세는 "시적"에 있는 상고에 대해 징수하는 세수였고, 납세 가호家戶는 일정한 시기 내에 집중적으로 세금을 시장책임자─시색부市嗇夫─에게 납부하도록 규정하였다. 『한서』「하무전何武傳」에는 "하무何武의 동생인 하현何顯의 집안은 시적市籍에 있었는데, 조租를 항상 납부하지 않아서 현縣에서 세금을 여러 차례 부과하였으며, 시색부市嗇夫 구상求商은 하현의 집안사람을 잡아서 욕보였다"고 하였다.183 곧 이러한 정황을 반영하였다. 이른바 시조市租는 상고에 대해 징수하는 시장영업세이다. 『사기』「제도혜왕세가齊悼惠王世家」의 주注에서 인용한 『색은索隱』에는 "시조는 물건을 팔아서 내는 조租를 이른다"고 하였다.184

시적세는 일반적으로 상인의 재산(저축한 현금現金·실물實物·화물貨物을 포함한다)에 따라 세금을 징수하였다. 『한서』「무제기武帝紀」 이비李斐의 주注에는 "1관貫은 1천 전錢이며, 산算 20〈전〉을 낸다"고 하였다.185 "이시異時"는 곧 한 무제 이전에 상고가 저축한 현금에 대한 징세는 세율이 2%였음을 가리킨다. 『한서』「적방진전翟方進傳」 장안張晏의 주注에는 "또 소, 말, 양의 머릿수에 따라 세금을 내는데, 산算은 1천 〈전〉에 20〈전〉을 낸다"고 하였다.186 그 실물재산에 대한 징세 또한 세율이 2%였음을 추정할 수 있다. 『관자管子』「유관幼官」에는 "시市에서 2/100를 부세로 거둔다"고 언

---

183 『漢書』卷86 「何武王嘉師丹傳·何武」 "(何)武第顯家有市籍, 租常不入, 縣數負其課, 市嗇夫求商捕辱顯家."

184 『漢書』卷52 「齊悼惠王世家」 "市租, 謂所賣之物出稅."

185 『漢書』卷6 「武帝紀」 "一貫千錢, 出算二十也."

186 『漢書』卷84 「翟方進傳」張晏의 注 "又牛馬羊頭數出稅, 算千輸二十也."

급하였는데,[187] 바로 시장에서 교역하는 화물에 대해 징수하는 세금의 세율 또한 2%였다. 이처럼 세율이 2%로 일치하는 것을 우연이라고 볼 수는 없다. 이것은 일정한 내적 연관성이 있다. 『한서』「식화지하食貨志下」의 왕망王莽 시기 규정은 다음과 같다. "상인은 열사肆列〔시장 점포〕· 이구里區〔마을〕· 알사謁舍〔객사客舍〕에서 영업하면 모두 그 소재지 현관에서 각기 스스로 활동을 신고한다. 그 본전을 제외하고 그 이익의 1/10을 계산하여 공물로 바친다."[188] 여기서 언급한 상고의 시장영업세는 또한 바로 시조이다. 상업이윤에 따라서 1/10세를 징수하였다. 당시 상업이윤은 얼마였을까? 『사기』「화식열전貨殖列傳」에서 상고는 1백만 전의 자금을 투입하여, 20만 〈전〉의 이익을 남긴다고 지적하였다. 만약 "2/10가 안 된다면 나의 재산이 아니다"고 하였다.[189] 『한서』「공우전貢禹傳」에도 "상고는 … 1년에 2/10의 이익이 있다"고 하였다.[190] 당시 사회에서 공인된 상업이윤율은 2/10이었음을 알 수 있다. 만일 시조에서 투입된 화물량에 따라 세금을 징수했다면, 세율은 곧 2/10×1/10=2%가 된다. 이것을 통해서 살펴보면, 상고가 저장한 현금, 보유한 실물, 투입한 시장의 화물에 대해 균일하게 2%의 비례로 징수하였고, 바로 상고가 얻은 상업이율의 1/10을 징수하였다. 이것은 왕망 시기 명확한 규정의 시조율市租率과 일치하였다. 동시에 설명하자면 전한 전· 중· 후기 대부분 기간 동안 시적세는 재산의 2%를 세금으로 징수하였고, 시조는 또한 투입한 시장상품의 2%를 세금으로 징수하였으며, 그 세율은 기본적으로 합리적이었으므로 민간 상업의 발전에

---

187 "市賦百取二."
188 『漢書』卷24「食貨志下」"商販賈人坐肆列里區謁舍, 皆各自占所爲於其所在縣官. 除其本, 計其利, 十一分之, 而以其一爲貢."
189 『史記』卷129「貨殖列傳」"不中什二, 則非吾財也."
190 『漢書』卷72「王貢兩龔鮑傳· 貢禹」"商賈 … 歲有十二之利."

유리하였다.

별도로 "관세"가 있었는데, 곧 상고가 화물을 판매하여 관구關口를 통과할 때 세금을 징수하였다. 진한 시기 일반적으로 내지의 주요도로와 주변 각 민족의 경계 지역에 관구關口를 설치하였다. 예컨대 함곡관函谷關·옥문관玉門關·거용관居庸關 등이다. 전한 시기 동안 관세는 때때로 중지하고 때때로 징수하였다. 대체로 전한 전기 징수한 기간을 적었고, 〈전한〉 중·후기 징수한 기간은 많았다. 『한서』「무제기武帝紀」에는 태초 4년(기원전 101년) 겨울에 "홍농도위弘農都尉를 옮겨서 무관武關을 다스리게 하였고, 출입자에게 세금을 징세하여 관關의 관리와 병사를 먹였다."[191] 바로 명확히 관세의 징수를 언급하였다. 관세의 징수량은 『관자』「유관幼官」에 따르면 "관에서 1/100을 부세로 징수한다"고 하였다.[192] 곧, 관을 통과하는 화물에 1/100세를 징수한 것이다. 그리고 후한말 연강延康 원년(기원후 220년) 경술庚戌에 "관진關津의 세금을 가볍게 하고, 모두 1/10세를 회복하라"고 명하였는데,[193] 곧 후한 말기 관세율은 한 차례 최대 1/10 이상까지 도달하였다. 전한 시기 관세율은 1~10% 사이로 추정된다. 비교적 무거운 관세는 민간 상업의 발전에 일정한 영향을 미쳤다.

전한 후기 중앙집권적 역량은 점차 쇠락하였고, 민간 상업은 안정된 정치환경 속에서 한 걸음 더 발전하였다. 그러나 당시 사회경제의 기본구조는 민간 상업의 발전적인 면모를 제한하였다. 우선, 관영 상업은 여전히 광대한 토대를 점하고 있었고, 민간 상업은 더욱 긴밀하게 관료·지주경제와 결합하여 더욱 크게 발전할 수 있었다. 예컨대 성제 연간 "귀척貴戚·근신近臣의 자제·빈객은 상당수가 남의 장사를 방해하고 독점하여 간사하게

---

191 『漢書』卷6「武帝紀」"徙弘農都尉治武關, 稅出入者以給關吏卒食."
192 "關賦百取一."
193 『三國志』卷2「魏志」文帝紀의 注에서 인용한 『魏書』"輕關津之稅, 皆復什一."

이익을 남겼다."[194] 대부상大富商 나부羅裒는 거금을 들여 "곡양후曲陽侯·정릉후定陵侯에 뇌물을 주었고, 그 권력에 의지해서 군국에 외상으로 빌렸는데 사람들이 감히 감당할 수 없을 정도였다. 염정鹽井의 이익을 독점하여 1년만에 소득이 두 배가 되었다."[195] 다음으로, 민영 수공업이 쇠퇴하고 변경의 둔전 개간으로 목축업에 충격을 주었기 때문에, 민간에서 수공업과 목축업을 겸영하는 상인이 크게 감소하게 되었다. 특히 원거리 판매형 상업은 관료와 지주의 소비를 위해 판매하는 형태여서 기형적인 발전을 이루었다. 『한서』「화식전貨殖傳」에는 전한 후기 대상인은 모두 그 지리상의 편리함으로 인하여, 원거리 판매에 종사하되 싸게 사서 비싸게 팔아서 부를 축적하였다. 이른바 "상고가 이익을 구하여 동서남북으로 각기 지혜와 기교를 쓴다"고 하였는데,[196] 바로 이러한 정황을 가리킨다. 마지막으로, 당시 농민의 부담은 과중하였기 때문에 농업생산은 위축되었고, "그러므로 백성은 본업을 버리고 말업을 좇아서 경작하는 사람은 절반도 안 되었다."[197] 상당수 놀고먹으며 말업의 기술을 지닌 사람이 쏟아져 나와서, 민간 상업의 거짓 번영을 이루었다. 그래서 전한 후기 민간 상업이 흥성하였으나, 사회생산이 유기적으로 조성되지 못하고 관료와 지주에 예속되어 상품경제의 순수성을 상실하였다. 그러므로 그 판매는 기형적이었고, 상대적으로 생산과정 밖으로 독립하였다. 따라서 그 거짓 번영은 각 경제부문에 비례하여 균형을 상실하게 하였다. 그럼에도 민간 상업의 발전은 결국 관영 상업의 교착상태를 타파하였고, 전한 상업은 매우 광범

---

194 『漢書』卷84「翟方進傳」"貴戚近臣子弟賓客多辜榷爲姦利."

195 『漢書』卷84「翟方進傳」;『漢書』卷91「殖貨傳」"賂遺曲陽定陵侯, 依其權力, 賒貸郡國, 人莫敢負. 擅鹽井之利, 期年所得自倍."

196 "商賈求利, 東西南北各用智巧."

197 『漢書』卷72「王貢兩龔鮑傳·貢禹」"故民棄本逐末, 耕者不能半."

위하게 발전하였다.

(2) 성시城市·교통의 발달

전한 시기 사회경제와 상업의 깊은 발전에 따라서, 전국에 두루 퍼진 크고 작은 성시城市〔도시〕·집시集市〔시장〕 등은 상업적 판매망을 형성하였다. 관중關中의 도성 장안長安은 전국에서 가장 번화하고 가장 풍요로운 성시로, 12문門, 8가街, 9맥陌, 9시市, 160여리閭里가 있었다. 장안 시장에는 본지의 물산과 관부수공업 생산품으로 가득 찼고, 또한 전국 각 지역으로부터 운송되어온 화물 및 이민족의 특산품이 있어서, 상업의 왕래가 매우 잦았다. 그 외 하남河南 지역의 낙양洛陽, 양송兩宋 지역의 도陶·휴양睢陽(현재 하남河南 상구商丘의 남쪽), 장하漳河 지역의 한단邯鄲, 발갈勃碣 지역의 연燕(현재 북경시北京市), 해대海岱 지역의 임치臨淄, 동초東楚 지역의 오吳(현재 강소江蘇 소주蘇州), 남초南楚 지역의 수춘壽春(현재 안휘安徽 수현壽縣), 영천穎川·남양南陽 지역의 완宛(현재 하남河南 남양南陽), 서초西楚 지역의 강릉江陵, 파촉巴蜀 지역의 성도成都, 양월楊越 지역의 번우番禺(현재 광동廣東 광주廣州) 등은 모두 각 지역의 상업이 "사방에서 모이는"[198] 대도시였다. 이러한 지방도시 중에서 낙양洛陽·한단·임치·완宛·성도는 발전이 매우 빨랐고, 전한 중·후기 합쳐서 "오도五都"라 칭하였다. 이외에 각 지역마다 모두 크고 작은 집진集鎭과 집시集市가 분포하였다. 또한 군사 주둔지의 군시軍市와 변경 관애처關隘處의 관시關市 등이 있었다. 게다가 모든 도시·집시에는 대로(大道)나 수로(河渠)가 서로 통하였고, 전국적인 상업망이 연결되었으며, 상품교환은 더욱 깊어지고 오래 지속되고 빈번해졌다.

대외관계와 해상·육상교통의 발전에 따라서, 전한 시기 상업 활동은 또

---

198 『史記』 卷129 「貨殖列傳」 "四方輻湊, 幷至而會."

한 주변 이민족에서 심지어 외국까지 시장을 찾았다. 한 무제 시기는 변경을 경영하였기 때문에, 진한秦漢교체기 육로교통에서 한 걸음 더 나아가 발전하게 하였고, 당시 중요한 대외교통로는 네 가지였다. 첫 번째는 계薊를 출발해서 동북으로 어양漁陽·우북평右北平·요서遼西·요동遼東을 지나서 바로 한반도에 이르렀다. 그러므로 상고는 "동쪽으로 예맥穢貉·북한·진번眞蕃의 이익을 독점한다"고 하였다.[199] 두 번째는 장안을 출발하여 하서주랑河西走廊, 탑리목분지塔里木盆地의 남북경계를 지나서, 멀리 중앙아시아·남아시아에서 지중해 동안東岸의 각 국 및 남유럽, 북아프리카까지 도달하였다. 이것이 유명한 "비단길"[200]이다. 세 번째, 파촉巴蜀을 출발해서 서남이西南夷를 지나서 신독身毒(인도印度) 등지로 통하였다. 당시 중국의 공죽장邛竹杖〔공 지역 생산 대나무지팡이〕과 촉포蜀布〔촉 지역 생산 옷감〕 등은 이미 상고가 이 지역까지 운송하였다. 네 번째는 번우番禺를 출발하여 창오蒼梧(현재 광서廣西 오주梧州)·욱림郁林(현재 계평桂平)을 지나서 교지交趾·구진九眞·일남日南(월남越南 경내) 등지에 도달하였다. 『한서』「지리지하地理志下」에는 이 일대가 "바다와 가까운 지역이며, 대부분 무소뿔(犀)·상아(象)·바다거북(瑇瑁)·진주(珠璣)·은銀·동銅·과일(果)·옷감(布)이 모이니, 중국에서 간 상고가 많은 부를 얻었다"고 하였다.[201]

당시 해외교통 역시 매우 발달하였다. 비교적 명확한 항로는 두 개였다. 첫 번째는 제齊(현재 산동山東 북부)에서 동쪽으로 발해渤海를 건너서, 한반도에 도달하고, 그런 후에 남쪽으로 한반도를 돌아서 동쪽으로 일본에 이른다. 사서에서 일본은 "왜倭"로 칭하였는데, 1백여 국이 있었고 그중 가장 큰 나라는 야마타이국(邪馬臺國)이었다. 한 무제 시기 이미 30여 개국이

---

199 『史記』 卷129 「貨殖列傳」 "東綰穢貉朝鮮眞蕃之利."

200 "絲綢之路."

201 『漢書』 卷28 「地理志下」 "近海, 多犀象毒冒珠璣銀銅果布之湊, 中國經商賈者多取富焉."

Ⅳ. 전한 중기 사회경제의 번영과 변혁

한漢나라와 교류하였고, 정치와 상업왕래가 이루어졌다. 두 번째는 서문徐聞(현재 광동廣東 서문徐聞)·합포合浦(현재 광서廣西 합포合浦)에서 배를 타고 5개월간 남쪽으로 가면 도원국都元國(말레이반도)에 도달할 수 있고, 또한 계속해서 4개월간 항해하면 읍로몰국邑盧沒國(미얀마 연안)에 이르며, 다시 20여 일을 항해하면 담리국湛離國(미얀마 연안)에 이르고, 그런 후에 10여 일을 도보로 가면 부감도로국夫甘都盧國(미얀마 파간성[蒲甘城] 부근)에 이르며, 다시 2개월을 배를 타고 항해하면 최종 황지국黃支國(인도 건지보라建志補羅)에 도달한다. 돌아오는 경로는 이정불국已程不國(현재 스리랑카)·피종皮宗(말레이반도)을 지나서, 일남日南 등지로 이르러 귀국할 수 있다. 전한 상고가 이러한 국가에 운반해간 상품은 황금기물黃金器物과 각종 사직품絲織品이었고, 교환해온 물품은 명주明珠·벽璧·유리流離·기석奇石 등 기이한 보물이었다. 근래에 광주廣州, 장사長沙 등지에서 일상적으로 파리玻璃·호박琥珀·마노瑪瑙 등의 물품이 발견되었는데, 그중 어떤 것은 바로 남태평양 여러 나라에서 운반되어온 것이다.

(三) 천추에 길이 남을 각각의 경제사상

전한 중기 사회경제적 발전과 경제제도의 중대한 변혁은 사람들에게 사회경제활동의 광범위한 관심을 불러일으켰다. 그들은 전한 경제정권의 현행 경제정책에 대해, 혹은 지지를 보냈고, 혹은 반대를 표시하였고, 혹은 수정방안을 제기하였으며, 각자 자기 관점을 충분히 천명하여, 전한 시기 경제사상 대토론의 열기를 만들어냈다. 그중 대표적인 경우가 사마천司馬遷의 "선인善因"론, 상홍양桑弘羊의 "경중輕重"론 동중서董仲舒 및 『염철론鹽鐵論』의 경제사상이다.

1. 사마천의 "선인善因"론

사마천司馬遷(약 기원전 145년~기원전 90년)은 좌풍익左馮翊 하양夏陽(현재 섬서陝西 한성韓城 서남쪽) 사람으로 대대로 사관의 집안에서 태어났다. 부친 사마담司馬談은 한漢나라의 태사령太史令이었고, 사학史學에 정통하였으며, 황로학파黃老學派에 기울었다. 사마천은 어려서부터 가학家學의 훈도薰陶를 받았고, 또한 공안국孔安國과 동중서董仲舒 등 유명한 스승에게서 배웠다. 청년 시기 전국의 넓은 지역을 사신으로 나가 두루 돌아다녔다. 원봉元封 3년(기원전 108년) 부친이 지낸 태사령을 계승하였다. 천한天漢 2년(기원전 99년) 이릉李陵 사건으로 인하여 하옥되어 부형腐刑을 받았고, 후에 사면되어 출옥하여 중서령中書令이 되었다. 사마천 부자父子의 재임기간에 "천하의 남겨진 서적과 고문서가 태사공에게 수집되지 않은 바가 없었으며, 태사공의 관직은 부자가 서로 계승해서 맡게 하였다."[202] 최후에 사마천이 「태사공서太史公書」(곧 『사기史記』)의 편찬작업을 완성하였다. 이 때문에 『사기』에 반영된 경제사상은 실제로 사마천 부자 공동의 사상이다. 특히 『사기』 「화식열전貨殖列傳」에는 진한교체기 민간경제 사료가 아주 많은데, 필연적으로 당대에 가까웠던 사마담이 수집하여 정리하였다. 이러한 점은 우리들이 사마천의 경제사상을 연구하는 데 반드시 주의해야 한다.

사마천 부자가 생활했던 때는 "무위無爲" 경제에서 유위有爲 경제로 전환하는 역사적 시기였는데, 직접 귀로 듣고 눈으로 보는 경제정책이 서로 같지 않아서, 사회경제의 구축에 서로 다른 영향을 미쳤다. 사학가의 냉정한 사유로 독자적인 기치를 세워 "선인"론 사상을 제안하였다. 『사기』

---

202 『史記』 卷130 「太史公自序」 "天下遺文古事靡不畢集太史公, 太史公仍父子相續纂其職."

「화식열전」에는 "선함으로 이끄는 것이고, 그 다음이 이익으로 이끄는 것이며, 그 다음이 가르치는 것이고, 그 다음이 가지런하게 하는 것이며, 가장 하수가 함께 다투는 것이다"고 하였다.[203] 이른바 "선함으로 이끈다"[204]는 곧 가장 좋은 경제정책은 민간생산과 무역 활동의 자연발전에 순응하는 것을 가리킨다. 이것은 전한 전기 "무위이치無爲而治", "백성의 하고자 하는 것을 따르되 어지러워지지 않는다"[205]는 정책으로 충분히 확인된다. 이른바 "이익으로 이끈다"[206]는 바로 봉건국가가 물질이익을 통해서 경제 지렛대를 운용하여, 사회경제를 국가와 국민에게 이로운 방향으로 발전하도록 인도하는 것을 가리킨다. "가르친다"[207]는 "교화敎化" 수단의 채택을 뜻하는데, 사람들에게 일부 경제활동에 종사하도록 격려하였고, 아울러 사람들에게 부적절한 경제행위를 그만두게 하였다. "가지런하게 한다"[208]는 곧 봉건국가가 법률을 통해서 강제 수단으로 바로잡고, 사람들의 경제활동을 조절하는 것을 가리킨다. 사마천은 이러한 경제정책은 모두 일정한 실행 가능성이 있으나, 광범위한 추진에는 적합하지 않다고 여겼다. 이른바 "가장 하수가 함께 다툰다"[209]는 바로 가장 나쁜 경제정책이 국가가 직접적으로 경제활동에 종사하여 "백성과 이익을 다투는 것"을 뜻한다.[210] 이것은 한 무제 시기 추진한 염철관영, 균수 등의 경제정책에 대한 극렬한 반대였다.

---

203 『史記』 卷129 「貨殖列傳」 "善者因之, 其次利道〔導〕之, 其次敎誨之, 其次整齊之, 最下者與之爭."
204 "善者因之."
205 『漢書』 卷23 「刑法志」 "從民之欲, 而不擾亂."
206 "利導之."
207 "敎誨之."
208 "整齊之."
209 『史記』 卷129 「貨殖列傳」 "最下者與之爭."
210 "與民爭利."

(三) 천추에 길이 남을 각각의 경제사상　　　　　251

이것을 통해서 살펴보면, "선인"론은 사마천의 경제사상의 핵심이었다. 황로학자黃老學者 신도愼到는 "인因은 사람의 성정性情에서 비롯된다"고 하였다.[211] 그렇다면 사람의 성정은 무엇인가? 사마천은 사람들의 천성은 이익을 좋아하고 부유함을 좋아한다고 여겼고, "부는 사람의 성정이니, 배우지 않아도 욕망을 갖고 있으며",[212] 사람들마다 "귀와 눈은 소리와 낯빛이 좋은 것을 바라고, 입은 맛있는 고기음식을 좇는다"고 하였다.[213] 그래서 "천하가 떠들썩하니 모두 이익을 위해 왔고, 천하가 와자지껄하니 모두 이익을 위해 갔다"고 하였다.[214] 사람들은 재부와 물질의 이익을 전력을 다해 추구하는데, "사람은 각기 그 능력이 있어서 그 힘을 다하여 하고자 하는 바를 얻으므로, 사물이 천해지면 귀해질 징조이고 귀하면 천해질 징조이니, 각기 그 업을 권하고 그 일을 즐긴다"고 하였다.[215] 이것은 바로 사람이 하고 싶은 대로 하여도 어지러워지지 않으니, 사람의 능력을 충분히 발휘할 수 있고, 물자와 자원의 전력을 다하여 개발하고 이용할 수 있으며, 사람의 욕망은 모두 최대로 만족할 수 있다. 상품의 공급과 수요는 자연히 적응될 수 있고, 상품가격 또한 자연히 조절할 수 있다. 각종 생산·무역 모두 자연스럽고 순조롭게 진행할 수 있으며, 사회적 물질과 재부 역시 자연적으로 증가한다. "위로는 나라가 부유해지고 아래로는 가정이 부유해지며",[216] "국가의 명령, 국가의 징발, 국가의 약속"으로 당연히 가장 좋은 결과를 실현해낸다.[217] 이러한 "도道에 부합하는 것"과

---

211 『愼子』「因循」"因也者, 因人之情也."
212 『史記』 卷129 「貨殖列傳」"富者, 人之情性, 所不學而俱欲者也."
213 『史記』 卷129 「貨殖列傳」"耳目欲極聲色之好, 口欲窮芻豢之味."
214 『史記』 卷129 「貨殖列傳」"天下熙熙, 皆爲利來, 天下壤壤, 皆爲利往."
215 『史記』 卷129 「貨殖列傳」"人各任其能, 竭其力, 以得所欲. 故物賤之徵貴, 貴之徵賤, 各勸其業, 樂其事."
216 『史記』 卷129 「貨殖列傳」"上則富國, 下則富家."

"자연의 징험"218이 바로 사마천의 "선인"론 이론의 기초이다.

사마천은 "선인"론의 관점에서 출발하여, "부유한 사람이 되는 데 정해진 직업이 없다"고 주장하였다.219 그는 귀족과 관리가 작읍爵邑과 녹봉祿俸에 기대거나, 장사가 위험에 처한 나라를 구하거나, 폭도가 약탈하거나, 기녀가 매음하거나, 농農·우虞·공工·상업商業 등에 종사하는 경제활동을 모두 치부의 수단으로 여겼다. 그러나 그는 농업에 종사하여 부유해지면 "본업의 부(本富)"라 칭하였고, 상업에 종사하여 부유해지면 "말업의 부(末富)"라 칭하였으며, 정당하지 않은 수단으로 부를 이루면 "간사한 부(奸富)"라 칭하였다. 아울러 "지금 생계를 꾸려나가는 데 몸이 위태롭지 않게 하고 돈을 버는데, 어진 사람은 여기에 힘쓰므로, 본업의 부가 최상이고, 말업의 부가 다음이며, 간사한 부가 최하이다"고 지적하였다.220 사마천은 불법수단을 통해서 치부하는 데 찬성하지 않았고, 농農·축畜·공工·우虞·상商·가賈 등 정상적인 생산이나 무역 활동에 종사하는 것을 주장하였음을 알 수 있다. 비록 사마천이 진한秦漢에서 유행한 "본本", "말末"업의 구분에 의거하였으나, 추호라도 상공업을 경시할 의사가 없었다. 이른바 "본업의 부가 최상이고, 말업의 부는 다음이다"221는 단지 "몸이 위태로워지는 것(危身)"을 기준으로 삼았기 때문에, 곧 농업생산은 단순노동이여서 치부의 가장 온당한 수단이었고, 그리고 상공업은 숙련노동이여서 치부에 일정한 위험을 부담해야 했다. 바로 이러한 구별이 있었기 때문에 "가난한 사람이 부자가 되기를 구한다면 농업이 공업만 못하고, 공업이

---

217 『史記』 卷129 「貨殖列傳」 "政教發徵期會."

218 『史記』 卷129 「貨殖列傳」 "道之所符, 而自然之驗."

219 "富無經業."

220 『史記』 卷129 「貨殖列傳」 "今治生不待危身取給, 則賢人勉焉, 是故本富爲上, 末富次之, 姦富最下."

221 『史記』 卷129 「貨殖列傳」 "本富爲上, 末富次之."

(三) 천추에 길이 남을 각각의 경제사상　　　　　　　　　　253

상업만 못하며, 〈여자가〉 수繡를 놓는 일이 저자의 문〔기원妓院〕에 기대어 서서 손님을 기다린다는 것만 못하니, 이것은 말업을 말하는데 가난한 사람이 의지하는 바이다"고 하였다.222 게다가 사마천은 특히 상업을 중시하고, 상업을 사회 생산 활동에 필요하며 중요한 요소로 간주하여서, 중국 고대 상품경제를 진정으로 연구하는 위대한 사상가가 되었다. 사마천은 또한 매우 상인을 존중하여, 선진先秦 - 한초漢初 일련의 부상富商을 전문으로 하여 「〈화식貨殖〉열전」을 썼는데, 그들의 사적事迹과 치부경험을 기술하였고, 개인을 중점에 둔 "치생학治生學"을 만들어냈으며, 중국 고대 미시경제를 관리하는 사상의 걸출한 대표가 되었다.

요컨대, 사마천의 선인론善因論 및 그의 경제관점은 전한 전기 "무위" 경제에 대한 전면적인 긍정이자 경험의 총체였고, 또한 한 무제 시기 "유위有爲" 경제의 전반적인 부정과 진지한 비판이었다. 그의 경제사상은 황로학黃老學을 중심으로 하고 다른 학파의 경향을 융합해서 충분히 구현하였고, 중국 봉건시대에 독자적인 기치를 세워서, 자본주의경제 중 상품생산, 자유무역, 이윤을 얻기 위해 사용되는 자본, 평등이윤 등의 문제에 근접하였다. 그래서 근대 자산계급을 대표하는 인물로 추앙을 받았다. 그러나 사마천의 경제사상은 당시 이상주의적 요소를 갖고 있었다. 비록 "선함으로 이끄는" 정책이 사회생산의 신속한 발전을 촉진할 수 있었으나, 일정 시기에 이르러 필연적으로 빈부의 분화가 심해져서, 지방호족의 경제가 악성으로 팽창하였고, 통일제국의 분열을 야기하였다. 당시 자연경제가 주도적인 지위를 점하는 경제 조건하에서, 통일제국의 장기간 치안을 유지해야 했으며, 비록 "함께 다투는 것"223이 하책下策에서 나왔더라

---

222 『史記』 卷129 「貨殖列傳」 "用貧求富, 農不如工, 工不如商, 刺繡文不如倚市門, 此言末
業, 貧者之資也."

223 "與之爭."

도, 그것은 중국 고대 봉건경제 발전의 필연적인 경로였다.

2. 상홍양과 "경중輕重"론

상홍양桑弘羊(기원전 152년?~기원전 80년)은 낙양洛陽 사람이며, 상인 가정 출신으로 어릴 때부터 암산 재능이 있어서, 13세에 궁에 들어가 무제의 시중侍中을 맡았다. 원수元狩 3년(기원전 120년) 재화를 다스리도록 명을 받아 대농승, 치속도위, 대사농 등의 관직을 역임하였고, 무제가 추진한 경제개혁의 유능한 조력자가 되었다. 소제가 어린 나이에 즉위하자, 곽광霍光, 김일제金日磾, 상관걸上官桀과 함께 정사를 보좌하였고, 어사대부에 임명되었다. 상홍양은 곽광霍光과 정견政見이 같지 않았기 때문에, 연왕燕王 유단劉旦과 상관걸上官桀 부자의 모반 사건에 휘말려 사형에 처해졌다. 상홍양에 관한 사료는『사기』,『한서』등에 산견되는데, 그의 경제사상은 주로『염철론』에 드러나 있다.

중국 봉건경제의 발전경로와 서구 봉건경제의 발전 사이에는 명확한 차이가 있다. 서구는 노예제에서 봉건제에 이르는 과도기에, 일찍이 성시城市와 상품경제에 대해 극도의 파괴과정을 통해서, 서구 봉건사회 초기에 자연경제는 거의 암흑기에 접어들었다. 그러나 중국은 노예제에서 봉건제에 이르는 과도기에, 성시와 상품경제의 지속적인 발전을 저해하지 않았다. 아울러 중국 봉건사회 전기 상공업이 끊임없이 발전하던 때에 필연적으로 사람들에게서 상품생산에 대한 광범위한 관심을 이끌어냈다. 어떤 사람은 상공업의 발전을 강력히 억압할 것을 주장하였고, 농업을 중시하고 상업을 억제하는 정책을 제안하였다. 어떤 사람은 민간상공업 발전의 유지를 요구하였고, "선인"론의 관점을 제시하였다. 어떤 사람은 봉건국가가 직접 상공업 활동에 종사하고, 상품유동이론을 운영하여 사회경제생활에 대해 간여하고 통제하기를 주장하였으므로, 중국 고대의 독특한 경제학설 -"경중"론- 을 만들어냈다.

춘추전국시대 금속화폐의 사용과 생산에 따라서, "경중"은 하나의 경제범주가 되었다. 그것은 화폐의 경중을 통해서, 화폐의 가치와 시장의 경향을 분석하였다. 전국 - 진한 시기 상품경제가 발전하였기 때문에, 전한 문제 시기에 이르러 "경중"이 이미 사람들에게 활용되어, 상품유통영역 중 화폐와 상품의 가치 문제를 연구하는 데 쓰였다. 가의賈誼는 바로 일찍이 국가가 "경중을 제어하여"²²⁴ 화폐를 독점하고 물가안정을 달성하며 재정수입을 증가시키고 상인을 공략하는 등의 목적을 언급하였는데, 이때 경중론輕重論 사상이 이미 중대한 진전을 이루었음을 나타낸다. 성숙하고 온전한 경중론 학설은 『관자』「경중편輕重編」에 기록되어있다. 경중론은 춘추전국 - 진한시대 역대에 누적되어, 사람들이 공동으로 창조한 경제사상 성과이다. 당연히 한 무제 시기 상홍양은 경중론학설의 집대성자이자 전면적인 집행자였다. 당시 상홍양은 염철, 평균, 균수 등의 정책을 모두 실현하고자 제안하였는데, 그 이론의 기초는 바로 경중지학輕重之學이었다.

상홍양은 『염철론』에서 자신의 경제관점을 충분히 천명하였고, 그는 상인의 후예여서 상공업의 작용을 매우 중시하였다. 상홍양은 상공업과 농업을 마찬가지로 사람들의 생활에 조금이라도 없을 수 없다고 여겼다. 각양각색의 "생활을 영위하고 장례를 치르는 도구"²²⁵는 반드시 "상업을 기다려야 유통되고, 공업을 기다려야 이루어진다."²²⁶ 만일 상공업이 없으면 바로 농업의 발전에 불리하고, 사회생산의 수요를 만족시키지 못한다. "그러므로 공업이 나타나지 않으면 농업에 쓸 것이 궁핍해지고, 상업이

---

224 "以御輕重."
225 "養生送終."
226 『鹽鐵論』卷1「本議」"待商而通, 待工而成."

나타나지 못하면 보화가 끊어진다. 농업에 쓸 것이 궁핍하면 곡식은 번성
하지 않으며, 보화가 끊어지면 재물은 부족해진다."[227] 그래서 상홍양은
다음과 같이 상공업도 국가를 부유하게 만들 수 있다고 하였다. "나라를
부유하게 하는 방도는 하나가 아니며",[228] 반드시 농업만 할 필요는 없다.
"부유함은 방책에 달려있지, 노동하는 데 달려있지 않다. 이익은 지위에
달려있지 농사에 힘쓰는 데 달려있지 않다."[229] 이것이 바로 상홍양의 경
중론 사상의 주요 근거이다.

상홍양은 봉건국가의 재정 당권파가 되어서, 국가에서 "천연의 재화를
규제하고, 관시關市를 금하며",[230] 산해山海의 이익을 독점하고, 화폐주조
를 독점하며, 직접 상공업 활동에 종사할 것을 주장하였다. 그는 이것으로
사회경제생활에서 경중의 형세를 지배할 수 있으니, "천하에서 낮은 것을
우리는 높이 여기고, 천하에서 가벼운 것을 우리는 무겁게 여긴다"고 하였
다.[231] 그러한 후에, 국가에서 경중의 방법을 이용하여, 곧 상품과 화폐유
통 등 경제수단을 통제하여, 국내 부상대고를 배척하고, "본업을 세우고
말업을 억제하는 것은 붕당을 갈라놓고 음란하고 사치스러움을 금하며
겸병을 끊는 길이다"고 하였다.[232] 국외에는 적국의 재용이 줄어들게 하
고, "외국 물품을 안으로 유통시키되 이익은 밖으로 새지 않게 하여",[233]
나라를 부유하게 하고 해로움을 없애는 두 가지 주요한 목적을 실현하였

---

227 『鹽鐵論』 卷1 「本議」 "故工不出, 則農用乏. 商不出, 則寶貨絶. 農用乏, 則穀不殖, 寶
　　貨絶, 則財用匱."
228 『鹽鐵論』 卷1 「力耕」 "富國非一道."
229 『鹽鐵論』 卷1 「通有」 "富在術數, 不在勞身, 利在勢居, 不在力耕."
230 『鹽鐵論』 卷1 「力耕」 "塞天材, 禁關市."
231 『鹽鐵論』 卷1 「力耕」 "天下之下我高, 天下之輕我重."
232 『鹽鐵論』 卷1 「復古」 "建本抑末, 離朋黨, 禁淫侈, 絶幷兼之路也."
233 『鹽鐵論』 卷1 「力耕」 "外國之物內流而利不外泄."

다. 동시에 상홍양은 또한 소비를 확대할 것을 제창하였는데, "옛날에 궁실은 법도가 있었고 여복輿服은 공로에 따라 주었으니, 석가래에 채색하고 지붕에 띠를 두르는 것은 선왕의 제도가 아니며", "아무리 검소해도 극히 낮출 수는 없다"고 여겼다.[234] 그는 『관자』의 이야기를 다음과 같이 인용하였다. "궁실을 장식하지 않으면 재목을 이루 다 쓸 수 없고, 푸줏간이 충분하지 못하면 금수는 그 생명을 덜 수 없다. 말업의 이익이 없으면 본업에서 나올 것이 없고, 보불黼黻(제례복의 무늬)이 없으면 여공女工을 둘 수 없다"고 하였다.[235] "사치를 절제하되 검소함도 질책한다"를 통하여[236] 관영 상공업의 발전에 속도를 더 할 것을 주장하였고, 경중의 방법으로 충분한 작용을 발휘하게 하였다. 게다가 상홍양은 또한 관영 경제사업을 농업영역까지 확장하였고, 광범위한 둔전에 찬동하였으며, "전관田官을 설치하여 제반용도의 지급을 맡게 하였다."[237] 그가 경중론을 계승하고 발전시켰음이 드러난다.

요컨대, 경중론은 한 무제 시기 상홍양이 충실하게 구현하고 확대함에 따라서, 이미 경중지세輕重之勢, 경중지학輕重之學, 경중지술輕重之術을 포함하여 봉건국가의 거시적인 경제관리체계를 확충하였다. 그것은 동방의 법가인 관자管子의 사상이 중심이 되었고, 여러 학파의 사상이 융합된 결정체였다. 경중론은 국가에서 재원을 널리 개발하여 "백성에게 부세를 거두지 않아서 스승처럼 우러러 보게 하는"[238] 사상을 주장하였다. 그것은

---

234 『鹽鐵論』 卷1 「通有」 "古者宮室有度, 輿服以庸, 采椽茅茨, 非先王之制也. … 不可, 大儉極下."
235 『鹽鐵論』 卷1 「通有」 "不飾宮室, 則材木不可勝用, 不充庖廚, 則禽獸不損其壽. 無味〔末〕利, 則本業無所出, 無黼黻, 則女工不施."
236 『鹽鐵論』 卷1 「通有」 "節奢刺儉."
237 『鹽鐵論』 卷3 「園池」 "置任田官以贍諸用."
238 『鹽鐵論』 卷2 「非鞅」 "不賦百姓而師以贍."

국가가 경제활동의 관리와 조절에 관해서 단순히 행정명령에 의지할 수 없었고, 반드시 경제규율 등 사상을 운용해야 했으며, 모두 일정한 과학성과 실현가능성을 갖춰야 했다. 이는 이후 2천 년간 봉건사회에 거대한 영향을 미쳤다. 그러나 경중론은 유통을 강조하였으나 생산을 중시하지는 않았다. "나라를 부유하게 하는 데 어찌 반드시 농업만 근본으로 삼겠는가?"라고 하여,[239] 단지 경중정책을 통한 유통영역 제어만이 결정적인 작용을 일으킬 수 있다고 여겼다. 그래서 이론상으로는 주객이 전도되어 실천에 옮겨져서 사회생산의 정상적인 진행을 방해하였다. 이외에도 경중론은 국가정권의 경제적 반작용에 대해 지나치게 과장하였고, 국가의 사회경제에 대해 "계획을 갖추어"[240] 전면적인 간섭을 추진할 것을 주장하였다. 따라서 시장가치규율의 자연조절을 제한하여 그 상황은 반드시 경제발전에 영향을 미쳤고, 국가와 백성 모두에게 좋지 않은 결과를 초래하였다. 한 무제 시기 전면적으로 시행한 경중정책의 사회적 효과와 반응은 상술한 바와 같이 두 가지 정반대 방면으로 설명된다.

3. 동중서에서 『염철론』까지

동중서董仲舒(기원전 179년~기원전 104년)은 광주廣州(현재 하북河北 조강棗强 동쪽) 사람이고, 『공양춘추公羊春秋』『공양춘추公羊春秋』를 전문으로 하였다. 경제景帝 시기 현량대책賢良對策이 뽑힌 후에, 강도왕江都王의 상相에 임명되었고, 또한 교서왕膠西王의 상으로 옮겼으며, 오래지 않아서 사직하고 집에서 머물렀다. 그는 한대 신유학의 창시자였고, 그 경제사상의 사료는 『한서』「동중서전董仲舒傳」, 「식화지상食貨志上」 등에 산견되며, 『춘추번로

---

239 『鹽鐵論』 卷1 「力耕」 "富國何必用本農."
240 "有計劃."

春秋繁露』 일서一書에 집대성되어있다.

동중서는 문제·경제·무제 시기에 생활하였다. 당시 사회경제 상황의 발전 변화에 직면하여, 그는 봉건통치의 장구한 안정을 유지하는 데 착안하여, 사회재부를 "균형을 맞추어 조절하는"241 사상을 제안하였다. 『춘추번로春秋繁露』 「도제度制」에는 다음과 같이 설명한다. "공자는 '가난을 걱정하지 않고 균등하지 않음을 걱정한다'고 하였다. 왜냐하면 어느 쪽이 쌓여서 많아지면 다른 쪽은 텅비어 없어지기 때문이다. 극도로 부유하면 교만해지고, 극도로 빈궁하면 근심한다. 근심하면 도적이 되고, 교만하면 사나워지니, 이것은 뭇사람의 행태이다. 성인은 뭇사람의 행태에서 난이 생기는 것을 보게 되므로, 인간의 도리를 제어하고 상·하를 구분한다. 부유한 사람에게 귀한 것을 과시하여 교만하지 않게 할 수 있고, 가난한 사람에게는 생계를 돌보게 하여 근심하지 않게 할 수 있다. 이러한 방법으로 균형을 맞추어 조절한다. 이 때문에 재화는 없어지지 않고 상·하가 서로 편안해지므로 다스리기 쉽다."242 동중서는 재부財富의 분배 문제에서 유가儒家의 중용中庸 관념을 풍부하게 발전시켰음을 알 수 있다. 그의 경제사상은 바로 이러한 문제를 둘러싸고 전개되었다.

봉건통치계급은 언제나 권세에 의지하여 대규모로 사회적 재부를 침탈했기 때문에, 우선 각계각층이 점유한 재부의 균형상태를 파괴하였다. 그래서 동중서가 재산을 "균형을 맞추어 조절하여" 비례에 맞추어 분배하려고 시도하였을 때, 주의력을 주로 통치계급 방면에 두었다. 그는 "뭇 녹봉

---

241 "調均."
242 『春秋繁露』「度制」"孔子曰, 不患貧而患不均. 故有所積重, 則有所空虛矣. 大富則驕, 大貧則憂. 憂則爲盜, 驕則爲暴, 此衆人之情也. 聖者則於衆人之情, 見亂之所以生, 故其制人道而差上下也. 使富者足以示貴而不至於驕, 貧者足以養生而不至於憂, 以此爲道而調均之. 是以財不匱而上下相安, 故易治也."

을 많이 받는 자는 또한 작은 이익을 얻고자 백성과 이익이 되는 업종을 다투어서는 안 된다"는 원칙하에243 봉건관리가 "부귀한 자의 재력을 이용하여"244 노동자의 재산에 대해 불법적으로 점탈하는 것을 제한하자고 제안하였다. 게다가 봉건국가 역시 백성과 이익을 다투어서는 안 되고, "염철이 모두 백성에게 돌아가야 한다"고 요구하였다.245 통치집단에게 "궁실을 줄이고 조각·채색장식을 없애고 효제한 사람을 등용하며 백성을 구휼하고",246 "부렴을 가볍게 하며 요역을 줄여서 백성의 힘을 늘릴 것"을 호소하였다.247 동시에 동중서는 또한 관호지주官豪地主가 노비를 막대하게 축적하고 토지를 겸병하는 풍토를 겨냥하여, "옛 정전법은 끝내 행하기 어렵더라도 마땅히 옛날에 다소 근접하여, 백성의 명전名田을 제한하고 부족한 데를 채워서 겸병의 길을 막고 … 노비를 없애며, 함부로 살해하는 위세를 제한하자"고 건의를 올렸는데,248 중국 역사상 "토지와 노비를 제한하는"249 주장을 처음으로 하였다. 이러한 조치는 모두 "이익(利)"을 균등하게 배분하기 위해서, "부유한 사람은 사치가 넘쳐서" 교만해져 더욱 참람한 행동을 하거나, "가난한 사람은 수고로움이 극심하여",250 근심하며 위험을 무릅쓰고 행동하는 제어할 수 없는 상황이 나타나는 것을 방지하였다.

동중서는 사람들이 모두 물질적 이익을 추구하는 욕망을 갖고 있어서,

---

243 『春秋繁露』「度制」"諸有大奉祿亦皆不得兼小利, 與民爭利業."
244 『漢書』卷56「董仲舒傳」"因乘富貴之資力."
245 『漢書』卷24「食貨志上」"鹽鐵皆歸於民."
246 『春秋繁露』「五行變救」"省宮室, 去雕文, 擧孝悌, 恤黎元."
247 『漢書』卷24「食貨志上」"薄賦斂, 省徭役, 以寬民力."
248 『漢書』卷24「食貨志上」"古井田法雖難卒行, 宜少近古, 限民名田, 以澹不足, 塞幷兼之路 … 去奴婢, 除專殺之威."
249 "限田限奴婢."
250 『漢書』卷56「董仲舒傳」"富者奢侈羨溢, 貧者究急愁苦."

봉건정권은 사람들의 욕망을 정확한 방향으로 인도하는 것이 관건이라고 여겼다. 그는 봉건군주가 "항상 천하를 이롭게 하고 사랑하는 것에 뜻을 두고",251 농업생산의 발전을 통해서 사람들의 기본적인 물질적 이익을 만족시키는 것을 기대하였다. 그러므로 동중서는 상술한 바와 같이 각 계층의 경제관계를 조절하는 방안을 제안하였다. 곧 "부유한 사람에게는 귀한 것을 과시하여 〈교만하지 않게〉 할 수 있고", "가난한 사람에게는 생계를 돌보게 하여 〈근심하지 않게〉 할 수 있다"고 한 것252은 당시 봉건 통치집단이 사공학事功學 계열의 사상도 적극적으로 활용했음을 반영한 다. 사람들이 분수에 맞지 않는 탐욕을 조절하기 위해서, 동중서는 교화를 위주로 하고 형벌과 상을 보조수단으로 채택하여 인도하자고 건의하였다. 그는 봉건통치자에게 다음과 같이 경고하였다. "그 도道를 바로잡고 이익을 도모하지 않으며, 그 이치를 닦고 공업을 급히 하지 않는다."253 곧 통치계급이 봉건국가 전체의 대도리大道理를 준수해야 하고, 단지 개인의 눈앞에 작은 이익을 바라보지 않아야 한다. 하지만 사람들이 공리를 완전 히 포기하기를 가혹하게 요구한 것은 아니었다. 고작 "공업을 급히 하지 않도록" 하였을 뿐이다. 〈그러나〉 이러한 문구는 『한서』「동중서전董仲舒傳」 에는 오히려 "그 마땅함을 바로잡고 그 이익을 도모하지 않으며, 그 도를 밝히고 그 공업을 도모하지 않는다"고 실려있다.254 동중서의 원래 뜻을 변경한 것이다. 그의 의義와 이利의 관점을 비교하면, 인의도리仁義道理를 통해서 통치계급을 단속하였을 뿐 아니라, 재리財利를 "균형에 맞게 조절 하여" 적절한 분배에도 편리하였는데, 어떻게 "그 공업을 헤아리지 않을

---

251 『春秋繁露』「王道通三」"常以愛利天下爲意."
252 『春秋繁露』「度制」"富者足以示貴.""貧者足以養生."
253 『春秋繁露』「對膠西王越大夫不得爲仁」"正其道不謀其利, 修其理不急其功."
254 『漢書』卷56「董仲舒傳」"正其誼不謀其利, 明其道不計其功."

수 있겠는가?"[255]

동중서의 경제사상은 유가를 위주로 하되 황로사상이나 법가 등의 학설을 융합하여 국가와 국민 간 경제관계 문제를 어떻게 협력하여 조절할지 탐구하는 데 힘썼음을 알 수 있다. 그는 국가가 전면적으로 경제생활을 간섭하고 통제하는 데 반대했을 뿐만 아니라 무위방임 경제정책에도 반대하였다. 국가 전체와 원대한 이익에서 출발해서, 사회경제활동에 대해 "이익으로 이끌고", "가르치며", "가지런하게 하여", 국가와 각계각층 사이에 사회재부를 파악해서 비례대로 배분할 것을 주장하였다. 이 때문에 동중서가 경제 문제에서 구현한 전체 관념은 균형원리에서 민본사상까지 신유가경제이론의 광채로 반짝였다. 하지만 그의 경제사상은 재산분배영역에 국한되었고, 생산방면에서 어떠한 진전된 발전을 이룰 만한 큰 공훈을 세우지는 못했다. 그가 제시한 경제시책은 너무 이상적이어서 실용성이 적었고, 경제 문제에서 중용사상이 관통하였다. 심지어 경제가 봉건정치의 원칙에 종속되었으며, 또한 일정한 보수保守, 봉건관념을 포함하였다. 이러한 약점은 시대의 추이에 따라서, 정통유가경제사상 중에서 갈수록 분명히 표현되었다.

소제昭帝 시기 소집하여 열렸던 염철회의에서, 현량문학은 동중서의 신유학을 추숭하여 항상 『춘추번로』의 어구를 인용해 입론근거로 삼았다. 그들의 경제사상도 대부분 동중서의 사상을 계승하였고, 더욱 보수적이고 교조화되었다. 『염철론』 「본의本議」에서 문학은 다음과 같이 주장하였다. "제가 듣건대, 사람을 다스리는 도道는 방탕함의 근원을 막고 도덕의 단서를 넓히고 말업의 이익을 억제하고 인의를 펼치고, 이익을 보이지 않은 연후에야 교화가 일어날 수 있고 풍속을 바꿀 수 있습니다. 지금 군국에

---

255 "不計其功."

는 염철, 주류전매, 균수 등이 백성과 이익을 다투니, 돈후함은 흩어져버렸고 탐욕스럽기만 합니다. 이 때문에 백성이 본업에 종사하는 경우가 적고 말업을 좇는 경우가 많습니다. 대저 문文이 번잡하면 질質은 쇠하고, 말업이 성하면 본업은 이지러집니다. 말업을 닦으면 백성은 음란해지고, 본업을 닦으면 백성은 성실해지며, 백성이 성실하면 재용은 풍족해지고 사치가 많아지면 추위로 굶주리게 됩니다. 원컨대 염철, 주류전매, 균수를 파하여서 본업에 나아가고 말업에서 물러나게 한다면, 농업을 널리 이롭게 하기에 편할 것입니다."256 이는 현량문학이 염철회의 때 첫 번째 발언인데, 곧 백성과 이익을 다투는 데 반대하고, 염철 등을 혁파하도록 첫머리부터 요지를 밝힌 것이며, 그들이 기본적으로 동중서의 사상을 계승하고 있음을 나타냈다. 하지만 그들이 염철 혁파를 둘러싸고 명백히 논술한 이유는 오히려 동중서의 원래 뜻과 멀었다. 예컨대 현량문학이 "인의를 열어서 이익을 취하는 것을 보이지 말라"257고 언급한 의義를 중시하고 이利를 경시한 관점은 바로 동중서가 공업을 좇아서 이익을 추구하는 데 내포되어있던 진취적인 정신을 억눌러서 없애버렸다. 동중서는 비록 농업을 중시했지만 "말업末業"을 억제한다는 논리는 없었는데, 그들은 오히려 "본업에 나아가고 말업에서 물러나야 한다"고 적극적으로 주장하였다.258 동중서는 통치계급의 낭비행태에 반대했으나, 그들은 여기서 "방탕함을 막고 돈후함을 숭상하는"259 안빈낙도安貧樂道의 사상으로 변경하

---

256 『鹽鐵論』 卷1 「本議」 "竊聞治人之道, 防淫佚之原, 廣道德之端, 抑末利而開仁義, 毋示以利, 然後敎化可興, 風俗可移也. 今郡國有鹽鐵酒榷均輸, 與民爭利, 散敦厚之補, 成貪鄙之化. 是以百姓就本者寡, 趨末者衆. 夫文繁則質衰, 末成則本虧. 末修則民淫, 本修則民慤, 民慤則財用足, 足侈則飢寒生. 願罷鹽鐵酒榷均輸, 所以進本退末, 廣利農業, 便也."
257 『鹽鐵論』 卷1 「本議」 "開仁義, 毋示以利."
258 "進本退末."

였다. 이때 현량문학을 유가경제사상의 대표로 삼아, "성인聖人의 도道"를 교조화하였고, 이미 보수화 경향을 명확히 하였음을 볼 수 있다.

『염철론』은 환관桓寬이 편차編次하고 정리하여 완성하였다. 환관은 여남汝南 사람이다. 한 선제 시기 낭郎에 등용되었고 관직은 노강盧江 태수까지 이르렀다.『염철론』「산부족散不足」에는 "선제가 학관으로 세웠다"고 하였는데,260 이 책은 선제 사후 만들어졌으며, 한漢 원제元帝 시기 교정하였음을 설명한다. 염철회의에서 남긴 서면자료는 환관의 가공과 윤색을 통해서 곳곳에 그의 관점이 스며들었다. 『염철론』은 현량문학의 의義를 숭상하고 이利를 폄하하며 본업에 나아가고 말업에서 물러나며 안빈낙도에 찬성하는 사상이 글에 넘쳐나고, 여러 사적이 유가류儒家類에 편입되었다. 이는 한 원제 시기 유학의 수구 관념을 충분히 반영하였다. 원제 이후 전한 정권은 순수유가를 중용하여, 유가사상의 정통지위는 완전히 확립되었고, 더욱이 전한 왕조의 경제는 쇠퇴하기 시작하였고, 경제사상계의 적막하고 보수적인 기풍을 더욱 가중시켰다. 게다가 동중서가 바로 노출시킨 "마땅히 옛날에 다소 가까워야 하는"261 경제복고사조는 역시 전한 후기의 새로운 경향을 이루었다.

---

259 "防淫佚, 尙敎補."

260 『鹽鐵論』卷6「散不足」"宣帝建學官."

261 "宜少近古."

V

전한 말기 사회경제 위기와
왕망의 경제제도 개혁실패

(一) 토지겸병의 발전과 유민·노비 수의 증가

전한 초기 토지 문제는 매우 심각하지 않았다. 전국시대부터 봉건제도를 형성하여 전한 왕조 건립에 이르러, 지주계급이 발생한 역사는 오래되지 않았고, 또한 바로 전란이 일어나서 일찍이 아직 개개인에게 안정된 사회환경이 충분히 발전되지 못하였다. 이 기간에 중국 봉건사회의 자발적인 경제규율－토지매매를 기본형식으로 하는 토지겸병－은 또한 완전한 작용을 발휘하지 못하였다. 게다가 한초漢初에는 진말秦末 농민전쟁의 충격을 겪어서 인구의 중 사상자死傷者는 참담한 수준이었고, 토지는 크게 황폐해졌으며, 계급관계는 새롭게 조정되었다. 이 때문에 당시 소수의 군공·관료대지주 이외에, 중·소지주와 자영농은 주도적인 지위를 점하였으며, 절대다수의 농민호는 모두 일정한 토지를 보유하였다. 비록 이때에 토지겸병과 농민이 파산하는 현상이 존재하였다고 하더라도, 오히려 공전원유公田苑圃와 관황지官荒地가 많아서 빈민의 토지 문제 해결에 이용할 수 있었다. 별도로 그때 무위방임 경제정책을 실행하였으며, 상공업의 번영은 또한 파산농민이 취업하는 활로를 넓게 개척하였다. 『염철론』「복고復古」에는 "왕년에 호강대가豪强大家는 산해山海의 이익을 관리할 수 있었고, 철광석을 채굴하여 동전을 주조하고 소금을 구웠으며, 일가一家가 많아서 혹은 천여 명에 이르렀고 대체로 유민을 거두어들였다"고 하였다.[1] 그러므로 또한 토지 문제는 완화될 수 있었다.

70여 년간 사회경제의 안정적 발전이 지나서, 자발적인 경제규율은 이미 그 기능이 드러났다. 그래서 한 무제 시기에 이르러, 토지겸병 문제가 심각하게 발생하였다. 『사기』「평준서平準書」에는 "이 시기 법망은 느슨해지고 백성은 부유해졌고, 재물을 빙자하여 교만이 넘쳐흘렀다. 혹은 겸병하는 호당豪黨의 무리가 향곡鄕曲을 무단武斷으로 장악했다"고 하였다.[2] 이때 전한 정권은 무위방임 경제정책을 개혁하기 시작하여 겸병세력의 발전을 강력히 억제했으나, 결국 억제도 제한적이었다. 특히 한 무제는 농업을 중시하고 상업을 억제하는 정책을 전면적으로 추진하였고, 부상대고에 대한 잔혹한 타격을 가하였다. 그러나 이는 오히려 관리와 백성의 취업활로를 대대적으로 억압하였고, 절대다수의 사람들 모두를 토지 위로 동시에 몰리게 하여 토지 문제의 심각성이 더욱 악화되었으며, 관료·상인·지주의 삼위일체 국면이 형성되었다.

그때 사회인구의 신속한 증가는 또한 토지위기를 더욱 심각하게 하였다. 관련 자료의 추산에 따르면, 한초 인구는 약 1천4백만 명이었고, 무제 초기에는 3천4백만 명 전후로 급격히 증가하였다. 인구의 증가에 따라서, 토지의 수요도 자연히 증가하였다. 생산력 발전 수준의 제약으로 인해서,

---

1   『鹽鐵論』卷1「復古」"往者, 豪强大家, 得管山海之利, 采鐵石鼓鑄煮海爲鹽, 一家聚衆 或千餘人, 大抵盡收放流人民也."

2   『史記』卷30「平準書」"當此之時, 網疏而民富, 役財驕溢. 或至兼幷豪黨之徒, 以武斷 於鄕曲."

사람들은 대부분 물과 토양의 자연조건이 좋은 지대를 개간하였다. 그러
므로 무제 시기에 이르러, 수많은 기본적인 농업 경제 지역에는 이미 전지
는 적고 사람은 많았다. 『사기』 「화식열전」에는 "무릇 삼하三河는 천하의
가운데 있고 …, 토지는 적고 협소하지만 백성은 많으며, … 추鄒·노魯의
수수洙水와 사수泗水의 물가는 … 토지는 적고 사람은 많다"고 하였다.[3]
『후한서』 「왕경전王景傳」에는 또한 무제 원광元光 연간 관동關東 지역 황
하黃河 연안은 이미 "제방의 끝자락까지 개간하였지만", 〈둑이 터져 지금
은 살고 있는 사람이 적다〉고 지적하였다.[4] 『한서』 「지리지」에는 또한
"조趙·중산中山의 토지는 적고 사람은 많다" 등을 언급하였다.[5] 요컨대,
당시 "내군內郡은 사람이 많아서, 물과 초목이 서로 수요를 채우지 못하였
다."[6] 그러므로 수만을 헤아리는 농민이 토지에서 밀려났으며, 봉건정권
에게 거대한 압력을 조성하였다. 한 무제는 국가의 강대한 경제력과 군사
력을 빌려서, 북으로는 흉노를 공격하였고 서역西域과 남이南夷 등지를 경
략經略하였으며, 그에 따른 점령지에는 빈민을 천사하여 안치시켰고 둔전
을 개간하게 하였다. 사서에 최고 기록인 1차 서북지대 이주는 빈민이
70여 만 명에 달하였고, 일찍이 한 차례 내군內郡의 토지 긴장緊張의 모순
을 완화하였다. 그러나 수년간 전쟁과 강토개척으로 많은 재력을 소비하
였고, 또한 내군의 농민에게 전가된 과중한 부세와 요역은 더욱 많은 사람
을 파산시켜 유망하게 하였다. 『사기』 「만석장숙열전萬石張叔列傳」에는 "원
봉元封 4년에 관동의 유민은 2백만 명이었고, 호적(名數)이 없는 이가 40만

---

3   『史記』卷129「貨殖列傳」"夫三河在天下之中 … 土地少狹, 民人衆, … 鄒魯濱洙泗
     … 地小人衆."
4   『後漢書』卷76「王景傳」"緣隄墾殖."
5   『漢書』卷28「地理志」"趙中山, 地薄人衆."
6   『鹽鐵論』卷3「未通」"內郡人衆, 水泉荄草, 不能相瞻."

명이었다."[7] 이후 전한 정권은 다시 또한 광범위한 경지를 개간을 통하여 빈민의 토지 문제를 해결할 힘이 없었다.

무제 시기 새로이 개간한 거전渠田·둔전屯田이 수백만 경頃이었기 때문에 수년간 전쟁은 대규모로 사회인구가 "유리하거나 사망하여",[8] 약 3천4백만 명이 3천만 명 전후까지 감소하였다. 이 때문에, 무제 말기 전국의 경제와 인구의 비율은 대략 문제文帝·경제景帝 시기의 규모까지 회복되었고, 소제昭帝·선제宣帝 시기 중흥의 사회적 기초를 형성하였으며, 토지 문제가 한 차례 완화되었다. 그러나 선제 후기에 이르러, 사회경제의 안정적 발전과 인구의 2차 증가(약 4천만 명 정도)로 토지에 또한 긴장상태가 발생하여, "백성은 다수가 가난하고 도적은 그치지 않는"[9] 사회현상이 나타났다.

토지겸병의 신속한 발전에 따라서, 전한 후기 지주계급은 정치, 경제, 문화가 서로 표리表裏가 되어 발전하였고, 나무뿌리가 휘감고 줄기가 뒤엉킨 강대한 사회세력은 유사儒士·관료·상인·지주의 사위일체四位一體를 형성하여서, 전한 정권이 어쩔 수 없이 지주겸병세력의 기득권 이익에 굴복하게 되었고, 심지어 겸병을 억제하고 부호를 천사하는 사릉徙陵제도의 실행을 정지하였다. 한漢 원제元帝는 "군국의 백성을 천사하여 원릉園陵을 모시게 하니, … 동쪽에는 헛되이 소모되는 피해를 입고, 관중에는 백성이 삶을 영위하지 못하며, 장구한 계책이 없다"고 여겼다.[10] 그가 말한 "동쪽에는 헛되이 소모되는 피해를 입다"[11]는 비록 사실이 아니라고 하더라도, "관중에는 백성이 삶을 영위하지 못한다"는 실제 정황이었다.[12]

---

7   『史記』卷103 「萬石張叔列傳」 "元封四年中, 關東流民二百萬口, 無名數者四十萬."
8   "流離物故."
9   "民多貧, 盜賊不止."
10 『漢書』卷9 「元帝紀」 "徙郡國民以奉園陵, … 東垂被虛耗之害, 關中有無聊之民, 非久長之策也."
11 "東垂被虛耗之害."

『사기』「화식열전」에는 "장안의 여러 능에는 사방에서 모이니, 토지는 적고 사람은 많아서, 백성은 더욱 기교를 부려서 말업에 종사한다"고 하였다.[13] 전한 후기 역사적인 조건이 이미 변화하여서 원제는 사릉제도를 강제로 추진하였으나 단지 "겸병의 해악"[14]이 관동 지역에서 관중 지역으로 전이되었을 뿐이었다. 전한 왕조마저도 겸병을 억제하는 "장구한 계책"[15]이 없었음을 알 수 있다.

전한 후기 봉건 대토지 소유제는 악성惡性으로 발전하였다. 소제 시기 어떤 사람은 당시 귀족관료가 좋은 전지를 광범위하게 점유하여서, 이미 "백성은 갈 곳이 없었다"고 지적하였다.[16] 원제 이후 토지겸병이 더욱 심각해졌다. 성제는 민간에 대규모 사전私田을 설치하고, 중국역사상 첫 번째로 공전公田 이외에 사전을 설치한 황제였다. 승상 장우張禹는 "정국거鄭國渠·백거白渠의 4백여 경頃을 점유하였고 타인의 겸병도 이와 비슷하였기에 사람들은 더욱 곤란해졌다."[17] 한번 장우가 평릉平陵에서 살찐 소가 머물던 좋은 전지를 보았는데, 성제는 그의 요구를 만족시키기 위하여 뜻밖에도 머물던 곳을 다른 곳으로 옮기도록 명하고 이곳의 토지를 그에게 주었다. 승상 적방진翟方進은 전지田地를 강점强占하는 데 성공하지 못하였기에, 마침내 여남군汝南郡의 홍극피鴻隙陂는 폐해졌고, 홍극피 아래의 토지는 가물어서 수확할 수 없었다. 전한 후기 상인세력이 또한 새로이 대두하였고, 재부를 모은 부상대가富商大價는 수중의 재력을 이용하여

---

12 "關中有無聊之民."

13 『史記』 卷129 「貨殖列傳」 "長安諸陵, 四方輻湊, 幷至而會, 地小人衆, 故其民益玩巧而事末也."

14 "兼幷之害."

15 "久長之策."

16 "民無所之."

17 『通典』 卷1 「田制」 "占鄭白之渠, 四百餘頃, 他人兼幷者類此, 而人彌困."

제멋대로 토지를 겸병하였으며, 대상인 진양秦揚은 바로 "전농田農으로 한 주에서 최고가 되었다."[18] 관동 지역은 상황이 더욱 심각하였다. 원제 이후 전한 정부는 호부豪富를 천사하여 지방 할거세력을 약화시키는 정책을 정지하였다. 이것은 다시 일부 지방호강地方豪强이 추호도 거리낌 없이 토지를 겸병하게 만들었다. 진탕陳湯이 성제에게 올린 글에는 바로 명확히 지적되어있는데, 전한 정부가 지방호부地方豪富에 대한 정책을 정지시킨 이후 30여 년간 "관동의 부유한 사람은 더욱 늘어났고, 좋은 전지는 대규모화되었으며, 빈민을 사역하였다."[19]

지주의 토지겸병은 끊임없이 확장되는 동시에, 전한 후기 유민 문제와 노비 문제는 또한 갈수록 심각해졌고, 지주의 토지겸병 때문에 갈수록 많은 농민이 토지를 잃었다. 그들은 지주호강地主豪强의 전농佃農이나 고용雇傭으로 전락하였고, 더욱 많은 생산영역을 완전히 헐값에 내놓았으며, 의복과 음식도 없이 도로에서 전전轉轉하는 유민이 생겼다. 특히, 재해가 든 해에는 항상 수십만을 이루었고, 백만의 기아에 허덕이는 사람들이 생겼으며, 사방에서 유리하여 음식을 구하였다. 많은 유민이 죽음 속에서 살아남고자, 아내와 자식을 핍박하거나 심지어 자신까지 노비로 팔았다. 그 결과 관노비·사노비의 수가 대대적으로 증가하였다. 원제元帝 시기 전한 정부의 관노비는 거의 10만여 명에 달하였고, 귀족, 관료, 부호가 점유한 사노비의 수는 더욱 방대하였다. 심지어 성제 본인은 또한 "북궁北宮에 사노비와 거마를 축적하였다."[20] 애제哀帝·평제平帝 시기에 이르러, 노비 수가 격증하는 문제가 갈수록 심하였다. 유민과 노비의 수는 끊임없이 증가하였고, 마침내 전한 말기 사회생산의 심각한 위기를 초래하였다.

---

18 『漢書』卷91「殖貨傳」"以田農而甲一州."
19 『漢書』卷70「陳湯傳」"關東富人益衆, 多規良田, 役使貧民."
20 『漢書』卷70「陳湯傳」"畜私奴車馬於北宮."

(二) 한 애제 시기 전지·노비 제한 논의

전한 후기 나날이 심각해진 토지겸병과 유민·노비 문제는 한漢 왕조가 두려워할 만한 사회경제적 위기를 야기하였다. 해가 서산으로 기울어가는 듯한 봉건정권을 구제하기 위해서, 한漢 애제哀帝 시기 정치집단은 전지·노비 제한의 구체적인 방안을 제안하였다.

일찍이 전한 초기 이미 "명전제도名田制度"가 형성되었다. 당시 "아직 겸병의 해악이 없어서 민전과 노비를 제한하지 않았다."21 명전名田에 축적된 노비의 구체적인 수는 확정할 수 없었으나, 단지 관례대로 명전의 등급을 실행하였다. 한 무제 시기에 이르러 토지겸병의 폐해가 이미 매우 분명히 드러나서, 동중서는 우선 전한 정권에 "백성의 명전을 제한하고"22 노비를 함부로 죽이는 제도의 폐지 등을 제안하였으며, 토지·노비 문제 해결의 새로운 길을 개창하였다. 비록 한 무제가 동중서의 제안을 진지하게 채택하지는 않았으나, 이때 한 걸음 더 나아가 상인은 명전을 획득할 수 없는 금령禁令을 명확하게 하였고, 동시에 강종호우强宗豪右의 전택田宅이 제도를 초월하는 것을 엄금하였다. 한漢 선제宣帝 시기 반포한 「영갑令甲」의 규정에는 "제후가 봉국에 있으면서 다른 현에 명전을 갖고 있으면 벌금 2냥兩이다"고 하였다.23 또한 『한서』 「진탕전陳湯傳」에는 성제成帝 시기 진탕陳湯은 "초릉初陵으로 천사하여, 경사京師를 강하게 하고 제후를 약화시키며, 또한 '중가中家' 이하에게 빈부를 고르게 할 수 있다"고 제안하였다.24 토지겸병이 악화되자, 통치집단에서 전지제한(限田)·균전均田·노비

---

21 『漢書』 卷24 「食貨志上」 "未有兼幷之害, 故不爲民田及奴婢爲限."

22 "限民名田."

23 『漢書』 卷11 「哀帝紀」 如淳의 注 ; 程樹德, 『九朝律考』에서 언급한 「令甲」의 선제 시기에 이미 반포한 것을 참조. "諸侯在國, 名田他縣, 罰金二兩."

제한(限奴婢)을 요구하는 목소리는 갈수록 높아졌음을 볼 수 있으나, 시종 일관 구체적이고 완전한 방안은 제안되지 못했다. 애제 시기 "전지·노비 제한 논의"25는 바로 이러한 배경하에서 나타났다.

수화綏和 2년(기원전 7년) 애제가 즉위하여, 조정의 기강을 다시 진작하는 데에 뜻을 두었다. 마침 대사마大司馬 사단師丹은 다음과 같이 건의하였다. "옛날 성왕은 정전井田을 설치하지 않은 데가 없었는데, 그러한 후에야 다스릴 수 있었을 것이다. … 지금은 여러 세대에 걸쳐 태평하여, 부유한 관리와 백성은 수거만數巨萬을 헤아리지만, 빈약한 자는 더욱 곤궁해졌다."26 그는 단지 부유한 관리와 백성이 명전名田에 축적한 노비의 수를 제한해야 비로소 사태가 더욱더 악화되는 것을 막을 수 있고, 직면한 사회위기를 해결할 수 있다고 여겼다. 애제가 사단의 건의를 들어주어, 뭇 신료들에게 토론하도록 조서를 내렸다. 오래지 않아서, 승상 공광孔光·태사공 하무何武 등이 다음과 같은 "전지·노비 제한"27 방안의 초안을 세웠다. "제왕諸王·열후列侯는 봉국 내에서 명전名田을 얻고, 열후는 장안에 있고, 공주는 현도에 명전이 있으며, 관내후關內侯·관리·백성의 명전은 모두 30경頃을 초과할 수 없다. 제후왕諸侯王의 노비는 200명, 열후·공주는 100명, 관내후·이민은 30명이다. 기한 3년이 지나도 어기면 관官에서 몰수한다."28 "60세 이상 10세 이하는 헤아리지 않으며, 상인(賈人)은 모두 명전을

---

24 『漢書』卷70「陳湯傳」"可徙初陵, 以強京師, 衰弱諸侯, 又使中家以下得均貧富."

25 "限田限奴婢之議."

26 『漢書』卷24「食貨志上」"古者聖王莫不設井田, 然後治乃可乎. … 今累世承平, 豪富吏民訾數鉅萬, 而貧弱愈困."

27 "限田限奴婢."

28 『漢書』卷24「食貨志上」"諸王列侯皆得名田國中, 列侯在長安公主名田縣道, 及關內侯吏民名田, 皆毋得過三十頃. 諸侯王奴婢二百人, 列侯公主百人, 關內侯吏民三十人. 期盡三年, 犯者沒入官."

얻거나 관리가 될 수 없다."[29]

그해, 한 애제 시기 곧 정식으로 공포하도록 명을 내렸는데, 그 규정에는 "기한이 3년이므로",[30] 제후왕·열후·공주·관내후·이민은 많은 여분의 전지田地와 노비를 처리할 수 있었다. 만일 기간에 이르렀는데도 여전히 "명전과 축적한 노비가 한도를 넘으면, 모두 현관縣官(국가)에서 몰수하였다."[31] 그래서 이렇게 전택을 널리 점유하고 노비를 많이 축적한 부유한 관리와 백성은 전택과 노비를 투매하는 데 분주하였고, "이때 전택과 노비의 값이 떨어졌다."[32] 그러나 또한 외척 정씨丁氏·부씨傅氏·간신(佞臣) 동현董賢 등의 반대와 제재에 부딪쳤다. 애제哀帝 건평建平 3년(기원전 4년)은 바로 "기한 3년이 지난"[33] 시점에 해당하였고, 전지·노비 제한 법안이 곧 집행의 효력이 발생하였을 때이다. 당시 동현은 동평왕이 반역을 도모하였다고 고발한 공을 세웠는데, "조서詔書를 내려서 원苑을 혁파하여 2천여 경頃을 동현에게 하사하였으니, 균전제가 여기에서부터 무너졌다."[34] 그래서 전지·노비 제한 법안은 "조서에서 또한 훗날을 기다린다고 하니, 끝내 점차 시행하지 못하였다."[35] 한 애제의 전지제한 방안이 아직 시행되지 못하였기에, 전한 말기 사회 위기는 더욱더 심각해졌다. 이러한 상황하에서 외척 왕망王莽이 기회를 틈타 정권을 탈취하여 신왕조를 건립하였다.

---

29 『漢書』 卷11 「哀帝紀」 "年六十以上, 十歲以下, 不在數中, 賈人皆不得名田爲吏."
30 "期盡三年."
31 『漢書』 卷11 「哀帝紀」 "名田畜奴婢過品, 皆沒入縣官."
32 『漢書』 卷24 「食貨志上」 "時田宅奴婢賈爲減賤."
33 "期盡三年."
34 『漢書』 卷86 「何武王嘉師丹傳·王嘉」 ; 그 苑을 하사한 연대는 다음 참조. 『漢書』 卷80 「宣元六王傳·東平思王劉宇」·「佞幸·董賢傳」 "詔書罷苑, 而以賜賢二千餘頃, 均田之制從此隳壞."
35 『漢書』 卷24 「食貨志上」 "詔書且須後, 遂寢不行."

(三) 왕망의 경제제도 개혁과 그 실패

왕망王莽은 한漢 원제元帝의 황후 왕정군王政君의 조카이다. 그는 청소년 시절 일찍이『예경禮經』을 열심히 익혔고, 주대周代 정치경제제도를 맹신하였으며, 항상 주공周公에 자신을 견주었다. 전한 후기 나날이 심각해지는 사회위기에 직면하여, 왕망은 위난을 극복할 포부를 갖고서 외척의 우월한 지위를 빌려 정치무대에 신속하게 등장하였다. 원수元壽 원년(기원전 1년) 한 애제 사후에 겨우 9세의 평제平帝가 즉위하자, 왕망은 대사마大司馬 영상서사領尚書事가 되어 정사를 보좌하였다. 그는 이미 귀족·관료·지주와 유생을 자기편으로 끌어 모았고, 민심을 포섭하는 데 주의를 기울였으며, 민간의 질고疾苦를 중시하였다. 그 아들 왕획王獲이 일찍이 노비를 살해하자, "왕망이 왕획을 몹시 질책하고 자살을 명하였다"고 하는데,[36] 당시 노비 문제에 대한 관심이 드러난다. 당시 전지가 없는 빈민을 구제하기 위하여, 왕망은 일찍이 한 차례 돈 백만 〈전〉과 전지 30경頃을 기부하였다. 일설에 따르면, 그의 인도하에 부유한 관리와 백성 230인이 전택을 기부하여 빈민의 구부口賦로 삼았다고 한다. 그래서 조정 안팎에서 "칭송하는 소리가 연이어 나타났고",[37] 8천여 명의 사람이 평제에게 상서上書하여 왕망을 재형宰衡에 추가로 봉하기를 요구하였으며, 487,572명에 달하는 많은 사람들이 덕을 칭송하는 표문을 올렸다. 조정과 상·하가 왕망에 대해 환상을 품었음을 알 수 있다. 그는 마침 이 기회를 이용하여 빠르게 황위를 찬탈하는 발걸음을 내딛었다.

평제 원시元始 원년(기원후 1년) 왕망은 "안한공安漢公"이라 칭하였다. 〈원

---

36 『漢書』卷99「王莽傳」"莽切責獲, 令自殺."
37 "頌聲交作."

시〉 5년, 그는 평제를 독살하였고, 2세인 유자영孺子嬰을 황제로 즉위시켜 스스로 "가황제假皇帝"라 칭하였다. 거섭居攝 3년(기원후 8년) 왕망은 유자영을 없애버리고 스스로 진황제眞皇帝로 즉위하여, 국호를 "신新"으로 고치고 연호를 "시건국始建國"이라 하였다. 연이어 왕망은 왕순王舜·평안平晏·유흠劉歆·애장哀章 등의 협조하에 신新왕조의 통치를 공고히 하고 당시 엄준한 사회경제적 위기를 해결하기 위해서, 대규모의 복고적인 제도개혁을 추진하였다.

1. 왕전王田·사속私屬제도

왕망은 계속해서 전한 후기에 두드러진 양대 경제 문제-토지겸병과 노비 문제-에 중점을 두었다. 그는 우선 자신부터 솔선수범하여 일부 토지를 빈민에게 기부하였고, 또한 집안사람이 노비를 함부로 살해한 잔혹한 행위에 대해 엄격하게 처벌하였다. 게다가 애제 시기 전지·노비 제한 정책의 성패득실成敗得失을 집대성하여 주의를 기울였고, 일찍이 평제 원시元始 3년(기원후 3년) 관리와 백성의 노비·전택의 등급(品)을 제정하였다. 그 후 그는 또한 "처음으로 천하에 공전구정公田口井을 명하였고",[38] 점차 토지·노비 문제를 해결하는 새로운 방안을 만들어냈다. 왕망은 상황의 지위에 오른 후, 시건국 원년(기원후 9년) 4월에 다음과 같은 조서를 내려서 왕전王田·사속私屬제도를 실행하고, 한 걸음 더 나아가 토지겸병과 노비 문제를 해결할 것을 결심하였다. "지금 천하의 전지를 '왕전王田', 노비를 '사속私屬'이라 이름을 바꾸고, 모두 매매를 금지한다. 남자가 8명 미만이고 전지가 1정井을 초과하면, 여분의 전지는 구족九族이나 이웃마을에 준다. 그러므로 전지가 없는데 지금 전지를 받는 사람에 해당하면〈앞

---

38 『漢書』卷99「王莽傳」"始令天下公田口井."

의〉 제도와 같다. 감히 성인의 제도인 정전井田을 비난하고 무법으로 백성을 현혹하면, 사방변경에 유배하여 사람을 해치는 괴물처럼 다스릴 것이니, 황시조고皇始祖考 순舜임금의 고사故事와 같다."[39] 이른바 "왕전"은 서주西周시대 "넓은 하늘 아래에 왕의 땅이 아닌 곳이 없다"[40]는 토지국유제를 회복하고, 고대 정전의 형식을 모방하여 토지를 새로이 할당해야 했다. 무릇 한 집안에 남자가 8명이 안 되고 전지가 1정井(곧 900무畝)을 초과하면, 반드시 여분의 전지를 친족 혹은 이웃(鄕隣)에게 분급해야 했다. 전지가 없는 집에는 "일부일부一夫一婦당 전지 100무"[41]를 주는 제도에 따라 지급하였다. 이른바 "사속私屬"은 고전에서 유래하며 "가중家衆"으로도 칭하였는데,[42] 그 지위는 노비보다 높았다. 왕망은 "왕전"과 "사속"의 매매를 금지하고 법을 위반한 사람을 엄격하게 처벌하여, 당시 심각했던 토지와 노비 문제를 완화하고자 시도하였다.

그러나 현실생활에서 왕전제王田制는 토지겸병을 억제하지 못했고, 농민들은 여전히 땅을 갖지 못하였다. "남자 8명 미만"[43]이라는 융통성 있는 규정 때문에, 1구口에서 7구口까지 모두 "8명 미만"에 해당하였다. 집안에 남자가 1명뿐인 지주도 900무의 토지를 점유할 수 있었다. 이러한 대지주는 분가시켜 재산을 쪼개는 방법을 통해서 토지의 집중을 분산시키고 하나의 대가족 안에 〈토지를〉 보유할 수 있었다. 이 때문에 대지주의 토지는 거의 저촉되지 않아서, 어떤 여분의 토지도 농민에게 바로 나누어 줄

---

39 『漢書』卷99「王莽傳」"今更名天下田曰王田, 奴婢曰私屬, 皆不得買賣. 其南口不盈
    八, 而田過一井者, 分餘田予九族鄰里鄕黨. 故無田, 今當受田者, 如制度. 敢有非井田
    聖制, 無法惑衆者, 投諸四裔, 以御魑魅, 如皇始祖考虞帝故事."
40 『漢書』卷99「王莽傳」"普天之下, 莫非王土."
41 『漢書』卷99「王莽傳」"一夫一婦百畝."
42 『左傳』「宣公十七年」杜預의 注: "私屬은 家衆이다(私屬, 家衆也.)."
43 『漢書』卷99「王莽傳」"男口不盈八."

수 없었다. 그래서 "전지가 없는데 지금 전지를 받는 자에 해당하면 〈앞의〉 제도와 같다"[44]는 실제로 한 마디 빈말에 불과하였다.

왕망이 지주계급의 근본적인 이익에 손댈 수 없는 상황에서, 법령의 형식을 통하여 토지국유제의 실행을 기도해서 토지의 자유매매를 취소하였지만 역시 실현되지 않았다. 그 근본 〈원인〉은 객관적인 경제규율에 위배되었을 뿐 아니라, 게다가 사회의 전통관습과 정치법률에 용납되지 않았기 때문이다.

왕망이 실행한 사속제는 비록 사노비의 지위를 높이고 사노비의 확대를 금지하는 데는 유리하였다고 하더라도, 여전히 관노비는 보존되었다. 그는 신정新政을 실행하는 과정에서, 신新왕조의 통치에 반대하거나 신법新法을 위반한 사람은 "적몰하여 관노비로 삼아서" 쇠사슬을 채어 함거에 실어 장안으로 압송하였고, 또한 원앙보鴛鴦譜를 어지럽히면 강제로 "부부를 바꾸게 하였다."[45] 이러한 관노는 십만을 헤아렸으며, 학대로 죽음에 이른 자가 6/10~7/10이었다. 그래서 왕망이 추진한 왕전·사속제도는 토지겸병과 노비 문제를 해결하지 못하였을 뿐 아니라, 오히려 사회생산의 정상적인 운행을 저해하였고, "백성에게 농업을 포기하게 하였으며",[46] "뭇 경대부에서 서민까지"[47]의 반대에 부딪혀서 사회위기를 더욱 심화시켰다. 이에 왕전·사속제도는 공포된 지 3년 후인 시건국始建國 4년(기원후 12년) 백성의 원성이 비등한 가운데 다음과 같이 다시 개정하여 선포하였다. "무릇 왕전으로 먹고 사는 사람은 모두 이를 팔 수 있고 법으로 구속하지 말라. 사사로이 서민을 매매하는 것을 위반한 사람도 일체 다스리지 말라."[48]

---

44 『漢書』卷99「王莽傳」"無田, 今當受田者, 如制度."
45 『漢書』卷99「王莽傳」"沒入爲官奴婢. … 易其夫婦."
46 "使民奔土業."
47 "自諸卿大夫至庶民."

하지만 왕전·사속의 명칭은 지황地皇 3년(기원후 22년)까지 여전히 지속되었고, 왕망정권이 철저하게 붕괴되는 시점에 비로소 폐지조서가 정식으로 반포되었다.

2. 오균五均·육관六筦제도

왕망은 한 걸음 더 나아가 경제위기를 완화시키기 위하여, 국가가 상공업 등의 중요한 경제분야에 대한 통제를 더욱 강화하였고, 또 시건국 2년(기원후 10년)에 오균사대五均賒貸를 추진하였으며, 동시에 "처음으로 육관六筦의 영숙을 설치하였다."[49]

『한서』「식화지하食貨志下」에 실린 왕망의 조서에는 "대저『주례周禮』에는 사대賒貸가 있는데 … 오균을 펼치고 여러 재화를 담당하는 곳을 설치한 것은 백성을 균등하게 하고 겸병을 억제하기 위함이다"고 하였다.[50] 왕망이 오균사대제도를 실행한 이론의 근거를 옛날 종이뭉치 속에서 찾아냈음을 알 수 있다. 일설에 따르면, 하간헌왕河間獻王이 전한 『악어樂語』, 『악원어樂元語』에는 오균사의五均事宜가 다음과 같이 수록되어있다. "천자가 제후의 토지를 취하여 오균을 세우면, 시장에는 두 개의 가격이 없고 사민四民은 항상 균등하며, 강자는 약자를 곤궁하게 할 수 없고 부유한 사람은 가난한 사람에게 요구할 수 없으며, 공가公家에는 여유가 있고 은혜는 소민小民에게 미친다."[51] 오균은 국가가 성시城市상업을 관리하는 제

---

48 『漢書』卷99「王莽傳」"諸名食王田皆得以賣之, 勿拘以法. 犯私買賣庶人者, 且一切勿治."

49 『漢書』卷99「王莽傳」"初設六筦之令."

50 『漢書』卷24「食貨志下」"夫周禮有賒貸, … 張五均, 設諸斡者, 所以齊衆庶, 抑兼幷也."

51 "天子取諸侯之土以立五均, 則市無二賈, 四民常均, 强者不得困弱, 富者不得要貧, 則公家有餘, 恩及小民矣."

도인데, 그 목적은 시장물가의 안정을 통해서 상인의 수탈 및 겸병 활동을 제한하였고, 아울러 국가가 경제적 이익을 획득하게 하였음을 알 수 있다. 왕망정권이 오균을 추진한 구체적인 방법은 다음과 같다. 수도 장안長安의 동·서와 낙양洛陽, 한단邯鄲, 임치臨淄, 완宛 등의 주요 변화한 성시에 오균사五均司를 설치하여 시장을 관리하였고, 각 시장이 오균사시五均司市師를 겸직하였다. 아래에 전부승錢府丞 1인을 두고 상공업 각각 세수의 징수를 맡겼고, 교역승交易丞 5인을 두고 시장물가를 관리하도록 맡겼다. 각 오균사시五均司市는 매 분기의 중간 달에 각종 상품의 표준가격을 평정해서 "시평市平"이라 칭하고, 시장가격의 기준을 관리하였다. 만약 상품의 시장가격이 "시평" 1전錢보다 높으면 오균사시는 곧 시평에 따라서 상품을 방출하고, 시장가격이 시평보다 낮으면 개인이 자유롭게 교역하게 하였다. 오곡五穀, 포백布帛, 사금絲錦 등의 주요 소비품에 대해서는 만약 시장에서 판매가 부진하면 오균사시에서 원래 가격으로 수매하였다가 방매放賣하여서 손실을 보았다.

이른바 사대는 『주례』 천부泉府의 직職에 근거하였는데 그 내용은 다음과 같다. "무릇 외상으로 사는 경우는 10일을 넘길 수 없고, 상을 치르더라도 3개월을 넘길 수 없다. 무릇 사람들 중에 빌리는 경우는 유사有司를 통해서 변별하여 내주고, 나라의 세금에 준하여 이자를 받는다."[52] 이는 바로 국가에서 사대 활동에 종사하여 고리대금업자의 과도한 착취를 제지하였고, 국가와 백성이 각각 그 이득을 보게 하였다. 왕망정권이 사대를 추진한 방법은 다음과 같다. 오균사시의 전부승이 사대사업을 겸하여 관리한다. 백성이 만일 제사나 상사로 돈이 필요하면 전부錢府에서 빌릴 수

---

52 『漢書』卷24「食貨志下」에서의 顏師古의 注. "凡賒者毋過旬日, 喪紀毋過三月. 凡人之貸者, 與其有司辨而授之, 以國服爲之息."

있다. 전부는 상공商工의 세금을 걷어서 외상으로 사게 해주고 이자를 받지 않으나, 반드시 기한 내에 돌려주어야 하며, 제사 때문에 돈을 빌린 사람은 10일을 초과해서는 안 되고, 상사 때문에 빌린 사람도 3개월을 초과할 수 없으며, 백성이 만약 생산에 종사하기 위해 돈이 필요해도 빌릴 수 있는데 빌린 사람의 생산소득 순이윤에 따라 이자를 받고 연이율 10%를 넘길 수 없다. 『한서』「왕망전王莽傳」에서도 "또한 시관市官에서 싸게 거둬들여서 비싸게 팔게 하여, 백성에게 사대賒貸하여 주는데 매월 3%의 이자를 받는다"고 하였다.[53] 이러한 사대의 연이율은 36%가 되는데 10%의 이율을 크게 넘어섰다.[54]

왕망이 추진한 오균사대제도는 결코 옛 사람을 계승한 것은 아니었지만, 선인의 경험을 거울로 삼아 창조적으로 운용하였음을 알 수 있다. 특히 한 무제 시기부터 평준정책을 실행한 이후, 국가는 시장물가의 관리에 대해 수많은 경험을 쌓았기 때문에, 왕망의 오균사시는 원래 평준정책의 기초 위에서, 충분히 더욱 완벽하고 구체적인 실시 방법을 마련해냈고, 게다가 실시 범위를 장안 한 곳에서 주요 성시 몇 곳까지 확대하였다. 더욱이 사대제도는 왕망이 처음으로 봉건통일국가에서 추진하였다. "매달 3% 이자를 거두는"[55] 사대賒貸의 정황이 불명확한 것을 제외하더라도, 당시 규정한 사대 이자는 비교적 낮거나 혹은 이자를 계산하지 않았다. 이것은 백성의 생산생활의 정상적인 진행을 유지하는 데 유리하였다. 그러나 모든 관영 경제활동의 일반적인 폐단은 설계가 너무 완벽하다는 데 있었다. 일단 실행에 부치면 곧 온갖 맹점이 쏟아져 나왔고, 왕망의 오균

---

53   『漢書』 卷99 「王莽傳」 "又令市官收賤賣貴, 賒貸予民, 收息百月三."

54   이러한 임대 월이자 계산과 높은 이율의 특징에 관한 추정은 상업적인 대부(貸款)를 가능하게 하였다.

55   "收息百月三."

사대제도 또한 이와 같았다. 왕망이 임의로 제도를 고친 까닭에, 당시 사회생산이나 백성생활과 시장유통은 모두 엎치락뒤치락하여 정상적으로 운행될 방도가 없었다. 생산이 부족하여 물자가 매우 부족하였고, 수차례 화폐를 바꾸어 화폐의 혼란과 가치하락을 야기하였기 때문에, 시장물가는 지속적으로 급격하게 상승하였다. 미가米價는 1석에 최대 2천〈전〉, 5천〈전〉 혹은 1만 전까지 달하였고, 심지어 황금 1근으로 단지 두豆 5승만을 바꿀 수 있었다. 당시 물가상승은 결코 "시평" 1전을 초과하지 않다가, 갑자기 시평의 몇 배, 몇 십배 혹은 몇 백배까지 폭등하였다. 이러한 통화팽창 상황하에서 시평의 결정은 이미 추호도 의미가 없었고, 오균사시는 근본적으로 물자를 방출하여 시평을 유지할 수 없었다. 이러한 상황은 오균의 시장물가관리 방법을 한 장의 빈 종이문서로 만들어버렸다. 어쩌면 당시 사대의 교환이 비교적 번성했던 것은 파산하여 유망한 빈민이 실제로 굉장히 많았기 때문일 것이다. 하지만 왕망정권의 재정위기는 나날이 심각해졌고, 그들 자신도 아침부터 저녁까지 보존하기 어려우니, 어디에서도 노동자의 생사를 돌아볼 수 없었다. 이 때문에 오균사대는 단지 신망정권이 뜻대로 되기만을 바라는 것이었고, 그것을 추진하자 주관 관리가 기회를 틈타 탐욕스러운 폐단을 일으키는 것 이외에 어떠한 효과도 없었다.

왕망이 추진한 육관六筦제도는 바로 국가가 여섯 종류의 경제사업ㅡ곧 소금 전매, 철 전매, 주류 전매, "동銅의 제련을 통한 전錢·포布"[56]의 주조, 명산대택名山大澤의 세수稅收, 그리고 오균사대ㅡ를 경영하여 관리한다. 이 육관제도는 실제로 농업 이외의 모든 생산·유통 활동에 대해 통일된 계획으로 관리하는 제도인데, 역시 한 무제 시기 실행된 국가독점정책이

---

56 "錢布銅冶."

실행이 지속되고 발전한 것이다.

한 무제 시기 일찍이 국가가 동銅자원과 주전을 독점하였고, 아울러 염·철·주류의 관영 제작과 전매를 병행하였다. 소제 시기에 이르러 각고관權酤官을 혁파하였고, 민영 양주 및 판매를 허락하였다. 왕망 시건국 2년 희화羲和[관직명] 노광魯匡의 건의에 따라서, 다시 관주官酒의 양주와 전매를 회복하였고, 그 경영방법은 더욱 정교하고 섬세해졌다. 관주의 제작, 주가酒價의 확정, 그 판매 방법 등을 규정하였다. 구체적인 과정은 다음과 같다. 관주 "1양釀"은 원료인 조미粗米 2곡斛 및 누룩(주모酒母) 1곡을 사용하여 술 6곡 6두斗를 얻는다. 매월 1일에 해당 지역의 조미 2곡 및 누룩 1곡 가격의 합을 3으로 나누면, 바로 관주 1곡의 표준가격이다. 이렇게 매번 "빚은" 술에서 소모한 원료가치 등이 3곡의 술에 대한 가격이고, 오히려 3곡 6두의 술 가격에 도달한 것이 총수입이다. 총수입의 3/10은 곧 1곡 8승으로 "정丁, 기器, 신초薪樵의 비용"[57]을 보충하는데 바로 노임, 공구工具, 연료燃料 지출을 의미한다. 나머지 7/10에 해당하는 2곡 5두 2승의 술 값이 관부 소득의 순수입에 해당하며, 이윤율은 61.76%이다. 그 판매 방법은 매번 규정된 지역에서 판매하는 표준량을 1균, 곧 2천5백 석으로 하였다. 주점은 50양釀을 한도로 나누어서 판매하였다.

왕망정권은 또한 명산대택名山大澤과 모든 업종[百業]의 관리를 더욱 강화하였다. 무릇 산림천택山林川澤에서 땔감채취(樵採)·물고기잡기(捕魚)·사냥(打獵)·방목放牧하는 사람, 양잠養蠶·방직紡織·바느질(縫補)하는 부녀자, 공장工匠, 의醫, 무巫, 복卜, 축祝 및 그 지방의 기술자를 명백히 규정하였고, 행상行商과 좌고坐賈, 일체 업에 종사하는 사람 등은 반드시 해당 지역 관부에 개인의 수입을 보고해야 했다. 개인 순수입의 1/10을 납세하게

---

57 "丁器薪樵之費."

했고, 무릇 보고하지 않거나 부실하게 보고하면 본인의 재산을 몰수하고
아울러 1년의 노역형으로 처벌하였다.

　이외에도, 왕망정권은 또한 상공업 종사하면서 금, 은, 동, 주석 등을
채취하는 광산이나 "화폐를 등록하는 것",[58] 모두 반드시 시전부市錢府에
보고하도록 하였고, 전부錢府는 일정한 시기에 구매를 진행하였다. 그래
서 이러한 물품은 모두 화폐를 제작하는 원료로 쓰일 수 있었으나, 시장의
자유로운 판매를 불허했기 때문에 정부의 엄격한 통제를 받았다. 이로
말미암아 이른바 "육관六筦"을 볼 수 있으니, 실제로 관리하지 않는 것이
없고 포함되지 않는 것이 없는 국가관리 경제체계였다. 왕망은 백성의
생산생활의 각 방면을 기획했고 각각의 연결고리(一環)를 억압하여 통제·
관리해나갔다.

　신新왕조의 육관은 희화羲和 노광魯匡이 책임을 맡으면서, "군郡에 몇몇
을 두는데 모두 부고富賈를 등용한다"고 하였다.[59] 전한 후기 대상인 낙
양洛陽의 설자중薛子仲, 장장숙張長叔, 임치臨淄의 성위姓偉 등은 "승전乘傳
〔황명을 받은 사신의 4필 수레〕을 타고 이익을 구하여 천하에 뒤섞였다."[60] 왕
망은 또한 장장숙, 설자중을 납언사納言士로 삼았고, "무제를 본받고자 하
였으나 그 이익을 얻을 수는 없다."[61] 많은 상인은 육관을 관리하는 과
정에서 "군현과 속여서 거래하고 빈 장부를 내미는 일이 많아, 관아의 창
고가 비어서 백성이 더욱 괴로워했다."[62] 그러나 왕망은 여전히 견고하게
추진하였고, 아울러 천풍天風 4년(기원후 17년) 조서를 내려서 거듭 "육관의

58　"登龜取貝者."
59　"郡有數人, 皆用富賈."
60　『漢書』卷24「食貨志下」"乘傳求利, 交錯天下."
61　『漢書』卷71「殖貨傳」"欲以法武帝, 然不能得其利."
62　『漢書』卷24「食貨志下」"因與郡縣通姦, 多張空簿, 府臧不實, 百姓愈病."

명(六筦之命)"을 신칙하였다. 이러한 육관의 제도는 지황地皇 3년까지 계속 지속되다가 비로소 왕전王田·사속私屬 제도와 연동되어 함께 취소되었다.

왕망이 추진한 육관의 제도는 백성이 생산 활동에 종사하는 것을 심각하게 파괴하였다. 그때 "매 1관筦 아래에 과조科條를 세워서 금지하였고, 범하는 사람은 죄가 죽음에 이르렀으며, 관리와 백성으로 죄가 해당되는 사람은 점점 늘어났다."[63] 동시에 왕망정권은 명산대택과 모든 산업의 관리를 더욱 강화하였고, 실제로 백성에 대한 약탈을 더욱 강화하였다. "육관六筦"에 참여한 관리는 상인과 인연을 맺어서 간사해졌고, 또한 기회를 틈타서 백성에 대한 수탈에 더욱 박차를 가했으며, 백성의 부담은 더욱 무거워졌다. 오균·육관제도는 "백성을 고르게 하고 겸병을 억제하는" 목적을 실현할 수 없었고, 도리어 "백성이 각기 평안한 생활을 할 수 없었으며",[64] 신망 시기 경제위기를 더욱 가중시켰음을 알 수 있다.

무엇 때문에 왕망은 한 무제를 본받고자 하여서 오균·육관제도를 실행하였다가 도리어 실패한 것인가? 주요 원인은 두 가지이다. 첫째, 오균·육관제도는 국가경영의 범위를 임의로 확대하였고, 더욱이 사회경제의 자연스러운 발전을 더욱더 제한하였다. 왕망은 오균사시를 통해서 시장가격을 관리하였고, 장안長安에서 6개 성시로 확대하였다. 상황은 필경 시장경제를 더욱 교란하였고, 가격규율의 자연스러운 조절〈기능〉을 파괴하였다. 한 무제는 관영 주업의 시기를 최단기간 실행하였으나 그 병폐는 매우 많았다. 그러므로 염철회의 이후 바로 폐지되었다. 그런데 왕망은 도리어 이전에 했던 정책을 다시 시행하였고, 또한 본래 한 무제 정책보다 더욱 심하게 실행하여서 이윤율을 확대하였으며, 반드시 관官과 민民이

63　『漢書』卷99「王莽傳」"每一筦下, 爲設科條防禁, 犯者罪至死, 吏民抵罪者寖衆."
64　『漢書』卷24「食貨志下」"齊衆庶, 抑幷兼, … 衆庶各不安生."

서로 이익을 다투게 하여서 양자가 모두 패배하여 피해를 입게 만들었다. 특히 왕망은 산림천택, 모든 산업의 세수를 확대하였고, 한 무제의 "백성에게는 부세를 더하지 않고서 천하의 재정을 풍족하게 한다"[65]는 근본취지를 완전히 위배하였고, 사회생산력에 대한 파괴작용이 더욱 커졌다. 둘째, 사회조건의 변화는 오균·육관의 제도가 반대방향으로 움직이게 하였다. 한 무제는 중앙집권 역량이 강대하였고, 내외 환경이 적당한 시기여서, 상공업 영역에 집중하여 개혁을 진행하였다. 그때 농업생산은 안정적이었고, 화폐개혁은 성공하였으며, 재정 감독 기구는 완비되었다. 이것으로 염철, 균수, 평준 정책의 순조로운 추진이 보장되었다. 그러나 왕망은 중앙집권 역량이 쇠약해지던 시기여서, 실제 전면적 제도 개혁을 추진하는 데 맞지 않았고, 이미 농업이 붕괴되었으며, 화폐제도 또한 어지러워졌다. 더욱이 사회질서와 행정관리는 몹시 혼란하여 엉망이 되어버렸는데, 이러한 조건하에서 오균·육관제도를 추진했다. 단지 동시東施〔월나라 추녀〕가 서시西施〔월나라 미녀〕의 눈썹 찡그리는 것만 흉내 낼 수 있었으니, 결과가 바라는 바와 반대가 될 뿐이었다!

3. 화폐개혁

전한 시기 경제위기의 출현에 뒤이어 물가는 끊임없이 상승하였고, 화폐는 마침내 점점 가치가 내려갔다. 사람들에게 당시 화폐에 대한 우려를 불러일으켰다. 원제元帝 시기 공우貢禹는 일찍이 전폐錢幣 폐지를 주장했는데, "조세를 거두거나 녹을 내릴 때 모두 포백布帛이나 곡식으로 하고, 백성으로 하여금 모두 농업으로 돌아가서, 옛 것을 회복하는 방법이 편하다"고 하였다.[66] 애제哀帝 시기에 "상서上書에는 옛날에 귀패龜貝를 화폐로

---

65 『漢書』卷24「食貨志下」"民不益賦而天下用饒."

삼았으나 지금은 전錢으로 바꾸어서 백성이 가난해졌으니, 마땅히 화폐를 바꾸어야 한다"고 하였다.[67] 이 때문에 당시 이미 화폐 복고개혁을 통해서 경제위기를 해결하려는 논조가 출현하였고, 왕망은 곧 후대의 "출중한 사람(佼佼者)"이었다.

『한서』「식화지하」에는 "왕망이 섭정하여 한나라의 제도를 개혁하였고, 동전 유통시 액면이 크고 작은 두 가지 화폐를 상호보완으로 통용시켰으며, 이에 대전大錢을 다시 주조했다"고 하였다.[68] 왕망의 화폐개혁 이론은 바로 선진先秦 고제古制에 따른 것임을 알 수 있다. 그가 제조한 새 화폐인 귀화龜貨, 패화貝貨, 포전布錢, 도전刀錢 등은 그 품종이나 형식이 모두 고제를 모방하였다. 그리고 새 화폐의 이름도 "보화寶貨", "천泉", "차포次布", "원귀元龜" 등과 같아서, 모두 선진 고전에 나온다. 심지어 화폐를 만들면서 새긴 명문에도 옛 글자인 전서체를 사용했고, "황금으로 그 글을 새겨 넣은"[69] 공예도 또한 동주東周의 입사入絲(착금錯金) 기술을 따랐다.

왕망이 정권을 장악한 지 10여 년간 전후로 다섯 차례의 화폐개혁을 실시하였다. 이것은 또한 그의 모든 경제개혁 중에 가장 파급효과가 컸고, 변혁작용이 가장 격렬했던 부분이다. 이로 말미암아서 화폐개혁은 빈번하였고, 화폐제도는 번잡해지고 어지러워져서 시장교역과 사회생활의 정상질서를 심각하게 교란했으며, 따라서 "백성이 곤란해져서 그 화폐는 쓰이지 못하였다."[70] 아울러 매번 화폐를 바꾸어서 구舊 화폐를 폐기하여

---

66 『漢書』卷72「王貢兩龔鮑傳·貢禹」"租稅祿賜, 皆以布帛及穀, 使百姓壹歸於農, 復古道便."
67 『漢書』卷86「何武王嘉師丹傳·師丹」"有上書言, 古者以龜貝爲貨, 今以錢易之, 民以故貧, 宜可改幣."
68 『漢書』卷24「食貨志下」"王莽居攝, 變漢制, 以周錢有子母相權, 于是更造大錢."
69 "以黃金錯其文."
70 『漢書』卷24「食貨志下」"百姓憒亂, 其貨不行."

쓰지 못하게 하였기 때문에 구 화폐를 가진 사람은 큰 손실을 입었다. 동시에 매번 바꾼 화폐는 모두 허폐虛幣를 남발하였는데, 작은 것으로 큰 것을 바꾸고, 가벼운 것으로 무거운 것을 대신하였다. 더욱이 이것은 전국 백성에 대한 공개적인 약탈이었다. 그러므로 "동전을 한번 바꿀 때마다, 백성이 사용하면 생업이 붕괴되었다."[71] 더욱이 화폐제도의 혼란으로 인해서, 민간에서는 사주전을 만드는 풍습이 생겨났으며, 혹은 사적으로 오수전五銖錢을 사용하여 교역하였고, 신망新莽정권은 또한 법 위반자에 대해서는 엄정한 타격을 가하였다. 결과적으로 공경이민公卿吏民이 죄를 지어 처벌받거나 혹은 적몰되어 관노비가 된 경우는 수를 헤아릴 수 없었다. "농업과 상업은 산업기반을 잃었고, 식화殖貨는 모두 폐해졌으며, 백성들은 길가에서 눈물을 흘리는" 지경에 이르렀다.[72] 신망통치집단은 통화가치를 절하하는 방법을 채택하려고 했는데, 국가재정의 어려움을 해결하기 위해서였다. 그러나 국가가 납세 등의 형식을 통해서 회수한 것은 여전히 평가 절하된 화폐였으므로, 도리어 재정상황은 더욱더 악화되었다. 이 때문에 빈번한 화폐개혁으로 조성된 통화팽창·물가급등·금융혼란의 국면은 소수의 대관료·대상인·대지주 등 혼란한 틈을 타서 한몫을 잡거나 폭리를 도모하는 사람을 제외하고, 단지 수많은 광대한 백성과 봉건국가 모두 거대한 손해를 입을 수밖에 없었다. 사회경제의 총체적인 붕괴가 더욱 빨라졌다.

종합해보면, 왕망의 경제개혁은 전면적인 복고도퇴復古倒退의 한 장면이었다. 그가 추진한 왕전·사속제도는 고대 정전제井田制의 번역판이었고, 오균·육관제도는 "공인과 상인이 나라의 녹을 먹는 관리"였던[73] 옛 제도

---

71 『漢書』 卷24 「食貨志下」 "每一易錢, 民用破業."
72 『漢書』 卷24 「食貨志下」 "農商失業, 食貨俱廢, 民涕泣於道."
73 "工商食官."

의 부활이었으며, 화폐개혁은 고전을 크게 모아놓은 합동공연이었다. 이 것은 옛날 종이뭉치 속에서 뚫고 나온 골동품 위에다가 주관적으로 상상 해서 만든 "신新"의 제도였으니, 당시 얼마나 사회경제 기초의 요구를 포 괄하였겠는가? 이 때문에 왕망은 거꾸로 시행하고 반대로 펼쳐서 완전히 객관적인 경제규율을 위반하였고, 근본적으로 당시의 경제위기를 해결할 방법이 없었으며, 단지 사회경제의 대대적인 파괴와 자신에게 치명적인 재난을 불러일으킬 뿐이었다.

4. 제도 개혁의 실패와 사회경제의 붕괴

왕망의 제도 개혁 및 실패는 통치계급의 직권남용에 대한 역사적 비극 을 연출하였고, 심각한 사회의 잘못된 결말을 조성하였다. 본래 전한 후기 통치집단의 실책으로 말미암아 상부구조와 경제기초 사이의 모순이 첨예 하여서 곧 경제위기가 나타났다. 이때 수많은 농민이 파산하여 유망하였 고, 사회경제가 명백히 쇠퇴하였으며, 국가재정은 나날이 곤란해졌다. 사 회인구 증가율이 하강하여 전한 전기 12%에서 7%까지 내려갔다. 그리고 신망新莽 시기 복고적인 제도 개혁은 더욱 상부구조와 경제기초 사이의 모순을 격화시켜서, 사회경제 위기의 전면적인 폭발을 초래하였다.

『한서』「식화지하」에는 왕망의 제도 개혁 기간을 다음과 같이 묘사한 다. "백성은 손만 흔들어도 금령에 저촉되었고, 뽕나무를 경작할 수 없었 으며, 요역이 몹시 번거로웠고, 가뭄과 황충蝗虫이 번갈아 일어났다. 또한 제작할 것이 아직 정해지지 못했고, 위로는 공후부터 아래로는 소리小吏까 지 모두 녹봉을 받을 수 없었으며, 사적으로 세금을 거두고 뇌물이 위로 통하였고, 옥송은 판결이 나지 않았으며, 관리는 가혹하게 위엄을 세워서 왕망의 금령에 따라 소민小民을 침학하였다. 부유한 사람은 스스로 보호 할 수 없고 가난한 사람도 스스로 보존할 수 없어서, 도적이 되어 산택山澤

에 의지하였다. 관리도 체포할 수 없어서 더욱 차단되었다. 점차 음산한 무리가 나날이 늘어나서, 청青·서徐·형초荊楚의 땅에는 종종 만 명을 헤아 렸다. 전투로 사망하고, 주변 사방의 이민족이 포로로 잡히거나 죄를 뒤집 어쓰거나 기근과 역질이 들거나 사람이 서로 잡아먹으니, 왕망이 아직 주 살되지 않았는데도 천하의 호구가 절반으로 줄었다."[74]

신망정권은 제도 개혁의 실패로 조성된 경제손실을 만회하기 위하여, 결국 끊임없이 노동자의 수탈을 가중시켰다. 당시 옛 제도에 따라 전조田租 와 공工·상商·초樵·채采의 모든 업에 대하여 모두 1/10세를 징수하는 것 이외에, 또한 한나라의 제도를 계승하여 구부口賦와 산부算賦를 징수하였 다. 아울러 "상공上公 이하 모든 노비를 가진 자는 1명당 3천6백 전을 낸 다"고 규정하였는데,[75] 전한의 구전口錢에 비해서 15배나 높았다. 뒤이어 신망은 또한 자부를 징수하였는데, 어떤 때는 "부렴을 백성의 재산의 5/10 세로 하였고",[76] 또 어떤 때는 "백성의 재산에서 4/10세를 취하였으며",[77] 최후 규정은 "천하에서 관리와 백성의 재산에서 1/30세를 취하였는데",[78] 그 액수는 전한의 일반제도를 완전히 초과하였다. 이외에 "또 『주관周官』 에 따라서 백성에게 과세하였는데, 무릇 전지가 경작하지 않아서 번성하 지 않으면 3부夫의 세금을 낸다. 성곽 중 택지에 나무를 심지 않아서 불모 지가 되면 3부의 포布를 낸다. 백성이 부유하면서 일하지 않으면 1부당

---

74 『漢書』卷24「食貨志下」"民搖手觸禁, 不得耕桑, 徭役煩劇, 而枯旱蝗蟲相因. 又用制
    作未定, 上自公侯, 下至小吏, 皆不得俸祿, 而私賦斂, 貨賂上流, 獄訟不決, 吏用苛暴立
    威, 旁緣莽禁, 侵刻小民. 富者不得自保, 貧者無以自存, 起爲盜賊, 依阻山澤. 吏不能禽
    而復蔽之. 浸淫日廣, 於是青徐荊楚之地往往萬數. 戰鬪死亡, 緣邊四夷所系虜, 陷罪,
    飢疫, 人相食, 及莽未誅, 而天下戶口減半矣."
75 『漢書』卷99「王莽傳」"上公以下諸有奴婢者, 率一口出錢三千六百."
76 『漢書』卷99「王莽傳」"賦斂民財什取五."
77 『漢書』卷99「王莽傳」"貲民取其十四."
78 『漢書』卷99「王莽傳」"天下吏民, 貲三十取一."

포 1필을 낸다. 그 포를 낼 수 없는 사람은 여분의 일을 시키고, 현관에서 의복과 먹을 것을 지급한다."[79] 그외 잡세를 가혹하게 징수하였고, 교묘한 수단으로 수탈하는 것이 이루 다 기록할 수 없었다. 게다가 왕망 시기의 요역부담 또한 배로 증가하였고, 끊임없이 백성을 인부로 정발하여 고대 건축을 모방하고 건설하였으며, 끊임없이 병역을 징발하여 내외전쟁을 진행하였으며, 일찍이 "위졸이 3년간 교대하지 못하는" 사건도 나타났다.[80] 무거운 부세와 요역으로 사람들은 "힘써서 일한 소득으로 공세貢稅를 내기에 부족하였고",[81] 무수한 백성이 파산하여 유망하거나 혹은 도적으로 바뀌었다.

신망정권은 제도 개혁의 시행을 담보하기 위하여, 엄밀한 법률조항을 제정하였다. 각종 법금法禁이 번거롭고 가혹하였기 때문에, 백성에게 "손을 잡아줄 수 없었고",[82] 곧 "문을 닫고 스스로 지켰으며, 또한 이웃에서 화폐를 주조하거나 동을 소지하면 연좌하였고, 간사한 관리는 이로 인해서 백성을 근심시켰다."[83] 당시 이민吏民은 금령을 위반하면 피살되거나, 혹 감금되거나 유배되거나, 벌을 받아 노역에 처하거나, 적몰되어 관노비가 되거나, 고통으로 처참하게 죽는 경우가 그 수를 셀 수 없었다. 그래서 백성에게 극한의 고통을 가져다주었으며, 또한 심각하게 사회경제의 발전을 파괴하였다. 『후한서』「풍연전馮衍傳」에는 그때를 다음과 같이 묘사하였다. "재해가 아직 끝나지 않았고, 군사가 연달아 일어나 그치지 않았으며, 형법은 더욱 심해졌고, 부렴은 더욱 무거워졌으며, … 백성은 생활을

---

79 『漢書』卷24「食貨志下」"又以周官稅民, 凡田不耕爲不殖, 出三夫之稅. 城郭中宅不樹藝者爲不毛, 出三夫之布. 民浮游無事, 出夫布一匹. 其不能出布者, 冗作, 縣官衣食之."
80 『漢書』卷99「王莽傳」"衛卒不交代三歲."
81 『漢書』卷99「王莽傳」"力作所得, 不足以給貢稅."
82 『漢書』卷99「王莽傳」"不得擧手."
83 『漢書』卷99「王莽傳」"閉門自守, 又坐隣伍鑄錢挾銅, 姦吏因以愁民."

V. 전한 말기 사회경제 위기와 왕망의 경제제도 개혁실패

영위할 수 없어서 굶주림과 추위가 함께 닥쳐서 부자父子는 유망하였고 부부는 헤어졌으며, 마을은 폐허로 변하여서 밭은 잡초가 가득하였고, 역질이 크게 일어났으며, 재이災異가 발생하였다."84 왕망 말기에 이르러 "북쪽변방 청青·서徐 지역 사람은 서로 잡아먹었고, 낙양의 동쪽은 미米 1석당 2천 〈전〉이었다. 왕망은 삼공과 장군을 파견하여 동방의 여러 창고를 열어서 궁핍한 사람에게 진대하였다. 또한 대부와 알자를 나누어 파견하여 백성에게 나무를 삶아 죽(酪)을 만드는 법을 가르쳤으나, 죽은 먹을 수 없었고 번거롭게 하여 어지러움만 가중시켰다. 유민이 입관入關한 숫자만 수십만 명이었고, 양섬관養瞻官을 두어서 양식을 지급했는데, 관리는 그 양식을 훔쳐서 굶주리고 죽은 사람이 7할－8할이었다."85 동시에, "동방에 흉년이 들어서 백성은 굶주리고 도로는 통하지 않았다."86 "남방에 기근이 들어서 많은 사람이 야택野澤으로 들어가 올방개를 캐서 먹고 다시 서로 침탈하였다."87

각종 인재 이외에도, 빈번한 자연재해는 또한 전한 말기 경제 불황을 더욱 가속화시켰다. 전한 후기 이후 수한水旱, 상설霜雪, 황충蝗虫의 재앙이 끊이지 않고 발생하였고, 그중 수재水災와 황재蝗災가 가장 심각하였다. 한 무제 시기 서북일대에 대규모 둔전을 개간하였기 때문에, 천연의 식생이 파괴되었고, 수토水土의 유실이 심각하였으며, 황하 하류에 많은 수재가 생겼다. 『한서』「구혁지溝洫志」에 따르면, 원제·성제 사이에 황하가 일

---

84 『後漢書』卷28「馮衍傳」"禍挐未解, 兵連不息, 刑法彌深, 賦斂愈重, … 元元無聊, 飢寒幷臻, 父子流亡, 夫婦離散, 廬落丘墟, 田疇蕪穢, 疾疫大興, 災異蜂起."

85 『漢書』卷24「食貨志上」"北邊及青徐地人相食, 雒陽以東米石二千. 莽遣三公將軍開東方諸倉振貸窮乏. 又分遣大夫謁者敎民煑木爲酪, 酪不可食, 重爲煩擾. 流民入關者數十萬人, 置養澹官以禀之, 吏盜其禀, 飢死者什七八."

86 『漢書』卷99「王莽傳」"東方歲荒民飢, 道路不通."

87 『後漢書』卷11「劉玄傳」"南方飢饉, 人庶群入野澤, 掘鳧茈而食之, 更相侵奪."

(三) 왕망의 경제제도 개혁과 그 실패

찍이 네 차례나 범람하였다. 왕망이 정권을 잡고, 정사를 돌보던 시기에 천재가 연이어 일어나고 끊이지 않았다. 이어서 왕망 자신도 "(수년간) 가뭄, 서리, 황충의 재해가 생기고 기근이 거듭 발생하여, 백성은 궁핍해져서 길가에 유리流離하고 있다"고 인정하였다.[88] 날이 갈수록 심각한 자연재해가 더욱 경제를 쇠퇴하게 만들었다.

왕망이 섭정에서 패망할 때까지 줄곧 전쟁 규모는 끊임없이 확대되었다. 전쟁의 잔혹한 파괴성은 최종적으로 전한 말기 경제붕괴를 초래하였다. 거섭居攝 원년(기원후 6년) 한안중후漢安衆侯 유숭劉崇은 왕망에 반대하여 기병하였으나 세력이 미약했기 때문에 오래지 않아 소멸되었다. 〈거섭〉 2년 동군태수東郡太守 적의翟義가 다시 왕망에 반대하여 기병하였는데 기세가 드높았고 무리가 십여 만에 이르렀다. 삼보三輔 조명趙明, 곽홍霍鴻은 무리 10여 만을 갖고 호응하고, 그들은 관사를 공격하여 불사르고 이민吏民을 약탈하였다. "불길은 미앙궁未央宮의 앞 전각까지 보였다."[89] 적의와 조명 등은 연이어 군을 인솔하고 왕망군과 격전을 벌였고, 거의 1년 만에 비로소 편안해졌다. 그러나 각 지역은 여전히 끊임없이 소규모 농민봉기가 폭발하였다. 게다가 왕망은 또한 주변 소수민족에 대하여 무리하게 모욕을 주었고, 민족모순이 발생하였다. 그는 즉위 후 일찍이 병사 30만을 징발하였고, "동시에 열 개의 길로 나란히 나아가, 일거에 흉노를 궤멸시키고자 하였다. 천하의 수도囚徒, 정남丁男, 갑졸甲卒을 모집하여 병기를 수레로 옮겼고, 해海·강江·회淮를 건너서 북쪽 변방에 이르렀으며, 사자가 달려가서 독촉하니 해내海內가 소란스러웠다."[90] 따라서 신망은

---

88 "(連年)枯旱霜蝗, 飢饉涒臻, 百姓困乏, 流離道路."
89 『漢書』 卷84 「翟義傳」 "火見未央宮前殿."
90 『漢書』 卷24 「食貨志上」 "欲同時十道并出, 一擧滅匈奴. 募發天下囚徒丁男甲卒轉輸兵器, 自負海江淮而至北邊, 使者馳傳督趣, 海內擾矣."

흥노와 관계가 좋지 않았고 변방의 병사는 "오래 주둔하고 나오지 못했고, 관리와 군사는 피폐해졌으며, 수년간 북변은 텅 비고 들판에는 해골이 드러났다."[91] 특히 녹림綠林·적미赤眉봉기가 폭발한 이후 장안의 정치는 어지러웠고, 각 지방 무장은 기회를 틈타 기병하여 전쟁의 불길은 전국적으로 퍼져나갔으며, 그 파괴성은 다시 더욱 강렬하였다.『후한서』「제사지祭祀志」에는 당시 상황을 다음과 같이 설명하였다. "양楊·서徐·청青의 3주에서 처음 난이 일어나서 병혁兵革이 횡행하였다. 연주延州·형주荊州는 호걸이 겸병하여 백 리에 걸쳐 운집해서 종종 참칭하였고, 북이北夷도 침탈하였다. 천리에는 밥짓는 연기가 없고 닭울음 소리나 개짓는 소리도 들리지 않았다."[92] 경시更始 3년(기원후 25년) 적미군과 녹림군의 모순이 격화되었다. 적미는 유분자劉盆子를 황제로 옹립하였고 수십만을 거느리고 장안으로 쳐들어가 녹림이 세운 경시제更始帝 유현劉玄을 패퇴시켰다. 이에 적미는 군대를 풀어 장안을 크게 약탈하였다. "마침내 장안의 궁실宮室과 시리市里를 태웠고 경시제를 해쳤다. 백성은 기아로 서로 잡아먹었고, 죽은 자가 수십만이었으며, 장안은 텅 비어 성안에는 다니는 사람이 없었다."[93] 수년간 끊임없는 전쟁은 노동자에게 생산에 종사할 방도가 없게 만들었고, "성곽은 모두 황폐해졌으며, 산사람은 구덩이로 떨어졌다."[94] 후한 초기까지 여전히 전쟁의 불길은 그치지 않았고, 천하가 한황旱蝗이 들었으며, "백성은 굶주려 황금 1근으로 속粟 1석을 바꾸었고, … 천하의 들판이나 계곡에서 나그네처럼 살았으며, 삼과 콩은 더욱 성하였고, 혹

---

91 『漢書』卷94「匈奴傳」"久屯而不出, 吏士罷弊, 數年之間, 北邊虛空, 野有暴骨矣."

92 『後漢書』卷97「祭祀志上」"楊徐青三州首亂, 兵革橫行. 延及荊州, 豪傑幷兼, 百里屯聚, 往往僭號. 北夷作寇, 千里無煙, 無鷄鳴犬吠之聲."

93 『漢書』卷99「王莽傳」"遂燒長安宮室市里, 害更始. 民飢餓相食, 死者數十萬, 長安爲虛, 城中無人行."

94 『後漢書』卷23「竇融列傳」"城郭皆爲丘墟, 生人轉于溝壑."

채소나 과실이 자랐으며, 야생 누에는 고치가 되어서 산을 뒤덮었고, 백성은 그 솜을 얻었으며, 곡식과 과실을 채취하여 비축하였다."[95] 국민경제가 잔혹하게 파괴되어 감당할 수 없었고, 이미 전면적으로 붕괴되었다.

요컨대, 전한 시대 한초 "무위"로 시작해서 왕망의 "불능무위不能無爲"로[96] 종말을 고하였고, 봉건통치집단이 사회경제 모순의 극적인 변화를 해결하였음을 반영한다. 봉건경제발전 규율의 제약하에서, 비록 통치집단이 상품경제와 봉건통일국가의 모순을 비교적 성공적으로 해결하였다고 하더라도, 시종일관 토지겸병과 봉건통일국가의 모순을 아직 해결할 수 없었고, 오히려 최종적으로 왕망의 빈번한 제도 개혁으로 사회 비극이 초래하였다. 그 원인을 궁구해보면, 관건은 한 무제가 자주 쓰는 "경중론"이 중국 봉건 상품경제 발전의 역사적 추세에 순응하였고, 또한 왕망의 "복고론復古論이 당시 봉건 조전租佃 관계 발전의 역사적 조류에 완전히 위배되었기 때문이다.

---

95 『東觀漢記』卷1「世祖光武皇帝」"民饑饉, 黃金一斤易粟一石, … 天下野谷旅生, 麻菽尤盛, 或生瓜菜果實, 野蠶成繭被山, 民收其絮, 采獲穀果, 以爲蓄積."
96 『漢書』卷24「食貨志下」.

VI

후한 전기 사회경제의
조정과 회복

(一) 광무중흥의 경제책략

건무建武 원년(기원후 25년) 유수劉秀가 호部(하북河北 백향柏鄕)에서 황제를
칭하니 곧 광무제光武帝이며 국호는 "한漢"이었으며, 후에 낙양洛陽에 도읍
을 정하여 사서에서 "후한後漢"이라 칭하였다. 유수는 한 고조의 제9대손
이다. 그가 기병하여 전한 왕조를 찬탈한 신망정권을 물리쳤고, 또한 군
웅群雄을 힘으로 굴복시켜 유씨劉氏의 "한" 왕조 통치를 회복했으므로, 사
가史家가 칭송하여 "광무중흥光武中興"이라 하였다. 광무제 유수가 후한 정
권을 다시 세운 후에, 봉건통치를 공고히 하고 사회경제를 발전시키는 기
본적인 국가시책을 제정하였다. 그가 확립한 경제책략 때문에 후한 사회
에 대한 국민경제의 발전과 변화에 중대한 영향을 미쳤다.

1. 후한 초기 경제상황

광무제 유수는 군무軍務로 바쁜 상황에서 즉위하였다. 당시 농민봉기의
격렬한 불꽃은 여전히 타오르고 있었고, 각지 관료·호강 집단은 잇달아

지방을 할거하였다. 전한 말기 장기간 동란 이후를 계승하였다. 후한 초기 경제상황이 대단히 불안하였다.

전쟁의 잔혹한 파괴 때문에, 사회생산은 여전히 정상적으로 진행될 방법이 없었고, 재황災荒과 기근이 여전히 옛날과 같았다. 『후한서』「유분자전劉盆子傳」등에는 다음과 같이 묘사한다. 건무建武 2년(기원후 26년) "삼보三輔에 대기근이 들었고, 사람이 서로 잡아먹었으며, 성곽이 모두 비었고, 백골이 들판을 뒤덮었다."1 "이때(건무 3년) 백성은 기아로 사람이 서로 잡아먹었고, 황금 1근을 두豆 5승과 바꾸었으며, 도로가 끊어져서 수송을 맡겨도 이르지 않았다. 군사가 모두 과실로 양식을 삼았다."2 건무 5∼6년 연이어 한재旱災와 황재蝗災가 일어났고, "곡가가 앙등하여 사람의 용도가 궁핍하였다."3 건무 8년(기원후 32년) 또한 수재를 당하였다. 건무 9년(기원후 33년) 재앙(喪亂)의 여파가 지속되어 여전히 "군현은 매우 황폐하였다."4 건무 12년(기원후 36년) "서북으로 공손술公孫述을 토벌하였고, 북으로 노방盧芳을 정벌하였다. 흉노는 노방을 도와서 변방을 침범하였고, 한나라는 장군 마무馬武 · 기도위騎都尉 유납劉納 · 염흥閻興의 군대 휘하에 곡양曲陽 · 임평臨平 · 호타呼沱를 보내서 오랑캐를 방비하였다. 흉노가 하동河東에 들어와 중국은 안정되지 못했고, 미곡은 흉년으로 귀해졌으며, 백성도 흩어졌다."5 산동山東 지역에는 백성에게 기근이 들어서, "많은 사람이 서로

---

1 『後漢書』 卷11 「劉盆子傳」"三輔大飢, 人相食, 城郭皆空, 白骨蔽野."
2 『後漢書』 卷17 「馮異傳」"時百姓飢餓, 人相食, 黃金一斤易豆五升, 道路斷隔, 委輸不至, 軍士悉以果實爲糧."
3 後漢書』 卷1 「光武帝紀」"穀價騰躍, 人用困乏."
4 『後漢書』 卷36 「鄭興傳」"郡縣殘荒."
5 『後漢書』 卷100 「天文志上」"西北討公孫述, 北征盧芳. 匈奴助芳侵邊, 漢遣將軍馬武騎都尉劉納閻興軍下曲陽臨平呼沱, 以備胡. 匈奴入河東, 中國未安, 米穀荒貴, 民或流散."

잡아먹었고, 병사는 도륙 당했으며, 성읍은 텅 비었다."[6] 계속해서 건무 16년(기원후 40년)까지 유수는 각지 할거세력을 항복시켜 통일 대업을 완성한 후에, 비로소 상대적으로 안정적인 국면을 만들어냈고, 사회생산을 회복하고 발전시키는 데 정력을 집중하였다.

전한·후한 교체기 사회동란 및 재황·기근의 압박 속에서 수많은 노동자는 혹은 전란으로 죽었고, 혹은 구렁텅이에 빠져 죽었으며, 혹은 도처에 유망하였고, 혹은 노비로 전락하였으며, 혹은 각종 형식의 예속민이 되었다. 전한 후기에 봉건예속관계는 이미 막을 수 없는 역사적 추세로 발전했다. 왕망은 자기의 통치를 공고히 하고 국가정권의 역량을 운용하기 위해서 전면적으로 봉건예속관계의 발전에 간여하였으나, 오히려 여지없이 참패를 당하여 사회대동란을 야기하였다. 신망新莽의 반동통치하에서 생존할 방법이 없는 노동자는 부득이 호강대가豪强大家에게 예속되어 비호받고자 하였다. 호강대가 역시 자기세력에 의지하여 끊임없이 예속민을 수용하였다. 이 때문에 곧 신망 시기의 봉건예속관계가 여전히 발전하였다. 사료에 따르면, 적미봉기군의 기본대오는 "용인傭人〔임노동자〕"으로 조직되었다. 용인은 일반적으로 고용노동자를 가리키며, 또한 예속민 계층이다. 그들은 주인과 견고하지 않은 예속관계를 맺었다. 녹림綠林봉기군에는 "용인" 이외에, 또한 일부 호강지주가 거느리는 종족빈객宗族賓客, 부곡가병部曲家兵이 봉기에 참여하였다. 이러한 종족빈객, 부곡가병은 모두 일종의 예속민이었고, 그들은 주인과 상대적으로 안정적인 예속관계를 맺었다. 예컨대 호강지주 유연劉縯, 유수劉秀, 장궁臧宮은 모두 일찍이 종족빈객을 이끌고 녹림봉기에 참여하였다. 또한 호강지주 양지陽識, 등신鄧晨, 구순寇恂, 왕패王霸, 경순耿純, 제준祭遵, 유식劉植 등은 연이어 빈객가병을

---

6 『後漢書』卷23「公孫述傳」"人庶相食, 兵所屠滅, 城邑丘墟."

이끌고 유수에게 귀부하였다. 『후한서』 「마원전馬援傳」에는 마원이 왕망이 집권했을 때 북쪽 지역으로 망명하여, "목축을 하면서 머물렀기 때문에 빈객이 많이 귀부하였고, 드디어 수백 가를 부렸다"고 하였다.7 이러한 봉건예속관계 대다수는 왕망 시기에 비법과 은폐의 방식으로 발전되었다. 신망 말기에 이르러, 봉건정권은 농민봉기의 과중한 타격으로 붕괴되어 와해되었고, 사회는 무정부상태에 들어갔다. 따라서 자발적 봉건예속관계는 모든 방해 요인을 돌파하고 더욱 신속하게 발전해갔다.

당시 각지의 전화戰火가 발생하여 사회가 동요되고 불안하였다. 수많은 호강대가는 자신의 경제실력을 보존하고 발전시키기 위하여 잇달아 영참營壘·오벽塢壁을 만들어 스스로 보호하였고, "귀부할 곳을 기다리던"8 예속 농민을 공개적으로 불러 모았다. 이러한 현상은 매우 보편적이었고, 그중 남양南陽·삼보三輔·하북河北 지역에서 비교적 두드러졌다. 예컨대 남양 지역은 『후한서』 「번굉전樊宏傳」에 따르면, 그때 번굉이 "종족친속과 영참營壘을 지어 스스로 보호하였는데, 노약자로 귀부한 사람이 천여 가구가 있었고", 또한 적미군이 그 영참을 공격하고자 하니, 번굉은 "사람을 보내서 소·술·미곡을 갖고 가서 적미군에게 주고 마침내 노략질을 면했다"고 하였다.9 삼보 지역은 예컨대 「제오륜전第五倫傳」에서 다음과 같이 묘사한다. "왕망말엽 도적이 일어나자 종족과 마을에서 앞 다투어 와서 귀부하였고, 제오륜은 험준하고 공고한 영루營壘에 의지하였다. 도적이 나타나면, 번번이 그 사람들을 분발시켜서, 강하게 이끌면서 많은 수를 유지하여 저항하였다. 동마銅馬나 적미赤眉의 무리가 잇달아 수십 명이 〈왔

---

7 『後漢書』 卷24 「馬援傳」 "因留牧畜, 賓客多歸附者, 遂役數百家."

8 "以待所歸."

9 『後漢書』 卷32 「樊宏傳」 "與宗族親屬作營壘自守, 老弱歸之者千餘家. … 遣人持牛酒米穀, 以遺赤眉, 遂免寇難."

Ⅵ. 후한 전기 사회경제의 조정과 회복

으나〉 모두 굴복시킬 수 없었다."[10] 하북 지역은 「진준전陳俊傳」에서 다음과 같이 설명한다. 어양漁陽의 호강지주 각자가 오벽塢壁을 견고히 지켜, 오교五校농민군의 식량을 단절시켰다. "도둑이 이르렀으나 소득이 없었고, 마침내 패퇴하여 흩어졌다."[11] 이러한 집단을 보유하면서 스스로 지키는 호강지주의 영루는 비단 양한兩漢교체기 사회동란 중에 지주의 경제세력을 보존하였을 뿐 아니라, 더욱이 한 걸음 더 나아가 봉건예속관계의 발전을 확대하고 강화하였다.

당시 봉건예속관계의 진전된 발전은 실제로 봉건경제 규율의 자발적인 조절에 있었다. 사회생산은 필수적으로 일정한 조직의 형식이 겨우 진행될 수 있었기 때문에, 단독가호單獨家戶의 소농경제小農經濟는 수리水利시설 등에 필수생산 조건을 해결할 방법이 없었다. 신망정권의 퇴행적 정책 실시는 사회생산·생활의 정상적인 질서를 어지럽혔다. 봉건국가가 이미 기본적으로 사회생산을 조직하는 기능을 상실하였다. 그래서 사회경제는 어쩔수 없이 호강지주 전장경제에 예속되어, 사회생산을 진행할 수밖에 없었다. 신망新莽 말기 사회대동란은 한 걸음 더 나아가 강종호우强宗豪右가 종족빈객을 끌어들여서 예속농민을 조직하게 만들었는데, 오벽塢壁을 영건營建하고 가병家兵을 배치해서 전장경제를 호위함으로써 사회생산의 지속적인 발전을 보장하였다. 미루어 알 수 있듯이, 당시 만일 지주전장에서 오벽으로 조직된 방식이 없었다면, 백성의 사망은 훨씬 많았을 것이고, 국민경제의 파괴는 더욱 잔혹해졌을 것이다. 이 때문에 봉건경제 규율의 자발적 조절, 대지주 전장경제의 형성, 봉건예속관계의 신속한 발전은 후한 초기 사회경제가 회복되어 한 가닥 삶의 희망을 가져왔다.

---

10 『後漢書』卷32「第五倫傳」"王莽末, 盜賊起, 宗族閭里爭往附之. 倫乃依險固築營壁, 有賊, 輒奮厲其衆, 引彊持滿以拒之. 銅馬赤眉之屬前後數十輩, 皆不能下."

11 『後漢書』卷18「陳俊傳」"賊至無所得, 遂散敗."

그러나 지주전장경제 및 그 봉건예속관계의 발전과 봉건통일국가의 이익에는 모순이 존재했고, 주로 호강지주와 봉건국가의 노동성과를 분배하는 투쟁으로 표출되었다. 특히 후한 초기 사회경제가 쇠퇴하고, 노동인력이 급감하는 상황하에서, 이러한 모순은 더욱 첨예해졌다. 『한서漢書』 「식화지하食貨志下」에 따르면, "왕망이 아직 주살되지 않았는데도, 천하 호구가 절반으로 줄었다"고 하였다.12 왕망이 주살당한 이후, 사회동란은 더욱 격렬해졌고, 사상자 수도 더욱 늘었다. 〈사마표의〉 『속한서續漢書』 「군국지일郡國志一」에서 인용한 황보밀皇甫謐의 『제왕세기帝王世紀』에는 "광무중흥光武中興에 이르러, 백성이 헛되이 소모되어 2/10만 보존했다"고 하였다.13 만약 전한 평제平帝 시기 호구 수로 추산하면, 후한 정권이 장악한 인구는 단지 1천2백만 명 전후였다. 당연히 이때 또한 수많은 인구가 외부로 유망하였고, 역시 일부 인구는 사노비로 전락하였으며, 더욱 많은 인구가 호강대가에 예속되었다. "백성이 헛되이 소모되었다"고 말한14 이유는 곧 많은 인구가 사망하고 유실되어, 간신히 국가가 관장한 인구는 "2/10만 보존하였기" 때문이다.15 이것은 후한 정권에게 매우 심각한 경제난제였다. 비록 전한 초기에도 경제가 쇠약해지고 인구가 급감하는 경제상황이었다고 할지라도, 당시 지주계급의 세력이 비대하지 않아서, 사회동란기에 그들은 겨우 소극적으로 도주하여 망명하고 "서로 무리를 지어서 산택을 보장처로 삼는 것"16 정도가 가능하였을 뿐이다. 그리고 이러한 전한 말기 봉건예속관계의 발전에 따라서, 지주계급의 세력이 매우 강대

---

12 『漢書』 卷24 「食貨志下」 "及莽未誅, 而天下戶口減半矣."
13 "至光武中興, 百姓虛耗, 十有二存."
14 "百姓虛耗."
15 "十有二存."
16 "相聚保山澤."

해졌다. 그들은 전원田園을 널리 점유하고 농민을 예속시켰으며, 오벽을 영건하여 무리를 동원해서 스스로 지켰다. 어떻게 봉건국가와 호족지주 사이에 노동인력을 쟁탈하는 모순을 잘 해결할 것인가는 유수를 수장으로 하는 후한 통치집단이 직면한 새로운 과제였다.

2. 전한경제제도의 계승과 조정

유수가 개창한 후한 왕조는 남양南陽, 영천潁川, 하북河北 등지의 호강 지주의 지지하에 건립되었다. 유수 본인이 바로 남양의 호강지주였고, 그는 "부지런히 농사를 지었으며",[17] 또한 보통 완宛땅을 오가면서 식량을 지어서 매매하였다. 유수의 외숙(舅父) 번굉은 "누대로 농사를 잘 짓고 재산을 잘 불린" 대지주였다.[18] 장인(岳父) 곽창郭昌은 "군郡에서 유명한 성씨 였고",[19] 전택과 재산이 수백만 〈전〉이었다. 처형妻兄 양지陽識는 전지가 수백 경頃이었다. 자형(姐兄) 등신鄧晨은 "누대로 관리 2천석을 지낸"[20] 관료 대지주였다. 매부妹夫 이통李通은 "누대로 재화를 불려서 성씨가 유명해 진"[21] 상인대지주였다. 또한 후한 개국공신 등우鄧禹, 경엄耿弇, 풍이馮異, 요기銚期 등은 "운대雲臺 28장將"이었고, 대부분 호강지주였다. 이 때문에 유수를 우두머리로 하는 후한 통치집단은 주로 전한 후기부터 발전해온 귀족, 관료, 상인이 상호 결합된 호족지주 계층이었다. 그들의 발자취와 전한 후기 사회제도는 밀접하게 연계되어있다. 이것은 바로 후한통치 집 단이 원대한 정치적 방침을 만들어가는 계급적 기초였다.

---

17 "勤于稼穡."
18 『後漢書』 卷32 「樊宏傳」 "世善農稼, 好貨殖."
19 "爲郡著姓."
20 『後漢書』 卷15 「鄧晨傳」 "世吏二千石."
21 『後漢書』 卷15 「李通傳」 "世以貨殖著姓."

본래 전한 후기에도 사회모순은 이미 첨예하였다. 그러나 왕망이 찬탈한 이후, 추진한 "새로운 정치(新政)"는 더욱더 극심하게 사회에 좋지 않은 결과를 야기하였기에, 백성은 도리어 전한사회를 그리워하게 되었다. 신망의 제도 개혁 실패는 전한 후기 사회의 폐정을 가렸고, 여전히 전한제도에 대해 호감을 지닌 사회심리를 만드는 데 용이하였음을 알 수 있다. 그러므로 신망 말기 녹림·적미 농민봉기가 한나라 부흥의 깃발하에 일어났다. 심지어 낙양洛陽 부로父老는 유수의 요속僚屬이 "〈관복을〉 한결같이 옛법과 같게 한 것"[22]을 보고 모두 크게 기뻐하였고, 어떤 늙은 관리는 또한 격정적으로 눈물을 흘리면서 "오늘날 다시 한나라 관리의 위엄을 다시 볼 것을 생각지도 못했다!"고 하였으며, 후에 유수의 지절持節이 하북에 이르자 "왕망의 학정을 없애고 다시 한나라 관제명칭을 회복하였으므로, 관리와 사람들이 기뻐하여 앞 다투어 소고기와 술로 환영하였다."[23] 이것은 모두 전한의 옛 제도를 회복하는 데 광범위한 대중의 지지기반을 갖추고 있었음을 설명한다.

게다가 유수는 전한 황실의 후예였으므로, 어느 날 거병을 결정하자, 바로 "유씨劉氏 부흥復興"의 목적을 품은 채 한왕조의 통치회복을 자신의 임무로 삼았다. 이 때문에 유수는 칭제한 이후, "중흥中興" 군주를 자처하였고, 전한제도를 계승하여 커다란 정치적 방침을 확정하였다. 그의 묘호는 "세조世祖"였고, 시호는 "광무光武"였다. 『시법諡法』에는 "능히 전업을 계승하면 광光이라 하고, … 능히 병란을 극복하면 무武라 한다"고 하였는데,[24] 광무제가 동란을 평정하고 후한 정권을 다시 세워서, 전한제도에

---

22 "一如舊章."

23 『後漢書』卷1「光武帝紀」. "不圖今日復見漢官威儀. … 除王莽苛政, 復漢官名, 吏人喜悅, 爭持牛酒迎勞."

24 "能紹前業曰光, … 克定禍亂曰武."

함축된 뜻을 계승한다고 표현한 것이다. 당시 후한 광무제는 "왕망의 번잡함을 해소하였고, 한대漢代의 가벼운 법으로 되돌아갔으며",[25] 모든 중대한 경제제도는 기본적으로 전한의 옛 제도를 계승하였다. 비록 어떤 방면에서는 상응하는 조정을 하였다고 하더라도, 전한 경제체제의 근본에 저촉되지는 않았다.

첫째, 후한 정권은 전한前漢의 명전名田제도와 호적戶籍제도를 계승하였다. 비록 후한 초기 대토지점유제와 봉건예속관계는 여전히 발전하였다고 하더라도, 호족지주가 광범위하게 점유한 전원田園(농장)과 예속된 농민의 문제는 나날이 심각해졌다. 그러나 후한 정권은 시종일관 객관적인 실제상황의 변화에 근거한 새로운 토지제와 호구법안을 제정하지 못하였고, 여전히 전한의 명전과 호적제도를 계승하였으며, 관리와 백성의 신분등급에 따른 명전과 노비를 점유하는 경제법규를 시행하였다. 예컨대 『후한서』 「유륭전劉隆傳」에는 관리와 백성은 "전택은 제도를 뛰어넘지"[26] 못하였고, 「유우전劉祐傳」에도 토지를 점유하는 데는 "과품科品에 따르는"[27] 규정이 있었으며, 「황향전黃香傳」에는 전한의 "전령田令에 상인은 농사를 짓지 못하는"[28] 규정 등이 인용되었다. 게다가 광무제는 비록 수차례 노비를 석방하는 조서를 내렸으나, 예속농민의 문제를 명확히 제기하지는 못하였다. 이 때문에 후한 시기 관리와 백성이 점유한 예속농민은 여전히 불법이었다. 광무제는 토지와 호구의 명확한 조사를 명하여서, 바로 호강지주가 불법으로 은폐한 전지와 농민을 반드시 찾아내게 하였다. 후한 정권은 기본적으로 전한의 토지와 호구정책을 계승하였으나, 단지 집행하는 방식

---

25 『後漢書』 卷76 「循吏列傳」 "解王莽之繁密, 還漢世之輕法."

26 "田宅踰制."

27 "依科品."

28 "田令, 商者不農."

에 변화가 있었을 뿐이다. 여러 황제들은 "토지조사"[29] 혹은 "8월 인구조사"[30] 정책을 채택하여, 봉건국가의 명전名田제도와 호적제도를 전부 유지하였다.

　사서에는 광무제가 건무建武 15년(기원후 39년) 탁전조서度田詔書를 내려서, 개간한 전지의 토지면적 숫자를 조사하고 호구를 대조하였다. 이러한 조치는 광무제 만년에도 여전히 추진되었다. 『후한서』「강혁전江革傳」에는 다음과 같이 묘사한다. 건무 말기(약 기원후 55년) 강혁江革은 "어머니와 향리鄕里로 돌아가니 매번 세시歲時마다 현에서 기록과 대조하였다. 강혁은 어머니가 노쇠하였기 때문에 거동하기를 원치 않아서, 스스로 끌채를 매고 수레를 당겼고 소와 말을 사용하지 않았다."[31] 명제明帝도 일찍이 토지조사(度田)를 시행하였고,「유반전劉般傳」에 따르면 당시 "관리는 토지조사를 시행하면서 이전보다 많이 기록하고자 하였다."[32] 아울러 매년 8월 인구조사 방식은 지속되었다. 〈사마표의〉『속한서』「예의지禮儀志」에는 "중추월에 현縣과 도道 모두 호구와 백성을 대조한다"고 하였다.[33] 『동관한기東觀漢記』「공종효안황제恭宗孝安皇帝」에는 안제安帝 원초元初 4년(기원후 117년) 조서에서 "바야흐로 지금 8월은 장적을 대조하는 때이다"고 하였다.[34] 남녀노소는 반드시 기간에 따라 현의 관청(縣廷)에 가서 관리의 검사를 기다려야 했다. 다만 영제靈帝 시기 곡성장谷城長 장천張遷은 문안을 대조하는 때에 백성을 현부縣府에 불러 모으지 않고 도리어 자신이 향리에 가서

29　"度田."

30　"八月算人."

31　『後漢書』卷39「江革傳」"與母歸鄕里, 每至歲時, 縣堂案比. 革以母老, 不欲搖動, 自在轅中輓車, 不用牛馬."

32　『後漢書』卷39「劉般傳」"吏擧度田, 欲令多前."

33　"中秋之月, 縣道皆案戶比民."

34　『東觀漢記』卷3「恭宗孝安皇帝」"方今八月案比之時."

조사를 진행하였다. 『금석췌편金石萃編』「장천비張遷碑」에는 "8월 인구조사에는 향리를 번거롭게 하지 않았고, 〈인구조사 때에〉 맞추어 가난한 촌락에 가서 연장자를 위로하고 구휼하였다"고 칭송하였다.[35] 그리고 후한 말기 교주交州 일대에는 8월에 장적과 백성을 대조하는 일이 이미 대대로 이어져 관습이 되었다. 『삼국지三國志』「오서吳書·설종전薛綜傳」에는 다음과 같이 서술하였다. "주애珠崖에서는 주州나 현縣의 혼인 이외에, 모두 반드시 8월에 가호를 불러들이게 하였다. 백성을 모이게 하였을 때, 남녀 스스로가 서로 적합하면 부부되었고, 부모가 바로잡을 수 없었다."[36] 이러한 8월 인구조사와 호적작성제도는 전한에서 시작되었다. 전한 시기 동안 호강지주세력은 후한 시기만큼 강대하지 못하였기에 그들이 은닉한 예속호구는 많지 않았다. 따라서 향리에는 8월 인구조사 시 방해하는 세력이 비교적 적어서 수속이 간단했으며 비교적 순조롭게 진행되었고, 사서에도 매우 기록이 적었다. 그러나 후한 호강지주는 대규모로 예속농민을 불러 모았으며, 각 정권은 8월 인구조사를 매우 중시하여 매우 번거로운 경우가 많았다. 그래서 사서에는 서로 관련기록이 비교적 많이 나타난다. 후한의 명전名田·호적제도와 사회현실의 모순이 갈수록 두드러졌음을 알 수 있다.

  둘째, 후한 정권은 전한의 조부租賦·요역徭役제도를 계승하였다. 전조田租 방면에서는 후한 초기 전쟁이 빈번하여 국가재정이 궁핍하여서 일찍이 왕망의 제도를 계승하여 1/10세를 받았으나, 건무 6년(기원후 130년)에 이르러 곧 전한의 옛 제도를 회복하였다. 『후한서』「광무제기光武帝紀」에는 건무 6년 12월 조서를 다음과 같이 수록하였다. "지난번에 군대가 아직

---

35 "八月算民, 不煩於鄉, 隨就虛落, 存恤高年."
36 『三國志』卷53「吳書 · 薛綜傳」"珠崖除州縣嫁娶, 皆須八月引戶. 人民集會之時, 男女自相可適, 乃爲夫妻, 父母不能正."

해산하지 못하여 재정이 부족하므로 1/10세를 시행하였다. 군사에게 명하여 둔전을 하고 양식을 차등이 있게 비축하라. 각 군국郡國에 명하여 1/30세를 거두어서 옛 제도와 같게 하라."[37] 후한 시기 농민호에 관한 기타 세수는 추고芻稿, 구부口賦, 산부算賦, 자부貲賦 등 전한의 옛 제도와 같은데, 이미 전술한 바이다. 그러나 광무제는 요역제도에 대해서 상응하는 조정을 시행하였다. 전한 시기 규정은 역에 해당하는 연령 내에서 매년 경졸更卒요역 1개월, 별도로 정졸正卒병역 2년을 복무해야만 했고, 그중 1년은 군국에서 재관材官, 기사騎士, 누선樓船이 되었고, 나머지 1년은 경사京師에서 위사衛士가 되거나 혹은 변경에서 수졸戍卒이 되었다. 후한 건무 6년부터 전쟁이 점차로 감소한 후에는 광무제가 정졸병역을 지속적으로 줄여나갔다.

〈사마표의〉『속한서』「백관지百官志」에는 "중흥건무中興建武 6년 여러 군군郡의 도위都尉를 줄여서 태수의 관직에 통합하였고, 도시都試의 역役을 없앴다"고 하였다.[38] 또한「광무제기光武帝紀」의 건무 7년 조서에는 "각 군국에 군사들 중에서 용감한 정예병사가 많으니, 마땅히 경거輕車, 기사騎士, 재관材官, 누선사樓船士, 군가리軍假吏를 혁파하고, 민오民伍를 회복한다"고 하였다.[39] 곧 군국의 군사장관 및 도시제도를 폐지하였고, 아울러 백성이 군국에서 병역을 1년간 복무하는 규정을 폐지하였다. 동시에 "장수長水와 사성射聲 두 교위校尉를 줄였고",[40] 이렇게 줄인 교위는 모두 경사의 위사衛士로 거느렸다. 건무 22년(기원후 46년) "조서로 여러 변군邊郡의

---

37 『後漢書』卷1「光武帝紀」"頃者師旅未解, 用度不足, 故行什一之稅. 令軍士屯田, 糧儲差積. 其令郡國收見稅三十稅一, 如舊制."

38 『續漢書』卷28「百官志五」"中興建武六年, 省諸郡都尉, 幷職太守, 無都試之役."

39 『後漢書』卷1「光武帝紀」"令郡國有衆軍, 兵多精勇, 宜罷輕車騎士材官樓船士及軍假吏, 令還復民伍."

40 "省長水射聲二校尉官."

정후亭候〔관직명〕와 이졸吏卒을 혁파하였다."41 광무제가 또한 연이어 백성이 수도에서 위사가 되거나 변방에서 수졸로 1년을 사는 규정을 폐지했음을 알 수 있다. 2년 병역의 경수更戍제도는 이미 모두 폐지되었는데, 이것은 농민의 역역力役부담을 경감시키고 후한 초기에 농업생산을 회복하여 발전시키는 데에도 유리하였다. 그러나 후한의 경수제도의 폐지는 도리어 모병제를 확대하였고, 또한 경부更賦를 증가시켰다. 경부는 전한에서 곧 정졸正卒병역 경수제에 대한 대역전代役錢이다. 이 때문에 경수제도가 감소된 이후에는 필연적으로 대역전-경부-을 징수하였다. 그러므로 후한 시기 경부와 전조 등은 부세를 동시에 징수하여서 농민에게 과중한 부담이었다. 게다가 광무제는 교위校尉와 내군도위內郡都尉를 혁파하였다가 이후 점차 다시 설치하였다. 이것으로 알 수 있는 것은 후한 초기 요역제도에 대한 조정은 비록 노동자의 역역부담을 경감시켰다고 하더라도 경부의 징수를 증가시켰고 아울러 실질적인 개혁도 없었다.

후한 시기 조부·요역제도는 전한의 옛 제도를 계승했기 때문에, 전조는 가볍고 인두세는 무거운 특징이 있었다. 이는 당시 대토지점유제가 한 걸음 더 나아가 발전하는 사회 조건하에서 지주에게 가장 유리하였다. 게다가 갈수록 많은 농민의 파산과 유망을 유발하여 호강지주에 예속되었고, 봉건국가와 빈곤한 농민의 경제적 이익은 모두 손해를 보았다.

셋째, 후한 정권은 전한의 재정관리체계를 계승하여 조정하였다. 「광무제기」에는 건무 6년 조서가 다음과 같이 실려있다. "대저 관서와 관리를 두는 것은 모두 사람을 위해서이다. 백성이 곤경에 처하여서 호구는 줄어들었는데도 현의 관서와 관리는 오히려 늘어났다. 사예司隸와 주목州牧은 각기 실제 맡은 업무를 헤아려서 관리의 정원을 줄이도록 하라. 현縣이나

---

41 『後漢書』卷1「光武帝紀」"詔罷諸邊郡亭候吏卒."

국國은 장리長吏를 두기에 부족하니 병합함이 옳으며, 위로는 대사도大司徒
와 대사공大司空 2부府로 하라."[42] 이후 조목에 따라 상주하여서, 병합하여
줄인 고을은 4천여 현이었고, 감원한 관리는 1/10이었다. 후한 정권의 재
정관리기구 역시 전한 제도를 계승한 기초 위에, 상응하는 축소·통합과
조정을 진행하였다.

　중앙 재정기구 방면에서는 광무제가 전한의 승상丞相을 사도司徒로, 어
사대부를 사공司空으로 바꾸었다. 사도는 민사民事를 관장했기 때문에,
재정에서 주로 "전국 민사民事의 공과功課는 연말에 그 최상·최하등급을
상주하여 상벌을 시행하는" 책임을 졌다.[43] 사공은 수토水土와 영건營建을
관장하여서, "무릇 전국 수토에 관한 공과는 연말에 그 최상·최하등급을
상주하여 상벌을 시행하였다."[44] 사도와 사공은 모두 삼공三公에 속했고,
직위가 비록 높았으나 실권이 없었다. 중앙에서 구체적으로 재정을 관리
하는 곳은 여전히 대사농大司農과 소부少府였다. 대사농은 국가재정을 관
장하였고, 주로 국가 조세수입을 관리하였으며, 전곡錢穀과 금백金帛을 포
괄하였고, 아울러 물자의 배치, 국가나 군사, 관료의 녹봉, 공정工程이나
건설 등의 지출을 책임졌다. 광무제는 원래 소부에 속했던 산택山澤, 피
지陂池의 세금을 고쳐서 대사농에게 귀속시켰고, 대사농에게 속했던 염관
과 철관은 군현에 귀속시켜 경영하게 하였으며, 동시에 균수관 등은 폐지
하였다. 장제章帝 원화元和 연간(기원후 84~87년)에 이르러 국가재정의 곤란
을 해결하기 위해서 또한 염관과 철관을 대사농에게 귀속시켰는데, 국가에

42　『後漢書』卷1「光武帝紀」"夫張官置吏, 所以爲人也. 令百姓遭難, 戶口耗少, 而縣官吏
　　職, 所置尚繁. 其令司隷州牧各實所部, 省減吏員. 縣國不足置長吏可幷合者, 上大司徒
　　大司空二府."

43　『續漢書』卷24「百官志一」"凡四方民事功課, 歲盡則奏其殿最而行賞罰."

44　『續漢書』卷24「百官志一」"凡四方水土功課, 歲盡則奏其殿最而行賞罰."

서 통일적인 염철전매를 시행하였기 때문이다. 장화章和 22년(기원후 88년) 화제和帝는 조서를 내려서 "염철의 금령을 혁파하니, 마음대로 백성이 소금을 굽고 철을 주조하되, 옛날과 같이 세금을 현관에 내도록 하라"고 하였다.[45] 후한의 소부는 여전히 제실의 재정을 관장하였고, 주로 금원禁園과 원지園池의 수입을 관리하여서, 황실에서 "사용하는 여러 물품을 관장하였는데, 곧 의복, 보화寶貨, 진선珍膳 등이 속하였고",[46] 그 일상의 지출을 담당하였다. 광무제는 전한에서 별도의 제실재정기구였던 수형도위를 없애고 그 직은 소부에 합쳤으며, 상림원령上林苑令을 설치하여 그 일을 주관하게 하였다. 다만 매년 추추류秋貙劉의 날을 세워서, 임시로 수형도위를 두었다가 일이 끝나면 폐지하였다. 게다가 광무제는 소부의 산택山澤과 피지陂池의 세금을 고쳐서 대사농에게 귀속시키는 것 이외에, 또한 도수都水를 군국에 내려 보냈고, 고공考工은 바꾸어서 태복太僕에게 귀속시켰으며, 직실령織室令은 고쳐서 〈직실〉승丞으로 하여, 점차 소부의 경제재정기능을 줄여나갔다. 동시에 소부에는 시중侍中, 중상시中常侍, 상서령尚書令, 어사중승御史中丞 등 정무성政務性·사무성事務性 기구를 부설하였으며, 아울러 환관의 정원을 증액하였다. 이에 소부는 후한 정권의 조정을 통해서 재정기능은 축소되고 사무적 기능은 증대되었으며, 한 걸음 더 나아가 궁정사무를 전담하는 관서로 변화하였다. 전한 말기~후한 초기 환담桓譚은 다음과 같이 설명한다. "한나라가 안정된 이후, 백성이 부세로 내는 돈은 1년에 40여 만만萬萬〔억〕〈전〉이다. 관리의 녹봉이 그 절반이며, 나머지 20여 만만〔억〕〈전〉은 도내都內의 금전禁錢에 보관한다. 소부는 원지園地를 관할하여 벌어들이는 수입은 13만만〔억〕〈전〉이고, 궁실의 비

---

45 『後漢書』卷4「和帝紀」"罷鹽鐵之禁, 縱民煮鑄, 入稅縣官如故事."

46 『續漢書』卷26「百官志三」"服御諸物, 衣服寶貨珍膳之屬."

용과 상사賞賜에 지급한다."⁴⁷ 대체로 당시 중앙의 양대 재정기구-대사농과 소부-의 재정수입과 지출상황을 반영하였다.

후한 지방재정 관리기구는 기본적으로 전한 체제를 계승하여 군국과 현도縣道 이중기구로 구분되었는데, 군수郡守·왕국王國의 상相에서 현령縣令·현장縣長까지 재정사무를 주관하였고, 여전히 연말에 상계上計와 고핵考核제도를 시행하였다. 현縣 아래에는 향鄕과 이里가 기층조직이었다. 향관鄕官에 유질有秩(혹은 색부嗇夫)을 두어 "백성의 선악을 살펴서 역의 선후를 정하고 백성의 빈부를 살펴서 부세의 다소를 정함으로써 〈과세〉등급을 공평하게 하는 일을 주관하였다."⁴⁸ 또한 향좌鄕佐는 "백성의 부세를 거두는 일을 주관하였다."⁴⁹ 이里에는 이괴里魁가 있어서 향관이 요역과 부세를 할당하고 거두는 일을 보좌하였다. 그러나 전한 시기 중앙에서 통일적으로 주관한 경제사업은 이미 지방으로 내려가서 군과 현에서 관리하였는데, "무릇 군현에서 소금이 많이 나오면 염관을 설치하여 염세를 담당하게 하였으며, 철이 많이 생산되면 철관을 두고 제련(鼓鑄)을 담당하게 하였고, 〈토목〉공사가 많으면 공관工官을 두고 공사에 관한 세금과 물자를 담당하게 하였다. 하천(水池)이나 어업이익이 많은 지역은 수관水官을 두고 치수(平水)와 어업세 징수를 담당하게 하였다."⁵⁰ 지방 군현의 재정기능이 한 걸음 더 나아가 더욱 강화되었음을 설명한다. 이외에, 광무제는 후한 초기 정식으로 전국을 13주로 나누었고 다시 자사刺史 12인을

---

47 『太平御覽』卷627에서 인용한 『新論』. 그중 "入"은 "八"로 잘못 기재되어 있었는데 지금 고쳤다. "漢定以來, 百姓賦錢, 一歲爲四十餘萬萬. 吏俸用其半, 餘二十萬萬藏于都內爲禁錢. 少府所領園地作務之入十三萬萬, 以給宮室供養諸賞賜."

48 『續漢書』卷28「百官志五」"主知民善惡, 爲役先後, 知民貧富, 爲賦多少, 平其差品."

49 "主民收賦稅."

50 『續漢書』卷28「百官志五」"凡郡縣出鹽多者置鹽官, 主鹽稅. 出鐵多者置鐵官, 主鼓鑄, 有工多者置工官, 主工稅物. 有水池及漁利多者置水官, 主平水收漁稅."

설치하여 각기 1주씩 맡겼으며, 나머지 1주는 사예교위司隸校尉가 관할하게 하였다. 최초로 자사가 군국을 감찰하는 책임을 졌을 뿐 아니라, 권한도 끊임없이 확대되었다. 화제 이후 자사는 점차 발전하여 재정, 행정, 군정을 모두 관할하는 지방의 주요장관이 되었으며, 후한 재정관리체제가 변화하여 발전한 새로운 경향을 반영하였다. 이처럼 후한 정권이 재정관리체제를 조정하여 축소·통합한 이후에, 중앙의 재정관리기구는 더욱더 쇠약해졌으나 지방의 재정기능은 오히려 그만큼 더욱더 강화되었음을 알 수 있다. 이 때문에 중앙재정 집권체제의 와해와 지방분권세력의 증가를 더욱 촉진하였다. 요컨대, 후한 초기 통치집단은 변화하는 경제상황에 부합하는 시의적절한 새로운 제도적 토대를 마련하지 못하였다. 단지 전한의 옛 제도에 기초해서 보완하여 후한 사회 상부구조와 경제기초의 모순은 나날이 첨예해졌다. 이것은 후한 왕조의 경제가 매우 크게 호전되지 못한 근본원인이었다.

3. 토지조사(度田)의 풍파와 유화책

왕망王莽 말기 사회동란 중에 호강지주豪强地主는 무리를 모아서 스스로 보호하였고, 전장田莊과 오보塢堡를 수축하고 사인私人을 무장시켜 조직화하였다. 당시 일군의 호강지주는 연이어 종족빈객과 사병을 이끌고 유수劉秀에게 귀부하였다. 그러나 훨씬 많은 호강지주는 병사를 유지한 채 자중하면서 향토에서 할거하였다. 유수는 즉위 후, 무력으로 오보를 평정하는 것 외에, 안무按撫수단을 통해서 그들을 항복시키는 데 최선을 다하였다. 건무 2년(기원후 26년) 삼보三輔의 호강대성豪强大姓은 각기 병력을 유지하고 있었다. 유수는 풍이馮異에게 정벌을 명하면서 다음과 같이 훈계하였다. "장군은 지금 말씀을 받들어 여러 역적을 토벌하되, 영보營堡에서 항복하면 수괴는 경사京師로 보내고 소민은 해산시켜서 농상農桑에 종사하게 하라. 그 영벽營壁은 무너뜨려서 다시는 무리를 모으지 못하게 하라. 정벌에는 반드시 전지를 빼앗거나 성을 도륙해서는 안 된다. 중요한 것은 평정하여 안정시키는 데 있을 뿐이다."[51] 풍이가 명을 받들어 일을 행하니 삼보三輔는 모두 평정되었다. 또한 『후한서』「이충전李忠傳」에는 강회江淮 지역 호강대성 역시 병사를 유지한 채 땅을 점거하였다고 한다. 건무 6년(기원후 30년) 단양丹陽 태수 이충李忠이 직에 나아가서, "항복하는 자를 불러들였고, 불복하는 자는 모두 주살하였으며, 10개월(旬月)만에 모두 평정하였다."[52] 별도로 조趙, 위魏 등지에는 후한의 지방정부가 또한 계속해서 불러들여서 일군의 호강무장豪强武裝을 평정해나갔다. 그러나 전국적으로 호강대성은 병사를 유지한 채 땅을 점거하였고, 향리에서 기세등등한 상황은 여전히 지속되었으며, 후한 정권의 안정과 부세의 징수에 심각한 영향을 미쳤다.

건무 15년(기원후 39년) 후한 왕조의 통일대국이 이미 안정되었고, 광무제는 대규모로 전국의 사회경제 질서를 정비하는 데 착수하였다. 6월 "조서를 내려서 주군州郡에 개간한 전지의 토지면적과 호구의 한 해 기록을 조사하였고, 또한 2천석 장리長吏 중에 아첨하거나 불평하는 자를 감찰하게 하였다."[53] 이것이 곧 유명한 탁전령度田令이다. 당시 탁전은 한편으로 천하의 개간한 전지와 호구의 수량을 파악함으로써 국가의 재정수입을 증가시켰다. 다른 한편으로 호강지주의 전장과 영보營堡의 예속인구를 찾아내기 위해서 "그 소민小民을 해산시켜 농상에 종사하게 명하고 그 영

---

51 『資治通鑑』卷40, 建武 2年. "將軍今奉辭討諸不軌, 營堡降者, 遣其渠帥詣京師, 散其小民, 令就農桑. 壞其營壁, 無使復聚. 征伐非必略地, 屠城. 要在平定安集之耳."

52 『後漢書』卷21「李忠傳」"招懷降附, 其不服者悉誅之, 旬月皆平."

53 『後漢書』卷1「光武帝紀」"詔下州郡檢覈墾田頃畝及戶口年紀, 又考實二千石長吏阿枉不平者."

루營壘를 파괴하여 다시 무리를 모으지 못하게 하였는데",54 이는 한 걸음 더 나아가 지주의 무장을 해산시켜서 사회치안과 경제질서를 개선하는 두 가지 목적을 달성하였다. 그러나 주州·군郡에서 토지조사를 실행할 때, "자사刺史와 태수太守는 상당히 공평하지 못하여서 혹은 호우豪右를 우대하고 약자를 침탈하였으며, 백성은 원망하고 탄식하며 길을 막고 통곡하였다."55 또한『동관한기東觀漢記』「세조광무황제世祖光武皇帝」에는 건무 15년(기원후 39년) 조서詔書에는 "자사와 태수는 상당수가 속이고 실제로 조사하는 데 힘쓰지 않았으며, 구차하게 토지조사(度田)로 이름하면서 전지 중에 사람을 모으고 아울러 가옥과 마을을 헤아리니, 모인 사람들이 길을 막고 울었다"고 하였다.56 자사와 태수는 토지조사시 약자를 침학하였는데, 주로 호우를 우대하기 위해서였다. 강종호우强宗豪右에게는 권력과 세력이 있었기 때문에 지방관리는 감히 물을 수 없었다. 그 이유는 "하남河南 제성帝城에는 근신近臣이 많고 남양南陽 제향帝鄕에는 근친近親이 많아서 전택은 제도를 뛰어넘었는데 허용할 수 없었기" 때문이다.57 이 같은 호강지주에 대한 우대는 광무제가 결코 윤허한 것은 아니었다. 호강지주는 대규모로 개간한 전지와 예속인구를 점유하였을 뿐 아니라, 게다가 사인私人을 무장시켜 보유하였기 때문이다. 만약 토지조사 시 그들이 불법으로 은닉하고 있던 개간한 전지와 호구를 조사에 내놓지 않았다면, 곧 재정수입을 증가시키고 지주의 무장을 해제시키고자 기대한 목적을 달성할 수 없었을 것이다. 광무제가 내린 조서에는 토지조사 시 세밀한 조사의 중점

---

54 "散其小民令就農桑, 壞其營壘無使復聚."

55 『後漢書』卷22「劉隆傳」"刺史太守多不平均. 或优饒豪右, 侵刻羸弱, 百姓嗟怨, 遮道號呼."

56 『東觀漢記』卷1「世祖光武皇帝」"刺史太守多爲詐巧, 不務實核, 苟以度田爲名, 聚人田中, 幷道廬屋里落, 聚人遮道啼呼."

57 『東觀漢記』卷11「劉隆」"河南帝城, 多近臣, 南陽帝鄕, 多近親, 田宅逾制, 不可爲准."

대상이 바로 호강지주였음을 알 수 있다. 비록 광무제가 서민[白衣]이었을 때 또한 "도망자를 숨겨주고 죽은 자를 은닉한" 호강지주였다고 하더라도, "천자는 서민과 같지 않아서"[58] 광무제는 반드시 봉건지주정권 전체의 이익에서 출발하여 호강지주의 기득권을 제한하였다. 이 때문에 광무제는 간사한 정황을 알게 된 이후에 알자謁者를 파견하여 실상을 조사하게 하였다. 아울러 그해[건무 15년] 11월에 대사도大司徒 구양흡歐陽歙을 체포했는데, 그가 여남汝南 태수 임기 중 토지조사가 부실하였고 호강지주에게 뇌물 천여 만 〈전〉을 받았기 때문이다. 당시 구양흡의 제자 천여 명은 인정에 호소했지만, 광무제는 그를 단호히 사형에 처하였다. 다음해[건무 16년] 9월 하남윤河南尹 장급張伋과 군수 10여 명은 모두 토지조사가 부실하였기 때문에 사형에 처해졌다. 별도로 남군南郡 태수 유름劉隆, 낭야琅邪 태수 이장李章 등도 토지조사가 부실하였기 때문에 엄한 처벌을 받았고, 광무제는 토지조사에 관한 결심을 굳게 지켰음을 충분히 알 수 있다.

이후 토지조사는 성실하게 추진될 수 있었다. 호강지주의 이익에 저촉되었기 때문에 호강대성의 무장반항을 야기하였다. 『후한서』「광무제기」에는 "군국의 대성병장大姓兵長과 군도群盜가 곳곳에서 모두 봉기하였고, 소재지를 공격해서 약탈하였으며 장리長吏를 살해하였으며, 군현郡縣에서 추격해서 토벌하여 해산시켰으나, 도망쳐서 다시 결집하여 청靑·서徐·유幽·기冀의 4주州가 아주 심했다"고 하였다.[59] 당시 호강대성의 무장반항이 이처럼 광범위하였고 규모가 이처럼 컸던 것은 어째서였을까? 반란 가담자가 호강대성뿐 아니라, 또한 그들에게 예속된 많은 사병私兵과 은호隱戶를 포괄하였기 때문이다. 비록 토지조사가 주로 호강지주에 대한 타격이

---

58 『後漢書』卷77「酷吏列傳·董宣」"臧亡匿死 … 天子不與白衣同."
59 『後漢書』卷1「光武帝紀」"郡國大姓及兵長羣盜, 處處幷起, 功却所在, 殺害長吏, 郡縣追討, 到則解散, 去復屯結, 靑徐幽冀四州尤甚."

었다고 하더라도, 지주문하에 은폐되어있던 예속농민이 세밀한 조사를 통해 탄로 난 후에는 훨씬 더 큰 타격을 입었다. 이러한 은호는 지주의 토지를 소작해야 생활해나갈 수 있었다. 그러나 그들은 하루아침에 관리에게 세밀한 조사를 당해서 지주에게 조租를 납부하는 것 이외에, 또한 봉건국가에도 부세와 요역을 제공해야 해서 조세를 이중납부하는 곤경에 처하였기 때문에 그들은 생존할 방도가 없었다. 그래서 이러한 은호의 경제이익과 호강지주의 이익은 긴밀하게 함께 결합되어있었다. 바로 이러한 절실한 경제이해관계는 비로소 대규모로 예속인구가 호강지주를 따라서 반란에 참여하도록 촉진하였다. 후한 정권은 호강지주와 예속민이 연합한 반발에 직면하여, 여전히 전한의 시대에 뒤쳐진 경제제도를 계승하였고, 예속농민의 객관적 존재를 무시하였으며, 여전히 봉건예속관계의 발전에 순응하는 적절한 경제정책을 제정하지 못했다. 그래서 봉건국가가 경제에서 피동적인 지위로 떨어지게 만들었다. 비록 당시 광무제가 행정수단을 통해서 은혜와 위엄을 함께 베풀어서, 한편으로 관리가 반란의 수괴를 "다시 추포하도록 돕게 하는 일"을 책임지었고, 다른 한편으로 포획한 대성병장大姓兵長을 "다른 군郡으로 옮겨서 전지를 주고 식량을 지급하여 각기 생업을 안정시켰으며",[60] 잠시 반란을 평정하였으나, 호강지주의 무장武裝은 단지 은폐되었을 뿐이고 쌍방〔봉건국가와 호강지주〕은 노동력을 쟁탈하는 경제투쟁을 여전히 끊임없이 진행하였다. 이후 후한 정권은 토지조사와 호구대조 제도의 실행은 형식상 보류하였다.

　요컨대, 광무제의 토지조사는 타협을 통해 종결을 고하였고, 호강지주의 세력 역시 근본적으로 전혀 약화되지 않았으며, 토지겸병은 여전히 계속해서 발전하였고, 봉건예속관계는 여전히 불법·은폐의 방식으로 진행

60　『後漢書』卷1「光武帝紀」"徙於它郡, 賦田受稟, 使安生業."

되었다. 광무제는 토지조사의 풍파가 아직 안정되지 않았을 때 이미 자신의 행위가 과격하고 수守·상相을 지나치게 많이 사형에 처하였음을 후회하였으며, 이후 또한 "내가 천하를 다스림에 유도柔道로 행하려고 한다"고 공표하였다.[61] 그는 또한 『황석공기黃石公記』를 다음과 같이 인용하였다. "부드러움(柔)은 굳셈(剛)을 제어할 수 있고 약함(弱)은 강함(彊)을 제어할 수 있다. 부드러움은 덕德이요, 굳셈은 적賊이요, 약함은 인仁에 도움이 되고, 강함은 원망으로 돌아온다. … 만약 그때가 맞지 않으면 사람을 쉬게 하는 것만 못하다."[62] 광무제는 이제부터 무위이치無爲而治를 행하고 백성과 함께 쉬는 방침을 실행하겠다고 천명하였다. 따라서 후한 호강지주의 경제세력은 자연히 발전할 수 있었다. 동시에 "소와 말을 방목하고 읍문邑門을 닫지 않아도 되는"[63] 안정된 환경을 구현하였고, 후한 전기 사회경제를 회복하고 소생시키기 위한 조건을 만들어냈다.

(二) 후한 통치집단의 생산력 발전시책

후한 초기 호구의 감소, 국민경제의 쇠퇴, 그리고 호강지주 경제세력의 발전은 봉건국가의 재정을 매우 궁핍하게 만들었다. 이에 후한 정권은 한편으로 지출을 긴축하였는데, 병사의 정예화와 행정의 간소화를 실행하였고 역의 징발과 공사의 추진을 줄여나갔다. 다른 한편으로 재원을 확대하였는데, 각종 생산잠재력을 찾아내는 시책을 채택하여 재정수입을 증가

---

61 『後漢書』卷1「光武帝紀」"吾理天下, 亦欲以柔道行之."
62 『後漢書』卷18「吳蓋陳臧列傳·臧宮」"柔能制剛, 弱能制彊. 柔者德也, 剛者賊也, 弱者仁之助也, 彊者怨之歸也. … 苟非其時, 不如息人."
63 『後漢書』卷1「光武帝紀」"牛馬放牧, 邑門不閉."

시켰다. 광무제부터 "근원은 지출하고 지류는 절제하는"[64] 방침을 확정한 후에, 명제明帝·장제章帝 등은 연이어 요역을 균등히 하고 부세를 간소화하며 백성에게 공전을 빌려주는[65] 등의 생산을 발전시키는 조치를 추진하였고, 후한의 사회경제 상황은 점차 호전되었다.

1. 노비와 수도囚徒의 석방

"노비" 문제는 전한 후기에 비교적 두드러진 경제 문제이다. 왕망은 제도를 개혁하여 "노비를 사속私屬이라 하였고",[66] 아울러 사속의 매매금지를 통해서 노비 문제를 해결하였다. 결국 도리어 수십만의 금령을 위반한 관리와 백성이 노비로 적몰되거나 혹은 감옥에 투옥되었고, 심각한 사회 결과를 초래하였다. 더욱이 왕망 말기 사회동란은 수많은 사람이 또다시 자기 몸을 팔도록(自賣) 핍박받거나 혹은 약탈당해 팔려서(掠賣) 노비가 되어서, 노비 문제는 다시 부각되었다. 광무제 즉위 후, "왕망의 번잡함을 해소하였고 한나라 때 가벼운 법으로 되돌아갔다."[67] 당시 노비 문제에 초점을 맞추어서, 건무 2년(기원후 26년)부터 건무 14년(기원후 38년)까지 일찍이 일곱 차례나 노비를 석방하라는 조서를 내렸다. 이러한 조령詔令은 『후한서』「광무제기」에서 산견된다. 광무제가 조서를 내려서 석방한 노비는 네 종류로 나뉜다. 첫째, 왕망 시기 옛법(곧 전한법률)에 부합하지 못해서 적몰된 노비이다. 둘째, 왕망 말기 흉작과 전란 때문에 팔려나간 노비이다. 셋째, 동란 중에 남에게 약탈당해 팔린 노비이다. 넷째, 주인에게 불법적인 학대로 인해서 불고문을 받은(炙灼) 노비이다. 무릇 전국적으로

---

64 "開源節流."
65 "假民公田."
66 『漢書』 卷99 「王莽傳」 "奴婢曰私屬."
67 『後漢書』 卷76 「循吏列傳」 "解王莽之繁密, 還漢世之輕法."

이러한 네 가지 노비는 원칙상 일률적으로 면천하여 서인이 되었다. 넷째 조항을 제외하면 대체로 전한의 옛 제도를 계승하였다. 그러나 광무제가 매번 노비를 석방한 조령詔令에는 모두 구체적이고 상세한 규정이 있었고, 더욱이 명을 어기는 사람을 추궁하는 데에도 법률적 책임조항이 있어서, 더욱더 법령의 관철과 실행이 가능하도록 촉진시킬 수 있었다. 당시 이와 같이 많은 노비를 석방하여 편호제민編戶齊民의 신분을 회복했는데, 이것은 노비 문제를 완화시켜 사회노동력은 증가시켰고, 생산의 발전과 세원의 증가를 촉진시켰다. 모두 일정하게 적극적인 작용을 하였다.

광무제는 노비 석방과 동시에 노비의 대우를 개선하는 조서를 내려서, 노비의 신분 지위를 향상시켰다. 노비의 사회적 지위가 한 걸음 더 나아가 서민에 근접하였고, 노비를 살해하면 서민을 살해한 것과 같은 죄로 다스렸을 뿐만 아니라 불로 고문을 받아서 상처 입은 노비는 방면시켜 서민이 되도록 선포하였고, 게다가 서민에게 엄격했던 "화살로 사람을 상해하면 사형에 처하는 율"[68]을 폐지하였다. 이 때문에 노비가 처한 환경은 크게 개선되었고, 노비를 함부로 죽이는 것[濫殺]뿐만 아니라 임의로 노비에게 잔혹하게 해를 입히는 것[殘害]을 금지하였다. 따라서 노비를 "사람(人)"으로 인식하고 "물건(物)"으로 취급하지 못하도록 하였다. 광무제가 노비의 사회적 지위를 향상시키고자 한 조령詔令은 전국에 적용되었을 뿐 아니라, 아울러 소유하고 있던 노비에게 적용되었고, 동시에 장기적인 법률효력을 갖고 있었다. 이것은 한 걸음 더 나아가, 노비 문제를 완만하게 해소하였고, 계급모순을 완화시켰으며, 사회적 노동력을 보호하는 등 비교적 큰 의의를 지녔다.

광무제는 또한 일찍이 대규모로 수도囚徒를 석방하였다. 건무 5년(기원

---

68 "射傷人棄市律."

후 29년) 조서를 내려서, "중도관中都官, 삼보三輔, 군국郡國에 명하여 갇혀
있는 사람을 내보냈고, 사죄를 범하지 않았으면 일체 문안을 만들지 말게
하였으며, 도형徒刑을 사는 사람은 사면하여 서인으로 삼았다."69 곧 사형
을 제외하고 모든 압송되어있는 범인을 방면하라고 명한 것이다. 사서에
는 왕망 말기 일찍이 만여 명을 헤아리는 백성이 감옥에 투옥되었고, 당시
옥에 갇힌 범죄자가 매우 많았음을 알 수 있다. 건무 7년(기원후 31년) 광무
제는 또한 마찬가지로 압송되어있는 범인을 석방하는 조령을 반포하였고,
또한 "내죄耐罪 이상과 망명한 관리는 문서에서 삭제한다"는 규정을 추가
하였다.70 후한 건국 이후 각지의 농민봉기와 할거세력을 진압하기 위해
끊임없이 파병하였고, 자연히 압송된 범인도 적지 않았다. 두 차례에 걸쳐
이처럼 많은 수도를 석방하였고, 의심의 여지없이 대규모로 노동인력을
증가시켰으며, 사회생산의 발전에도 유리하였다. 게다가 광무제는 일찍이
천하에 대사大赦를 내렸고 "수도를 기록하여서",71 원통한 옥사를 없애게
하였다. 이후 "여러 주州는 항상 8월에 관할하는 군국을 순행하면서 수도
를 기록하였고",72 일정한 제도로 성립되었다. 후한의 여러 황제가 또한
끊임없이 수도를 석방했고, 혹은 옥에 갇힌 범죄자[囚犯]의 죄를 감해주었
으며, 변경으로 옮겨서 둔전의 곡물생산을 늘리게 하였다.

2. 둔전의 광범위한 시행

후한 초기 광무제 유수劉秀는 방대한 군대를 보유하였는데, 이를 사용

---

69 『後漢書』 卷1 「光武帝紀」 "令中都官三輔郡國出系囚, 罪非犯殊死一切勿案, 見徒免爲
    庶人."
70 『後漢書』 卷1 「光武帝紀」 "耐罪亡名, 吏以文除之."
71 "錄囚徒."
72 『續漢書』 卷28 「百官志五」 "諸州常以八月巡行所部郡國, 錄囚徒."

하여 농민봉기군과 각지 할거세력을 진압하였다. 당시 경제가 잔혹하게 파괴되었기 때문에, 국가재정은 곤란하였고 군량공급도 극도로 긴장상태에 있었다. 이에 광무제는 현실정황에서 출발하여, 과거 군대가 둔전을 개간한 경험까지 모두 검토하였고, 마침내 전한시대 변군의 둔전을 내지로 끌어들여 중원 지역에 둔전을 광범위하게 추진하였다.

광무제의 내군内郡둔전은 건무 5년(기원후 29년)에 시작되었다. 이때 후한 정권의 관동關東 통일전쟁은 이미 결정적인 승리를 얻었고, 아울러 계속해서 항복한 병사 수십만 명을 거두어서 재편하였다. 유수는 이러한 유리한 시기를 놓치지 않았다. 일부 군대에 명하여 둔전으로 곡식을 비축하게 하니, 군량을 스스로 해결하는 데 편리하였다. 이는 곧 관서關西통일전쟁의 추진을 뒷받침하였다. 내군둔전의 실시 효과가 현저하였기 때문에, 광무제는 건무 6년(기원후 30년) "지금 군사에게 둔전을 명하여 양식을 차등이 있게 비축하라"고 선포하였고,[73] 아울러 민호民戶의 전조田租는 "1/10세"[74] 에서 "1/30세"로 줄이도록 명하여서, 감경한 폭이 2/3에 달하였다. 당시 둔전의 범위가 매우 넓었고 규모도 매우 컸으며 비축한 곡식도 비교적 많았기 때문에, 전국을 통일하기 위한 풍부한 물질적 기초가 닦여졌음을 알 수 있다.

당연히 광무제가 추진한 내군둔전의 경제적 의의는 비단 전술한 내용에 한정되지 않는다. 둔전의 실행은 또한 당시 수십만에서 백만에 이르는 항복한 군사를 안집시키는 적합한 방식이었다. 한 고조가 천하를 통일할 때는 항상 병력이 부족하였기 때문에 남의 군사를 빼앗았다. 그러나 광무제의 통일전쟁 중에는 거두어들여 편성한 군사가 오히려 넉넉하여 여유가

---

73 『後漢書』卷1「光武帝紀」"今軍士屯田, 糧儲差積."
74 "什一之税."

있었다. 따라서 이렇게 많은 사졸士卒을 어떻게 안무按撫할지가 곧 일대 난제가 되었다. 광무제는 적합한 정책을 채택하였는데, 그들을 "척적尺籍 에 붙이고 모두 둔전을 하게 하되, 군법으로 그 방자함을 제어하며, 스스 로 경작하여 그 무리를 부양하게 하였다."[75] 이를 통해 대규모의 황폐한 토지를 개간하여 좋은 전지로 만들 수 있었고, 한 걸음 더 나아가 동원된 사졸의 제대 준비를 잘 마칠 수 있었다. 이 때문에 건무 7년(기원후 37년) 광무제는 곧 사졸을 혁파하여 "다시 민오民伍로 돌아가도록 명하였는데",[76] 전쟁에서 경제건설로 전략변화가 순조롭게 완성되었고, 생산을 회복시키 고 발전시키기 위한 주요 역량이 만들어졌다.

광무제는 내지內地둔전 이외에, 또한 변군에서 둔전을 널리 개척하는 것을 방기하지 않았다. 따라서 변강邊疆의 개발과 사회생산의 발전을 촉 진하였고, 또한 국가의 재정부담을 완화하였다.

광무제를 계승한 여러 황제는 모두 변지邊地에 둔전을 하였다. 명제明帝 시기 하서河西 지역 둔전 이외에, 또한 서역西域의 이오로伊吾盧에 의화도 위宜禾都尉를 두어 둔전을 하였고, 무기교위戊己校尉가 차사〈국〉車師〈國〉 전왕정前王庭〈의 유중성柳中城〉과 후왕부後王部의 금만성金滿城에서 둔전을 하였으며, 더욱이 누란〈국〉樓蘭〈國〉 지역 둔전의 성과는 탁월하였다. 장제 章帝 시기에도 하서河西, 서역西域의 이윤伊尹·사차莎車·소륵疏勒 등지에서 둔전을 추진하였다.

화제和帝 시기 서역의 차사車師, 이오로伊吾盧 등지에 연속해서 둔전을 하여서 16~17년 동안 지속되었다. 게다가 강족羌族을 진압하는 군사행 동을 돕기 위해서, 하황河湟 지역에 둔전을 광범위하게 설치하기 시작하였

---

75   張君約, 『歷代屯田考』, 長沙商務印書館, 1939, 6쪽. "隷之尺籍, 悉令屯田, 以軍法制其 橫, 自耕養其衆."
76   "令還復民伍."

다. 『후한서』「서강전西羌傳」에 따르면, 일찍이 황하 연안에 34부部의 둔전을 설치하였고, 대략 1만7천 명이 둔전에 종사하였다. 안제安帝·순제順帝 시기 여전히 서역西域, 하황河湟, 북지北地, 안정安定, 현도玄菟 등지에서 둔전을 하였다. 일설에 따르면, 순제順帝 시기 안정安定·북지군北地郡에서 "물결이 센 강은 준설하고 제방을 만들어서 둔전을 하였고, 내군內郡은 1년에 약 1억 〈전〉의 비용을 절감하였다."[77] 그리고 다른 지역의 둔전은 후한 말기까지 지속되었다. 이러한 군사둔전은 비록 일정한 경제 효과를 얻었지만, 전쟁이 만들어 낸 거대한 손실을 보충할 방법은 없었다.

후한 둔전은 전한 둔전의 지속과 발전이었으나, 이전과 다른 특징도 지녔다. 우선, 광무제가 추진한 내군둔전 이외에, 후한 시기 변군둔전의 노동자는 주로 감형된 형도(弛刑徒)이거나 형벌을 면한 죄인(免刑罪人)이었다. 그리고 전한 시기 둔전의 주요 노동자는 수전졸戌田卒이었고, 수전졸은 국가규정에 따라 병역에 복무한 농민이었다. 후한 초기 기본적으로 병역 경수제更戌制를 폐지하고 모병제募兵制를 추진하였으므로 병력의 원천이 복잡하였는데, 일반적으로 모병한 군사(募士), 변군邊郡 호기胡騎, 그리고 감형된 형도이거나 형벌을 면한 죄인이었다. 후한의 여러 황제는 종종 사수死囚에게 사죄死에서 1등급을 감하도록 명하여서 "병영에 이르게 하였고",[78] 혹은 죄수에게 형벌을 면해주고 "옮겨서 변방 수자리를 살게 하였다."[79] 그러므로 군대 중에는 감형된 형도의 비율이 증가하였으므로, 항상 둔전에 이용되었다. 예컨대 광무제는 마원馬援에게 명하여 변군에 둔전하게 하였고, "형벌을 감형하여 유배중이거나 도형을 사는 자로 채우게 하였다."[80] 『후한서』「명제기明帝紀」에 따르면, "군국의 중도관中都官에게

---

77 『後漢書』卷87「西羌傳」 "激河浚渠爲屯田, 省內郡費歲一億計."

78 "詣軍營."

79 "徙邊戌."

Ⅵ. 후한 전기 사회경제의 조정과 회복

명하여 사죄死罪인 수인囚人에게 사형에서 1등급을 감하고 태형을 금하였으며, 군영에 보내어서 삭방朔方 및 돈황敦煌에서 둔전하게 하였다."[81] 「등훈전鄧訓傳」에는 영원永元 2년(기원후 90년) "둔병을 혁파하여, 각기 군郡으로 돌아가도록 명하였고, 오직 감형된 형도 2천여 명을 두고 나누어서 둔전하게 하였다."[82] 「서역전西域傳」에는 연광延光 2년(기원후 123년) 반용班勇이 "감형된 형도 5백 명을 거느리고 서쪽으로 가서 유중柳中에서 둔전했다"고 하였다.[83] 이러한 감형된 형도 대부분은 반드시 평생 군영에서 둔전하거나 혹은 변경을 지켜야 했으며, "처자가 스스로 따라가면 소재지에서 정착하게 하고, 부모나 형제가 서로 좇아가기를 원하면 들어주는 것"이 가능하였다.[84] 따라서 삼국시대 군호軍戶·토가土家제도의 형성을 위한 조건이 준비되었다.

다음으로, 후한 말기 항복한 강족羌族과 민호民戶를 이용하여 둔전을 시작하였다. 『후한서』「부섭전傅燮傳」에 따르면, 영제靈帝 중평中平 3년(기원후 186년) 한양태수漢陽太守 부섭傅燮은 "사람을 구휼하기를 잘 하였고, 반란을 일으킨 강족羌族에게 은혜로운 교화를 베풀어서 항복하게 하였다. 이에 둔전을 널리 개간하고 40여 영營을 차례로 설치하여"[85] 항복한 강족을 안치하였다. 이것은 중국 둔전 역사상 처음으로 태수가 주관하여서, 항복한 강족을 불러 모으기 위하여 진행한 둔전이다. 또한 『영웅기英雄記』에는 다음과 같이 묘사한다. "유주幽州는 수년간 곡식이 여물지 않아서 사람이 서로 잡아먹었고, 황한蝗旱의 재해가 들어서 백성은 야생식물을 채집할

---

80 『續漢書』 卷23 「郡國志五」 "弛刑謫徒以充實之."
81 『後漢書』 卷2 「明帝紀」 "令郡國中都官死罪系囚減死一等, 勿笞, 詣軍營, 屯朔方敦煌."
82 『後漢書』 卷16 「鄧寇列傳」 "罷屯兵, 各令歸郡, 唯置弛刑徒二千餘人, 分以屯田."
83 『後漢書』 卷88 「西域傳」 "將弛刑士五百人, 西屯柳中."
84 『後漢書』 卷3 「章帝紀」 "妻子自隨, 占著所在, 父母同産欲相從者, 恣聽之."
85 『後漢書』 卷58 「傅燮傳」 "善恤人, 叛羌懷其恩化, 幷來降附. 乃廣開屯田, 列置四十餘營."

줄만 알고 뽕나무열매로 양식을 삼았다. 곡식 1석이 10만 전이었다. 공손백규公孫伯圭는 둔전을 설치하기 시작하여, 점차 자급자족을 할 수 있었다."[86] 공손백규는 곧 공손찬公孫瓚이다. 『후한서』의 본기本紀와 열전列傳에는 그가 일찍이 흥평興平 2년(기원후 195년) 유주幽州에서 둔전을 하였다고 하여서, 공손씨가 "백성(民人)"을 조직하여 둔전으로 자급하기 시작했음을 알 수 있다. 후한 초기 광무제가 추진한 내군둔전을 막론하고, 혹은 후한 말기 부씨傅氏, 공손씨公孫氏가 불러 모은 항복한 강족과 민호의 둔전은 모두 후한경제의 쇠퇴가 심했던 시기에 탄생한 특별한 사례였다. 그러나 바로 이러한 특별한 사례의 상호작용은 조위曹魏 민둔民屯의 서막을 열었다.

3. 빈민구제

후한 전기 대토지점유제의 확립과 봉건국가 전체 경제정책의 실패 때문에, 광범위한 평민이 천재와 인재의 피해를 입어 나날이 빈곤해져서 파산하며 유망하여 당시 두드러진 경제 문제가 되었고, 이 때문에 후한 정권에게 어떻게 빈민을 구제하며 백성을 불러 모으고 국가재정의 수입을 유지할지가 매우 절박하고 중요한 임무였다. 광무제부터 시작하여 명제明帝·장제章帝 등이 연이어 유망민을 불러 모으고 빈민을 구제하며 백성에게 공전을 빌려주는[87] 각종 시책을 채택하여, 백성의 빈곤화 경향을 완화시키고 사회생산의 지속적인 진행을 유지하였다.

후한 초기 광무제는 핍박받아 봉기에 참여한 유민을 불러 모으는 정책을 실행하였는데, 사면하여 해산시키고 각기 농상에 종사시켜서 생업을 안정시키는 방법을 채택하였다. 『후한서』「광무제기」에는 건무 3년(기원

86　『太平御覽』卷35에서 인용한 『英雄記』. "幽州歲歲不登, 人相食, 有蝗旱之災, 民人始知采稆以桑椹爲糧. 穀一石十萬錢. 公孫伯圭開置屯田, 稍稍得自供給."

87　"假民公田."

후 27년) 윤정월閏正月 "천하의 장자長子는 아비의 뒤를 잇게 하고 각기 작위 1등급을 하사한다"고 하였다.88 건무 22년(기원후 46년) 9월 남양南陽 지역에 강력한 지진이 발생하자 다음과 같은 조서를 내렸다. "남양은 금년 전조田租와 추고芻稿를 거두지 말도록 하였으며 … 군郡에 사는 백성 중에서 압사자는 장례비를 하사하였는데, 3천 명이었다. 그 구부口賦를 내지 못하고 주택이 심하게 파손된 자는 책하지 말라."89 건무 29년(기원후 53년) 2월 "천하의 남자에게 각기 작위 2등급을 하사하였다."90 건무 30년(기원후 54년) 5월 "홍수가 일어났다. 천하의 남자에게 각기 작위 2등급을 하사하였고, 홀아비·과부·고아·노인·병이 위중한 자(篤癃)·가난한 사람으로 스스로 생존할 수 없는 자는 각기 속粟 5곡斛을 내렸다."91 이후 여러 황제가 모두 작위를 하사하는 등 우대조건을 채택하여 유민을 불러 모았다. 「명제기明帝紀」에는 영평永平 3년(기원후 60년) 2월에 "천하의 남자에게 각기 2등급의 작위를 하사하였고, 삼로三老·효제孝悌·역전力田은 각기 3등급을 하사하였으며, 유망하여 명수名數[호적]에 등록되어있지 않은데 정착하기를 원하는 사람은 각기 1등급의 작위를 하사하였다."92 「장제기章帝紀」에는 영평 18년 10월 "백성에게 각기 2등급의 작위를 하사하였고, 아비의 뒤를 잇거나 효제·역전은 각기 3등급을 하사하였으며, 명수에 등록되어있지 않은데 유망하다가 정착하기를 원하는 사람은 각기 1등급의 작위를 하

---

88 『後漢書』 卷1 「光武帝紀」 "賜天下長子當爲父後者爵, 人一級."

89 『後漢書』 卷1 「光武帝紀」 "令南陽勿輸今年田租芻槀 … 賜郡中居人壓死者棺錢, 人三千. 其口賦逋稅而廬宅尤破壞者, 勿收責."

90 『後漢書』 卷1 「光武帝紀」 "賜天下男子爵, 人二級."

91 『後漢書』 卷1 「光武帝紀」 "大水. 賜天下男子爵, 人二級, 鰥寡孤獨篤癃貧者不能自存者粟, 人五斛."

92 『後漢書』 卷2 「明帝紀」 "賜天下男子爵, 人二級. 三老孝悌力田, 人三級. 流人無名數欲占者, 人一級."

사하였다."93 후한 전기 일찍이 8차례나 작위를 하사하여 유민을 불러 모으는 조령詔令을 선포하였고, 응당 일정한 사회적 효과가 있었다. 그러나 매번 백성의 작위가 누적되어 면역免役기준에 도달하자(한대漢代는 제9등급 작제에서 오대부五大夫부터 면역할 수 있다고 규정하였다), 국가의 요역 징발에 영향을 미치는 것을 피하기 위해서 명제·장제 두 황제는 연이어 "백성의 작위는 공승公乘(제8등급 작위)을 초월할 수 없는"94 규정을 공포하였다. 바로 이러한 이유로, 후한 후기에 이르러 작위를 하사하는 방법을 통해서 유민을 불러 모으는 방법은 갈수록 효과가 없었다. 또한 장제章帝 건초建初 원년(기원후 76년) 정월 다음과 같은 조서를 내렸다. "유망하다가 본향으로 돌아가기를 원하면 군현에서 그 실비를 지급하여 귀향하는 데 충분하도록 지원하고 관정官亭의 경유를 허락하며 숙박비용을 받지 말라. 장리長吏는 몸소 빈약貧弱한 자가 누락되지 않게 하고, 소리小吏와 호우豪右가 농간을 부리지 못하게 하라."95 당시 봉건국가와 유민을 쟁탈하는 주요 대상은 지주호우地主豪右였고, 조령 중에는 호우의 농간방지를 명확히 지적하였고, 아울러 유민의 숙식 등 구체적인 우대방안을 규정하였는데, 이는 당시 봉건국가가 유민 문제를 중히 여겼음을 알 수 있다.

후한 왕조의 빈민구제정책은 주로 요역과 부세의 감면, 종자와 식량의 임대 등이었다. 후한 초기 광무제는 바로 빈민에게 진대賑貸하는 것을 매우 중시하였다. 『후한서』「광무제기」건무 6년(기원후 30년) 조서는 다음과 같다. "왕년에 수한水旱과 황충蝗蟲의 재해가 들어서 곡식가격이 갑자기

---

93 『後漢書』 卷3「章帝紀」"賜民爵, 人二級. 爲父後及孝悌力田, 人三級. 脫無名數及流人
欲占者, 人一級."

94 『續漢書』 卷28「百官志五」"民爵不得過公乘."

95 『後漢書』 卷3「章帝紀」"流人欲歸本者, 郡縣其實禀, 令足還到, 聽過止官亭, 無雇舍
宿. 長吏親躬, 無使貧弱遺脫, 小吏豪右得容姦妄."

뛰어서 백성의 용도가 궁핍하다. 짐은 오직 백성이 <u>스스로</u> 자급하지 못하니 측은히 여겨 근심한다. 군국에 명하여 보유한 곡식을 고령자·홀아비·과부·고아·자식이 없는 사람·병이 위중한 자(篤癃)·가족이 없어서 스스로 생존할 수 없는 사람에게 법대로 식량을 지급하라."[96] 명제明帝도 여러 차례 조부租賦를 감면하는 조서를 내렸다. 아울러 중원中元 2년(기원후 57년) 즉위한 지 오래지 않아 곧 다음과 같은 금지조서를 내렸다. "군현에서 징발로 인해서 가벼이 간사한 이익을 취하고, 책임을 속여서 약자에게 이익을 남기며, 가난한 사람에게 먼저 재촉하고 있다. 균등하고 공평한 데 힘쓰고 〈법을〉 굽히거나 가혹하게 행하지 말라."[97] 게다가 연속해서 여섯 차례나 조서를 내려 "가난하여 스스로 생존할 수 없는 사람에게 각기 속粟 5곡斛"을 하사하였다.[98] 장제는 다시 "너그럽고 후한 사람"으로 명성을 얻었다.[99] 『후한서』「장제기」의 찬贊에는 "백성을 사랑함이 깊어서 〈임신부를 위해〉 태양곡胎養穀을 하사하는 법을 반포하였고, … 요역을 공평하게 하고 부세를 간소화하니, 사람들은 그의 은덕을 누렸다."[100] 원화元和 원년(기원후 84년) 장제는 다음과 같이 명하였다. "군국에 명하여 토지가 없는 사람을 모집하여, 다른 경계로 이주해서 비옥하게 만들기를 원하면 들어주도록 하라. 소재지에 이르면 공전公田을 지급하고, 값을 치르고 고용해서 경작하게 하며, 종자를 빌려주고 농사기구를 대여해주고, 5년간 세금

---

96 『後漢書』卷1「光武帝紀」"往歲水旱蝗蟲爲災, 穀價騰躍, 人用困乏. 朕惟百姓無以自贍, 惻然愍之. 其命郡國有穀者, 給稟高年鰥寡孤獨及篤癃無家屬貧不能自存者, 如律."

97 『後漢書』卷2「明帝紀」"郡縣每因徵發, 輕爲姦利, 詭責羸弱, 先急下貧. 其務在均平, 無令枉刻."

98 『後漢書』卷2「明帝紀」"貧不能自存者粟, 人五斛."

99 "寬厚長者."

100 『後漢書』卷3「章帝紀」"深元元之愛, 著胎養之令 … 平徭簡賦, 而人賴其慶."

을 거두지 말고 산부算賦도 3년간 면제하라. 그 후 고향으로 돌아가려는 자는 금하지 말라."101 당시 빈민을 구제하기 위하여, 생업이 없는 빈민의 생산능력을 회복시켰고, 토지·노동력에서 식량·종자·생산도구 등에 이르는 각종 연결고리를 모두 고려하였다. 줄곧 후한 후기까지 각 황제의 조부租賦감면과 빈민구제의 조령은 거듭되었고 줄어들지 않았다. 그러나 이때 중앙집권은 이미 쇠락하였고, 관료의 통치는 나날이 부패하였으며, 국가의 재정상황은 나날이 악화되었고, 빈민은 다시 진정한 이점을 얻기 어려웠다.

백성에게 공전을 주거나102 백성에게 공전을 빌려주는 것103 역시 후한 왕조 빈민구제의 주요정책이다. 『후한서』 「명제기」 영평永平 9년(기원후 66년) 조서에는 "군국에 공전을 빈민에게 각기 차등있게 하사하라"고 하였다.104 영평 13년(기원후 70년) 조서에는 "물가의 제방 근처의 전지田地를 빈민에게 주고, 호우豪右가 그 이익을 굳게 지키지 못하도록 하라."105 「장제기」 건초建初 원년(기원후 86년) "조서를 내려 상림원의 지어池籞를 빈민에게 전지田地로 지급하라"고 하였다.106 원화 3년(기원후 86년) 조서에는 "지금은 비옥한 전지가 아직 많으나 개간되지 못하고 있으니, 그 모두를 빈민에게 주고 양식과 종자를 지급하고, 지력地力에 힘쓰게 하여, 노는 일손이 없게 하라"고 하였다.107 후한 전기 사회의 인구감소로 봉건국가가 장악한 공전

---

101 『後漢書』 卷3 「章帝紀」 "令郡國募人無田欲徙它界就肥饒者, 恣聽之. 到在所, 賜給公田, 爲雇耕傭, 賃種餉, 貰與田器, 勿收租五歲, 除筭三年. 其後欲還本鄕者, 勿禁."
102 "賦民公田."
103 "假民公田."
104 『後漢書』 卷2 「明帝紀」 "郡國以公田賜貧人各有差."
105 『後漢書』 卷2 「明帝紀」 "濱渠下田, 賦與貧人, 無令豪右得固其利."
106 『後漢書』 卷3 「章帝紀」 "詔上林池籞田賦貧人."
107 『後漢書』 卷3 「章帝紀」 "今肥田尚多, 未有墾闢, 其悉以賦貧民, 給與糧種, 務盡地力, 勿令游手."

도 상응하여 많아졌기 때문에 백성에게 공전을 지급하는 사회조건이 구비되었다. 게다가 백성에게 공전을 줄 때, 봉건정권은 또 항상 종자와 식량을 빌려주어 빈민이 농사에 종사할 수 있는 능력을 갖게 하였다. 이를 통해 파산한 농민의 생산 및 생활 문제를 부분적으로 해결할 수 있었다. 그러나 후한 후기 사회인구가 증가하고 국가가 장악한 공전이 비교적 감소하여, 대토지점유제는 한 걸음 더 나아가 발전하였으나 봉건왕조의 경제질서는 매우 혼란하였다. 그래서 이 시기 백성에게 공전을 주거나 백성에게 공전을 빌려주는 실질적인 효과는 크지 않았다.

요컨대, 광무光武·명제明帝·장제章帝 시기 봉건국가의 경제기능은 아직 정상적으로 운행될 수 있었다. 중앙정부의 정령政令 역시 기층까지 철저히 시행될 수 있었고, 지방군국 역시 좋은 관리가 많았다. 예컨대 광무제 시기 여남汝南태수 등신鄧晨, 어양漁陽태수 곽급郭伋·장감張堪, 단양丹陽태수 이충李忠, 남양南陽태수 두시杜詩, 계양桂陽태수 위삽衛颯·자충茨充, 구진九眞태수 임연任延, 명제·장제 시기 회계會稽태수 제오륜第五倫, 산양山陽태수 진팽秦彭, 여강廬江태수 왕경王景 등이다. 그들은 해당 지역에서 수리사업을 일으키고 전토를 개간하며, 유민을 불러 모으고, 염철자원을 개발하며, 백성에게 농사를 권장함으로써, 후한 전기 사회경제의 회복과 발전을 직접적으로 촉진하였다. 「광무제기」에는 건무 5년(기원후 29년) 곧 "들판의 곡식은 점차 줄어들었고 전무田畝는 점점 넓어졌다"고 하였다.[108] 영평 9년(기원후 69년) "크게 풍년이 들었다."[109] 영평 12년(기원후 69년) "천하는 안정되고 사람들은 요역이 없었으며, 해마다 풍년이 들어서 백성은 유복하고 속粟 1곡斛은 30〈전〉이었고, 소와 양이 들판을 덮었다."[110] 명제·

---

108 『後漢書』 卷1 「光武帝紀」 "野穀漸少, 田畝益廣焉."
109 "大有年."
110 『後漢書』 卷2 「明帝紀」 "天下安平, 人無徭役, 歲比登稔, 百姓殷富, 粟斛三十, 牛羊被野."

(二) 후한 통치집단의 생산력 발전시책　　　　　　　　335

장제 시기에 이르러, "관리는 그 관서에 걸맞았고, 백성은 그 생업이 안정되었으며, 멀거나 가깝거나 모두 복속되었고, 호구戶口는 불어났는데",111 이는 국민경제의 번영하는 모습이 출현하였음을 의미한다. 그러나 화제和帝 이후 사회모순이 더욱더 첨예해졌기 때문에 국민경제의 발전은 점점 느려졌다.

(三) 사회경제의 발전

후한 정권은 연이어 생산을 발전시키는 정책을 채택하였고, 더욱이 호강지주 전장경제는 "공존하되 어지럽지 않은"112 환경 속에서 한 걸음 더 나아가 큰 폭으로 성장하였기에, 후한 시기 농업과 상공업은 비교적 크게 발전할 수 있었다.

1. 농업생산 수준의 향상

후한 시기 농업생산은 전한에 비해 발전하였다. 철제농기구와 우경의 사용은 더욱 보편화되었다. 황하黃河·장강長江 양대 유역에서 출토된 후한 철제농기구의 수량은 전한을 훨씬 초과하였다. 게다가 길림吉林, 내몽고內蒙古, 감숙甘肅, 신강新疆, 영하寧夏, 운남雲南, 귀주貴州, 광동廣東, 광서廣西 등 변원邊遠 지역은 모두 적지 않은 철제농기구가 출토되었다. 후한 철제농기구의 종류 역시 전한에 비해 증가하였고, 중요한 신식 농기구에는 굽은 자루의 호미(曲柄鋤)와 갈고리모양 낫(鉤鎌) 등이 있었다. 사

---

111 『後漢書』卷2「明帝紀」"吏稱其其官, 民安其業, 遠近肅服, 戶口滋殖焉."
112 "俱存不擾."

VI. 후한 전기 사회경제의 조정과 회복

천四川의 동산애묘東山崖墓 석각화상石刻畵像 중에 전부 철로 만든 굽은 자루의 호미는 밭을 갈기에 적합하고 잡초를 제거하는 데 편리한 공구이다. 사천四川 면양綿陽과 목마애묘牧馬崖墓 중에서 발견된 철제 갈고리모양 낫은 전체 길이 35cm이고, 수확할 때 쓰는 대형농기구이다. 철보습 역시 중대한 개선이 이루어졌다. 대·중·소로 종류가 나뉘고 보습의 날끝 각도가 좁아지면서 땅을 파는 데 드는 힘이 줄어들어 심경深耕이 가능해졌고, 후한의 우경牛耕기술 또한 발전하였다. 두 마리의 소가 메는 하나의 끌채와 긴 쟁기를 사용하는 것 이외에, 또한 한 마리의 소가 끄는 한 쌍의 긴 쟁기 끌채와 짧은 쟁기 끌채를 사용하였다.[113] 동시에 우경기술도 한 걸음 더 나아가 변방 지역에 확대되었다. 섬서陝西 수덕현綏德縣·미지현米脂縣에서 출토된 화상석畵像石의 우경도牛耕圖를 살펴보면, 섬북陝北 고원高原의 우경방식과 중원 지역은 기본적으로 서로 동일하였다. 강회江淮 지역 여강廬江 태수 왕경王景은 백성에게 쟁기(犁)로 경작하는 방법을 가르쳤고, 경작의 효율성을 크게 증가시켰다. 그러므로 "개간이 배로 많아졌고, 경내境內는 자급하기에 풍족하였다."[114] 영남嶺南 구진九眞 지역은 후한 초기 우경을 알지 못하였으나, 태수 임연任延이 해당 지역에서 우경을 널리 보급하여서, "전주田疇가 해마다 넓어지고, 백성은 자급하기에 충분하였다."[115]

후한 시기 농업재배기술 역시 비교적 크게 진보하였다. 최식崔寔의 『사민월령四民月令』에는 도전稻田의 녹비綠肥 재배와 모(苗)를 옮겨 심는 기술이 수록되었다. 또한 반드시 토질에 따라 재배작물과 재배밀도를 다르게 채용하였으며, 아울러 때가 되면 흙을 뒤집어서 밭을 햇빛에 말렸고, 두 계절 윤작輪作과 간작間作 등을 시행하였다고 지적하였다. 명제 시기 일찍

---

113 『陝北後漢畵象石選集』, 文物出版社, 1959年版 참조.

114 『後漢書』 卷76 「循吏列傳」 "墾闢倍多, 境內豊給."

115 『後漢書』 卷76 「循吏列傳」 "田疇歲歲開廣, 百姓充給."

이 구종법區種法을 확대하도록 명하여서, 지리地利를 충분히 이용하였고, 단위면적당 생산량을 향상시켰다. 별도로 사천四川 팽현彭縣에서 출토된 후한의 도전모형陶田模型에서 당시 이미 구릉丘陵이나 피지陂地에서 계단식 논밭 조성이 시작되었음을 알 수 있다.

후한 초기 관부官府는 수리시설의 건설을 중시하였다. 명제 시기 수리전문가 왕경王景과 장작알자將作謁者 왕오王吳에게 명하여 준의거浚儀渠(하남河南 개봉開封 소재)를 수리하여 복구하는 일을 주관하게 하였다. 왕경은 "언류법堰流法"을 사용해 물의 형세를 제어하여 수해를 없앴다. 영평永平 12년(기원후 69년) 왕경과 왕오는 군졸 수십만을 인솔하여 황하와 변거汴渠를 정비하였다. 그들 두 사람은 형양滎陽에서 천승千乘(산동山東 고청高淸)까지 해구海口 지역 안의 지형을 조사하였고, 산언덕(山阜)을 뚫었으며, 강물(洶澗)을 연결하였고, 막힌 곳을 통하게 하였다. 또한 10리里마다 수문을 하나씩 세워서 유량을 통제하였다. 대략 1여 년이 걸렸고, 물자는 약 백억 〈전〉 정도를 소모하였으며, 마침내 황하와 변수汴水에서 갈라지는 물줄기는 수해를 제거하였고, 황하를 치수한 위대한 공사가 완성되었다. 이후 황하가 범람하는 지역의 충적토로 만들어진 비옥한 들판은 새로이 양전良田으로 개간되었다. 이번의 황하치수를 통하여, 더욱이 전한 말기 이후 황하 중·상류 지역의 둔전 개간이 감소하였고, 자연히 식생은 보호되었으며, 이 때문에 황하는 장기간 안정적으로 흘러서 8백 년간 물길이 바뀌지 않았고, 한 걸음 더 나아가 북방농업의 발전을 촉진하였다. 당시 각지에는 또한 연속해서 피지陂地에 수리시설을 건설하여 농전農田에 관개灌漑하였다. 장감張堪이 어양漁陽 태수로 임명되었던 기간에, 호노狐奴(북경北京 순의順義 경내)에서 물을 끌어서 전지에 관개하였고, 도전稻田 8천여 경頃을 개간하였다. 산양山陽 태수 진팽秦彭은 "도전稻田 수천 경을 조성하였고",116 급현령汲縣令 최원崔瑗은 "사람들을 위해서 도전 수백 경을 개간하였다."117 십

방령什邡令(사천四川 경내) 양인楊仁은 "전지 천여 경을 개간하였다."[118] 여남
汝南 지역의 홍극피鴻隙陂는 전한 성제成帝 시기 이미 매몰되었다. 후한 초
기 태수 등신鄧晨은 도수연都水椽 허양許楊에게 명하여 다시 수리하는 일을
주관하게 하여서, 수천 경의 양전에 관개할 수 있게 하였다. 이후 여남태
수 포욱鮑昱은 계속하여 수리하여서, 돌로 만든 갑문閘門을 사용하여 저
수하였고, "물은 항상 풍족하여 전지에 물을 대는 것이 배로 늘어났고 사
람들은 부유해졌다."[119] 화제 시기 태수 하창何敞은 또한 여남에서 동양구
거銅陽舊渠를 수리하여 양전良田 3만여 경頃을 개간하였다. 순제順帝 시기
회계會稽 태수 마진馬臻은 회계會稽와 산음山陰 두 현에서 경호鏡湖(또한 감호
鑑湖라 칭함)를 정비하였는데, 대형제방(大堤)의 둘레가 350리이고, 전지 9
천여 경에 관개하였다. 이외에 남양南陽, 여강廬江, 하비下邳, 광릉廣陵, 삼
하三河, 삼보三輔, 태원太原, 상당上黨, 조趙, 위魏, 하서河西 등지에서 모두
수리시설을 복원하거나 혹은 새로이 건설하였다. 이는 후한의 백성이 수
리자원을 개조하여 이용하는 능력이 크게 향상되었음을 보여준다.

후한의 농업생산 수준의 제고는 또한 남방에서 경제발전이 두드러져
나타났다. 전한 시기 북방의 관중關中과 황하 중·하류 지역은 가장 발달
한 경제 지역이었고, 전국 인구 역시 주로 이 지대에 집중되어 있었으며,
당시 남방경제는 오히려 더욱 낙후되어 있었다. 『한서』「지리지」에는 "강
남江南 지역은 혹은 잡초를 불로 태운 후에 물을 대어서 농사짓고, 백성은
물고기와 쌀(稻)을 먹으며, 물고기를 잡거나 산에서 벌목하는 일을 생업으
로 삼는다"고 하였다.[120] 강남은 아직 원시상태에 놓여있었고, 땅은 넓고

---

116 『後漢書』卷76「循吏列傳」"興起稻田數千頃."
117 『後漢書』卷52「崔駰列傳」"爲人開稻田數百頃."
118 『後漢書』卷79「儒林列傳」"墾田千餘頃."
119 『後漢書』卷29「申屠剛鮑永郅惲列傳」"水常饒足, 溉田倍多, 人以殷富."

(三) 사회경제의 발전

사람은 적어서 대부분의 지역은 아직 개발되지 못하였음을 알 수 있다. 그러나 전한 말기 장장 수십 년에 달하는 사회동란은 북방경제에 심각한 피해를 입혔고, 인구를 격감시켰다. 당시 수많은 사람이 고향을 등지고 떠났고, 상대적으로 안정적인 강남 지역으로 도망해서 생명을 보존하였다. 『후한서』「임연전任延傳」에는 경시更始 원년(기원후 23년) "천하가 새로이 안정되었으나, 도로는 아직 통하지 않았고, 강남에서 난을 피한 사람은 모두 아직 중원(中土)으로 돌아오지 못하였으며, 회계會稽에는 자못 사람이 많다고 일컬어졌다"[121]고 하였다. 별도로, 후한 시기 군현의 장리長吏는 남방에서 수리시설을 건설하였고, 백성을 조직하여 생산을 발전시켰으며, 또한 대규모의 유민을 끌어들여서 남쪽으로 내려와서 정착하게 하였다. 예컨대 건무 6년(기원후 30년) 단양丹陽 태수 이충李忠은 백성에게 경작하고 개간하는 법을 가르쳤는데, "3년간 유민으로 정착한 자가 5만여 명이었다."[122] 그러므로 후한 후기에 이르러 남방의 넓은 지역이 개발될 수 있었고, 개간된 전지와 인구의 숫자가 신속하게 증가하였다. 『한서』「지리지」와 〈사마표의〉『속한서』「군국지郡國志」에 따르면, 양주揚州 인구는 321만에서 434만까지 증가하였고, 형주荊州는 374만에서 627만까지 증가하였으며, 익주益州는 455만에서 724만까지 증가하였다. 그중 현재 호남湖南·강서江西 지역의 증가가 가장 빨랐다. 영릉군零陵郡은 721% 증가하였고, 장사군長沙郡은 449% 증가하였으며, 계양군桂陽郡은 321% 증가하였고, 예장군豫章郡은 474% 증가하였다. 여기에 상응하여 남방의 사회경제는 신속히 발전하였다. 후한 정권은 일찍이 여러 차례 강남의 형주荊州·양주

---

120 『漢書』卷28「地理志」"江南之地, 或火耕水耨, 民食魚稻, 以漁獵山伐爲業."

121 『後漢書』卷76「循吏列傳·任延傳」"天下新定, 道路未通, 避亂江南者皆未還中土, 會稽頗稱多士."

122 『後漢書』卷21「李忠傳」"三歲開流民占著者五萬餘口."

揚州 각 군의 조미租米를 징발하여 강회江淮·중원中原 지역 이재민을 구휼하였다. 또『화양국지華陽國志』에는 후한 조정의 "관청에는 서남西南의 재화로 가득차고, 조정에는 화민華岷의 출신이 많다"고 하였다.[123] 익주, 형주, 양주 지역은 한결같이 경제발전이 비교적 빨랐음을 설명한다. 따라서 후한 후기 북방경제의 발전은 상대적으로 완만하였고, 사회인구는 전한 시기에 비해서 감소하였다. 더욱이 서북西北의 삼보三輔, 익주益州, 양주涼州(현재 섬서陝西, 산서山西, 감숙甘肅일대)는 인구가 698만에서 160만으로 줄어들어 436%가 감소하였다. 후한 시기 남방경제의 발전속도는 북방을 훨씬 크게 초과하였다. 자연조건의 변화 이외에, 가장 근본적인 사회원인은 후한 정권의 기본적인 경제제도와 북방의 대토지점유제의 모순이 첨예하였음에도, 남방의 땅은 넓고 인구는 적어서 지주경제가 아직 발전하지 못했던 객관적인 현실이 비교적 적합하였기 때문이다.

후한의 농업생산 수준의 제고에 따라서, 식량생산량은 보편적으로 증가하였다.『동관한기東觀漢記』「장우전張禹傳」에는 장제章帝 시기 장우張禹가 서현徐縣에서 "전지 1천여 경을 개간하여, 곡식 1백만여 곡斛을 얻었는데",[124] 곧 1무畝당 생산량은 약 3곡斛이었다. 후한 말기 중장통仲長統 역시 당시 1무당 생산량은 평균 3곡 정도였다. 후한 시기 전국에 개간한 전지와 호구의 숫자에 관해서는 사서에서 매우 혼란스럽다.『제왕세기』에서 개간한 전지의 최대 숫자가 실린 해는 화제和帝 원흥元興 원년(기원후 105년) 〈전지〉 732,017,080무畝에 달하였고 인구 53,256,229명에 달하였다.『진서晉書』「지리지地理志」에서 호구가 최대의 숫자인 해는 환제桓帝 영수永壽 3년(기원후 157년) 〈호구〉 10,677,960호, 〈인구〉 56,486,856명이었다.

---

123 『華陽國志』卷5「公孫述劉二牧志」"府盈西南之貨, 朝多華岷之士."
124 『東觀漢記』卷16「張禹傳」"墾田千餘頃, 得穀百萬餘斛."

그러나 모두 전한 평제平帝 시기 개간한 전지와 호구의 숫자가 가장 적었다. 후한 지주가 개간한 전지와 호구를 대규모로 은닉하였기 때문이다. 따라서 이것에 근거해서 후한 농업의 발전수준을 판단할 수가 없다.

2. 수공업 생산의 발전

후한 시기 관영 수공업의 규모는 상대적으로 축소되었고, 민영 수공업은 비교적 발달하였다. 중앙정권이 관리하는 수공업기구는 축소나 합병을 거친 후에, 소부少府, 태복太僕, 장작대장將作大匠이 남았다. 소부는 아래에 상방령尙方令을 두어 상등병기上等兵器와 용기 제작을 전담하여 황실의 용도에 맞추어 공급하였다. 아울러 어부령御府令 아래에 직실승織室丞을 두어 황실 의복의 직조를 담당하였다. 태복 아래에 고공령考工令을 두어 "병기兵器, 활, 쇠뇌, 칼, 갑옷 등의 제작을 담당하였고, 이것이 완성되면 집금오執金吾에게 전달하여 무고武庫에 들였으며, 아울러 인장의 끈(綬)을 직조하는 잡다한 작업을 주관하였다."[125] 장작대장은 종묘宗廟, 노침路寢, 궁실宮室, 능원陵園의 토목공사를 담당하였고, 아울러 오동나무(桐)와 가래나무(梓) 등을 재배하여 도로 옆에 가로수를 심었으며, 목재를 만들어서 이용에 대비하는 데 편리하였다. 게다가 지방 군국 역시 관부수공업이 있었으나, 전한 무제 이후 예전처럼 폭넓게 오랫동안 지속되지 못하였다. 예컨대 군국은 염철관을 설치하여 후한 전기 일찍이 염철의 제작과 전매를 주관하였으나, 화제 이후 곧 완전히 바뀌어서 민영民營으로 되돌아갔다. 후한 관영 수공업은 소규모로 공장工匠을 징발하거나 관노비의 생산을 이용하는 것 이외에, 형도刑徒의 노동력을 대규모로 사용하였다. 후한

---

125 『續漢書』卷25「百官志三」"主作兵器弓弩刀鎧之屬, 成則傳執金吾入武庫, 及主織綬諸雜工."

의 도성都城 낙양洛陽 남교南郊에 대규모 형도刑徒의 묘지가 있다. 현재
고고학에서 5백여 기를 발굴하였으나, 그중 일부에 지나지 않는다. 죽은
사람의 시신 아래에 명전銘傳이 놓여있는데, 옥명獄名, 형명刑名, 성명姓名,
사망일 등의 내용이 들어있다. 이러한 형도는 모두 4~5년 형을 판결받
았고, 화제·안제安帝 시기에 죽었다. 죽은 자의 절대다수는 청장년이었
고, 또한 형구刑具를 차고 있었다. 그들은 생전에 일찍이 관영 수공업 작업
장이 증가될수록 비인간적인 대우를 받았음을 짐작할 수 있다.[126] 후한
민영 수공업은 일반적으로 관료·부호·지주가 겸업으로 경영하였다. 『습
유기拾遺記』 권6에는 다음과 같이 묘사한다. "곽황郭況은 광무황후光武皇后
의 아우이다. 쌓아놓은 금이 수억이었고, 가동은 4백여 명이었으며, 황금
으로 그릇을 만들었고, 쇠를 불려서 만드는 소리가 도비都鄙에 진동하였으
며, 당시 사람들은 '곽씨의 집에는 비가 오지 않아도 천둥이 친다'고 하였
다. 그 쇠를 불려서 만드는 소리가 진동하였음을 뜻한다."[127] 곽황은 관직
이 대홍려大鴻臚에 이르렀고, 집안의 재산과 전지가 풍부하여 경사京師에서
"금혈金穴"이라 칭하였다. 관료나 부호富豪의 수공업 작업장은 혹은 자신
의 전장田莊 내에 설치하거나 혹은 산택山澤의 원료생산지에 두었다. 모
든 관료·부호지주가 경영하는 수공업 작업장은 한결같이 사노비나 용공
傭工 및 예속농민을 사용하여 생산을 진행하였다. 이외에 또한 많은 개인
수공업자가 있었다. 『삼보결록三輔決錄』에는 "손신孫晨은 자字가 원공元公
이고, 집안이 가난하여 출사하지 못했으며, 성城 안에 살았고, 키(箕)를 짜
는 일을 생업으로 삼았다"고 하였다.[128] 후한 지방정부는 염관鹽官·철관鐵

---

126 中國科學院考古研究所洛陽工作隊, 「後漢洛陽城南郊的刑徒墓地」 『考古』, 1972 第4
     期 참고.

127 『拾遺記』 卷6 "郭況, 光武皇后之弟也. 累金數億, 家僮四百餘人, 以黃金爲器, 工冶之
     聲, 震於都鄙, 時人謂, 郭氏之室, 不雨而雷. 言其鑄鍛之聲盛也."

官·공관工官이 민영 수공업을 관리하지 않고, 염鹽·철鐵·공세工稅의 징수만 책임졌다. 국가에서 주조하는 화폐가 감소하였기 때문에, 농민에 대한 조세는 곡물이나 비단 등 실물을 많이 징수하여서, 농가의 가정수공업과 재배업을 더욱 긴밀하게 결합하도록 촉진하였다.

후한 시기 수공업 생산수준은 전한의 기초 위에서 한 걸음 더 나아가 발전하였고, 이때 각종 수공업 기술이 모두 매우 크게 향상되었다. 주동업鑄銅業은 남방南方의 광한廣漢, 촉군蜀郡, 단양丹陽, 회계會稽, 미제米提(운남雲南 소통昭通) 등지에서 매우 발달하였다. 칠기업漆器業은 민영 작업장의 생산규모가 방대하였고, 수공업 기술이 출중하였다. 제염制鹽 방법도 다양한 경향을 보였고, 화정火井(천연가스)을 이용해 소금을 굽는 방법이 개발되었다. "구양주법九釀酒法" 등 양주기술도 개량되었는데, 술맛이 깔끔하고 진하게 하거나 도수를 높이게 하는 등의 방법이었다. 그러나 후한 시기 수공업을 주로 대표하는 분야는 야철업과 방직업 및 신흥수공업인 제지업製紙業이었다.

후한 야철업의 발전은 전한 시기에 비해서 더욱 광범위하였고, 야철기술은 더욱 진보하였다. 후한 초기 일군의 태수가 연이어서 각지에서 관영 철업을 회복시켰다. 『후한서』「위삽전衛颯傳」에 따르면, 건무 2년(기원후 26년) 위삽衛颯이 계양桂陽 태수로 옮겼다. 그때 뇌양현耒陽縣에서 철광석(鐵石)에서 나왔는데, 백성이 왕망 말기 동란기를 틈타 사적으로 제련하고 주조(冶鑄)하였다. "위삽은 곧 철관을 일으켰고, 사적인 주조를 금지하였으며, 1년에 수입은 약 5백만 〈전〉이 증가하였다."[129] 「두시전杜詩傳」에는 건무 7년 두시杜詩가 남양南陽 태수가 되어서 "계책을 잘 세우고 백성의

---

128 『三輔決錄』 卷1 "孫晨字元公, 家貧不仕, 居柱城中, 織箕爲業."
129 『後漢書』 卷76 「循吏列傳·任延傳」 "颯乃上起鐵官, 罷所私鑄, 歲所增入五百餘萬."

　　　　　　　　　VI. 후한 전기 사회경제의 조정과 회복

역역役을 아껴서 줄였고, 수력풀무(水排)를 만들어 농기구를 주조하니 힘은 덜 들고 성과는 많아지니 백성이 편히 여겼다"고 하였다.130 「임연전任延傳」에는 건무 연간 초기에 구진九眞태수 임연任延은 "농기를 주조하게 하고 개간하는 방법을 가르쳤다"고 한다.131 장제章帝 시기 일찍이 염철경영권을 중앙으로 귀속시켜 통일하여 관리하도록 명하였으나, 오래지 않아서 폐지되었고 염철의 금령도 혁파되었다. 이에 사영私營 야철업은 전국 각지에서 성행하여서 광범위하게 발전하였다. 그래서 후한 철기는 전한 철기에 비해 훨씬 출토범위가 넓고 수량도 많다. 후한 야철에서 이미 수력풀무로 공기를 주입하였기 때문에, 인력과 물력을 줄일 수 있었을 뿐만 아니라 풍량風量을 크게 늘리고 용광로 온도도 상승시킬 수가 있었다. 그러므로 야철업의 발전은 더욱 촉진되었다. 유럽에서는 12세기에 이르러서야 비로소 수력을 사용하여 공기를 주입하는 기술이 개발되었고, 중국에 비해 약 천 년 이상이나 늦었다. 별도로 현재 하남 공현鞏縣의 후한 야철유적지에는 진흙과 풀이 섞인 석탄덩어리가 발견되었고, 석탄을 이용한 야철 역시 발전하였음을 알 수 있다. 동시에 첩주疊鑄기술도 더욱 진보하였다. 하남河南 온현溫縣에서 일찍이 거마車馬 부품을 첩주기술로 만든 진흙모형이 5백여 개가 출토되었다. 이 진흙모형은 여러 층을 겹겹이 쌓아서 한 벌로 조립할 수 있었고, 물을 뿌려서 만들 때 총 한 곳의 물 뿌리는 구멍을 사용하여, 한 번에 몇 개 혹은 십여 개를 만들 수 있었다.

후한 시기 제강(煉鋼)기술은 매우 큰 성취를 이루었다. 이때 중국은 고체에서 탄소를 빼내는 제강制鋼기술이 이미 광범위하게 운영되었고, 또한 제련하여 주조하는 공예기술은 일정한 규격화의 경지에 도달하였다. 초

---

130 『後漢書』卷31「杜詩傳」"善於計略, 省愛民役, 造作水排, 鑄爲農器, 用力少, 見功多, 百姓便之."
131 『後漢書』卷76「循吏列傳」"令鑄作田器, 教之墾闢."

강초강炒鋼기술도 한 걸음 더 나아가 향상되었고, 현재 이미 후한의 초강로炒鋼爐 몇 곳과 초강기술로 만든 수많은 기물器物이 발견되었다. 당시 철제공구는 이미 강철칼(鋼刀)을 많이 사용하였다. 『고공기考工記』「거인車人」의 정현鄭玄의 주注에는 "머리는 6촌이고 지금 강철로 만든 도끼머리를 이른다"고 하였고,[132] 가공언賈公彦의 소疏에는 "한나라 때 도끼날은 모두 강철鋼鐵로 만든다"고 하였다.[133] 게다가 후한에는 또한 "백련강百煉鋼"이 출현하였다. 백련강은 바로 초강을 반복해서 두드리되, 한 번 가열하여 두드릴 때마다 일一"연煉"이라고 하며, 탄소함유량이 높고, 불순물이 적은 우수한 강철을 만들어낸 것이다. 『태평경太平經』「불용대언무효결不用大言無效決」에는 "공사工師에게 석재를 가공하여서 그중에서 철을 추출하고 불에 달구고 제련해서 액체로 만들게 하고 그런 연후에 곧 숙련공(良工)에게 만 번을 두드리게 하여 마침내 막야莫邪〔명검〕를 만들어냈다"고 하였다.[134] 이러한 숙련공이 "만 번을 두드려서(萬鍛)" 막야검을 만들었는데, 이것이 "백련강" 검이다. "백련강"과 같은 종류인 "오십련五十煉"이나 "삼십련三十煉"의 후한 강철칼(鋼刀)은 중국에서 적지 않게 발견된다.

진秦·전한시대 잠사蠶絲는 주로 황하유역에서 산출되었다. 후한시대에 이르러, 잠사생산은 이미 파촉巴蜀·강남江南 및 서북지구까지 확대되었다. 후한 무현령巫縣令 진엽陳曄은 파촉巴蜀 지역에 뽕나무심기(種桑)와 양잠養蠶을 널리 보급하였고, "2만여 그루"를 심어서 "백성에게 주었다."[135] 『동관한기』「자충전茨充傳」에는 다음과 같이 설명한다. 건무 연간에 "자

---

132 "首六寸, 謂今剛關頭斧."

133 "漢時斧近刃, 皆以鋼鐵爲之."

134 『太平經』「不用大言無效決」"使工師擊治石, 求其中鐵, 燒冶之使成水, 乃後使良工萬鍛之, 乃成莫邪."

135 『太平御覽』 卷855에서 인용한 謝承의 『後漢書』. "二萬餘株", "民以爲給."

충茨充이 계양桂陽태수가 되었는데, 지역 풍속에는 뽕나무를 심지 않아서, 누에로 직조하거나 명주실·삼실(絲麻)의 이익이 없었다. … 자충이 속현屬縣에 명하여 백성에게 뽕나무(桑柘) 심기를 늘리도록 가르쳤고, 누에를 기르고 뽕나무를 재배하여 〈비단〉신을 짜게 하였다. 다시 명하여 저마苧麻를 심게 하였고, 수년이 흐르니 사람들이 그 이익에 의존하였으며, 의복과 신발이 따뜻해졌다."[136] 별도로 현재 몽고자치구와 임격이林格爾의 후한묘後漢墓 벽화 중에 채색 뽕나무 그림이 남아 있다. 감숙甘肅 가욕관嘉峪關 한진묘漢晋墓에서 출토된 화상전畫像磚에는 역시 수많은 뽕나무와 누에를 생산하는 그림이 있었는데, 후한 시기 잠상업蠶桑業이 이미 멀리 떨어진 북방과 서역지대까지 전달되었음을 알 수 있다. 기타 유명한 방직품紡織品으로 월포越布가 있었는데, 또한 갈월葛越이라고 불렀으며, 회계會稽 지역의 특산품이었다. 유수劉秀는 칭제稱帝 이후 바로 월포를 공납물품(貢品)의 반열에 두었다. 명제明帝의 마황후馬皇后는 일찍이 여러 왕에게 각기 월포 3백단端씩을 하사하였다. 또한 수면水棉으로 직조한 물품(織品)으로 동화포桐華布 혹은 동포橦布가 있었는데, 현재 서남西南 지역 운남雲南의 영창永昌일대에서 생산되었다. 이외에 면화棉花(초면草棉)로 직조한 물품(織品)은 이미 신강新疆 지역에서 출현하였다. 신강 민풍현民豊縣의 후한묘 안에는 이미 옅은 푸른색이 도는 흰색으로 날염된 면포棉布로 만든 "식단食單"과 손수건, 바지 등의 일상용품이 있었다. 동시에, 후한시대 방직업의 생산규모와 생산량은 모두 이전에 비하여 매우 크게 발전하였고, 방직기술도 한 걸음 더 나아가 향상되었으며, 방직기(織機)도 주요한 개선이 이루어졌다. 후한 말기 마균馬鈞은 선인先人의 경험을 흡수하여, 방

---

136 『東觀漢記』卷18「茨充傳」"茨充爲桂陽太守, 俗不種桑, 無蠶織絲麻之利. … 充令屬縣教民益種桑柘, 養蠶桑織履. 復令種紵麻, 數年之間, 人賴其利, 衣履溫暖."

직기에서 실을 모으는(綜線) 운동을 하는 부품을 개조하였고, 방직기의 발판(踏具)을 간단하게 만들어 일률적으로 12섭躡으로 고쳐서 방직기의 효율을 크게 제고하였다. 후한 방직품의 품질은 크게 진전되었고, 날염(印染)공예는 나날이 정교해졌다. 양읍襄邑과 제齊의 비단(錦)은 중외에 명성을 떨쳤고, 촉蜀의 비단은 이미 전국적으로 유명한 생산품으로 도약하였으며, 모두 국내 및 "비단길"에서 앞 다투어 구매하는 물품이었다.

전한 시기 제지술이 이미 발명되었으나, 당시 제조된 마지麻紙의 품질은 나빴다. 최근 중국 경내에서 일찍이 네 차례나 출토된 전한시대의 마지는 모두 글자를 옮겨 쓴 흔적이 발견되지 않았다. 그래서 후한 초기까지 서사書寫재료는 여전히 죽간竹簡이나 목간木簡 혹은 겸백縑帛이 주로 쓰였다. 후한 화제和帝 시기 상서령尙書令 채륜蔡倫은 선인의 제지경험을 총괄하여, 한 걸음 더 나아가 제지술을 개선하였다. 『후한서』「채륜전蔡倫傳」에는 다음과 같이 설명한다. "채륜이 이에 만들고자 하여서, 나무껍질(樹膚), 마두麻頭, 폐포敝布, 어망魚網을 이용하여 종이를 만들었다. 원흥元興 원년 상주하니, 황제가 그 능력을 칭찬하였다. 이때부터 그것을 좇아서 쓰지 않음이 없었다. 그러므로 천하에서 두루 채후지蔡侯紙라 칭하였다."[137] "채후지"는 식물섬유를 원료로 하여서, 반드시 펄프(紙漿)의 화학처리와 표백 등의 난점을 해결해야 비로소 광범위하게 응용하여 대량생산해서, "좇아서 쓰지 않음이 없는"[138] 성과까지 도달할 수 있었다. 경공부조지공업연구소輕工部造紙工業硏究所에서 몇 종의 한지를 분석하여 감정해 보았으나, 단지 채륜지만 진정한 종이였다. 채륜지에서 재료를 취한 방식 덕분에 〈종이〉 공예공정이 완비되었고, 후한 제지업은 발전의 기초를 닦았다.

---

137 『後漢書』 卷78 「蔡倫傳」 "倫乃造意, 用樹膚麻頭敝布魚網以爲紙. 元興元年奏上之, 帝善其能, 自是莫不從用焉. 故天下咸稱蔡侯紙."
138 "莫不從用."

제지술의 발명은 중국 백성의 세계문명에 대한 중대한 공헌이었다.

3. 상업과 교통

광무제가 유도柔道로 천하를 다스리도록 확정하였으므로, 후한 정권은 상업이 스스로 운영되게 방임하는 태도를 취하였다. 『후한서』「환담전桓譚傳」에는 후한 초기 환담桓譚이 다음과 같이 상서하였다. "대저 나라를 다스리는 도道는 본업[농업]을 일으키고 말업[상업]의 이익을 억제하므로, 선대 황제께서 겸업(二業)을 금하고 상고商賈를 금고하여 관직을 얻어 관리가 될 수 없었습니다. 이것은 겸병을 억제하고 염치를 기르고자 하였기 때문입니다. 지금 부상대고는 전화錢貨를 많이 풀어서 중가中家의 자제에게 보역保役을 시키는데, 허리를 굽혀서 빨리 뛰어가는 것은 신복臣僕만큼 근면하고, 세를 걷는 것은 봉군封君의 수입에 비견됩니다."[139] 그러므로 그는 한 고조가 확립한 "사람들에게 겸업을 금하는"[140] 정책을 실행하여 상고의 고리대 활동을 억제할 것을 건의하였다. 그러나 광무제가 설치하였음에도 유명무실하였다. 한 명제 시기 유반劉般이 상언上言하여, "군국은 관에서 겸업을 금하고 전지가 있는 자는 어업에 종사할 수 없으니", 오히려 "백성에게 겸업을 금하는"[141] 정책이 백성의 생계에 방해가 된다고 여겨서 폐지를 건의하였다. 명제 역시 "모두 따르게 하였다."[142] 이것은 "백성에게 겸업을 금하는" 정책과 관련이 있던 상업억제 규정과 연동되어 취소되었다. 특히 후한 건국 이후, 균수均輸 등 관영 상업 활동의 실행을

---

139 『後漢書』卷28「桓譚傳」"夫理國之道, 舉本業而抑末利, 是以先帝禁人二業, 錮商賈不得宦爲吏, 此所以抑幷兼長廉恥也. 今富商大賈, 多放錢貨, 中家子弟, 爲之保役, 趨走與臣僕等勤, 收稅與封君比入."

140 "禁人二業."

141 "禁民二業."

142 『後漢書』卷39「劉般傳」"禁民二業 … 郡國以官禁二業, 至有田者不得漁捕. … 悉從之."

정지하였으나, 화제 시기에 이르러 정식으로 염철의 금령禁令을 재개하였다. 이러한 정책은 모두 민간 상업의 발전에 유리하였다.

전한 전기 민간 상업은 일찍이 자유롭게 발전할 수 있었고, 당시 독립적으로 경영하는 대상인이 대부분이었다. 게다가 또한 수많은 대야철주大冶鐵主, 자염주煮鹽主, 고리대주高利貸主, 목업주牧業主, 어업주漁業主, 원림주園林主 및 대지주大地主 등이 있었다. 각종 대산업주大産業主 혹은 대상인을 막론하고, 그들은 모두 단일〈산업의〉 경영에 의지하여 부를 축적하였다. 이것은 『사기』「화식열전貨殖列傳」에서 소봉素封〔천자에게 분봉받지 않았으나 제후에 필적하는 경우〕의 가문이라고 한 경우이며, "모두 한 가지 〈산업에〉 정성을 기울여서 성과를 냈음"[143]을 살펴볼 수 있다. 이러한 농업·목축업·공업·상업은 상대적으로 독립적인 경영방식이었고, 또한 당시 "사민분업四民分業", "백성에게 겸업을 금지하는" 전통적인 정책과 서로 연관되었다. 한 무제부터 염철관영으로 부상대고 등에게 심각한 타격을 준 경제정책을 실행한 이후에, 고대사회의 자연스런 분업은 파괴되었고, 그래서 사민四民이 겸업하는 관료·지주·상인 삼위일체의 국면이 형성되었다. 전한 후기는 비록 독립적인 대상인이 있었으나 그들은 관영 상공업의 좁은 틈바구니 속에서 생존을 모색하였고, 또한 전한 전기 상인의 독립적인 성격을 상실하였으며, 훨씬 더 관료지주에게 투탁하거나 예속되었다. 관료상인이나 지주상인으로 겸업하는 현상이 더욱더 보편화되었다. 『한서』「화식열전貨殖列傳」에는 당시 정황을 "그 나머지는 곧 군국郡國의 부유한 백성이 겸업으로 이익을 독점하고, 뇌물을 스스로 사용하여 향리에서 중한 것을 취함이 이루 헤아릴 수 없다"고 하였다.[144] "사민분업"과 "백

---

143 "皆誠壹之所致."

144 『漢書』卷91 「貨殖列傳」"其餘則國富民, 兼業顯利, 以貨賂自行, 取重于鄕里者, 不可勝數."

성에게 겸업을 금지하는" 전통적인 정책은 이미 와해되었음을 볼 수 있다. 이러한 경제구조 속에서 성장해온 후한 통치집단은 바로 일련의 농·공·상업을 겸업하여 급격히 성장한 가호家戶였다. 양한동란기에 보편적으로 만들어진 호강지주 전장은 또한 농상공업을 종합적으로 경영하는 경제실체였다. 후한 시기와 전한 전기 사회경제의 구조에는 "겸업兼業"과 "전업專業"의 근본적인 구별이 있었다. 그래서 곧 동일한 방식으로 "상업진흥" 정책을 실행하였으나, 동일한 방식으로 번영이 나타날 수는 없었다.

후한 상업의 "번영"은 사회상층에서 바로 관료지주의 보편적 상업경영으로 표현되었다. 예컨대 관리이자 이름난 유자의 자제인 최식崔寔은 "술을 빚어서 파는 일을 업으로 삼았는데 당시 사람들이 대개 그것을 비난하였으나, 최식은 끝내 고치지 않았다."145 어양漁陽태수 고총彭寵은 "예전에 염철관이었을 때 고총은 곡식과 〈염철을〉 바꾸었다."146 영제靈帝는 황성에 "후궁에 점포를 나란히 만들고 궁녀가 판매하게 하였다."147 호강지주는 모두 전장에 시장을 설치하여 물건을 매매하였고, 어떤 경우는 심지어 "배와 수레로 물건을 팔면서 전국을 돌아다니며, 상품을 싸게 사서 비싸게 팔아서 비축하여서 도성을 가득 채운다"고 하였다.148 이렇게 관료지주가 상업이나 고리대를 겸업하는 경우가 성행하였고, 상품경제와 지주경제가 긴밀한 결합을 더욱 가속화하였다. 필연적으로 사회재부는 고도로 집중되었고 노동자는 나날이 빈곤해졌다. 후한 상업의 "번영繁榮"은 사회하층에 대해 『잠부론潛夫論』「음치편淫侈編」에서 다음과 같이 묘사한다. "근본〔농업〕에 힘쓰는 사람은 적고, 놀고 먹는 자는 많다. 상읍商邑은 많아지고

---

145 『後漢書』 卷52 「崔駰列傳」 "以酤釀販鬻爲業. 時人多以此譏之, 寔終不改."
146 『後漢書』 卷12 「彭寵傳」 "有舊鹽鐵官, 寵轉以貿穀."
147 『後漢書』 卷8 「靈帝紀」 "作列肆於後宮, 使諸采女販賣."
148 『後漢書』 卷49 「仲長統傳」 "船車賈販, 周於四方, 廢居積貯, 滿於都城."

사방에서 극에 달하였다〔『시경』의 문구를 빌려 다른 뜻으로 씀〕. 지금 낙양洛陽
을 살펴보니 말업〔상업〕에 의지하는 자가 농부보다 10배나 되고, 헛되이
무위도식無爲徒食하는 자는 말업보다 10배나 된다. … 천하의 수많은 군
현郡縣에 시읍市邑은 1만을 헤아리니 부류가 모두 이와 같다."[149] 여기서
언급한 "근본을 등지고 지엽을 좇는"[150] 문제는 평민이 농업을 버리고 상
업을 경영하는 것만을 항상 가리키지 않는다. 왕부王符의 근본(本)과 지
엽(末)에 대한 새로운 해석에 따르면, 평민이 정당한 직업에서 벗어나
"유세游業", "교식巧飾", "죽기鬻奇"에 종사하였음을 가리키는 듯하다. 바로
그중 무수한 파산농민이 도시로 몰려가서 생존을 모색하였음을 폭로한
것이다. 『후한서』 「화제기和帝紀」에는 영원 6년(기원후 94년) "조서로 유민
이 지나가는 군국은 모두 실비를 지급하고, 판매하는 사람이 있으면 조세
를 내지 않게 하라"고 하였다.[151] 당시 유민 중에는 확실히 상업에 종사한
자가 있었음을 알 수 있다. 이러한 현상의 출현은 어떠한 상업의 진정한
"번영"이 아니라, 사회경제가 쇠퇴하는 징표였다.

후한 상품경제의 발전수준에 상응하여 화폐경제는 점차 쇠락하였고, 이
때 귀금속 황금과 화폐로 주조한 동전이 전한에 비하여 아주 크게 감소하
였다. 한 무제 원수元狩 5년(기원전 118년) 오수전五銖錢을 주조하기 시작하
여 평제平帝 원시元始 연간(기원후 1~5년)에 이르러, 전錢 280억만 〈전〉이
만들어졌고, 기본적으로 상업교환의 수요에 적합하였다. 그후 왕망이 누
차 화폐제도를 개혁하여, 오수전은 자연히 적지 않게 훼손되었다. 광무제
는 경제가 잔혹하게 파괴된 기초 위에서 후한 왕조를 다시 세웠는데, "번

---

149 『潛夫論』 「淫侈編」 "治本者少, 浮食者衆. 商邑翼翼, 四方是極. 今察洛陽, 浮末者者什
   於農夫, 虛僞游手者什於浮末. … 天下百郡千縣, 市邑萬數, 類皆如此."
150 "背本趨末."
151 『後漢書』 卷4 「和帝紀」 "詔流民所過郡國皆實稟之, 其有販賣者勿出租稅."

거롭고 가혹한 것을 없앴고, 오수전을 회복하였으며, 천하와 다시 시작하였다."152 그러나 재물이 부족하고 동전이 적어서 "화폐로 포布, 백帛, 금金, 속粟을 혼용하였고",153 실물화폐를 위주로 하는 단계로 퇴보하였다. 건무 16년(기원후 40년) 마원馬援 등의 강력한 요청으로 후한 왕조는 비로소 자체로 오수전의 주조를 개시하였다. 새로 주조한 후한 오수전은 전한 오수전에 비교적 근접하였으나 중량은 다소 적었다. 이때 민간에는 도주盜鑄가 창궐하여 악전惡錢이 가득차서 화폐제도가 문란해졌다. 장제章帝 원화元和 연간(기원후 84~87년)에 이르러, 조정 대신은 화폐의 시행과 폐지 문제에 관한 논쟁이 그치지 않았다. 장제가 당시 경제상황을 살펴서, 마침내 상서尙書 장림張林의 주의奏議를 다음과 같이 비준하였다. "가능한 모든 동전을 봉인하고, 한결같이 포백布帛으로 조租를 거두어서, 천하의 용도에 통하게 하라."154 이후 전한 시기 화폐를 위주로 납부하는 조세제도가 와해되었고, 수많은 농민이 직접 곡물(穀)과 비단(帛) 등을 매매하여 국가에 조세를 납부하였다. 이에 절대다수의 가정수공업 생산품은 정식으로 상업시장에서 퇴출되었고, 게다가 후한 정권 역시 화폐를 다시 주조하지 않았으며, 포백과 곡속으로 화폐기능을 대신하였다. 환제桓帝 시기 유도劉陶가 상서上書하여, "지금의 근심은 화폐에 있지 않고 백성의 기근에 있으며",155 철저한 상품화폐의 폐지를 주장하였다. 후한 말기 영제 시기에 이르러, 비로소 중평中平 3년(기원후 186년) "사출문전四出文錢"을 주조하였으나, 수량에 제한이 있어서 고고발굴에서 아주 소량만 발견되었다. 초평初平 2년(기원후 191년) 동탁董卓은 오수전을 없애고, 다시 소전小錢을 주조

---

152 『漢書』 卷24「食貨志下」"盪滌煩苛, 復五銖錢, 與天下更始."
153 『後漢書』 卷1「光武帝紀」"貨幣雜用布帛金粟."
154 『後漢書』 卷43「朱暉傳」"可盡封錢, 一取布帛爲租, 以通天下之用."
155 『後漢書』 卷57「劉陶傳」"當今之憂, 不在於貨, 在於民飢."

하였다. "이에 화폐의 가치가 낮아지고 실물의 가치는 귀해져서, 곡물 1곡斛이 수십만 〈전〉에 이르렀고, 이후 전화錢貨가 유통되지 못했으며",156 화폐경제는 더욱더 쇠락하여 실물화폐가 중심이 되었다. 화폐경제가 크게 도퇴하는 상황에서, 귀금속인 황금 역시 갑자기 감소하였다. 전한 시기 황금의 사용양은 거대하였고, 황제는 항상 "금金"으로 신하 혹은 흉노·서역 각국에 걸핏하면 백 근, 천 근, 만 근씩 하사하기를 이루 헤아릴 수 없었다. 관官·사부고私府庫에 소장된 것은 더욱 사람을 놀라게 하였다. 예컨대 양효왕梁孝王이 죽었을 때, 사부私府에 남은 황금은 40여 만 근이었다. 왕망이 패퇴했을 때 성중省中〔금중禁中, 궁중宮中〕 황금은 1만근을 1궤로 담았는데, 아직 60궤가 남아있었다. 후한 이후 황금은 오히려 훨씬 적게 사용하였다. 후한 황제가 황금으로 하사하는 일은 극히 드물었고, 영제가 교지자사交趾刺史 주준朱俊에게 황금 50근을 하사한 경우가 가장 많은 양이었다. 이때 관官·사私에 소장된 황금 역시 대폭 감소하였고, 예컨대 후한 말기 동탁은 조정에서 비축한 재부財富를 미오郿塢에 보관하도록 하였으며, 그중 황금 역시 단지 2~3만근이었는데 여전히 전한 황제가 한 차례 하사하는 용도에도 미치지 못하였다. 후한의 황금이 갑자기 감소한 것은 불가사의이지만, 경위를 자세히 분석해보면 오히려 매우 자연스럽다. 전한의 황금 사용량이 비록 많았으나, 단지 간신히 화폐 칭량을 위주로 하는 원시화폐단계에 머물렀으며, 특히 상으로 하사하는 형식의 지불수단이 가장 두드러졌다. 그리고 황금을 유통수단으로 사용하는 것은 문헌에서는 기록을 거의 찾아볼 수 없었다. 단지 소량의 황금이 상층사회에서 사치품 구매 때문에 유통되었다고 추측할 수 있다. 이때의 황금은 모두 "근斤"을 단위로 하여 〈무게로 달아서 썼고〉, 잘라서 가볍고 작은

---

156 『三國志』 卷6 「魏書·董卓傳」 "于是貨輕而物貴, 穀一斛至數十萬, 自是後錢貨不行."

금화(金幣)로 만들지 않았으며, 그러므로 백성들 사이에서 광범위하게 유통되기에는 불편하였다. 따라서 화폐의 유통수단은 바로 소액의 동전(銅幣)으로 교체되었다. 전한에서 동전인 삼수전三銖錢, 사수전四銖錢, 오수전五銖錢이 광범위하게 유통에 사용되었음을 살펴보면, 동전이 중심 화폐였고 화폐의 각종 기능을 수행하였다. 황금은 단지 화폐를 보완하여서 그 화폐기능은 별로 온전하지 않았다. 이렇게 된 요인은 일단 사회의 화폐경제가 쇠락하자, 본래 걸맞는 기능을 없었던 황금은 더욱더 화폐를 보충하는 응용가치를 상실하였기 때문이다. 이에 황금은 혹은 사람들에게 비장秘藏(窖藏)되거나 혹은 기구器具로 바뀌거나 혹은 국외로 흘러가는 등 다양한 경로를 통해서 흩어져서 사회에서 신속하게 사라졌다. 당연히 봉건국가는 황금을 채굴하려던 욕망을 상실한 것도 후한 황금이 갑자기 감소한 직접적인 원인이 되었다.

요컨대, 화폐경제의 쇠락은 상품경제의 발전에 제한을 초래하였고, 상품경제가 충분히 발전할 수 없었으며, 더욱이 사회경제 구조가 "전업專業"에서 "겸업"으로 변화하였기 때문에 수많은 노동자의 빈곤을 야기하였다. 상품경제의 생산은 사회경제 발전과 사회분업의 필연적인 결과였고, 당시 "겸업"은 오히려 사회의 진전된 분업을 봉합해버렸고, 경제의 자급자족 정도를 더욱 강화하였다. 지주전장地主田庄 경제는 바로 농상공을 "겸업兼業"하는 사회의 실체였다. 비록 지주전장이 또한 상업을 겸업하였다고 하더라도, 주로 "문을 닫고 시장을 열어서"[157] 단지 장원 내부의 각계각층의 생활수요를 조절하기 위함이었다. 더욱이 후한 후기 사회질서가 혼란하여서 각지 농민봉기가 끊이지 않고 발생하였고, 지방할거세력은 나날이 발전하였으며, 게다가 관세도 일찍이 최대 1/10에 달하여,[158] 원거리

---

157 『水經注』「沘水」, "廢門成市."

판매형 상업에 매우 불리하였다. 그러므로 대부분은 단지 근거리에서 "생활을 영위하고 장례를 치르는 용품"159만 해결할 수 있었다. 동시에 수많은 노동자가 빈곤해져서, "한결같이 포백으로 조租를 내는"160 상황이 출현하였고, 농민사회의 구매력을 아주 크게 저하시켰으며, 게다가 더욱더 그들과 시장의 관계를 단절시켰다. 이른바 당시 상업의 "번영"은 허구였으며, 아울러 충분한 발전에 이르지 못하였다. 이러한 국면은 마침내 모두 봉건국가의 기본경제제도와 대토지점유제 모순이 격렬히 충돌하여서 일어났기 때문이다.

후한 시기 상업교환은 또한 주변 지역과 소수 민족 지역에서 이루어져, 당시 봉건국가는 정기적으로 흉노匈奴, 강羌, 오환烏桓, 선비鮮卑 및 서남西南 각 민족과 "합시合市(혹은 "호시互市"라고 한다)"를 열었고, 한족漢族 소상小商은 소수 민족 지역에 깊숙이 들어가서 무역을 진행하였다. 후한 시기에도 서역西域 각국(중앙아시아, 서아시아, 남아시아, 동남부유럽, 북아프리카 등지)과 상업왕래를 유지하였다. 대외무역의 상품은 주로 비단(絲綢)과 사치품이었다. 예컨대 외척外戚 두헌竇憲은 80만 전으로 서역에서 잡계雜罽(융단(毾子)) 10여 건을 구매하였고, 또한 사람을 시켜서 잡채雜采 9백 필, 백소白素 3백 필을 싣고서 월씨마月氏馬, 소합향蘇合香 등과 바꾸어오게 하였다. 외척 양기梁冀도 "객을 파견하여 국경을 나가서 외국과 교통하여 기이한 보물을 널리 구하게 하였다."161

---

158 앞에서 인용한 『三國志』 卷2 「魏志 · 文帝紀」 注에서 인용한 『魏書』에는 후한 延康元年(기원후 220년) "關津의 세를 경감하여 모두 1/10를 회복하였다(輕關津之稅, 皆復什一.)"고 하여서, 후한 말기의 관세가 1/10 이상이었음을 알 수 있고, 후한 후기 관세는 약 1/10 전후였다고 미루어 알 수 있다.

159 "養生送死之具."

160 "一以布帛爲租."

161 『後漢書』 卷34 「梁登傳」 "遣客出塞, 交通外國, 廣求異物."

후한의 교통 역시 전한의 기초 위에서 발전하였다. 관중關中에서 파촉巴蜀까지 천 리에 걸친 잔도棧道는 여러 차례 정비되었다. 후한 초기 개통한 비호도飛狐道는 대代(하북河北 울현蔚縣)에서 평성平城(산서山西 대동大同)까지 약 3백 리였다. 또한 교도嶠道를 개통하였는데, 영릉零陵·계양桂陽에서 영남嶺南으로 통하였고, 멀리 교지交趾, 구진九眞, 일남日南 등의 군郡郡까지 이르렀으며, 장장 천여 리에 달하였다. 파촉에서 서남이西南夷 지역까지 통하는 대도大道는 현재 미얀마와 인도 등지까지 도달할 수 있었다. 무릇 국내 잔도와 대도에 정장亭障과 우역郵驛을 많이 축조하여, 상려商旅의 숙식宿食이 편리하게 하였고, 아울러 행인의 안전을 확보하였다. 후한 시기 대외교통은 "비단길" 이외에, 해외교통 역시 한 걸음 더 나아가 발전하였고, 각국과 왕래는 더욱 밀접해졌다. 건무 20년(기원후 44년) 광무제는 한인韓人 소마시蘇馬諟(현재 한반도)를 한렴사읍군漢廉斯邑君에 봉하고, 낙랑군樂浪郡에 속하게 하여, 사시四時마다 내조來朝하게 하였다. 건무중원建武中元 2년(기원후 57년) 왜국倭國(일본)에서 사신을 파견하여 한나라에 와서 방물을 보냈고, 광무제가 인수印綬를 하사하였다. 일본은 일찍이 규슈(九州) 후쿠오카현(福岡縣) 시카노시마(志賀島) 한 곳에서 "한위노국왕漢委奴國王" 다섯 글자가 새겨진 한나라에 만든 금인金印이 발견되었는데, 응당 유수劉秀가 내린 금인金印이었다. 안제安帝 영초永初 원년(기원후 107년) 왜국왕 스이쇼우(帥升)가 사람을 파견하여 노비 160명을 바쳤고, 아울러 낙양洛陽에서 조현朝見하기를 원하였다. 이때 후한은 이미 일본의 동쪽과 남쪽의 기타 도서島嶼와 지역과 통하였고, 어떤 항로는 1년 이상이 소요되었다. 화제和帝 시기 천축天竺(현재 인도)에서 몇 차례 사신을 파견하여 기이한 보물을 보내왔다. 순제順帝 영건永建 6년(기원후 131년) 협조국叶調國(현재 인도네시아) 왕이 사신 사회師會를 파견하여 기이한 보물을 보내왔고, 후한은 사회를 한귀의협조군漢歸義叶調君에 봉하고 또한 국왕의 금인과 자수紫繡를 하사하였다. 환제桓帝 연희延熹 9년(기원후 166년) 로마제국(大秦國) 황제 마르크스 아우렐리우스(王安敦)는 또한 상아象牙, 무소뿔(犀角), 바다거북(玳瑁) 등을 보냈다. 대외관계가 더욱 강화됨에 따라서, 상품교환 역시 빈번하게 진행되었다.

VII

후한 후기 사회경제의
분화와 붕괴

화제和帝 이후 후한 사회 내부의 고유한 경제적 모순은 갈수록 첨예해졌다. 게다가 후한 왕조는 외척과 환관이 교대로 정사를 독점하는 국면이 형성되기 시작하였고, 중앙집권적 통치는 나날이 쇠락하였다. 이후 후한 정권은 사회경제 질서에 대해서 기본적으로 통제력을 상실하였고, 단지 국민경제가 자발적으로 양극단으로 분화되어 와해되도록 방치할 뿐이었다. 한편으로 후한 왕조 경제체계는 해체되어서, 국가재정은 나날이 곤란해지고 수많은 노동자는 나날이 빈곤해져 파산·유망하였다. 다른 한편으로 지방호강의 경제세력은 나날이 확장되어서, 사회 재부財富는 고도로 관료호족집단의 수중手中에 집중되었다. 이러한 두 가지 방면의 경제는 극단적으로 한 걸음 더 나아가 발전하였다. 최종적으로 후한 통일왕조의 외피外皮를 터뜨려서 없애버렸고, 후한 사회경제가 사분오열四分五裂 속으로 떨어지게 했으며, 몇몇 호족집단이 천하를 분할하게 하는 경제무대를 제공하였다.

(一) 호강지주豪强地主 전장경제의 장대함

호강지주 전장田莊은 한대漢代정권의 기본적인 경제제도가 조전租佃관
계의 순조로운 발전을 가로막는 상황 속에서 봉건경제가 자발적으로 조절
하여 만들어낸 것이다. 호강지주 전장경제는 실제로 양한 대토지점유제
의 발전과 동시에 전진하였다. 그것은 한 무제 시기 이미 처음 추형雛形[형
태가 고정되기 전의 최초 모양]을 갖추었으나, 당시 봉건정권이 간섭이 매우
컸기 때문에, 호강지주가 온전히 예속농민을 점유하기 어려웠으므로 발전
은 완만하였다. 전한 후기 중앙집권의 역량은 쇠퇴하였고, 호강지주의 사
회세력은 증가하여 그들의 불법적인 은폐방식을 통하여 비교적 안정적으
로 대규모 토지와 예속농민을 점유하였으며, 호강지주 전장경제의 기본이
이루어졌음을 나타냈다. 연이어 지주전장경제는 왕망 제도 개혁의 심각
한 간섭에 직면하였으나, 오히려 뒤이은 왕망 말기 사회동란과 무정부 상
태하에서 한 걸음 더 나아가 발전해나갔다. 후한 왕조 건립 후 지주전장
경제는 다시 광무제의 토지·인구 조사[1] 정책의 타격을 입었으나, 최종적
으로는 타협으로 끝을 맺었다. 이후 지주전장경제는 "유도柔道"와 "공존하
되 어지럽지 않은"[2] 환경에서 확립되어갔고, 훨씬 더 신속하게 발전하였
다. 여기서 알 수 있는 것은 호강지주 전장경제가 비록 봉건경제의 규율
인 토지겸병 발전의 기초 위에서 탄생하였다고 하더라도, 그것 역시 봉건
정권의 간섭으로 비정상적인 상태에서 성장해나갔다. 이러한 비정상적인
경제상황은 호강지주 전장경제의 정상적인 발전에 반드시 영향을 미쳤다.
이 때문에 객관적 경제규율과 국민경제상황의 상호작용하에서, 호강지주

1 　"度田度人."
2 　『後漢書』 卷4 「和帝紀」 "俱存不撓."

전장경제는 변태變態적인 방식으로 장대히 발전하였다.

1. 호강지주 전장경제의 발전상태

후한 시기 호강지주 경제발전은 세 단계로 구분할 수 있다. 제1단계는 왕망 말기부터 한漢 광무제光武帝 연간까지인데, 이것은 호강지주 전장경제의 확립 시기이다. 제2단계는 명제明帝부터 황건적黃巾賊봉기 직전까지인데, 이것은 호강지주 전장경제가 상대적으로 평화롭게 발전한 시기이다. 제3단계는 황건적봉기부터 후한 말기 호족 혼전混戰까지인데, 이것은 호강지주 전장경제가 동란 중에 생존을 모색하며 발전한 시기이다. 여기서 우리는 상대적으로 평화기의 호강지주 전장경제의 토지, 인구, 생산, 조직 등 여러 방면의 발전상태를 주로 살필 것이다.

토지는 호강지주 전장경제가 존재하는 기초였고, 지주전장은 대규모의 토지를 점유하는 조건하에서 건립되어 나갔다. 양한 시기 "전택이 제도를 뛰어넘는 것"[3]은 불법행위였고, 이 때문에 호강지주는 반드시 일정한 권세에 의지하여야 비로소 대규모 토지를 점유할 수 있었다. 이러한 거대한 향리鄕里의 강종호우强宗豪右는 일반적으로 친족권한(族權)과 지방기층조직의 행정권 및 수중의 재력을 이용하여, 소민의 토지를 강매하거나 바치게 하거나 혹은 침탈하였다. 『후한서』「번굉전樊宏傳」에 따르면 전한말기 번중樊重은 향리에서 유명하였다. 삼대에 걸쳐 재산을 모았고, 가동과 노예를 부려서, "전토田土 3백여 경頃을 확장하는 데 이르렀으며",[4] 아울러 추천을 받아서 향관鄕官인 삼로三老가 되었다. 왕망 말기 사회동란 중에 번중의 아들 번굉과 친속은 영참營塹을 만들어서 스스로 보호하였다. 부

3　"田宅逾制."

4　『後漢書』卷32「樊宏傳」"至乃開廣田土三百餘頃."

근의 소민은 생존을 모색하기 위해서 단지 전산田産을 갖다 바치고 영참 안에 포함되는 것이 편리하였으므로 "노약자가 귀부한 경우는 천여 가였다."5 따라서 번씨의 전장규모는 더욱더 확대되었다. 이러한 정황은 당시 매우 보편적이었다. 명제·장제章帝 이후 봉건국가의 지방기구는 점차 마비되었고, 강종호우는 완전히 기층향리조직을 통제하였으며, 그들은 더욱더 기회를 틈타 기반을 확장하였다. 예컨대 "삼보三輔 지역 호강豪强의 족속은 소민을 많이 침범하였고",6 "군郡 내 호성豪姓은 불법이 많았으며 … 남의 전택을 빼앗았다."7 그래서 "호족은 재산을 불려서 건물이 주군州郡에 퍼져있고, 토지는 방국方國에 연이어있는" 상황이 나타났다.8 이 때문에 귀족관료지주가 권세에 의지하여 토지를 점탈하는 현상이 더욱 심각해지기에 이르렀다. 예컨대 제남齊南의 왕강王康은 사전私田 8백 경頃이 있었고, 마방馬防형제가 모두 경사京師의 비옥한 토지를 샀다. 그들은 양전良田을 널리 점유하는 것 이외에, 또한 멋대로 산림천택山林川澤을 침탈하여 점유하였다. 『후한서』 「유상전劉翔傳」에는 "양적陽翟의 황강黃綱은 정부인程夫人의 권력을 믿고 산택을 점거하여 스스로 재배하였다"고 하였다.9 「양기전梁冀傳」은 다음과 같이 묘사한다. 외척 양기梁冀가 점유한 토지는 "서쪽으로 홍농弘農에 이르렀고, 동쪽으로 형양榮陽의 경계까지였으며, 남쪽으로 노양魯陽에 미쳤고, 북쪽으로 하기河淇에 도달하였다. 숲을 포함하고 멀리 들판까지 둘렀다. 주변 종족의 봉역은 거의 천 리에 달했다."10 「유우전劉祐傳」에는 환관宦官 "중상시中常侍 소강蘇康과 관패管霸가

---

5 『後漢書』 卷32 「樊宏傳」 "老弱歸之千餘家."

6 『後漢書』 卷51 「陳龜傳」 "三輔豪强之族, 多侵枉小民."

7 『後漢書』 卷67 「苑康傳」 "郡內豪姓多不法 … 奪人田宅."

8 『後漢書』 卷49 「仲長統傳」 "豪人貨殖, 館舍布於州郡, 田畝連於方國."

9 『後漢書』 卷81 「劉翔傳」 "陽翟黃綱恃程夫人權力, 求占山澤以自營植."

10 『後漢書』 卷34 「梁冀傳」 "西至弘農, 東界榮陽, 南極魯陽, 北達河淇. 包含山荄, 遠帶

〈궁〉 안에서 일을 맡아서, 마침내 천하의 양전미업良田美業과 산림호택山林湖澤을 오로지하니, 백성은 거의 빈곤해졌다"고 하였다.11 이러한 호강지주는 각종 불법적인 수단을 통하여 점유한 막대한 전원田園을 국가에 신고하여 등재하지 않았으며, 그들은 권세를 믿고 상上·하下를 기만하였고, 전조田租를 납부하지 않았다. 이것이 바로 화제 이후 봉건국가에 등록된 개간 전지의 수량이 오히려 감소하게 된 중요한 원인 중 하나였다.

양한兩漢 시기 호강지주가 한도를 초과하여 노동력(노비와 예속농민 포함)을 점유한 것은 불법행위였다. 봉건국가는 곧바로 인두세 위주의 조세제도를 실행하였고, 국가의 부역이 나오는 근원을 확보하기 위해서 후한 정권은 "8월 인구조사" 정책을 견고하게 지속하였고, 토지조사에 비해서 더욱 긴밀하게 실행하였다. 그러나 당시 봉건정권의 농민에 대한 부세(요역은 상당수 대역전代役錢으로 함—더 부과하고 더 납부함) 수탈이 나날이 과중해져서, 갈수록 더 많은 농민이 토지를 잃고 파산하여 유망했으며, 봉건정권은 다시 유민流民의 토지와 생산生産·구제救濟 등의 문제를 해결할 방법이 없었다. 그래서 유민은 어쩔 수 없이 호강대지주에게 예속되어 비호 받고자 하였다. 호강지주는 오히려 자기의 권세와 재력으로 선택적으로 유민 일부를 수용하였고, 따라서 수많은 유민이 연이어 국가 호적에서 벗어나서 대지주 문하에서 비호를 받았으며, 그 전작佃作이 되어 조租를 납부하는 전장의 예속농민에 충당되었다. 이 때문에 봉건국가는 실제로 장악한 호구 수량이 나날이 감소하였으나, 호강지주 전장의 토지와 인구는 끊임없이 증가하여 경제력도 나날이 팽창하였다.

丘荒, 周族封域, 殆將千里."

11　『後漢書』卷67「劉祐傳」"中常侍蘇康管覇, 用事於內, 遂固天下良田美業, 山林湖澤, 民庶究困."

한대 농촌은 장기간 친족을 모아서 거주하는 관습을 유지하여 호강지주 전장의 노동자 대부분이 동성同姓의 "종족宗族"이었다. 지방의 자발적인 종족조직과 봉건국가의 행정조직은 이미 서로 적용하는 데 모순이 생겼다. 종족조직이 지나치게 강대해져서 종종 국가행정기능의 운행에 간섭하였다. 이 때문에 봉건국가는 중앙집권을 더욱 강화하기 위해서, 항상 강종호우强宗豪右의 세력을 공격하거나 해체하였다. 후한 황권皇權이 나날이 쇠약해졌고, 지방행정조직은 마비되는 추세였으므로, 이때 자발적인 종족조직 형식이 더욱더 활약하였다. 『사민월령四民月令』에는 지주전장의 주인은 또한 가족종법조직의 족장으로, "종인부형宗人父兄, 부우父友, 우친友親, 향당기로鄕黨耆老" 등이 있었고, 모든 직계친속과 방계친속이 "구족九族"을 구성하였음을 알 수 있다. 대지주전장의 생산·구제 활동은 역시 종족조직의 형태로 나타났다. 예컨대 "궁핍함을 진휼하되 구족에 우선 힘썼고",[12] "구족 중 홀아비·과부·늙은이·병환으로 스스로 생존할 수 없는 사람에게 안부를 물었고, 후덕함을 두루 나누었으며, 추위를 구제해 주었다."[13] 이러한 생산·구제 활동은 당연히 동일한 종족의 빈민에 대해서 일정한 흡입력이 있었다. 대지주전장의 노동력은 "종족" 이외에, 노비와 타향에서 유망해온 빈객이 있었고, 그들은 대부분 전장주인의 생산조건에 의지하여 가족을 부양하고 간신히 생계를 유지하였으며, 전장주인에게 인신人身이 예속되는 관계가 매우 강하였다. 「중장통전仲長統傳」에서는 "호족의 집은 건물 수백 채가 연달아있고, 비옥한 전지가 들판에 뒤덮었으며, 노비는 천여 명에 이르렀고, 옮겨와서 귀부한 사람은 만을 헤아렸다"고 하였다.[14] 일반적으로 전장에는 가리家吏를 두어 생산 활동을 관리하였고,

---

12 『四民月令』"振贍匱乏, 務先九族."

13 『四民月令』"存問九族孤寡老病不能自存者, 分厚徹重, 以救其寒."

14 『後漢書』卷49「仲長統傳」"豪人之室, 連棟數百, 膏田滿野, 奴婢千羣, 徒〔徒〕附萬計."

　　　　　　　　Ⅶ. 후한 후기 사회경제의 분화와 붕괴

옮겨와서 귀부한 사람은 농전農田을 경작하였으며, 노비는 상공업 활동에 종사하였다.

호강지주 전장의 생산경영 상황은 후한의 제향帝郷인 남양南陽 번씨樊氏 전장이나 제도帝都인 하남河南 낙양洛陽 부근의 전장(곧『사민월령』에 기록된 전장)의 사례로 설명할 수 있다. 전원 내 농업생산 분야는 벼종류(稻類), 콩종류(豆類), 보리종류(麥類), 기장(黍), 조(稷), 뽕나무(桑), 삼(麻)을 심었고, 또한 채소인 오이(瓜), 표주박(瓠), 파(芴), 마늘(蒜) 등을 재배하였다. 임업분야는 대나무(竹), 옻나무(漆), 오동나무(桐), 개오동나무(梓) 등 경제임목林木과 과수를 재배하였다. 목업분야는 경작할 소(牛), 말(馬), 돼지(猪), 닭(鷄), 〈개, 양〉 등 여섯 종류의 가축(六畜) 사육을 중시하였다. 어업분야는 피지陂池나 구독溝瀆에 물고기를 풀어놓고 길렀다. 수공업 분야는 술빚기(醸酒), 장담그기(制醬), 설탕제조(制糖), 포뜨기(制脯), 포직조(織布), 겸백직조(織縑帛), 건물건축(治屋室), 기물제작(作器物), 병기제작(造兵械) 등을 진행하였다. 상공업 분야는 각종 농업부산물인 수공업산품을 판매하였고, 이미 "문을 닫고 시장을 여는 것"이 가능하였다.[15] 또한 먼 지역까지 교통이 가능하였으며, 게다가 고리대 활동에 종사하였다. 후한 호강지주는 대규모로 산림천택을 점유하였기 때문에, 자원이 유용한 지역을 보유하여 또한 야철冶鐵이나 자염煮鹽에 종사하였다. 예컨대 산동山東 등현縢縣 굉도원宏道院 화상석畫像石에는 지주전장에서 야철하는 정경이 묘사되어있다. 사천四川 각지의 화상전畫像磚에는 지주전장 내의 산림이나 염정鹽井 등이 그림으로 새겨져있다.『화양국지華陽國志』「파지巴志」에도 후한 파군巴郡 임강현臨江縣에 "그 호문豪門 역시 집에 염정鹽井이 있다"고 하였다.[16] 요컨

---

15 "廢門成市."
16 『華陽國志』卷1「巴志」"其豪門亦家有鹽井."

대, 호강지주 전장경제는 모든 것이 갖추어져 있어서, 일정 정도의 계획성과 "구하면 반드시 얻는"[17] 자급자족력이 발휘되고 있었음을 나타낸다.

호강지주경제는 전한 전기 "전업"에서 후한 시기 "겸업"으로 발전하였는데, 호강지주 경제세력의 확장과 사회생산력 수준의 향상을 반영하였다. 그러나 한 무제 이후 국가는 사회경제에 대한 간섭은 민간경제의 자연스런 분업의 필연적인 결과를 파괴하였다. 후한 왕국 건립 이후, 비록 관영 상공업 활동이 감소되거나 혹은 중지되었다고 하더라도, 여전히 전한 후기 상부구조와 경제기초 사이의 모순을 답습하였다. 국민경제질서는 나날이 혼란스러웠고, 각종 경제활동은 악순환에 빠져들었으며, 사회생산품과 상품경제는 위축되었고, 사회는 나날이 동요하고 불안하였다. 이 때문에 호강지주 전장은 이러한 경제환경 속에서 생존과 발전을 모색하였는데, 다양한 경영이나 생활용품의 생산을 자급하여 해결하는 것 이외에, 다른 가용한 방도가 없었다. 여기에서 지주전장은 종합경영을 실행하였고, 자급자족의 경제체계를 형성하였으며, 또한 국민경제가 핍박받는 상황이 나타나고 있었음을 알 수 있다. 이러한 겸업·자급의 호족경제체계 및 종족 생산조직은 더욱이 오벽塢壁과 영보營堡를 건설하였고, 부곡가병部曲家兵을 통솔하여 전장경제의 체계적 생산을 호위하였다. 모두 봉건정권의 반동경제정책 영향하에서 형성된 변태적인 경제구조였으며, 이러한 경제구조는 일종의 뚜렷한 복고퇴화復古退化의 경향을 나타냈다. 그것은 사회생산의 좋지 않은 효과에 대하여 단지 분열을 만들어냈을 뿐아니라, 사회경제의 발전속도를 느리게 만들었고, 상공업은 훨씬 더 긴밀하게 지주경제와 결합하였다. 따라서 사회분업과 경제적으로 진전된 발전을 방해하였다. 〈그럼에도〉 당연히 호강지주 전장경제의 출현은 또한

---

17 "有求必給."

중국봉건경제의 발전이 반드시 거쳐야 할 경로였다.

2. 호강지주 전장경제의 지위

호강지주 전장 내부의 경제구조는 일종의 퇴화가 있었으나, 전장경제는 후한 사회생산 중의 지위가 오히려 매우 중요해졌다. 이러한 정사를 장악한 외척·환관의 지주전장제도 이외에, 일반관료지주, 특히 호민豪民지주의 전장경제는 당시 사회경제가 발전하도록 촉진작용을 야기하였다.

후한 정권은 객관적인 경제조건의 변화를 고려하지 않고 여전히 전한 왕조의 이미 시대에 뒤떨어진 경제제도를 집행하였기 때문에, 사회경제의 모순은 나날이 첨예화되었고, 국가재정에 심각한 적자를 야기하였으며, 농민은 나날이 파산하여 유망하였다. 봉건국가는 수리시설을 건설하고 빈민을 구제하는 등 비용이 나날이 감소하였으며, 그 경제기능을 기본적으로 상실하였다. 그래서 호강지주 전장이 사회생산을 조직하는 기능을 맡았다. 이러한 호강지주는 예속농민을 비호하였고, 파산하여 유망한 농민을 다시 토지에 결속시켜 사회생산에 참여시킬 수 있었으며, 게다가 장적에 등재된 전농佃農(곧 빈농)은 국가와 지주에 이중으로 납세하는 곤경을 면하게 되었고, 실제로 사회노동력을 보호하였다. 당시 전장지주는 혹은 "전호와 절반으로 나누거나"[18] 혹은 "유민에게 부세 대부분을 내게 하였으므로",[19] 전장의 예속농민은 간신히 살아가면서 간단한 재생산을 유지할 수 있었다. 동시에 지주전장은 또한 종족의 "빈곤한 사람에게 구휼하는"[20] 형식으로 생산·구제를 진행하였고, 아울러 수리시설을 건설하고 생산조건을 개선할 능력이 있었다. 예컨대 번굉樊宏의 전장 내는 "피지陂池로 관

---

18 "與田戶中分."
19 "浮客輸大牛之賦."
20 "賑贍貧乏."

개하였고",[21] 또한 『사민월령』에도 "구독溝瀆으로 이롭게 할 수 있다" 등
이 언급되어있다.[22] 그래서 호강지주 전장의 농업 생산 활동은 순조롭게
진행되었고, 또한 당시에 양식 및 농업부산품을 내다팔 수 있었다.

당시 호강지주는 또한 전장의 생산 활동에 비교적 관심이 있었다. 어떤
호강지주는 "대대로 농사를 잘 지어서 재산을 불렸고", "산업을 경영하여
물품에 버리는 게 없을 정도로"[23] 생산관리에 솜씨가 좋았다. 전장의 지
조地租는 여전히 50% 혹은 40~60%였으므로, 농가생산의 성패는 직접
지주의 수입에 영향을 미쳤다. 그들은 종종 전장에 "전감田監", "시전視田"
등을 두고 농민의 생산상황을 감독하였다. 후한 호족묘豪族墓의 명기明器
에는 또한 "관가管家"가 전지 주변에서 농민노동을 감시하는 모습으로 세
워져있다. 어떤 호강지주는 또한 직접 전지 사이를 순시하여, 근면함을
장려하고 나태함을 물리쳤는데, 사람들로 하여금 "공功을 겸비하고도 자
신에게 엄격히 하고 고을에 모여서 서로 본받아서 부유하게 만들었다."[24]
게다가 호강지주는 또한 전장의 소비와 수공업 생산의 수요에 근거하
여, 농전農田에 대한 총체적인 계획을 세웠으며, 양식작물과 각종 경제작
물의 재배면적을 확정하였다. 또한 막대한 경제실력으로, 각종 유형의 수
공업작업장을 열었고, "가동과 노예에게 역을 부과하되 각기 마땅함을 얻
었으며",[25] 수공업 생산의 발전을 촉진하였다.

요컨대, 후한 호강지주 전장제도는 자발적으로 형성된 사회생산의 실체
였다. 그것은 가정경제의 확대이자, 국가경제의 축소판이었다. 또한 하나

---

21 "陂池灌注."
22 "可利溝瀆."
23 『後漢書』 卷32 「樊宏傳」 "世善農稼, 好貨殖. … 營理産業, 物無所棄."
24 『後漢書』 卷27 「王丹傳」 "兼功自厲, 邑聚相率, 以致殷富."
25 『後漢書』 卷32 「樊宏傳」 "課役童隷, 各得其宜."

의 생산단위이자, 하나의 소비단위였다. 게다가 그것은 약간의 가정농업과 수공업이 결합된 복합체였고, 자급자족의 자연경제체계를 더욱 강화시켰다. 하나의 가호家戶를 단위로 하는 생산방식은 비록 경직耕織 곧 의식의 기본적인 생활수요를 해결할 수 있었으나, 전체 생활의 수요를 해결할 수는 없었다. 의복으로 말하자면 의복염색에는 염료와 염색공방이 필요하였고, 식품으로 말하자면 기름(油), 소금(鹽), 장(醬) 등에는 또한 기름공방, 소금공방, 장공방 등이 필요하였다. 모두 이러한 것들은 간신히 5인 가호(五口之家)에 의존하였고, 스스로 해결할 방도가 없었다. 그들은 반드시 단체에 의지하고 전장의 분업협력공정에 의지해야 비로소 비교적 온전히 생산생활의 일체 문제를 해결할 수 있었다. 당시 사회조건하에서 전장은 일종의 유일하게 실행 가능한 완전한 사회경제의 실체였음을 알 수 있다.

후한 시기 경제상황의 발전에 따라서, 호강지주 전장의 경제실력은 끊임없이 확장되었다. 이러한 호강지주 전장은 얼마나 있었을까? 중장통仲長統의 추정에 따르면 후한 말기 "1백 부夫를 지닌 호족은 주州에서 천을 헤아린다"고 했으니,[26] 호강지주 전장은 매우 보편적이었던 듯하다. 게다가 후한 호족묘 중에서 출토된 전장오벽田莊塢壁의 형상은 하남河南, 하북河北, 산동山東, 강소江蘇, 광동廣東, 사천四川, 감숙甘肅, 내몽고內蒙古 등지에서 모두 발견되어 매우 광범위하였던 듯하다. 그러나 오히려 이러한 자료에 근거하여 적당한 비율을 추산하기는 어렵다. 호강지주의 전장田莊은 지주가 대규모로 점유한 토지와 예속농민의 기초 위에서 건립하였기 때문에, 송대宋代 객호客戶의 숫자에 근거하여 추론할 수 있다. 당연히 후한과 송대는 천년의 차이가 있어서, 생산력의 수준 차이도 비교적 컸으

---

26 "百夫之豪, 州以千計."

며 지주토지점유제의 발전 정도가 동일하지 않았다. 특히 송대정권의 경제제도는 이미 기본적으로 대토지점유제의 사회상황에 적응하였으나, 후한 시기 이러한 경제모순은 오히려 매우 첨예하였다. 이러한 상황은 모두 간단히 비교할 수 없음을 설명한다. 그러나 우리는 중국 봉건경제의 완만한 발전 및 그 경제구조의 완고함으로 보아, 또한 일정하게 비교할 수 있다. 통계에 따르면, 송대 객호는 전국 인구의 35%를 차지하였고, 지주는 전국 인구의 15%를 차지하였으므로,[27] 후한 지주전장의 총인구는 최대 전국 인구의 50%였다. 또한 후한 호강지주 전장은 대부분 국가호적에서 도피한 은폐隱蔽호구였기 때문에, 전한 평제平帝 시기 전국호구 숫자와 후한 환제桓帝 시기 호구 숫자에 근거하여, 당시 대체로 은폐된 호구를 추산해보면 전국 호구의 약 19%를 차지하였다. 그러면, 후한 지주전장의 총인구는 최소한 전국 인구의 19%였으니, 곧 19~50% 사이였다. 우리는 대체로 이러한 숫자에 근거하여 후한 호강지주경제가 국민경제에서 차지하는 비중과 지위를 이해할 수 있다.

후한 호강지주 전장경제 내부는 빈부의 양극화가 이미 매우 심각하였다. 호강지주는 전원, 노비, 예속농민을 광범위하게 점유하였고 또한 농상공업을 겸업하였기 때문에, 매년 수입이 상당하였음을 알 수 있다. 사서에는 후한 시기 재산이 수백만이나 수천만에 달하여 경우가 헤아릴 수 없다고 기록하였다. 『후한서』「방술열전方術列傳」에 광한廣漢의 절국折國은 "재산이 2억 〈전〉이 있고 가동이 8백 명이다"고 하였다.[28] 『삼보결록三輔決錄』 권2에는 "평릉平陵의 사손분士孫奮은 재물이 1억 7천만 〈전〉이었고 경사京師까지 부유한 사람으로 소문이 났다"고 하였다.[29] 또한 그에 대해서 "젊

---

27 漆俠, 『宋代經濟史』 上冊, 上海人民出版社, 1987 참조.

28 『後漢書』 卷82 「方術列傳」 "有貲財二億, 家僮八百人."

29 『三輔決錄』 卷2 "平陵士孫奮資至一億七千萬, 富聞京師."

었을 때 군오관연郡五官掾이 되었는데, 가문을 일으켜 재산이 3억 7천만 〈전〉에 이르렀다"[30]고 하였다. 그리고 전한 말기 부호의 재산은 최대가 단지 1억 〈전〉이었다. 후한 시기 재부의 집중 정도를 알 수 있다. 호강지주는 대부분의 재산을 사치성 소비에 사용하였고, 혹은 후장厚葬하여 분묘墳墓에 들여보냈다.

그러나 지주전장과 예속농민이 처한 상황은 나날이 악화되었다. 최식崔寔의 『정론政論』에는 "하호下戶가 발을 절뚝거리며 걸칠 곳조차 없는 처지가 되자 이에 아비와 아들은 고개를 숙이고 노비처럼 부유한 사람을 섬겼으며, 직접 아내와 자식을 거느리고 일하였다. 그러므로 부유한 사람은 자리에 여유가 있고 나날이 번성했지만, 가난한 사람은 부족하여 해마다 궁핍하였고, 누대로 하인으로 일해도 오히려 의식衣食조차 감당하지 못하였다. 살아서는 평생토록 근면하고 죽어서는 〈관에 묻히지도 못해〉 해골이 드러나는 근심이 있었다. 해마다 조금만 흉년이 들면 유리하고 곤궁에 처하여 아내를 〈돈받고〉 시집보내고 자식을 팔았다."[31] 이러한 예속농민은 실제로 국가법률의 보호를 받지 못하는 농노農奴였다. 전한 호강지주 전장은 세상 밖의 도원경桃源境이 아니었음을 알 수 있다. 전장경제 역시 전체 사회경제 상황의 제약을 받았다. 특히 전장주인은 어떤 경우는 지방향관을 겸임하였고, 어떤 경우는 누대로 관리가 된 세족자제였으며, 그들은 후한 정권과 복잡하게 얽혀있는 관계였다. 그래서 당시 호강지주 전장경제는 단지 상대적으로 독립성을 유지하였다.

---

30 『三輔決錄』 卷2 "少爲郡五官掾, 起家得錢資至三億七千萬."

31 『政論』 "下戶踦𨇤, 無所跱足, 乃父子低首, 奴事富人, 躬帥妻孥, 爲之服役. 故富者席餘而日熾, 貧者躡短而歲踧, 歷代爲虜, 猶不贍於衣食. 生有終身之勤, 死有暴骨之憂. 歲小不登, 流離溝壑, 嫁妻賣子."

(二) 봉건왕조 사회경제 위기의 심화

호강지주 경제세력의 팽창에 따라서, 후한 왕조의 경제상황은 나날이 악화되는 추세였다. 양한兩漢정권의 기본적인 경제제도는 모두 소규모 자영농 경제를 중심으로 건축되었기 때문에, 당시 사회인구 및 토지겸병의 발전이 일정 정도에 이르자, 국가경제제도와 대토지점유제의 모순이 바로 격화되어 심각한 사회위기를 야기하였다.『제왕세기』에 따르면, 한漢 장제章帝 장화章和 2년(기원후 88년) 장적의 호구는 43,356,367명에 달했는데, 이러한 숫자는 대체로 전한 선제宣帝 시기 호구 숫자에 근접하였다. 그것은 한왕조漢王朝 경제제도가 용납 가능한 가장 좋은 수치였음을 사람들에게 암시한다. 일단 사회경제적 발전이 이러한 한계를 돌파하자, 한대 고유한 경제모순은 곧 나날이 악화되었고, 필연적으로 국민경제의 심각한 불균형과 경제위기를 야기하였다. 후한 후기 사회경제가 하락하는 총체적인 근원이 바로 여기에 있었다.

1. 국가기구의 비정상적 운영과 재정위기

후한後漢 화제和帝·안제安帝·순제順帝 시기 외척外戚과 환관宦官이 교대로 정사를 오로지하였고, 조정정치는 더욱더 어두워졌다. 환제桓帝·영제靈帝 시기 점차 환관이 조정을 독점하는 국면이 형성되었다. 이때 환관, 외척, 관료사대부의 3대 집단 사이의 정치투쟁은 매우 열기를 띠었고, 조정정치는 나날이 부패하였다. 혼란한 정치국면은 후한 사회내부의 경제모순이 더욱 광범위하고 더욱 심각한 기초 위에서 계속하여 발전해나가게 만들었다. 이때 후한 왕조의 관료기구는 그 부패로 인하여 점차 해체되었다. 대소관리는 재부財富를 수탈하고 백성을 착취하는 생각 이외에, 기본적으로 생산을 조직하는 사회기능을 상실하였다.『후한서』「좌웅전左雄傳」

에는 순제順帝 초기 좌웅左雄이 다음과 같이 상서하였다. "한초漢初부터 지금까지 3백여 년이 흘러서, 풍속은 점차 퇴조하고 기교와 거짓이 싹터서, 아래에서는 거짓을 꾸미고, 위에서는 잔인함을 베풉니다. … 허물이 없는 사람을 살해하면 위풍威風이라 하고, 부세를 잘 거두면 현능賢能이라 하며, 자신을 다스리고 백성을 편안히 하면 열약劣弱이라 하고, 법을 받들고 이치를 따르면 불화不化라 합니다. … 백성을 보기를 원수나 도적처럼 하고, 세稅를 거두는 것을 승냥이나 호랑이처럼 합니다." 게다가 각급 관료기구는 "〈관직을〉 떠나고 〈관직에〉 나아감을 가볍게 여겨서" 대규모 결원이 생겼고, "관사는 텅 비어 업무를 보는 사람이 없어서 매번 선발이 어려웠으며, 심지어 도망하기에 이르는" 상황이 나타났다.32 환제桓帝 초기 외척 양기梁冀가 권력을 오로지하여 관료체계가 완전히 부패하였다. 그때 "공적인 부세는 이미 무거웠고, 사적인 취렴聚斂이 또한 심하였으며, 목수牧守와 장리長吏는 덕이 없는 자를 많이 선발하였고, 탐욕스럽게 거두어들이면서 만족할 줄 몰랐으며, 사람을 노예처럼 대하였다."33 양기가 핍박받아 사직하고 자살한 후에, 연루되어 피살되거나 면직된 공경고리公卿故吏가 약 3백 명에 달하였다. 일설에 따르면 "조정이 텅 비었으며",34 경매에 부친 양기의 가산은 도합 30억여 〈전〉이었고, 국가의 1년간 재정 수입에 상당하였다. 그러나 뒤이어 요직에 오른 환관은 더욱 "종족빈객宗族賓客이 천하에 학정虐政을 펼치게 하였고, 백성은 생명을 부지하지 못하였다."35 환제는 환관을 종용慫慂하여 궁실을 크게 지었고, 궁녀 5~6천 명

---

32 『後漢書』卷61「左雄傳」"漢初至今, 三百餘載, 俗浸彫敝, 巧僞滋萌, 下飾其詐, 上肆其殘. … 謂殺害不辜爲威風, 聚斂整辨爲賢能, 以理己安民爲劣弱, 以奉法循理爲不化 … 視民如寇讎, 稅之呂豺虎. … 輕忽去就 … 官寺空曠, 無人案事, 每選部劇, 乃至逃亡."

33 『後漢書』卷43「朱穆傳」"公賦旣重, 私斂又深, 牧守長吏, 多非德選, 貪聚無選, 遇人如虜."

34 『後漢書』卷34「梁冀傳」"朝廷爲空."

을 널리 선발하고 주색에 빠져들었다. 영제 즉위 후 더욱더 탐욕은 끝이 없었다. 그는 서저西邸를 열고 공개적으로 관직을 팔았고, 또한 만금당萬金堂을 지었으며, 사농司農이 비축한 금전金錢과 증백繒帛을 모두 당중堂中에 저장하여 가득 채웠다. 또한 하간河間에 사람을 파견하여 "전택田宅을 사들였고, 제관第觀을 세웠다."[36] 비록 노동자는 통치집단의 잔혹한 약탈하에서 일찍이 "하내인河內人은 부인이 남편을 잡아먹고 하남인河南人은 남편이 부인을 잡아먹는"[37] 비참한 상황이 나타났으나, 영제는 마침내 환제의 뒤를 이어서 "천하의 토지에 1무당 10전을 과세하라"고 명하였다.[38] 이때 관료기구는 이미 백성의 생사를 돌보지 않고 취렴기구로 완전히 변모했음을 알 수 있다.

관료기구가 나날이 부패함에 따라서, 이미 기본적으로 빈민을 구제하고 백성에게 공전을 빌려주거나,[39] 수리시설을 건설하는 등의 사회생산을 조직하는 능력을 상실하였다. 그래서 파산하여 유망한 농민은 잇달아 국가호적에서 이탈하였고, 호강지주의 전장에 의지하는 예속농민으로 충당되었다. 이러한 "백성이 혹 유망하여 흩어지는"[40] 정황은 후한 전기에 이미 두드러졌고, 화제 이후 더욱 심각해졌다. 『후한서』「화제상제기和帝殤帝紀」에는 연평延平 원년(기원후 106년) 하늘에서 재앙이 내렸고, 백성은 다수가 흩어져 유망하였는데, "군국은 풍년이 든 것처럼 거짓으로 꾸며서 명예를 얻고자 하였고, 마침내 다시 재해를 감추었으며, 전지 개간을 많이 늘리고 유망을 개의치 않고 경쟁적으로 호구를 증가시키고 도적까지 숨겨

---

35 『後漢書』卷78「宦者列傳」"宗族賓客虐徧天下, 民不堪命."
36 "買田宅, 起第觀."
37 『後漢書』卷8「靈帝紀」"河內人婦食夫, 河南人夫食婦."
38 『後漢書』卷8「靈帝紀」"稅天下田, 畝十錢."
39 "假民公田."
40 "民或流散."

주었다"고 하였다.[41] 「진충전陳忠傳」역시 안제安帝 시기 "백성이 유망流亡하고 도적이 아울러 일어났으나 군현郡縣이 더욱 서로 숨겨주어 기꺼이 적발하지 못한다"고 지적하였다.[42] 바로 후한 후기는 "백성은 대부분 유망하여 모두 거짓으로 허구를 늘렸고",[43] 그래서 이때는 호구와 백성을 대조하는[44] 호적제도는 이미 파괴되었으며, 지방관리가 만든 호적과 상계上計하는 문서는 단지 공사公事에 대응할 뿐이었다. 후한 말기 "호구가 국가의 판적에서 누락되었고, 부가夫家가 연오聯伍에서 이탈하는"[45] 현상이 더욱 심각해졌다. 그러므로 사람들은 "판적版籍을 밝혀서 서로 숫자를 열람하고, 십오什伍를 살펴서 서로 부지扶持하게 하자"고 청하였다.[46] 그러나 당시 조건하에서 이미 파괴된 호적제도의 회복과 문란한 통치질서의 만회를 기도하는 것은 완전히 불가능하였다.

유민은 끊임없이 국가호적에서 이탈하여 호강지주의 비호하에 들어갔기 때문에, 후한 정권은 실제로 장악한 개간된 전지와 호구가 갈수록 감소하였다. 그래서 봉건정권의 부세수입에 심각한 영향을 미쳤다. 지방관리는 상사上司의 책벌責罰을 피하기 위해서 "거짓 이름으로 채웠고",[47] 종종 "개간한 전지를 크게 늘렸고 호구도 허위로 늘렸으며",[48] 도망한 인호의 부세를 아직 도망하지 않은 인호에게 할당하였다. 그러므로 더 많은 사람의 도망을 야기하였고, 국민경제를 악순환에 빠뜨려 국가의 재정상황이

---

41 『後漢書』卷4「和帝殤帝紀」"而郡國欲獲豐穰虛飾之譽, 遂復蔽灾害, 多張墾田, 不揣流亡, 競增戶口, 掩匿盜賊."
42 『後漢書』卷46「陳忠傳」"百姓流亡, 盜賊幷起, 郡縣更相飾匿, 莫肯糾發."
43 "民多流亡, 皆虛張戶口."
44 "案戶比民."
45 徐干, 『中論』「民數」"戶口漏於國版, 夫家脫於聯伍."
46 仲長統, 『昌言』「損益」"明版籍以相數閱, 審什伍以相連持."
47 "菜獲虛名."
48 "多張墾田, 虛張戶口."

더욱 악화되도록 초래하였다. 일찍이 장제章帝 시기 통치집단은 "재용이 부족하다"고 근심하였다.[49] 후한 후기에 이르러, 국가가 제어하는 인호人戶 는 끊임없이 밖으로 빠져나갔고 생산은 부족하였으므로, "세원稅源"은 나날이 고갈되었으며 국가재정수입은 나날이 곤란해졌다. 이러한 통치집단 내부에서 노동인력과 사회재부를 분배하는 투쟁은 내군內郡에서 외군外郡 까지 확대되었고, 중원에서 소수 민족 지역까지 확대되었으며, 마침내 소수민족, 특히 강족羌族의 반발을 야기하였다. 후한 후기 약 70년간 세 차례나 이어진 강족의 반란을 진압하는 데 거대한 자원을 소모하였고, 국가 재정은 "국고가 텅비었으며",[50] 후한 사회의 경제모순을 더욱더 격화시켰다. 『후한서』「서강전西羌傳」에 따르면, 앞의 두 차례의 전쟁에 소모한 군비는 거의 약 320억 〈전〉이었다. 이후 국가재정은 심각한 적자상태였고, 단지 사채私債의 차용, 봉록俸祿의 삭감, 부세 증가 등에 기대어 유지할 수 있었다. 게다가 전쟁은 전체 서북 지역을 잔혹하게 파괴하여 감당하기 어려울 정도였고, 사회생산은 거대한 손실을 입었다. 후한 정권의 적자재정은 필연적으로 국가경제기능의 운전을 완전히 통제력을 잃게 하였고, 관료기구는 더욱더 부패하였으며, 노동자는 더욱더 빈곤해졌고, 국민경제는 한 걸음 더 나아가 악순환에 빠지도록 초래하였다.

2. 노동자의 빈곤화와 생산위기

전술한 바와 같이, 양한 정권의 기본경제제도는 전한 전기에 형성되었고, 주로 명전제도名田制度, 호적제도, 부세제도 세 부분으로 조성되었다. 토지겸병세력의 자발적인 발전에 따라서, 봉건정권의 명전제도가 와해되

---

49 "用度不足."
50 "府帑空竭."

었고, 뒤이어 호적제도가 파괴되었으며, 그런 후에 부세제도가 와해되었다. 한대 부세제도의 특징은 인구의 "부賦"를 무겁게 하고 토지의 "세稅"를 가볍게 하였다는 점이다. 순열荀悅은 일찍이 "경세輕稅" 정책을 다음과 같이 비평하였다. "호강부인豪强富人이 점유한 전지는 더욱더 많아져서 그 부세의 대부분을 거두고, 관官은 1/100세로 거둔다. 백성에게 거두는 부세 대부분의 경우, 관가의 은택은 삼대三代보다 낮지만 호강의 난폭함은 망한 진나라보다 잔혹하다. 이것은 국가의 은택이 통하지 않고 위세와 덕망을 호강과 나누었기 때문이다."[51] 두우杜佑는 일찍이 "중부重賦" 정책의 결과에 대해서 "땅은 아직 수가 충분하지 못한데, 그 세稅는 반드시 갖추어야 하므로, 가난한 사람은 부세를 피하여 도망하고, 부유한 사람은 겸병에 힘쓰고 태연하다"고 지적하였다.[52] 대토지점유제의 발전에 따라서, 당시 부세제도가 "호우는 우대하고 약자는 침탈하는"[53] 추세로 변화했음을 알 수 있다. 후한 정권은 "호우를 우대하여"[54] 〈발생한〉 경제적 손실을 만회하기 위해 빈민을 더욱더 잔혹하게 수탈하였고, 노동자를 나날이 빈곤하게 만들었다.

후한 후기 장적에 등재된 자영농이 처한 상황은 매우 곤란하였다. 당시 나날이 무거워지는 공적인 부세의 할당 이외에, 또한 탐욕이 끝이 없는 관리의 사적인 요구가 있었다. 그리하여 "향관鄕官과 부리部吏는 직책의 녹봉이 적어서, 거마車馬와 의복衣服은 한결같이 백성에게서 나왔으며, 염치가 있는 사람은 충분한 정도만 거두었고, 탐욕스러운 사람은 집안을

---

51 『前漢紀』卷8「孝文皇帝紀下」"豪彊富人, 占田逾多, 輸其賦大半, 官收百一之稅. 民收太半之賦, 官家之惠, 優於三代, 豪彊之暴, 酷於亡秦. 是上惠不通, 威福分於豪彊也."

52 『通典』卷4「食貨四·賦稅上」"地數米盈, 其稅必備, 故貧者避賦稅而逃逸, 富者務兼幷而自若."

53 "優饒豪右, 侵刻羸弱."

54 "優饒豪右."

가득 채웠으며, 특별히 선발하고 제멋대로 조발함이 잇따라 끊이질 않았다."[55] 그래서 자영농은 "추위도 감히 옷을 입지 못하였고, 굶주려도 감히 먹지 못하였으며", "부세의 액수가 번다하고 무거운데도 현관縣官에서 징발하였다."[56] 심지어 잇달아 황제까지도 "가난한 사람은 전업田業이 있어도 탕진하여 스스로 농사지을 수 없다"고 동의하였다.[57] 이것은 바로 농민은 잇달아 간단한 재생산조차 유지할 방도가 없었음을 말한다. 그래서 자영농의 파산과 유망은 단지 조만간 일어날 문제였다.

그들이 지주의 토지를 빌려서 경작하는 경우는 또한 국가 호적에서 벗어나지 못한 예속농민(일반적으로 "빈민貧民" 혹은 "하화下貨"로 칭함)이어서 처지가 더욱 비참하였다. 그들은 지주에게 조租를 바쳐야 했고 또한 국가에 세금을 납부해야 했으므로, 이중수탈을 당하여 생계유지와 간단한 재생산조차 더욱 어려웠다. 『삼국지三國志』「위서魏書·무제기武帝紀」의 주注에서 인용한 『위서魏書』에는 다음과 같이 지적하였다. 후한 말기 "호강豪強이 방자하게 천단擅斷하고 친척을 겸병하였다. 하민下民은 빈약한데도 조부租賦를 대신 냈고, 가재를 팔아도 생명을 부지하기 어려웠다."[58] 이와 같은 하등빈민은 필연적으로 다시 파산하여 유망하였다.

후한 후기 국가기구의 부패 및 그 심각한 재정위기 때문에 파산하고, 유망한 농민이 진휼을 받거나 혹은 "공전을 빌리는 것"[59]과 같은 실질적인 혜택을 받을 희망은 막막하였다. 곧 한 가지 이점을 얻어서 단지 일시적인 곤란을 완화할 수밖에 없었으며, 끝내 여전히 부역의 고통을 받아야

---

55 『後漢書』卷61「左雄傳」"鄕官部吏, 職斯祿薄, 車馬衣服, 一出於民, 廉者取足, 貪者充家, 特選橫調, 紛紛不絶."

56 『後漢書』卷78「宦者列傳」"寒不敢衣, 飢不敢食. … 賦額繁重以解縣官."

57 『後漢書』卷4「和帝殤帝紀」"貧民有田業而匱乏不能自農."

58 "豪強擅恣, 親戚兼幷. 下民貧窮, 代出租賦, 衒鬻家財, 不足應命."

59 "假名〔民〕公田."

했다. 『후한서』「화제기和帝紀」의 조서에는 "제방隄防과 구거溝渠는 지리地理를 순조롭게 돕기 때문에 막힌 곳을 통하여 이롭게 하는데, 지금은 폐해지고 해이해져 감당하지 못한다"고 하였다.[60] 당시 수많은 지방의 수리시설이 오랫동안 수리되지 못하였고, 노동자의 생산조건은 나날이 악화되었음을 알 수 있다. 관련 사료의 기초적인 통계에 따르면, 화제和帝 영원永元 원년(기원후 89년) 영제靈帝 중평中平 6년(기원후 189년)까지 총 백 년 사이에 연속해서 수재水災, 한재旱災, 풍박風雹의 재해, 황명蝗螟의 재해가 75년간 일어났고, 재해가 없는 해는 겨우 25년이었다. 심각한 천재天災와 인화人禍는 봉건국가의 통제하에서 편호제민을 대규모로 유망하게 만들었다. 비록 호강지주의 전장田莊은 일부 유민을 흡수할 수 있었다고 하더라도, 그 숫자에는 총 한도가 있었다. 첫째, 유민을 안치하는 데 돈을 써야 했다. 둘째, 전장의 종족세력은 생활을 회복시키는 데 배타성이 있었다. 셋째, 전장의 영참營塹과 오벽塢壁 형식은 그 규모의 신속한 확대를 제한하였다. 넷째, 관료와 지주를 겸한 신분 역시 추호도 거리낌 없이 유망자 등을 은닉할 수 없었다. 게다가 대규모의 취업을 기다리는 유민이 존재하였고, 또한 전장 내부 예속농민의 처지에 직접적인 영향을 미쳤다. 호강지주는 종종 사회노동력이 남아돌았기 때문에, 예속농민에게 더욱더 가혹한 조건을 받아들이도록 핍박하였고, 그들에게 더 많은 노역과 잉여 생산품을 제공하도록 강박하였다. 이 때문에, 전장 내 예속농민은 천재天災와 인화人禍의 타격을 입어서 나날이 빈곤해졌는데, "흉년이 들자 유리하여 구덩이로 〈떨어졌고〉 아내를 〈돈을 받고〉 시집보내고 자식을 내다팔았다."[61] 노동자의 빈곤·파산·유망은 후한의 보편적 사회현상이었음을 알

---

60 『後漢書』卷4「和帝殤帝紀」"堤防溝渠, 所以順助地理, 通利壅塞. 今廢慢解弛, 不以爲負."
61 "歲小不登, 流離溝壑, 嫁妻賣子."

수 있다. 최인崔駰의『박도론博徒論』에는 일찍이 당시 예속농민을 수탈하고 억압하는 비참한 광경을 다음과 같이 구체적으로 묘사하였다. "… 초목이라는 것은 가지와 줄기를 굽혔다 폈다 하고 금수라는 것은 형체가 사람과 비슷한데, 어찌 수명이 박복하고 천성이 불순하겠는가!"[62] 후한 노동자가 겪었던 수탈이 특히 심각했던 가장 근본적인 원인은 대토지소유제의 발전 때문에, "토지를 버리고 사람에게 과세하는"[63] 부세제도가 "신민은 모름지기 각자 능력에 따라 납세할 수 있어야 한다는"[64] 공평의 원칙을 심각하게 위반하였기 때문이다.[65]

후한 정권의 기본적인 경제제도와 대토지점유제의 모순은 나날이 심각해졌기 때문에, 국민경제는 악순환에 빠져들었다. 그래서 갈수록 더 많은 노동자가 생산조건을 상실하였고, 핍박받아 장기간 유망하였으며, 죽음의 문턱에서 발버둥쳤다. 화제 이후 이러한 기록은 수두룩하다. 노동자는 빈곤·파산·유망·기사飢死의 상황에 빠졌기 때문에, 사회생산은 정상적으로 진행할 방법이 없었고, 후한 제국의 경제위기는 나날이 심화되었으며, "들도 비고 조정도 비고 창고도 비는"[66] 상황이 나타났다.

(三) 후한 말기 사회경제의 붕괴

후한 후기 사회경제 모순의 격화는 계급모순을 더욱더 첨예하게 만들었

---

62 "… 謂子草木, 枝體屈伸, 謂子禽獸, 形容似人, 何受命之薄, 稟性不純."

63 "舍地而稅人."

64 "臣民應盡可能按照各自的能力納稅."

65 Adam Smith(亞當·斯密)가 제안한 부세 4원칙 참조.『國民財富的性質和原因的研究』第5編 第2章, 坎南版, 310~312쪽.

66 『後漢書』卷66「陳王列傳」"田野空, 朝廷空, 倉庫空."

고, 당시 파산하여 유망한 농민은 끊임없이 봉기를 일으켰다. 영제靈帝 중평中平 원년(기원후 184년)에 이르러, 마침내 전국적인 농민대봉기 – 황건적黃巾賊봉기 – 가 폭발하였다. 황건적봉기는 후한 왕조에 치명적인 타격을 입혔고, 후한 말기 군벌이 활거하고 혼란하게 다투는 국면이 형성되었다. 대동란 중에 천재와 인재가 서로 격렬하게 발생하여, 진한 시기 제3차 사회경제의 대붕괴를 초래하였다.

후한 말기 황건적봉기는 규모가 크고 범위가 광범위하며 시간이 오래 지속되어, 진말秦末 진승陳勝봉기와 전한 말기 적미赤眉봉기를 모두 초월하였다. 황건적봉기는 일찍이 장기간 준비하여 추진되었고, "십여 년이 걸려서 무리를 수십만이나 모았는데 군국을 연결하여서, 청靑, 서徐, 유幽, 기冀, 형荊, 양楊, 연兗, 예豫 등 8주의 사람이 모두 응하지 않음이 없었다." 봉기가 폭발한 후에, "소재지의 관부는 불탔고 마을은 약탈당했으며 주군州郡은 의지할 곳을 잃었고 장리長吏는 상당수가 도망하였다. 10일 사이에 천하가 동조하였고 경사京師가 진동하였다."[67] 황건적 주력 20여 만은 9개월간 격렬한 전투를 통해서 비록 잔혹하게 진압했으나, 각지에 흩어진 황건적의 잔여 부대 – 유주幽州·익주冀州·예주豫州·병주幷州의 흑산황건黑山黃巾, 청주靑州·서주徐州의 황건, 익주益州의 황건, 여남汝南·양주揚州의 황건 등의 봉기군 – 는 모두 백만 명이었고 계속해서 20여 년간 전투를 지속하였다. 후한 반동反動통치집단은 황건적봉기군에 대해 유혈 진압과 살육을 자행하였다. 예컨대 장보張寶 등이 하곡양河曲陽에서 패배한 후에, 거의 10만여 명의 봉기군이 피살되었고, 그외 "주군州郡에서 주살된 경우는 한 군郡에서 수천 명이었으며",[68] 황건적 주력군의 패배 이후,

---

67 『後漢書』卷71「皇甫嵩傳」"十餘年閒, 衆徒數十萬, 連結郡國, 自靑徐幽冀荊楊兗豫八 州之人, 莫不畢應. … 所在燔燒官府, 劫略聚邑, 州郡失據, 長吏多逃亡. 旬日之間, 天 下響應, 京師震動."

전국적으로 연루되어 피살된 자가 수십만 명으로 추산된다. 뒤이어 각 지방군이 황건적의 나머지 부대를 잔혹하게 토벌하여 섬멸하였고, 매번 전투에서 피살된 백성은 모두 "죽은 자가 수만이었다."[69] 봉건통치계급이 농민봉기를 진압한 전쟁은 사회경제의 파괴와 노동력의 손실이 매우 심각했음을 알 수 있다.

더욱 참혹한 파괴는 농민봉기를 진압과정에서 발전해온 군벌軍閥의 혼전混戰 때문이었다. 우선, 발생한 계기는 이른바 "동탁董卓의 화禍"였다. 중평中平 6년(기원후 189년) 동탁이 경사京師에 진입하여 조정을 장악하였다. 그는 함부로 병사를 도처에 풀어놓아 방화하며 살해하며 약탈하고 노예로 삼았으며, 악행을 저지르지 않음이 없었고, 해악이 사방에 퍼졌다. 동탁은 낙양洛陽의 귀척貴戚과 부호富豪의 금백金帛재산을 약탈하기 위해서, 일찍이 사병을 함부로 풀어놓고 그 가옥(廬舍)에 난입하여 부녀자를 겁탈하였으며, 물자를 위협하여 빼앗게 하였다. 이를 "수고搜庫"라 불렀다. 동탁의 부하는 또한 사병을 거느리고 진류陳留·영천穎川의 여러 현에 이르러 침탈하였는데, 남녀를 죽이고 약탈하여 지나가는 곳마다 다시 남은 무리가 없었다. 그들은 미친 듯이 약탈하고 잔인하게 살해하는 것 이외에, 또한 한漢 헌제獻帝를 강박하여 장안長安으로 천도하였고, 출발할 때 경사 낙양洛陽을 불살라서 초토화하였으며, 아울러 낙양의 수백만 명을 장안으로 이주시켰고, 길가에서 굶주리거나 노략질을 당한 시신屍身이 길을 가득 채웠다. 이후 낙양 일대는 텅 비어서 수백 리를 가도 밥 짓는 연기가 나지 않았다. 초평初平 3년(기원후 192년) 동탁이 피살되었으나, 또한 그를 계승한 동탁의 장수 이최李催와 곽사郭汜가 난을 일으켰고, 그들은 장안 일대에

---

68 『資治通鑑』卷58, 靈帝 中平 元年 "州郡所誅, 一郡數千人."
69 "死者數萬."

병사를 풀어서 약탈하였으며, 서로 잔인하게 죽여서 2~3년간 관중關中에 인적이 〈드물어져〉 회복하지 못하였다. "동탁의 화"가 발생한 이후, 전국 각지의 군벌이 잇달아 할거할여 독립하였고, 수십 개 군사집단 사이에서 근거지를 쟁탈하기 위한 대혼전이 시작되었다. 군벌의 혼전은 사회생산력에 극도로 손실을 입혔고, "백성이 사망하여 해골이 드러난 것이 마치 우거진 풀과 같이 많았다."[70] 예컨대 조조曹操가 도겸陶謙을 공격하여 남녀 수만 명을 죽였으며, 닭과 개조차 남기지 않았고, 사수泗水조차 흐르지 않게 되었다. 조조와 원소袁紹가 관도官渡에서 싸웠는데, 조조는 항복한 군사 8만여 명을 생매장하였다. 그의 다른 전투 모두 "죽은 자가 또한 절반이었고",[71] "닭과 개조차 역시 없어졌다."[72]

잔혹한 전쟁 중에 다행히 목숨을 보존한 사람들도 또한 천재·기근·질병을 만나서 사라졌다. 사서에는 영제靈帝·헌제獻帝 시기에 수한水旱·충황蟲蝗의 재앙이 잇달아 도래하여 백성이 극도로 굶주려서 서로 잡아먹었고 곡식 1석당 10만 전이었다고 하였다. 『삼국지』「위서·무제기」의 주注에서 인용한 『위서』에는 다음과 같이 묘사한다. "황란荒亂을 겪은 후에 양곡이 부족하였고, 여러 군대가 아울러 봉기하니, 한 해를 마칠 계책이 없었다. 굶주리면 약탈하고 배부르면 남은 것을 버리니, 와해되고 떠돌다가 흩어져서, 적이 없어도 스스로 파멸하는 자를 이루 헤아릴 수 없었다. 원소袁紹의 하북河北에서는 군인이 식량으로 뽕나무열매를 찾아 먹었고, 원술袁術의 강江·회淮에서는 갈대와 고둥을 채취하여 먹었다. 백성은 서로 잡아먹었고, 주리州里는 적막하였다."[73] 그중 가장 심각했던 자연재해

---

70   曹丕, 『通論』「自敍」. "百姓死亡, 暴骨如莽."

71   "死者且半."

72   "鷄犬亦盡."

73   『三國志』卷1「魏書·武帝紀」의 주에서 『魏書』의 내용 "自遭荒亂, 率乏糧穀, 諸君

는 흥평興平 원년(기원후 194년) 수한·충황의 재앙인데, 이때 백성은 크게 굶주려서 "곡식 1곡斛당 50만 〈전〉, 두맥豆麥 〈1곡당〉 2만 〈전〉이었고, 사람들은 서로 잡아먹었고, 백골이 쌓이고 악취가 길에 가득하였다."74 흉년과 기근의 여파로 전염병 또한 빈번히 발생하였다. 후한 말기 전염병은 건화建和 3년(기원후 149년)부터 유행하기 시작하여, 이후 끊이지 않고 확전되어 만연하였다. 〈사마표의〉『속한서續漢書』「오행지五行志」에는 그때 "백성은 상당수가 병으로 죽었고, 사망하여 호가 소멸되었으며, 사람들은 두려워했다"고 하였다.75 특히 전쟁이 여러 해 동안 지속되고 재해와 기근이 들판에 가득하며, 피가 강을 이루어 무거운 방앗공이까지 떠내려가고 시신과 해골이 산과 같이 많은 시기였고, 또한 전염병의 독이 늘어나서 가장 급속하게 창궐한 시기였다. 이 때문에 동탁董卓의 화禍 이후에, 전 가족, 전 친족, 전 지역이 질병으로 죽은 경우가 사서에서 다음과 같이 끊이지 않고 나타난다. "가호(家家)마다 시신으로 비통해 하고 가옥(室室)마다 애처로운 곡소리가 들렸으며, 혹자는 문을 닫고 쓰러져 울고 혹자는 전 가족이 애통해하였다."76

후한 말기 흉년·전염병·전란 중에 남은 목숨을 겨우 부지한 사람들은 생존을 모색하기 위해서 도처로 유망하였다. 『후한서』「유우전劉虞傳」에는 유우劉虞가 유주목幽州牧에 임명되었는데, "청주青州·서주徐州의 사서士庶가 황건적의 난을 피하여 유우에게 귀부한 자가 백만여 명이다"고 하였

[軍]幷起, 無終歲之計. 饑則寇略, 飽則棄餘, 瓦解流離, 無敵自破者不可勝數. 元紹之在河北, 軍人仰食桑椹. 袁術在江淮, 取給蒲嬴. 民人相食, 州里蕭條."

74 『後漢書』卷72「董卓列傳」및『太平御覽』卷35에서『英雄記』의 注 내용 "穀一斛五十萬, 豆麥二萬, 人相食啖, 白骨委積, 臭穢滿路."

75 『續漢書』卷17「五行志五」"民多病死, 死有滅戶, 人人恐懼."

76 『續漢書』卷17「五行志五」"家家有强尸之痛, 室室有號泣之哀, 或闔門而殪, 或擧族而喪者."

Ⅶ. 후한 후기 사회경제의 분화와 붕괴

다.[77] 『삼국지』「위서魏書·위기전衛覬傳」에는 관중은 "황난荒亂을 당해 백성이 형주荊州로 유입된 자가 십만여 가였다"고 하였다.[78] 「촉서蜀書·유장전劉璋傳」에는 "먼저, 남양南陽과 삼보三輔의 사람이 익주益州에 유입된 경우가 수만 가이다"고 하였다.[79] 당시 유민은 유망한 방향은 대다수가 모두 중원 지역에서 변방 지역으로 향하였다. 이외에 일부 호강지주는 전 친족을 천사遷徙하고 무리를 모아서 스스로 보호하였다. 「위지魏志·왕수전王修傳」에는 초평初平 연간 "교동膠東사람 공사로公沙盧는 종족이 강하여서 스스로 영루營壘를 만들었고, 기꺼이 조발에 응하지 않았다"고 하였다.[80] 이에 중원인구는 급격히 감소하였다. 후한 환제桓帝 영수永壽 3년(기원후 157년) 전국 장적에 등재된 호구는 아직 56,480,000여 명이 있고, 서진西晉 태강太康 원년(기원후 280년)에 이르러, 장적에 등재된 호구는 겨우 16,160,000여 명이었다. 120여 년이 지나면서 인구가 오히려 2/3로 감소하였는데, 이는 동란기 국민경제가 심각하게 파괴되었음을 반영한다. 『진서晉書』「산간전山簡傳」에는 "초평初平 원년부터 건안建安 말엽까지 30년 동안 모든 백성이 유망하여 흩어졌고 사망해서 거의 사라져서 이에 혼란이 절정에 달했다"고 하였다.[81] 이것은 모두 후한 말기 사회경제가 대붕괴되었고, 진말秦末이나 전한前漢 말기 경제가 잔혹하게 파괴된 정도를 훨씬 초과하였음을 설명해준다.

이상을 종합해보면, 후한 왕조는 경제제도 방면에서 중대한 공적은 없

---

77 『後漢書』卷73「劉虞傳」"靑徐士庶避黃巾之難歸虞者百餘萬口."

78 『三國志』卷21「魏書·衛覬傳」"遭荒亂, 人民流入荊州者十萬餘家."

79 『三國志』卷31「蜀書·劉璋傳」의 注에서 『英雄記』를 인용한 내용 "先是南陽三輔人, 流入益州數萬家."

80 『三國志』卷11「魏志·王修傳」"膠東人公沙盧宗彊, 自爲營壘, 不肯應發調."

81 『晉書』卷43「山簡傳」"自初平之元, 訖於建安之末, 三十年中, 萬姓流散, 死亡略盡, 斯亂之極也."

었고, 기본적으로 전한 시기의 제도를 계승하였음을 알 수 있다. 그러나 전한 경제제도는 고조高祖·문제文帝·경제景帝 시기에 자영농경제를 중심으로 하는 조건하에서 형성되었다. 이 때문에, 이러한 경제제도와 후한 대토지점유제는 기본적으로 확립한 객관적 현실이 서로 맞지 않았다. 따라서 후한 시기 소토지를 기초로 하는 경제제도와 대토지점유제의 끊임없는 발전은 경제의 모순을 나날이 첨예하게 만들었다. 이처럼 기본적으로 모순된 지배하에서, 후한 정권의 경제상황은 곧바로 심각한 불경기에 접어들었으나, 자발적인 호강지주의 전장경제는 곧 나날이 팽창하였다. 시대로 말하자면, 후한 전기는 인구가 적었기 때문에 후한 후기에 비해서 경제발전이 신속하게 이루어졌다. 지역으로 말하자면, 남방 지역은 토지가 넓고 인구가 적었기 때문에 북방에 비해서 경제발전이 신속하게 이루어졌다. 이 때문에 시대적 추이에 따라서, 비록 후한 시기 경제발전의 전체 수준은 전한에 비해서 향상되었으나, 후한 왕조의 경제질서는 나날이 혼란해져서, 국민경제 운행이 악순환에 빠져들었고, 사회재부財富가 갈수록 고도로 집중되어 지주호강의 수중에 들어갔다. 그러나 봉건국가의 재정은 나날이 곤란해졌고, 수많은 노동자는 나날이 빈곤해져서 파산하고 유망하여 계급모순이 갈수록 첨예하였으며, 최종적으로 후한 말기 사회동란과 국민경제의 대붕괴를 초래하였다. 후한 말기 사회경제의 파괴 정도는 진말秦末이나 전한 말기에 비해서 훨씬 참혹하였고, 또한 한대 사회경제 모순은 훨씬 광범위하였는데, 장기 지속적이고 심도 깊은 발전의 필연적 결과였다.

후한 후기 봉건정권은 심각한 경제위기에 직면하였다. 당시 경제사상가는 잇달아 사회경제 문제를 해결할 방안을 제안하였는데, 그중 후한 말기 순열荀悅(기원후 148~209년)과 중장통仲長統(기원후 179~220년)의 경제사상이 대표성을 갖추었다. 그들 두 사람은 모두 호강지주가 임의로 토지를 겸병하는 것에 대해 반대하였고, 또한 이구동성으로 한대 가벼운 토지세 정책에 반대하였다. 앞서 이미 순열의 학설을 인용하여 서술하였다. 중장통의 『창언昌言』「손익편損益編」에서도 "옛 법을 따르지 않고, 규정은 세금을 가볍게 하였으니, … 어찌 군주가 되어서 이러한 정사를 행할 수 있겠는가!"고 하였다.[82] 그들은 모두 이미 당시 "1/30세"의 가벼운 세금정책과 대토지점유제의 사회현실은 서로 적합하지 않다고 성찰하고 있었음을 설명한다. 당시 토지 문제를 해결하기 위하여, 그들은 왕망 제도 개혁의 역사적 교훈을 받아들여, 토지는 넓고 사람은 적다는 전제조건하에서 사람 수대로 토지를 점유하는 제도[83]를 실행하였다. 『문헌통고文獻通考』「전부田賦」에는 순열의 설을 다음과 같이 인용하였다. "대저 정전제井田制는 사람이 많을 때는 적합하지 않다. 전지가 넓고 사람이 적으면 진실로 해볼 만하다. … 아직 정전법이 구비되지 않았으니, 사람 수대로 전지를 점유하되 한도를 세움이 마땅하다. 사람은 경작할 수 있으나 매매할 수 없으며, 가난한 사람을 부양하고 겸병을 막으며, 또한 제도를 만들어 근본〔농업〕을 늘리니 어찌 좋지 않겠는가?"[84] 중장통은 또한 다음과 같이 주장하였다. "지금 토지는 넓고 백성은 적어서, 중원 토지는 개간되지 못한다. 비록 그렇다고 하더라도, 오히려 대가大家의 한도를 정하여서 경계를 초과하지 못하게 해야 한다. 그 토지에 풀이 있으면 모두 관전官田이라 하고, 농사를 힘써 감당해내면, 이에 〈토지 요청을〉 들어주어 지급한다."[85] 이러한 것은

---

82 『昌言』「損益」"不循古法, 規爲輕稅 … 如之何爲君行此政也."

83 "以口占田制."

84 『文獻通考』卷1「田賦」"且夫井田之制, 不宜於人衆之時. 田廣人寡, 苟爲可也. … 旣未悉備井田之法, 宜以口數占田, 爲之立限. 人得耕種, 不得賣買, 以贍貧弱, 以防兼幷, 且爲制度張本, 不亦善乎."

85 『昌言』「損益」"今者土廣民稀, 中地未墾. 雖然, 猶當限以大家, 勿令過別. 其地有草者, 盡曰官田, 力堪農事, 乃聽受之."

모두 당시 사람들이 경제이론의 수준이 향상되었음을 반영한다. 후한 왕
조에서 이와 같은 첨예한 경제모순이 발생한 원인은 바로 사회현실을 근
거로 제정한 적당한 경제제도가 없었기 때문이며, "경작하되 소유할 수
없으니, 제도를 기다려라!"[86] 후한 말기 당시 대중의 목소리(呼聲)를 대표
한다. 조위曹魏 시기 실행된 민둔民屯제도는 바로 사회현실에 근거하여 제
정한 "경작하되 소유할 수 없는"[87] 제도였고, 양진 시기 실행된 점전제占田
制는 바로 사회현실에 근거하여 제정한 "사람 수대로 전지를 점유하되 한
도를 세우는"[88] 제도였다. 한번 시행해보면 그만큼 견문을 얻는데, 중국
봉건경제의 발전은 매번 앞으로 한 걸음 더 나아갈 때마다 모두 반드시
값비싼 학비를 치러야 했다!

---

86 荀悅, 『申鑒』「時事」"耕而勿有, 以俟制度."
87 "耕而勿有."
88 "以口數占田, 爲之立限.

VIII

결 어

진한秦漢 경제발전의 역대 과정을 회고해 보면, 처음부터 끝까지 정치가 경제를 간섭하는 상황하에서 진행되었음을 알 수 있다. 중국에는 일찍이 기원전 3세기에 통일전제주의 중앙집권적 봉건국가가 건립되었기 때문에 봉건 통치집단이 고대사회의 자연경제상태에 간섭하게 하였고, 사회경제가 봉건통일을 공고히 하는 선로운행에 유리한 방향으로 발전하였다. 이에 봉건경제의 자연발전과 봉건국가 경제제도 사이의 모순이 발생하였으니, 바로 경제기초와 상부구조의 모순이었다. 중국 봉건정권과 토지소유권이 동일하고 행정기능과 경제기능이 동일하므로, 봉건국가가 사회경제의 발전에 관여하는 데 〈필요한〉 방편과 가능성을 제공하였다. 바로 이 같은 이유로, 봉건국가의 사회경제에 대한 간섭은 비로소 생산력 수준이 비교적 낮은 상황하에서 가능하였고, 경제역량을 집중하여 인간의 기적을 창조하였다. 그러나 봉건국가의 사회경제에 대한 간섭은 또한 그 맹목성 때문에 종종 상부구조와 경제기초 사이에 모순 격화를 야기하였고, 계급모순을 첨예하게 하였으며, 사회 대동란과 국민경제 붕괴에 이르게 하였다. 진한秦漢 시기 이 같은 상부구조와 경제기초 사이에서 이미 적응과 부적응을 반복하는 모순적인 운동은 봉건경제의 발전을 파도형으로 전진하는 "동일한" 추세를 띠게 하였고, 게다가 중국 봉건 경제구조의 "동일한" 모델을 만들어냈다. 우선, 가정경제 농업과 수공업이 동일하였다. 다음으로, 국가경제 농업과 수공업이 동일하였다. 마지막으로, 지주경제 농업과 수공업이 동일하였다. 이러한 사회구조는 가정, 국가, 전장田莊의 서로 다른 생산단위에서 동일한 상태였고, 한 걸음 더 나아가 사회생산의 자연분업을 봉합하여 상품경제가 나날이 자연경제에 굴복하게 만들었으며, 상품경제와 자연경제의 동일성, 국가토지소유제와 사유제의 동일성, 국가정권과 토지소유권의 동일성, 행정기능과 경제기능의 동일성 등을 만들어냈다. 바로 중국봉건 사회경제 구조의 "동일한" 모델은 바로 중국 봉건전제주의 중앙집권 통일국가의 경제기초를 닦았다.

○ **역자발문**

　이 책은 렁펑페이冷鵬飛의 『중국진한경제사中國秦漢經濟史』(百卷本 中國全史, 北京: 人民出版社, 1994)를 번역한 내용이다. 해당 저작은 현재도 영미권에서 진한제국 경제사를 이해하는 기본교재로 활용될 정도로 인지도가 높은 책이다.

　렁펑페이는 북경대학北京大學 사학과에서 학사 및 석사과정을 하였고, 호남사범대학湖南師範大學 역사학과 교수를 지냈다. 이후에도 『중국 고대사회 상품경제 형태연구中国古代社会商品经济形态研究』(中華書局, 2002)를 집필하여 중국 내에서 상당한 호평을 받은 바 있다.

　『중국진한경제사』는 "백권본 중국전사" 중 하나로 기획되었다. 이 총서는 중국사 전체를 10개 시대로 나누고 다시 주제별로 10개로 나누어서 100권으로 만든 기획도서이다. 책의 인기에 힘입어서 제2차는 시대별로 단순히 합본한 '정장합정본精裝合訂本'(1994, 총 20책)이 간행되었고, 제3차는 오자誤字를 대거 교열하여 분야별로 재편집한 '경제권經濟圈' 등(2011, 총 10책)이 또다시 간행되었다. 한국사분야와 비교하면, 국사편찬위원회의 『(신편)한국사』(총 53책)와 맞먹는 걸작이다. 두 시리즈 모두 간행된 지는 적지 않은 시간이 흘렀으나 연구사를 살펴보는 데는 여전히 유효한 총서이다. 더욱이 『(신편)한국사』 역시 세 차례(1차 국사편찬위원회 1993~2003, 2차 탐구당 2003, 3차 탐구당 2013)에 걸쳐 간행되어 학계의 영향력도 유사하다.

　당시 출간된 지 얼마 안 되는 시점인 1997년 가을 부산대학교 사학과 최덕경 교수님의 "동양고대사" 수업에서 이 책을 처음 접하였다. 수강생 대부분이 중국어가 생소하였던지라 수업 전에 발표준비를 하지 않을 수 없었다. 매주 일요일이면 아침 9시부터 저녁 9시까지 12시간씩 꼬박 학교에 나와서 중국어 강독을 진행하였다. 한 학기가 마칠 때쯤 엉성하게나마 대략 과반이 넘는 초벌 번역 원고가 탄생하였다. 초역에 한번이라도 참여한 학우의 이름은 다음과 같다. 강문희, 강지은, 고민강, 구옥선, 금성필, 금순영, 견진희, 김미은, 김백철, 김부경, 김선영, 김영균, 김영순, 김윤경, 김혜진, 민수진, 박근영, 박미애, 박소연, 박지영, 손수임, 손유정, 손응영, 신현주, 양휘순, 윤수근, 이금승, 이남식, 이동준, 이수자, 이승희, 이현숙, 정창운, 조은하, 주귀옥, 최하나, 홍은정 등 37명이다.

그러나 번역에 참여한 수강생 대다수가 처음 중국어를 접하여 초고는 매우 거칠고 오역이 상당수를 차지하였고, 부분발표가 많아서 본문이나 각주 등 누락된 곳도 적지 않았다. 사실상 출판을 위해서 힘겨운 재벌 번역이 이루어져야 했다. 당시 번역팀을 이끌었던 장본인으로서 미완성인 채로 원고를 방치해두는 게 못내 아쉬웠다. 이제 함께 공부한 학우들 중에서 학계에 몸담은 사람도 거의 없는 상황이 되어서 번역을 마무리하는 과제는 자연히 나의 몫이 되어버렸다. 그래서 초벌 원고 약 60%는 원문을 하나하나 대조하여 다시 번역을 진행하였고, 누락된 약 40%도 추가로 번역하였다.

한동안 놓고 있던 중국어 번역을 재개하면서 원고의 마무리를 준비하기 시작하였다. 하지만 혼자서 모든 부분을 검토하고 다시 번역하는 데 상당한 시간이 필요했을 뿐만 아니라, 번역의 정확도 문제도 남아있었다. 아울러 이제 전공분야도 달라져서 현대중국어 이외에 각종 사료의 한문번역 문제로 고민하지 않을 수 없었다. 이에 해당 자료는 전공자이신 최덕경 교수님의 검토를 받아서 수정과 보완을 거쳤다.

마침 올해는 해당 강의를 수강한 지 20여 년이 지난 해이며, 아울러 부산대학교 사학과 창립 70주년이 되는 해이기도 하여 더욱 감회가 남다르다. 세월이 흐른 것은 우리만이 아니라 중국에도 마찬가지였다. 태학사에서 저작권 대행업체를 통해서 공식적으로 번역판권을 수차례 인민출판사에 요청하였으나 저자와 편집자까지 모두 퇴임하여 직접 연락이 닿지 않았다. 이에 한국 측에서 관련 자문을 받아서 처리하였다. 저자께는 미안한 마음뿐이다. 마지막으로 이번에도 출판을 맡아주신 태학사 관계자분들께 감사의 인사를 전한다.

2018년 12월
역자 김백철

○ 색인

(ㄱ)

가공언賈公彦 346
가세假稅 135, 141~149, 195, 197
가의賈誼 17, 68, 101, 102, 106, 110, 166, 167, 170~180, 205, 256
가조假租 110
각고관榷酤官 188, 195, 242, 286
「간주전소諫鑄錢疏」 173, 178
감라甘羅 42
감무甘茂 42
감천창장甘泉倉長 203
감형된 형도(弛刑徒) 328, 329
강종호우强宗豪右 209, 275, 305, 319, 363, 364, 366
강혁江革 310
객호客戶 371, 372
『거연한간居延漢簡』 143
거질去疾 47
경부更賦 159, 160, 194, 222, 313
경수更戌 313
경수창耿壽昌 225
경순耿純 303
경엄耿弇 307
경전更錢 160
경조윤京兆尹 208

경졸更卒 66, 155, 156, 160, 312
경중론輕重論 256~259, 298
계리計吏 208
계상計相 128, 193
고공考工 199, 315
고공령考工令 199, 342
고공서考工署 234
고노화석동권高奴禾石銅權 47
고민告緡 17, 183, 185, 186, 201, 235, 242
고민령告緡令 142, 184, 185, 201
고색부庫嗇夫 38
고세稿稅 35, 42, 70, 71, 139, 140, 141
고용雇傭 194
고총鼓寵 351
고핵考核 37, 39, 157, 316
고후高后 16, 28, 96, 99, 109, 117, 181
곡물을 귀하게 만드는 정책(貴粟政策) 123, 125, 173
곡양曲陽 302
공관工官 60, 108, 191, 200, 210, 225, 234, 240, 316, 343
공광孔光 276

공근孔僅　　　　111, 186, 187, 189,
　192, 197
공사로公沙盧　　　　　　　387
공손백규公孫伯圭　　　　　330
공손찬公孫瓚　　　　　　　330
공수龔遂　　　　　　　　　226
공승空丞　　　　　　　　　211
공안국孔安國　　　　　　　250
『공양춘추公羊春秋』　　　259
공우貢禹　　　　　　　26, 289
공전원유公田苑囿　86, 142, 146, 269
과경過更　　　　　159, 160, 194
곽광霍光　　　214, 215, 219, 221,
　236, 255
곽급郭伋　　　　　　　　　335
곽사郭汜　　　　　　　　　384
곽창郭昌　　　　　　　　　307
곽홍霍鴻　　　　　　　　　296
곽황郭況　　　　　　　　　343
관료지주　　　　　　23, 56, 350
관료호족집단　　　　　　　361
관세關稅　　　112, 245, 355, 356
『관자管子』　112, 129, 138, 243,
　245, 256, 258
관잡세關卡稅　　　　　　　197
관중管仲　　　　　　　　　186
『관중기關中記』　　　　　201
관패管霸　　　　　　　　　364
관호지주官豪地主　　　　　261
관황지官荒地　　　　　　　269
광형匡衡　　　　　　　　　138
교도嶠道　　　　　　　　　357

교역승交易丞　　　　　　　283
구부口賦　　　　36, 71～73, 76, 135,
　149～151, 174, 197, 219, 222, 223,
　278, 293, 312, 331
구부전口賦錢　　　　　　　223
구상求商　　　　　　　　　243
구색부廏嗇夫　　　　　38, 203
구순寇恂　　　　　　　　　303
구순령鉤盾令　　　　　　　199
구양흡歐陽歙　　　　　　　320
『구장률九章律』　　　　　118
구전법區田法　　　　　　　230
구종법區種法　　　　　　　338
군공관료지주軍功官僚地主　85, 86
군공사전軍功賜田　　　　　40
군공작호사전제軍功作戶賜田制　41
군국병행(제)郡國竝行(制)　16, 95,
　98, 99, 105, 115, 205
군부軍賦　　　　　　70, 71, 151
군소부郡少府　　　　　38, 210
군수郡守　37, 38, 110, 207, 208, 316
군승郡丞　　　　　　　38, 210
군연郡掾　　　　　　　　　210
균수均輸　　17, 147, 189, 190, 194,
　215, 216～218, 221, 251, 256, 264,
　289, 349
균수감均輸監　　　　　　　196
균수관均輸官　190, 195, 196, 241, 314
균수령均輸令　　193, 195, 196, 202
균수법　　　　　　　190, 221
균수장均輸長　　　　190, 196
균전均田　　　　　　　　　275

귤관橘官　　　　　　200, 210, 242

「귀속소貴粟疏」　　　　　　123

금관金官　　　　　　　　200

『금석췌편金石萃編』　　　　311

금은동석관金銀銅錫官　　　　234

금전禁錢　　195, 197, 204, 315

금폐金幣　　　　　　　　45

금포령禁圃令　　　　　　202

금포승禁圃丞　　　　　　202

금포위禁圃尉　　　　　　202

기교령技巧令　　　　　　203

기실연사記室掾史　　　　193

김일제金日磾　　　　　　255

（ㄴ）

나傺　　　　　　　　63, 64

나부羅裒　　　　　　　246

낭야대각석琅邪臺刻石　　43, 90

낭중령郎中令　　　　　95, 206

내사內史　34, 35, 95, 142, 144,
　166, 206

내죄耐罪　　　　　　　325

노광魯匡　　　　　　286, 287

노방盧芳　　　　　　　302

노비 문제　18, 274, 275, 278~281,
　323, 324

노비제한(限奴婢)　　　275, 276

노임(工錢)　　　　　101, 286

녹祿　　　　　　　　　51

녹림군　　　　　　　　297

「논귀속소論貴粟疏」　　173, 178

「논적저소論積貯疏」　　171, 178

『논형論衡』　　　　　151, 155

농감장農監長　　　　　196

농노農奴　　　　　　　373

농도위農都尉　191, 197, 210, 225

누리糠犂　　　　　　　229

누선관樓船官　　191, 200, 234

늑매勒買　　　　　　　191

늠희령승廩犧令丞　　　　37

（ㄷ）

대내大內　　　　　34, 38, 194

대농령大農令　142, 187, 189, 190,
　193, 195, 197, 201

대농부승大農部丞　　　　194

대도大道　　　　　　　357

(대)사공(大)司空　　　　314

대사농大司農　　141, 142, 145,
　149, 151, 180, 187, 193~197, 201,
　203, 204, 210, 225, 234, 255, 314~
　316

대사농승大司農丞　　　　194

대사농중승大司農中丞　194, 225

(대)사도(大)司徒　　314, 320

대성병장大姓兵長　　320, 321

대역전代役錢　158, 159, 160, 313, 365

대전법代田法　　　　229, 230

대토지점유제　18, 24, 26, 29, 309,
　313, 330, 335, 341, 356, 362, 372,
　374, 379, 382, 388, 389

대홍려大鴻臚　　　　　343

도강언都江堰　　　　　56

도겸陶謙　　　　　　　385

도관導官 198

도관령導官令 198

도내령都內令 195

도색부道嗇夫 38

도수都水 196, 203, 208, 315

도수농창장都水農倉長 203

도수장都水長 196, 203

도수장승都水長丞 37

도연명陶淵明 87

도위都尉 156, 159, 207, 212, 312

도장道長 211

도전사자稻田使者 142, 195

도폐刀幣 45

『도화원기桃花源記』 87

독책督責 78

동곽함양東郭咸陽 110, 186, 187, 197

동관銅官 191, 197, 200, 207, 210

『동관한기東觀漢記』 310, 319, 341

동서직실東西織室 225

동승銅丞 198

동시東施 289

동양구거銅陽舊渠 339

동원령東園令 199

동중서董仲舒 17, 36, 66, 155,
156, 249, 250, 259~262

동직령東織令 199

동탁董卓 353, 354, 384, 386

동패銅貝 45

동현董賢 277

두시杜詩 335, 344

두우杜佑 40, 69, 379

두주杜周 185

두헌竇憲 356

등신鄧晨 303, 307, 335, 339

등우鄧禹 307

등통鄧通 105, 110, 114

(ㅁ)

마감馬鑑 203

마구전馬口錢 223

마균馬鈞 347

마당馬塘 51

마르크스 아우렐리우스(王安敦) 358

마무馬武 302

마방馬防 364

마복령馬復令 118, 214

마왕퇴馬王堆 239

마왕퇴한묘馬王堆漢墓 104

마원馬援 304, 328, 353

마황후馬皇后 347

매작령賣爵令 124, 174

명산대택名山大澤 148, 285, 286, 288

명수名數 128~331

명전名田 127, 261, 275~277,
309~311

명전제도名田制度 275, 378

몽염蒙恬 50, 54, 69

무위이치無爲而治 16, 98, 99, 109,
112, 241, 251, 322

무위정책無爲政策 16, 125, 126, 135,
165, 166, 170, 174, 180

문벌지주門閥地主 24

문옹文翁 232

(ㅂ)

반량전半兩錢   45, 46

반용班勇   329

발해渤海   103, 248

『방현지房縣志』   87

백거白渠   231, 273

백련강百煉鋼   346

백성과 함께 쉬다(與民休息)   16, 17, 98, 117, 214, 219, 220~222, 227, 242, 322

백성에게 공전을 빌려주다(假民公田)   38, 146, 224, 225, 323, 330, 334, 335, 376

백성에게 공전을 주다(賦民公田)   38, 145, 222, 224, 334, 335

백성이 직접 전지를 등록하게 하다(使黔首自實田)   40

번굉樊宏   304, 307, 363, 369

번중樊重   236, 363

번쾌樊噲   89

변동령辨銅令   203

볏(犂䥯)   228

보편노예제普遍奴隷制   68

보편적인 예속농제도(普遍依附農制)   75, 81, 132

복건服虔   153

복고론復古論   298

복관服官   191, 200, 210, 234, 239

부곡가병部曲家兵   303, 368

부상대고富商大賈   17, 92, 109, 114, 116, 124, 165, 170, 171, 174, 181, 182, 184~186, 188~190, 257, 270, 349, 350

부섭傅燮   329

부호대가富豪大家   154

북가전관北假田官   143, 144, 196

비단길   248, 348, 357

(ㅅ)

사공색부司空嗇夫   38

『사기史記』   42, 46, 50, 54, 59~61, 63, 71, 77, 80, 88, 96, 99, 103, 109, 110, 114, 118, 122, 126, 131, 132, 136, 139, 169, 180, 183, 188~190, 243, 244, 250, 255, 270, 271, 273, 350

사마창司馬昌   36, 61

사마천司馬遷   17, 61, 100, 126, 188, 206, 249~254

『사민월령四民月令』   337, 366, 367, 370

사속私屬   279~282, 288, 291, 323

사손분士孫奮   372

사수전四銖錢   103, 181, 182, 355

사예司隷   313

사예교위司隷校尉   193, 317

사직司直   193

삭번削藩정책   177, 179

「삭번책削藩策」   176

산림천택山林川澤   86, 110, 286, 289, 364, 367

산림호택山林湖澤   365

산민算緡   17, 186, 194, 235

산민령算緡令   184, 185

산민전算緡錢   154, 185

산부算賦   73, 92, 129, 135, 149~153,

174, 194, 223, 224, 293, 312, 334

산택세山澤稅 35, 174

『삼국지三國志』 311, 380, 385, 387

삼관전三官錢 183

『삼보결록三輔決錄』 343, 372

『삼보황도三輔黃圖』 62

삼복관三服官 197, 225, 239

삼수전三銖錢 182, 355

삼포제三圃制 21

상相 97, 156, 206, 207, 259, 316, 322

상계上計 35, 37~39, 131, 134, 135, 192, 193, 208~211, 316, 377

상고商賈 88, 92, 93, 109, 112, 114, 122, 126, 185, 218, 243, 244, 246, 248, 249, 349

상관上官 197

상관걸上官桀 142, 255

『상군서商君書』 41, 74, 127

상림공부上林供府 202

상림구감上林狗監 202

상림농관上林農官 202

상림령上林令 202

상림삼관上林三官 201, 203

상림수사공上林水司空 202

상림시공上林寺工 202

상림원上林苑 133, 139, 142, 183, 197, 200~202, 334

상림원령上林苑令 315

상림조옥上林詔獄 202

상방과相邦戈 34

상방령尙方令 199, 342

상방서尙方署 234

상서尙書 37, 200, 353

상서령尙書令 199, 315, 348

상알常頞 50

상앙商鞅 25, 35, 36, 40, 41, 46, 47, 52, 56, 66, 69, 70, 71, 73, 75, 76, 89, 90, 113, 124, 127, 221

상앙방승商鞅方升 47

상인시적商人市籍 134

상품경제 27, 113~117, 126, 170, 177, 235, 241, 246, 254~256, 298, 351, 352, 355, 368, 394

상홍양桑弘羊 17, 177, 186, 189, 192, 194, 214~216, 218~221, 249, 255~258

색부嗇夫 38, 39, 153, 211, 212, 316

『서경잡기西京雜記』 104

서민지주 23, 56

서시西施 289

서좌書佐 210

서직령西織令 199

선인론善因論 254

설자중薛子仲 287

성국거成國渠 232

성시城市 64, 106, 241, 247, 255, 282~284, 288

성위姓偉 287

소강蘇康 364

소내少內 34, 38

소내관장少內官長 35

소농경제 26, 27, 115, 177, 305

소림蘇林 159

소마시蘇馬諟　357

소봉素封　350

소부少府　35, 36, 40, 95, 96, 141,
142, 146, 148, 151, 188, 193, 195,
197, 198, 200, 201, 203, 204, 206,
234, 314~316, 342

소부승령少府丞令　188

소신신召信臣　226, 232

소하蕭何　59, 60, 89, 99, 118,
128, 139

소형방족포小型方足布　45

『속한서續漢書』　96, 133, 306, 310,
312, 340, 386

손신孫晨　343

수관蓋官　242

수도囚徒　19, 202, 296, 323~325

수사공장水司空長　203

수속도위騆粟都尉　195, 230

수승水丞　211

수전授田　40, 41

수전사전제授田賜田制　42

수졸戍卒　66, 134, 157, 167, 312, 313

수형도위水衡都尉　142, 146, 183,
193, 197, 200~204, 234, 315

『수호지진묘죽간睡虎地秦墓竹簡』　34, 35,
38, 42, 45, 57, 66, 70, 130, 140

순열荀悅　121, 379, 388, 389

순자荀子　166

『습유기拾遺記』　343

승상丞相　34, 95, 97, 128, 157, 192, 193,
206, 215, 225, 273, 276, 314

시세市稅　36, 174

시승市丞　211

시적市籍　93, 134, 184, 243

시적세市籍稅　243, 244

시적조市籍租　134

시전부市錢府　287

시조市租　106, 112, 134, 243, 244

시중侍中　255, 315

시평市平　283, 285

『신당서新唐書』　40

신도愼到　252

신도新道　50, 52

신상형명申商刑名　166, 167, 178

『신서新書』　68

『신어新語』　98

『십종산방인거十種山房印擧』　103

(ㅇ)

안사고顏師古　112, 128, 130, 142,
146, 157, 194

알관斡官　197

알관장斡官長　195, 234

애장哀章　279

약로령若盧令　198

양가楊可　185, 201

양기梁冀　356, 364, 375

양인楊仁　339

양정렬楊廷烈　87

양지陽識　303, 307

어부령御府令　199, 342

어부령승御府令丞　37

어사대부御史大夫　34, 95, 166, 192,
214, 215, 219, 255, 314

어사중승御史中丞 315
어수령御羞令 202
언류법堰流法 338
여불위呂不韋 58
여순如淳 131, 155, 157~160
『여씨춘추呂氏春秋』 58, 127
여자방적女子紡績 236
여전사厲戰士 41
열후列侯 96, 97, 99, 102, 131,
181, 276, 277
염관鹽官 108, 187, 196, 197, 207,
209, 217, 234, 314, 316, 343
염관장鹽官長 196
염철관鹽鐵官 36, 187, 196, 201,
215, 342, 351
염철관영鹽鐵官營 17, 183, 189, 215,
216, 218, 221, 251, 350
염철관장승鹽鐵官長丞 37
『염철론鹽鐵論』 105, 110, 111,
136, 147, 153, 155, 189, 196, 216,
218, 240, 249, 255, 256, 259, 263,
265, 270
염철세 37
염철시관鹽鐵市官 36
염철전매 217, 315
염철회의 214, 215, 220, 221,
263~265, 288
염흥閻興 302
영거靈渠 51, 52
영벽營璧 318
영보營堡 317, 318, 368
『영웅기英雄記』 329

영지거靈軹渠 232
영참營塹 304, 363, 364, 381
영항령永巷令 37
예속농민 86, 304, 305, 309, 311,
321, 343, 362, 365, 369, 371~373,
376, 380~382
오균사五均司 283
오균사대五均賒貸 282, 284, 285
오균사시五均司市 283~285, 288
오균사시사五均司市師 283
오벽塢壁 304, 305, 307, 368, 381
오보塢堡 317
오수전五銖錢 183, 201, 203, 291,
352, 353, 355
오전吳錢 104
오증吳曾 166
오초칠국吳楚七國의 난亂 181
옥승獄丞 198
왕강王康 364
왕경王景 335, 337, 338
왕관王縮 47, 94
왕망王莽 18, 19, 24, 28, 112, 136, 148,
244, 277~282, 284~296, 298, 303,
304, 306, 308, 309, 311, 317, 323,
325, 344, 352, 354, 362, 363, 389
왕부王符 352
왕성王成 226
왕순王舜 279
왕안석王安石 49
왕오王吳 338
왕전王田 279~282, 288, 291
왕정군王政君 278

왕패王霸 303
왕획王獲 278
외장隈狀 47
요기銚期 307
용인傭人 303
용전부用田賦 70
우내사右內史 185, 208
우도수右都水 208
우리耦犁 228, 230
우부풍右扶風 208
우채철右采鐵 61
운몽진간雲夢秦簡 57, 63
원소袁紹 385
원술袁術 385
원유공전苑囿公田 145
원전圓錢 45
원전제轅田制 41
원중일袁仲一 63
『월절서越絶書』 54
위거諱渠 232
위굉衛宏 66, 150
위사衛士 66, 156, 157, 312, 313
위삽衛颯 335, 344
『위서魏書』 380, 385
유납劉納 302
유단劉旦 255
유단劉端 100
유도劉陶 353
유릉劉隆 320
유망하는 임노동자(流庸) 224
유무劉戊 176
유방劉邦 16, 28, 58, 59, 79, 85,

89, 91~94, 98, 99, 108, 128, 134, 135, 149
유비劉濞 100, 104~106, 114, 116
유수劉秀 19, 24, 28, 301, 303, 304, 307, 308, 317, 325, 326, 347, 357
유숭劉崇 296
유식劉植 303
유신劉信 232
유안劉安 101
유연劉縯 303
유영劉榮 207
유우劉虞 386
유장劉長 100, 174
유질有秩 39, 153, 212, 316
유창령有倉令 210
유현劉玄 297
유흠劉歆 279
유흥거劉興居 175
육가陸賈 98
육관六筦 282, 285, 287~289, 291
육구령六廐令 203
육보거六輔渠 231
육상六尙 37
윤대조서輪臺詔書 214, 219
응소應劭 188, 203
의종義綜 185
이괴里魁 316
이릉李陵 250
이비李斐 143, 243
이사李斯 34, 47, 77
이장李章 320
이전里典 39

이정里正　　　　　　　　39, 213

이(2)천석　　　106, 209, 307, 318

이최李催　　　　　　　　　384

이충李忠　　　　　318, 335, 340

이통李通　　　　　　　　　307

이현李賢　　　　　　　39, 157

익숭弋丞　　　　　　　　　211

인구세人口稅　36, 74, 122, 145, 149

임노동군(雇工)　　　　　　235

임연任延　　　　　335, 337, 345

임평臨平　　　　　　　　　302

（ㅈ）

자부資賦　　　135, 153, 154, 174,
　　185, 194, 293, 312

자사刺史　　　23, 316, 317, 319

자충茨充　　　　　335, 346, 347

작구부作丘賦　　　　　　　70

잔도棧道　　　　　　　　　357

『잠부론潛夫論』　　　　　351

잡부雜賦　　　　　　　70, 73

장감張堪　　　　　　335, 338

장궁臧宮　　　　　　　　　303

장급張伋　　　　　　　　　320

장림張林　　　　　　　26, 353

장보張寶　　　　　　　　　383

장사長史　　　　　　193, 208

장승長丞　　　　　　　　　36

장안張晏　　　　　　　　　243

장안長安　　85, 95, 102, 106, 139,
　　156, 231, 233, 239, 247, 248, 273,
　　276, 281, 283, 284, 288, 297, 384

장안동서시령長安東西市令　　　208

장안사시장長安四市長　　　　208

장안세長安世　　　　　　　236

장안주령長安廚令　　　　　208

장우張禹　　　　　　　　　273

장작소부將作少府　　　　　37

장장숙張長叔　　　　　　　287

장창張蒼　　　　　　　34, 128

장천張遷　　　　　　　　　310

장탕張湯　　　　　　185, 192

쟁기(犁)　　　225, 228, 229, 337

쟁기 끌채(犁轅)　　　　228, 337

적미赤眉　　　297, 304, 308, 383

적미군　　　　　　　　　　297

적방진翟方進　　　　　　　273

적전령籍田令　　　　　　　194

전관田官　142, 143, 191, 196, 197, 258

『전국책戰國策』　　　　　　57

전농佃農　　　　　　274, 369

전부승錢府丞　　　　　　　283

전색부田嗇夫　　　　　　　38

전장田莊　　　20, 317, 318, 343,
　　351, 362, 365～367, 369～371, 376,
　　381, 394

전장경제　　　20, 305, 336, 362, 363,
　　368, 369, 372, 373, 388

전전田典　　　　　　　　　39

전조田租　　26, 35, 36, 42, 70, 71,
　　76, 91, 120～122, 135～141, 143,
　　144, 147, 154, 160, 174, 194, 195,
　　202, 222, 223, 242, 293, 311, 313,
　　326, 331, 365

전조호조제田租戶調制　139
전지제한(限田)　275, 277
『전한기前漢紀』　121
절국折國　372
정거井渠　231
정국거鄭國渠　56, 231, 273
『정론政論』　229, 373
정위廷尉　95
정장亭長　39, 213
정전제井田制　66, 69, 291, 389
정정程鄭　111
정졸正卒　157, 158, 159, 160, 312, 313
정현鄭玄　346
제오륜第五倫　304, 335
『제왕세기帝王世紀』　306, 341, 374
제준祭遵　303
제齊 환공桓公　186, 220
조간刁間　110
조고趙高　77
조과趙過　228~230
조명趙明　296
조병씨曹邴氏　111
조선朝鮮　241
조설租挈　142~144
조세 지렛대(租稅杠杆)　120, 122, 123
조조晁錯　17, 73, 123~125, 137,
　166~170, 173, 174, 176~180, 205
조조曹操　26, 138, 139, 385
조참曹參　89, 99
졸경卒更　160
종관령鐘官令　203
종실적宗室籍　133, 134

종정宗正　95, 134
종족빈객宗族賓客　303, 305, 317, 375
좌고坐賈　112, 241, 286
좌내사左內史　208
좌도수左都水　208
좌채철左采鐵　61
좌풍익左馮翊　208, 210, 250
『주관周官』　293
『주례周禮』　282, 283
주류전매　188, 215, 217, 218, 222, 264
주목州牧　313
주밀周密　120
주발周勃　89
주보언主父偃　106, 205
주애珠崖　311
주읍朱邑　226
주작도위主爵都尉　208
주준朱俊　354
주철관主鐵官　36
중상시中常侍　315, 364
중서령中書令　199, 250
중위中尉　95, 207
중장부령中藏府令　199
중장통仲長統　139, 341, 371, 388, 389
지방호강地方豪強　165, 171, 274, 361
지어池籞　142, 145, 147, 224, 334
지주대토지점유제/지주토지점유제　23
　~25, 28, 30, 372
지주전장경제　20, 26, 28, 306, 362
지주호강地主豪強　19, 20, 161, 274, 388
지주호우地主豪右　332
직도直道　50, 52, 69

직실령織室令 199, 315

진간秦簡 57, 61, 67, 130

진거秦渠 51

진률秦律 45, 48, 58, 130

진보광陳寶光 238, 239

『진서晉書』 72, 341, 387

진秦 소왕昭王 39, 47, 53, 72

진승陳勝 383

(진秦) 시황 16, 27, 29, 33, 34, 36, 39, 42~44, 46, 47, 49~56, 58, 60, 63, 64, 69, 71, 77, 80, 87, 90, 94, 128, 191

진양秦揚 274

진엽陳曄 346

(진秦) 2세 47, 51, 63, 77, 78, 80

(진)치도(秦)馳道 49, 50, 52, 69

진탕陳湯 274, 275

진팽秦彭 137, 335

진평陳平 89

진秦 헌공獻公 127

진秦 혜왕惠王 45, 52, 72

진秦 효공孝公 47, 71, 127

진희陳豨 108

질도郅都 207

집시集市 64, 247

집진集鎭 247

집탁령輯濯令 202

집탁사輯濯士 202

(ㅊ)

차비령伏飛令 199

찰염察廉 210

창색부倉嗇夫 38

채륜蔡倫 348

채주관采珠官 234

채후지蔡侯紙 348

천감泉監 202

천경踐更 155, 160

천사遷徙 52, 54~56, 61, 92, 132, 133, 191, 204, 271, 272, 274, 275, 387

철관鐵官 60, 61, 108, 187, 196, 197, 207, 208, 210, 217, 227, 234, 238, 314, 316, 343, 344

철제 볏(鐵犁鐴) 228

철후徹侯 95, 96

청淸 64

초무세初畝稅 69

초조화初租禾 69

최식崔寔 229, 337, 351, 373

최원崔瑗 338

추고(세)芻稿(稅) 35, 42, 70, 71, 135, 139~141, 194, 312, 331

추세芻稅 42, 70, 140, 141

추은령推恩令 205

『춘추번로春秋繁露』 259, 260, 263

치속내사治粟內史 34, 35, 193

치속도위治粟都尉 189, 195, 255

「치안책治安策」 106, 175

칠거漆渠 51

칠관漆官 234, 242

『칠국고七國考』 72

칠국七國의 난亂 105, 206

칠원색부漆園嗇夫 38

(ㅌ)

탁왕손卓王孫 110
탁전조서度田詔書 310
탕관湯官 198
탕관령湯官令 198
태관太官 198
태복太僕 142, 315, 342
태의감太醫監 198
태의령太醫令 198
태의령승太醫令丞 37
태창령太倉令 194
태창령승太倉令丞 35
『태평경太平經』 346
토지겸병土地兼并 24, 28, 145, 165, 269, 270, 272~275, 279~281, 298, 321, 362, 374
토지겸병세력土地兼并勢力 18, 191, 378
토지조사 310, 317, 319, 320~322, 365
『통전通典』 69, 95
통화팽창 285, 291

(ㅍ)

파릉罷癃 158, 159
팔(8)월 인구조사 19, 310, 311, 365
팔수전八銖錢 181
편호민編戶民 130, 131, 153
편호제編戶制 41
편호제민編戶齊民 18, 131~133, 135, 154, 238, 324, 381
편호제민적編戶濟民籍 131
평균이윤平均利潤 126

평승平丞 211
평안平晏 279
평양平壤 241
평준平準 17, 189, 190, 194, 215~218, 221, 289
평준관平準官 190, 241
평준령平準令 37, 193, 195
포수관圃羞官 242
포욱鮑昱 339
포인장胞人長 199
포폐布幣 45
풍이馮異 307, 317, 318

(ㅎ)

하무何武 243, 276
하창何敞 339
하현何顯 243
한간漢簡 143, 159, 230
(한) 경제景帝 16, 17, 28, 102, 117, 131, 133, 136, 152, 154, 155, 165, 166, 169, 170, 176, 182, 193, 200, 206, 207, 259, 272, 388
(한) 고조高祖/고제高帝 60, 79, 85, 89~99, 108, 113, 117, 127, 134, 135, 149, 150, 158, 170, 181, 206, 227, 301, 326, 349, 388
(한) 광무제光武帝 19, 24, 301, 308~310, 312~316, 318~328, 330, 332, 335, 349, 352, 357, 362, 363
한률漢律 130, 150, 157, 158
『한구의漢舊儀』 66, 150
(한) 명제明帝 28, 310, 323, 327,

411

330, 332, 333, 335, 337, 338, 347, 349, 363, 364

한묘漢墓 107, 138, 140, 152, 229, 240

(한) 무제武帝　17, 23, 28, 29, 96, 106, 107, 132, 133, 136, 141~144, 150, 151, 153, 165, 170, 173, 174, 177, 179, 180~183, 185, 186~197, 199~201, 203~209, 212~215, 218, 219, 221~223, 225~235, 241~243, 248, 251, 254~256, 258~260, 270~272, 275, 284, 285, 287~289, 295, 298, 350, 352, 362, 368

(한) 문제文帝　16, 17, 28, 102, 106, 110, 117, 118, 120, 121, 123~125, 134, 136, 150, 152, 155, 165~171, 173~176, 181, 205, 218, 222, 227, 232, 256, 260, 272, 388

『한서漢書』　22, 23, 35, 54, 58, 66, 73, 80, 86, 92, 97, 100~102, 107, 112, 113, 123, 128~130, 132~134, 137, 138, 142, 143, 145, 146, 148~151, 154~160, 174, 187, 188, 190, 193, 195, 197, 201, 203, 204, 207, 208, 211~213, 222, 223, 226~228, 233, 238, 243~246, 248, 255, 259, 262, 271, 275, 282, 284, 290, 292, 295, 306, 339, 340, 350

(한) 선제宣帝　17, 132, 150, 207, 212, 214, 222~227, 229, 232, 236, 239, 242, 265, 272, 374

(한) 성제成帝 132, 150, 199, 200, 207, 226, 230, 245, 273~275, 295, 339

(한) 소제昭帝　17, 155, 207, 214, 215, 218, 221~225, 227, 242, 255, 263, 272, 273, 286

(한) 순제順帝　22, 328, 339, 357, 374, 375

(한) 안제安帝　22, 310, 328, 343, 348, 350, 357, 361, 365, 374, 376, 377, 381, 382

(한) 애제哀帝　24, 274, 275~279, 289

(한) 영제靈帝　310, 329, 351, 374, 376, 381, 383, 385

(한) 원제元帝　18, 24, 138, 144, 151, 225, 226, 239, 265, 272~274, 278, 289, 295

『한의주漢儀注』　151

(한) 장제章帝　28, 29, 137, 314, 323, 327, 330, 332, 333, 335, 341, 345, 353, 364, 374, 378

한전漢錢　104

한진묘漢晉墓　347

(한) 질제質帝　22

(한) 충제沖帝　22

(한) 평제平帝　22, 198, 203, 274, 278, 279, 306, 342, 352, 372

(한) 헌제獻帝　138, 384, 385

(한) 혜제惠帝　16, 28, 99, 109, 117, 135, 227

(한) 화제和帝　20, 22, 29, 149, 315, 317, 327, 336, 339, 341

(한) 환제桓帝　341, 353, 358, 372, 374~376, 387

합시合市　356

412

항우項羽　59, 79, 80, 149

해승海丞　198

행상行商　112, 241, 286

향좌鄕佐　151, 212, 316

허신許愼　137, 139

허양許楊　339

현도승縣徒丞　211

현량문학賢良文學　214~218,
220~222, 263~265

현령縣令　38, 210, 211, 316

현령사縣令史　38

현마승縣馬丞　211

현부縣府　38, 310

현소부縣少府　38

현승縣丞　38, 211

현장縣長　38, 210, 211, 316

형관장衡官長　203

호강豪强　17, 93, 121, 130, 132,
301, 364, 379

호강대가豪强大家　145, 270, 303,
304, 306

호강대성豪强大姓　317, 318, 320

호강부인豪强富人　379

호강지주豪强地主　19, 24, 29, 145,
191, 303, 305~307, 309, 311, 313,
317~322, 336, 351, 362, 363, 365~
374, 376, 377, 381, 387, 388

호구세　36

호권색부虎圈嗇夫　202

호부戶賦　36, 70~73

호부豪富　53, 55, 56, 61, 87,
183, 240, 274

호시互市　356

호우豪右　154, 319, 332, 334, 379

호족지주　18~20, 24, 307, 309

호타呼沱　302

홍극피鴻隙陂　273, 339

화경수누火耕水耨　22

『화양국지華陽國志』　36, 52, 59, 72,
110, 341, 367

환관桓寬　265

환담桓譚　125, 315, 349

황강黃綱　364

황건적黃巾賊　363, 383, 384, 386

황두랑黃頭郞　202

황보밀皇甫謐　306

『황석공기黃石公記』　322

황패黃霸　190, 210, 226

황향黃香　144

『회남자淮南子』　25, 36, 101

『후한서後漢書』　24, 26, 72, 129, 137,
138, 143, 154, 157, 159, 160, 212,
236, 271, 294, 297, 302, 304, 309~
311, 318, 320, 323, 328~330, 332~
334, 340, 344, 348, 349, 352, 363,
364, 372, 374, 376, 378, 381, 386

후한묘後漢墓　347

휴양생식休養生息　218, 219

지은이 렁펑페이冷鵬飛

중국 전 호남사범대학 역사학과 교수. 중국고대사 전공.

대표저서: 『중국고대사회 상품경제형태 연구』(2002)

옮긴이 최덕경崔德卿

부산대학교 사학과 교수. 중국고대사 전공.

대표저서: 『중국고대 농업사 연구』(1994), 『중국고대 산림보호와 환경생태사 연구』
(2009), 『동아시아 농업사상의 똥 생태학』(2016) 등

김백철金伯哲

계명대학교 사학과 교수. 조선시대사 전공.

대표저서: 『조선후기 영조의 탕평정치』(2010), 『두 얼굴의 영조』(2014), 『법치국가 조선의
탄생』(2016), 『탕평시대 법치주의 유산』(2016) 등

진한제국 경제사

초판 1쇄 발행 | 2019년 5월 13일

지은이 | 렁펑페이(冷鵬飛)
옮긴이 | 최덕경·김백철

펴낸이	지현구	펴낸곳	태학사
등 록	제406-2006-00008호	주 소	경기도 파주시 광인사길 223
전 화	(031)955-7580	전 송	(031)955-0910
전자우편	thaehaksa@naver.com	홈페이지	www.thaehaksa.com

값은 뒤표지에 있습니다.

ISBN 979-11-6395-008-0 93320

이 도서의 국립중앙도서관 출판예정도서목록(CIP)은 서지정보유통지원시스템 홈페이지
(http://seoji.nl.go.kr)와 국가자료종합목록시스템(http://www.nl.go.kr/kolisnet)에서
이용하실 수 있습니다.(CIP제어번호 : CIP2019016194)